suhrkamp taschenbuch
wissenschaft 1102

Dieses Buch will die sozialpsychologische Relevanz der Theorieansätze von Elias, Freud, Adorno, der Individualisierungstheorie, des sozialen Konstruktivismus aufzeigen und sie für das Projekt einer reflexiven Sozialpsychologie nutzen. Der Anspruch der Reflexivität erhebt sich in mehrfacher Hinsicht: als Reflexion (1) der historischen Bedingungen zeitgenössischer Subjektivität, (2) von Alltagsbewußtsein und -empfinden und ihrer unbewußten Anteile, (3) der geschlechtsspezifischen Differenzen, (4) der gesellschaftlichen Bedingungen von wissenschaftlichen Subjektkonstruktionen, (5) der Grenzen und Ambivalenzen der Moderne und ihres Subjektverständnisses und (6) des methodischen Zugangs zum Subjekt, das eine kritische Selbst-Reflexion von Forscherinnen und Forschern erfordert.

Die beitragenden Autoren und Autorinnen waren oder sind tätig am Institutsbereich Sozialpsychologie des Instituts für Psychologie der Universität München.

Zugänge zum Subjekt

Perspektiven einer
reflexiven Sozialpsychologie

Herausgegeben von
Heiner Keupp

Suhrkamp

Die Deutsche Bibliothek – CIP-Einheitsaufnahme
Zugänge zum Subjekt : Perspektiven einer reflexiven Sozialpsychologie /
hrsg. von Heiner Keupp. –
2. Aufl. – Frankfurt am Main : Suhrkamp, 1994
(Suhrkamp-Taschenbuch Wissenschaft ; 1102)
ISBN 3-518-28702-8
NE: Keupp, Heiner [Hrsg.]; GT

suhrkamp taschenbuch wissenschaft 1102
Erste Auflage 1993

Satz und Druck: Wagner GmbH, Nördlingen
Printed in Germany
Umschlag nach Entwürfen von
Willy Fleckhaus und Rolf Staudt

2 3 4 5 6 – 98 97 96 95 94

Inhalt

Heiner Keupp
Zur Einführung
Für eine reflexive Sozialpsychologie

Was ist und zu welchem Zweck betreiben wir Sozialpsychologie? Wie alle Sozialwissenschaften geht auch die Sozialpsychologie von der klassischen Frage aus, wie so etwas wie soziale Geordnetheit im Alltagsleben möglich ist. Wie entstehen die alltäglichen Feinabstimmungen zwischen den einzelnen Subjekten, zwischen Gruppen und zwischen größeren sozialen Einheiten? Und was ist los, wenn diese Austarierungen nicht mehr funktionieren, wenn einzelne Subjekte nicht mehr einbezogen sind und zur Quelle von Irritationen werden, wenn die Selbstverständlichkeiten von Gruppen und Gesellschaften ihre Bindekraft verlieren und sich Verunsicherungen und Orientierungskrisen ausbreiten? Die Antworten auf diese Grundfragen sind höchst unterschiedlich ausgefallen. Die Sozialpsychologie stellt diese Frage mit dem spezifischen Blick auf das Subjekt: Wie wird ein Subjekt vergesellschaftet? Woher weiß es, wie ein komplexes soziales Leben funktioniert, und wie findet es darin seinen Platz? Wie erlebt und verarbeitet es Erfahrungen der Krise von gesellschaftlichen Selbstverständlichkeiten?

An diesen Nahtstellen von Subjekt und Gesellschaft ist der systematische Ort der Sozialpsychologie. Sie fragt in sehr allgemeiner Form nach dem Erleben und Handeln der Subjekte im gesellschaftlichen Kontext.

Einige klassische Definitionen zeigen, daß Sozialpsychologie das Verhältnis von Subjekt und Gesellschaft höchst unterschiedlich konstruiert. Die ersten beiden Lehrbücher der Sozialpsychologie sind im Jahre 1908 erschienen. In beiden wurden Gegenstandsbestimmungen der Sozialpsychologie vorgenommen, aber höchst unterschiedliche. James McDougall, der Psychologe, entwarf einen Ansatz, der radikal vom Individuum her dachte. Er fragte nach den »angeborenen Neigungen und Fähigkeiten des individuellen menschlichen Geistes« (1908, S. 18), die Voraussetzungen für ein geordnetes soziales Leben sind. Für ihn sind elementare soziale Instinkte die Gewähr dafür, daß es so etwas wie soziale

Geordnetheit im Alltag gibt. Sie bilden eine Art »soziale Grundausstattung des Menschen«. McDougall hat sich zunächst auf ein Dutzend angeborener Instinkte beschränkt, die Zahl aber später variiert. Es gibt bei ihm beispielsweise einen »Anziehungsinstinkt«, aber auch einen der Feindschaft. Instinkttheorien hatten um die Jahrhundertwende große Konjunktur und haben auch heute noch ihre Anhänger. Der amerikanische Psychologe William James hatte eine Liste von 32 Instinkten (darunter einen »Instinkt des Zuckermögens«), Thorndike kam auf 42 »originale Reaktionsschemen«, und Woodworth führte die Hitliste mit 110 Instinkten an. Der gemeinsame Grundgedanke all dieser Ansätze läßt sich zusammenfassen unter dem Anspruch, die Verschränkung von Subjekt und Gesellschaft aus einer letztlich biologischen Grundausstattung zu erklären. Bis heute ist diese Richtung durchaus lebendig: Die Ethologie und die Soziobiologie fragen noch immer nach biologischen Prinzipien der Ordnung der Dinge; ein Beispiel dafür gibt Irenäus Eibl-Eibesfeld, der die Ausländerfeindlichkeit, den Fremdenhaß, als biologische Notwendigkeit betrachtet. Die Bedingungen sozialen Zusammenlebens werden in einer natürlichen Ordnung gesehen, die in die biologische Grundstruktur der *conditio humana* eingelassen ist.

Das zweite Lehrbuch der Sozialpsychologie, das 1908 erschien, stammt von dem Soziologen Edward Ross, für den die Sozialpsychologie »die Ebenen und Strömungen [behandelt], die zwischen Menschen aufgrund ihres Zusammenlebens entstehen« (1908, S. 1). Ross hat die Sozialpsychologie nicht von der individuellen Ausstattung her konzipiert, sondern ihn interessierten Wirkungszusammenhänge in sozialen Kollektiven.

Der deutsche Soziologe Georg Simmel formuliert ebenfalls im Jahre 1908, das sich damit immer mehr als offizielles Geburtsjahr der Sozialpsychologie anbietet, deren Fragestellung so: »Welche Modifikationen erfährt der seelische Prozeß eines Individuums, wenn er unter der seelischen Beeinflussung durch die gesellschaftliche Umgebung verläuft? [...] Diese Tatsache der seelischen Beeinflussung durch das Vergesellschaftet-Sein [ist] der einzige, aber freilich unermeßliche ausgedehnte Gegenstand der Sozialpsychologie« (Simmel 1908, S. 423 f.).

Das klingt einladend und vage zugleich. Aber sehr viel konkreter werden auch spätere Definitionen nicht. Für Gordon Allport wird der paradigmatische Kern der Sozialpsychologie durch den

Versuch markiert, »das Denken, Fühlen und Verhalten von Individuen zu verstehen und zu erklären, so wie diese durch die tatsächliche, vorgestellte oder implizite Anwesenheit anderer menschlicher Wesen beeinflußt werden« (1954, S. 5). Dieser kleinste gemeinsame Nenner, der in dieser Definition formuliert wird, läßt sich in der schlichten Vermutung zusammenfassen, daß psychische Phänomene nicht unbeeinflußt von anderen Menschen ablaufen. Das ist auch im wesentlichen der bescheidene Stand ein Vierteljahrhundert später. Nach Joseph Forgas untersucht die Sozialpsychologie, wie »Gedanken, Gefühle, Verhaltensweisen oder Intentionen durch die tatsächliche oder unterstellte Anwesenheit anderer beeinflußt werden« (1987, S. 2). Bei solchen Definitionen wird ein Bild von einem in sich abgegrenzten psychischen System entwickelt, das sozial berührt wird und davon auch nicht ganz unberührt bleiben kann. Aber ein begreifbarer Zusammenhang zwischen Subjekt und Gesellschaft entsteht dabei nicht.
Vor allem Norbert Elias (vgl. zu dessen Ansatz das Kapitel von Joachim Hohl in diesem Buch) hat sich an vielen Stellen seines Werkes gegen die in den Sozialwissenschaften generell und vor allem in der Psychologie verbreitete Konzeption des Menschen als *homo clausus* gewandt. In diesem Modell wird zunächst das Individuum als von der Gesellschaft getrennt gedacht, als der in sich eingeschlossene Mensch, der danach aber dann doch zu dieser Gesellschaft in Beziehung gesetzt wird. Dafür werden so vage Konzepte wie »Wechselwirkung«, »Beeinflussung« oder »soziale Faktoren« etc. bemüht. Die getrennt gedachten Größen werden nachträglich zusammenmontiert. Elias hat diese Konstruktion immer wieder kritisch kommentiert: »Das durch derartige Sprach- und Denkkonventionen heraufbeschworene Bild ist das einer hohen Mauer um ein einzelnes Individuum herum, von der herab geheimnisvolle Zwerge – die ›Umwelteinflüsse‹ – kleine Gummibälle nach dem Betreffenden werfen, die bei ihm ›Eindrücke‹ hinterlassen« (1972, S. 19).
In einer weiteren Traditionslinie der Sozialpsychologie wird die grundlegende Gesellschaftlichkeit des Individuums anerkannt. Das, was den Menschen zum Menschen macht, wird als seine sozialisatorische Vergesellschaftung begriffen. Diese Vorstellung ist vor allem von Theodore M. Newcomb in seinem klassischen Lehrbuch der Sozialpsychologie entwickelt worden, das im amerikanischen Original 1950, in deutscher Übersetzung 1959 er-

schien und bis in die siebziger Jahre hinein Pflichtlektüre an vielen psychologischen Instituten war. Newcomb interessiert sich für die Integration des Individuums in Kultur und Gesellschaft. Er ging von der Prämisse aus, daß der zur Welt kommende Mensch erst einem Prozeß der Vermenschlichung unterworfen werden muß. Vergesellschaftung ist Menschwerdung:

»Die menschliche Sozialpsychologie beginnt [...] mit der Frage, wie ein ›roher‹ biologischer Organismus zu dem Menschen wird, den wir kennen –, zu einer Person mit einer Persönlichkeit, die am Leben der Gemeinschaft teilnimmt und selbst Kultur weitergibt, die persönliche und gesellschaftliche Probleme vor sich sieht und sie zu lösen versucht. Aber dies ist nur der Anfang. Wir möchten wissen, wie der Mensch mit der Gesellschaft fertig wird, aber noch mehr möchten wir wissen, wie sich die Individuen der Gesellschaft gegenseitig beeinflussen« (S. 5).

Daraus schließt Newcomb dann, daß das interpersonelle Geschehen, die »Interaktionen«, das Zentrum der Sozialpsychologie bilden. Als Beispiele für Interaktionen nennt er: »helfen, zusammenarbeiten, streiten, ermutigen, nachahmen, verdächtigen und lieben« (S. 16). Newcomb und ein Großteil der traditionellen angloamerikanischen Sozialpsychologie konzipieren das Verhältnis von Subjekt und Gesellschaft als das einer gelungenen Integration subjektiver Wünsche und Bedürfnisse in ein System gesellschaftlicher Rollen und Normen. Gegenüber den frühen Instinkttheoretikern, die die Integration des Subjekts durch die Annahme sozialer Instinkte bereits durch seine Naturausstattung weitgehend als gesichert ansehen, vertritt Newcomb die Position einer Vergesellschaftung des Subjekts durch einen allmählichen Sozialisationsprozeß. In Form von zu erlernenden gesellschaftlichen Regeln und Normen, die wiederum an spezifische gesellschaftliche Rollen und Funktionen gebunden sind, wird der Mensch zum »sozialen Wesen«. Der Mensch wächst in die Gesellschaft hinein, und die Gesellschaft verankert sich über Kultur, Werte, Haltungen, Normen, Regeln und Rollen in die Subjekte. Mit dem Erwachsenwerden ist dieser Prozeß im Normalfall abgeschlossen, die Sozialisation ist vollzogen. Die Synchronisation von Subjekt und Gesellschaft ist gelungen. Natürlich gibt es auf diesem Wege auch Mißerfolge: Bei spezifischen Defiziten in der biologischen Grundausstattung kann eine vollständige Vergesellschaftung scheitern; der Vermittlungsprozeß kann auf Grund unzureichender Vermittlungsinstanzen (zum Beispiel Familie, Schule) defizitär sein. In beiden Fällen gelingt die Normalform der Synchronisation nicht. Es kommt zu »abweichendem Verhalten«, für dessen Kontrolle eine Reihe von Sonderinstitutionen zuständig ist. Im Grunde bestätigen diese Abweichungen aus der Sicht der Integrationstheoretiker nur die Regel der Normalität. Die Synchronisation ist auch noch von einer anderen Seite her gefährdet: Gesellschaftlicher Wandel, gesellschaftliche Krisen und Umbrüche können zu einem Zustand führen, in dem Subjekte mit ihrem normalen Sozialisationsgepäck schlecht ausgerüstet sind, in dem sie orientierungslos werden. Es wird dann von einer »anomischen Situation« gesprochen (die Situation in der ehemaligen DDR, die sich zunehmend auf Gesamtdeutschland verallgemeinert, liefert dafür ein aktuelles Beispiel).

Zu dem angloamerikanischen Hauptstrom der Sozialpsychologie hat sich bereits in den frühen dreißiger Jahren eine kritische Alternative entwickelt. Erich Fromm, der Sozialpsychologe der sich etablierenden Kritischen Theorie, hat eine sehr viel klarere Vorstellung von den Aufgaben der Sozialpsychologie als die blaß bleibenden Grundkonzepte der Einfluß- oder Integrationstheoretiker. Er erweitert das psychoanalytische Personenverständnis zu einer eigenständigen psychoanalytischen Sozialpsychologie. Er wollte den Versuch unternehmen, »mit den Mitteln der Psychoanalyse den geheimen Sinn und Grund der im gesellschaftlichen Leben so augenfälligen irrationalen Verhaltensweisen, wie sie sich in der Religion und in Volksbräuchen, aber auch in der Politik und Erziehung äußern, zu finden« (1932, S. 13). Fromm interessierten vor allem die subjektiven Phänomene, die die Überwindung von Herrschaft, Ausbeutung und Unterdrückung verhindern, obwohl dies bereits von den objektiven gesellschaftlichen Ressourcen her möglich scheint. Warum streifen die Menschen die Ketten nicht ab, für die es keine gesellschaftliche Legitimation gibt? Es geht ihm um die Erklärung des »sozialen Kitts«, der eine Gesellschaft zusammenhält. Und er kommt zu folgender Bestimmung:

»Die sozialpsychologischen Erscheinungen sind aufzufassen als Prozesse der aktiven und passiven Anpassung des Triebapparates an die sozialökonomische Situation. Der Triebapparat selbst ist – in gewissen Grundlagen – biologisch gegeben, aber weitgehend modifizierbar; den ökonomischen Bedingungen kommt die Rolle als primär formenden Faktoren zu. Die Familie ist das wesentlichste Medium, durch das die ökonomische Struktur ihren formenden Einfluß auf die Psyche des einzelnen ausübt. Die

Sozialpsychologie hat die gemeinsamen – sozial relevanten – seelischen Haltungen und Ideologien – und insbesondere deren unbewußte Wurzeln – aus der Einwirkung der ökonomischen Bedingungen auf die libidinösen Strebungen zu erklären« (Fromm 1932, S. 23).

An anderer Stelle heißt es bei Erich Fromm: »Es sind die libidinösen Kräfte der Menschen, die gleichsam den Kitt formieren, ohne den die Gesellschaft nicht zusammenhielte, und die zur Produktion der großen gesellschaftlichen Ideologien in allen kulturellen Sphären beitragen« (S. 36).
Diese Fragestellung verfolgt ein spezifisches Erkenntnisinteresse. Erich Fromm fragt nicht unkritisch danach, wie sich die Bedürfnisstrukturen der Subjekte mit gesellschaftlichen Funktionen und Rollen zu einem harmonischen Ganzen ineinanderfügen, sondern vielmehr wie es möglich ist, daß sich die Majorität der Bevölkerung einer herrschenden Minorität unterwirft, wie diese Majorität zu der Überzeugung kommen kann, »der Sinn [des] Lebens sei Gehorsam und Pflichterfüllung im Dienste der Mächtigen« (S. 37). Vergesellschaftungsprozesse werden in diesem Ansatz als Unterwerfung lebendiger Subjektivität unter eine Gesellschaftsordnung verstanden, die dieser keine emanzipatorische Entfaltung ermöglicht. Aber das Subjekt ist nicht nur Opfer solcher Unterwerfungsprozesse, sondern es hat auch teil an ihnen und »gewinnt« etwas dabei, wenn es sich unterwirft, und es erzielt noch einen zusätzlichen »Profit«, wenn es den Opferstatus einnimmt. Das Opfer kann sich nicht nur jeglicher Verantwortung entledigen, sondern hat auch noch Anspruch auf Mitleid und Hilfe. Die Einnahme der Opferposition erfolgt sicherlich häufig nicht als bewußt-kalkulierende Strategie. Die analytische Sozialpsychologie sieht hier die Wirksamkeit unbewußter Prozesse.
Im Rahmen einer analytischen Sozialpsychologie müssen zwei Sachverhalte theoretisch verknüpft werden und darüber läßt sich ihr Aufgabenspektrum mit Karola Brede programmatisch so zusammenfassen:

»(1) die Motivik, mit der das Individuum an den gesellschaftlichen Handlungszusammenhängen, welche es beeinflussen will, teilhat, sowie (2) der seelische Bereich im Individuum, der aufgrund der sozialen Teilhabe so verändert wird, daß ein neuer Handlungsentwurf, eine Aktion die Folge ist. Analytische Sozialpsychologie schreibt sozialen Gebilden, in die die Individuen gleichsam hineingestellt sind und an denen sie mit Wünschen und Motiven teilhaben, Einfluß auf einen spezifischen Bereich psychischen Geschehens zu. Die Vorgänge in diesem Bereich, behauptet sie zusammen mit der Psychoanalyse, folgten einer Logik eigener Art, nämlich der Logik des Unbewußten. Daher geht der Einfluß des Gesellschaftlichen auf diesen Bereich mit einem Perspektivenwechsel von der Soziologie zur Psychoanalyse, von der soziologischen zur psychoanalytischen Gegenstandslogik einher« (Brede 1989, S. 150).

Das bisher angehäufte Definitionsmaterial soll vorerst genügen, um eine erste Bilanz zu ziehen:

1. Es geht in der Sozialpsychologie, wie in allen Sozialwissenschaften, um die Frage: Wie entsteht gesellschaftliche Ordnung und wie verankert sie sich in den Subjekten? Wie entsteht so etwas wie Verläßlichkeit im normalen Alltagsleben? Wie bilden sich jene alltäglichen Selbstverständlichkeiten heraus, auf deren Grundlage sich Menschen sicher fühlen können bzw. ein Vertrauen in die Voraussehbarkeit von Abläufen und Erwartungen entstehen kann. Die Sozialpsychologie fragt aus der Perspektive des Subjekts: Wie wird ein Subjekt im jeweiligen gesellschaftlichen Lebenszusammenhang handlungsfähig? Aber auch: Welche kultur- und gesellschaftsspezifischen Zurichtungen des Subjektes sind unter spezifischen historischen Bedingungen jeweils erforderlich?

2. Von den Instinkttheoretikern abgesehen, die in der biologischen Basisausstattung des Menschen die soziale Handlungsfähigkeit begründet sehen, auf die sich letztlich die gesellschaftlichen Institutionen stützen müssen, gehen die unterschiedlichen sozialpsychologischen Theorieansätze davon aus, daß die biologische Basis vergesellschaftet werden muß. Der »rohe biologische Organismus«, wie es Newcomb genannt hatte, muß zum Menschen geformt werden. Konservative und progressive Sozialtheorien treffen sich in der Auffassung, daß Menschen instinktoffene Lebewesen sind. Und gleichzeitig werden daraus höchst unterschiedliche Konsequenzen gezogen. Da dieser Punkt sehr grundlegend ist, will ich hier exkursförmig noch etwas ausholen.

Der konservative Sozialanthropologe Arnold Gehlen und der Schweizer Biologe Adolf Portmann haben die These vom Menschen als Mängelwesen vertreten. Verglichen mit allen Tieren fehlt ihm eine instinktmäßige Koordination seiner angeborenen Handlungsprogramme mit den Anforderungen seiner jeweiligen Umwelt. Diese arteigenen Mängel werden mit der weiteren These vom Menschen als wesensmäßiger Frühgeburt zu erklären versucht. Das neugeborene Kind ist, verglichen mit Säugetierjungen, gestalthaft und in den Funktionen seines Verhaltens unreif. Seine intrauterine Wachstumsperiode sollte nach Auffassung Portmanns und anderer vergleichsweise 20 bis 22 Monate dauern. Das erste Lebensjahr bezeichnet Portmann deshalb als »die Zeit des sozialen Uterus«, wo die soziale Gruppe »den Mutterkörper zu vertreten und die Rolle des mütterlichen Leibes zu übernehmen hat«. In dieser Zeit reifen die Fähigkeiten zu »aufrechter Haltung, Sprache und einsichtigem Weltverhalten« aus. Und noch einmal Portmann:

»Die Zweiteilung unserer wesentlichen Entwicklungsperiode der Frühzeit ist nicht irgendein beliebiger Zufall. Die Ausbildung der menschentypischen Merkmale, die wir eben nannten, steht im schroffsten Gegensatz zum Entwicklungsweg aller höheren Säuger. Während bei den letzteren sich alle wesentlichen Züge in der Eintönigkeit und Geborgenheit des mütterlichen Leibes heranbilden, im Ausreifen von fixierten Erbanlagen, so geschieht bei uns die Entwicklung gerade der wesentlichen Züge in einer ausgesprochenen Mischung von Reifungsprozessen und Lernvorgängen ... Die Eigenart dieser extra-uterinen Frühperiode ... entspricht der Besonderheit der humanen Weltbeziehung, die wir die geistige oder weltoffene nennen« (alle Zitate nach Mitscherlich 1963, S. 51).

Für Gehlen ist diese Mängelsituation die zentrale Risiko- und Gefährdungslage des Menschen. Er muß sich davon »entlasten«. »Der Mensch kann nach Gehlen dauerhaft nur dann überleben, wenn er die verlorenengegangene Bindung von Instinkt und Auslöser auf der höheren Ebene von instinktanalog routinisierten Verhaltensmustern wieder herstellt. Die riskante Weltoffenheit des Menschen werde in Institutionen aufgefangen, doch die instabilisierten Weltdeutungen und generalisierten Verhaltensvorschriften seinen prinzipiellen Handlungsspielraum drastisch einengen« (Honneth und Joas 1980, S. 60). Das habe aus seiner Sicht nichts mit repressiver Einengung der individuellen Autonomie zu tun, sondern sei überlebensnotwendig. Die Institutionen sind bei Gehlen anzusehen »als geschichtlich bedingte Weisen der Bewältigung lebenswichtiger Aufgaben und Umstände, ... als stabilisierende Gewalten und als die Formen, die ein seiner Natur nach riskiertes und unstabiles, affektüberlastetes Wesen findet, um sich selbst und um sich gegenseitig zu ertragen« (Gehlen 1969, S. 97). Gehlen hat, was auf diesem theoretischen Hintergrund sehr schnell einsichtig wird, alle gesellschaftlichen Zustände positiv bewertet, in denen die Menschen dauerhaft fest in die Regie von Institutionen genommen werden. Das begründete seine geistige Nähe zum Faschismus. Auch die autoritär gefügten Strukturen der Adenauerrepublik hat er für überlebensnotwendig gehalten.

Alexander Mitscherlich, der sozialistisch orientierte Psychoanalytiker und Sozialpsychologe, hat aus Portmanns Thesen entgegengesetzte Schlüsse gezogen. Er sieht in der prinzipiellen Weltoffenheit des Subjekts oder in den »noch rätselhaften Eigenarten unserer Offenheit« die »Bedingungen ... zur Selbstwahrnehmung und Selbstgestaltung unseres Verhaltens, eben der Ichleistungen« (1963, S. 50). Die mangelnden individuell biographisch und kollektiv geförderten kritischen Ich-Fähigkeiten seien die Bedingungen für autoritäre Unterwerfung, für die Unfähigkeit zum »aufrechten Gang«.

Die biologische Plastizität der Menschen bietet also Anknüpfungspunkte für sozialpsychologische Theorien konträren Zuschnitts: Einerseits die theoretische Konstruktion, daß der Mensch möglichst vollständig in das verläßliche Getriebe gesellschaftlicher Institutionen »eingefädelt« werden muß, damit er überhaupt uberleben kann; damit seine Mangelhaftigkeit gesellschaftlich kompensiert werden kann. Andererseits die theoretische Konstruktion, daß die biologische Grundbeschaffenheit des Menschen das Potential für Reflexion, Selbstorganisation und Freiheit beinhaltet, das aber durch gesellschaftliche Zwänge und durch autoritäre Strukturen in Familie und Gesellschaft um seine positiven Entfaltungsmöglichkeiten gebracht werden kann und häufig genug wird.

3. Das jeweilige Selbstverständnis von Sozialpsychologie läßt sich danach ordnen, wie sie das Ineinandergreifen von subjektiven und gesellschaftlichen Prozessen begreift. Die beiden Hauptpole sind das »Synchronisations-« oder »Integrationsmodell«, in dem das Einfügen des Subjekts in gesellschaftliche Strukturen als normal und normativ erwünscht betrachtet wird, und das »Widerspruchsmodell«, in dem die prinzipielle Unvereinbarkeit naturhaft angelegter, primärer menschlicher Bedürfnisse mit – zumindest den vorherrschenden – gesellschaftlichen Verhältnissen unterstellt und danach gefragt wird, welche Kosten für das Subjekt mit seiner Sozialisation unter spezifischen gesellschaftlichen Bedingungen verbunden sind. Wenn dieser radikale Zweifel nicht theoretisch gesetzt ist, besteht die Gefahr, jeweils historisch erreichte Anpassungsmodi als »natürliche« zu akzeptieren.

Die gegenwärtig in der akademischen Psychologie dominierende Sozialpsychologie hält es nicht mehr für nötig, sich solche Fragen zu stellen; sie kommen in ihren Lehrtexten nicht vor. Sie hat als mehrheitsfähiges Paradigma eine Orientierung, die von der impliziten Annahme einer kognitiv-rationalistischen Weltbewältigung getragen ist. Sie hat keinen Blick für Probleme und Phänomene, die auf Prozesse verweisen, die »dicht unter der Oberfläche des geordneten zivilisatorischen Lebens« ablaufen (Adorno 1969, S. 88). Die hauptsächlich betriebene Sozialpsychologie unterstellt – weitgehend unausgesprochen – die uneingeschränkte Möglichkeit, »Herr im eigenen Hause zu sein«. Ihr fehlt die Bereitschaft und Fähigkeit, die faktischen und immer wieder drohenden »Rückfälle in die Barbarei« erklären zu können oder wenigstens sich ihnen deutend zu nähern. Das zentrale Problem, das sich dann stellt, liegt ja gerade darin, daß in eine Welt scheinbar gesicherter zivilisierter Rationalität das »Dämonische«, das völlig Irrationale einbricht, »daß die Zivilisation ihrerseits das Antizivilisatorische hervorbringt und es zunehmend verstärkt«, wie es Adorno so einprägsam formuliert hat (Adorno 1969, S. 85). Es ist nichts an Erkenntnis gewonnen, wenn sich Sozialpsychologie als theoretische Verdoppelung der gelungenen Ausblendung und Verkürzungen der »Pseudokonkretheit« des Alltagsbewußtseins betätigt. Vielmehr kommt es in den Worten von Marie Jahoda darauf an, »das Unsichtbare sichtbar zu machen« (Fryer 1986, S. 108).

Dieses Buch versteht sich als ein Versuch, Alternativen zur gängigen Sozialpsychologie aufzuzeigen und diese als *reflexive Sozialpsychologie* zu begreifen (im vorletzten Kapitel versuche ich die Grundzüge und die historisch-gesellschaftlichen Rahmenbedingungen einer solchen Position zu umreißen). Der Anspruch der Reflexivität erhebt sich in mehrfacher Hinsicht:

1. Eine *historische Reflexivität*: Das Subjekt, das von der nomothetisch orientierten Psychologie wie eine naturhafte Gegebenheit betrachtet wird, ist historisch konstituiert. Es ist in seinen uns heute augenfälligen spezifischen Grundzügen nicht unabhängig von der entstehenden und sich etablierenden bürgerlich-kapitalistischen Gesellschaft zu begreifen. Das nachfolgende Kapitel von Joachim Hohl über den Ansatz von Norbert Elias zeigt dies deutlich auf und begründet die Kritik an den »Homo clausus«-Modellen des Menschen, die ein Grundempfinden des modernen

Subjektes theoretisch verdoppeln, anstatt die Entstehungsbedingungen dieser Empfindung des Abgetrenntseins von anderen Menschen aufzuhellen.

2. Die *Reflexivität gegenüber Alltagsbewußtsein und -empfinden*: Den Anspruch von Marie Jahoda, »das Unsichtbare sichtbar zu machen« oder die Ambivalenzen, Widersprüche und Sehnsüchte unterhalb der Schwelle zivilisatorischer Geordnetheit sichtbar zu machen, verfolgt am ehesten die psychoanalytische Sozialpsychologie (vgl. dazu das Kapitel von Gudrun Brockhaus) und die vor allem auf Freud aufbauende Sozialpsychologie von Theodor W. Adorno und der Kritischen Theorie (über die das Kapitel von Sigrun Anselm informiert). In den beiden Kapiteln werden die Einbeziehung der eigenen Person als Forscherin bzw. Therapeutin sowie die Orientierung an einem radikal kritischen Prinzip als Grundbedingungen einer reflexiven Sozialpsychologie exemplarisch verdeutlicht.

3. Die *Reflexion der geschlechtsspezifischen Differenzen*: Das Individuum der dominanten Sozialpsychologie ist auf den ersten Blick das universelle, geschlechtsneutrale Individuum und auf den zweiten Blick erweist es sich als eine Kopie der Idealfiktion des männlichen Sozialcharakters: Rational-strategisch steuernd; »Individuen, die sich als sich selbst-bestimmende, autonome Souveräne, für sich selbst verantwortliche Verfasser ihrer eigenen Lebenswerke« verstehen (Sampson 1989, S. 915). Die feministische Sozialpsychologie hat uns mit einer Einsicht konfrontiert, ohne die eine reflexive Sozialpsychologie nicht mehr denkbar wäre: »Der monadische Individualismus und die instrumentelle Rationalität sind die kulturellen Korrelate der männlichen Differenzierungserfahrung« (Benjamin 1982, S. 445). Helga Bilden entfaltet in ihrem Kapitel Perspektiven feministischer Sozialpsychologie und zeigt, wie unter diesem Blickwinkel das vor allem bei Frauen verbreitete Verhaltensmuster der Bulimie als folgerichtige Antwort auf widersprüchliche Bedingungen weiblicher Lebenswelten verstanden werden kann.

4. Die *Reflexion wissenschaftlicher Konstrukte*: Unser Wissen, unsere Perspektiven und unsere jeweiligen konzeptuellen Annahmen vom Subjekt und einzelnen psychosozialen Phänomenen sind eingebunden in einen gesamtgesellschaftlichen Erkenntnis- und Veränderungsprozeß, dessen verstehende Entzifferung unser Hauptanliegen ist. Heinrich Berger gibt in seinem Kapitel einen

Überblick über konstruktivistische Ansätze in der Sozialpsychologie. Er exemplifiziert den so gewonnenen Blick an den Herstellungsprozessen von Schizophreniekonzeptionen und ermöglicht so zugleich eine Vorstellung von der »anderen Seite« unserer Normalitäts- und Vernunftvorstellungen.

5. Die *reflexive Modernisierung* ist eine soziologisch-philosophische Perspektive auf die gegenwärtigen gesellschaftlichen und Subjektverhältnisse. Diese Perspektive betont, daß sich kein kulturelles, gesellschaftliches und subjektives Phänomen der Gegenwart im Zustand des unstrittigen Soseins befindet; das jeweils gelebte Leben könnte auch anders verlaufen, erfordert der Begründung, wird reflexiv. Die Individualisierungstheorie, die Elisabeth Beck-Gernsheim in einem weiteren Kapitel darstellt, zeigt, wie sich biographische Lebenslaufmuster aus unbefragt akzeptierten Normalitätsmustern herauszulösen beginnen und reflexiv werden.

6. Ein *reflexives Methodenverständnis* schöpft aus dem sich zunehmend konsolidierenden Reservoir qualitativer empirischer Sozialforschung (vgl. Flick u. a. 1991). Christel Schachtner zeigt im letzten Kapitel Wege und Haltungen interpretativer Sozialforschung auf, und es wird deutlich, wie zentral dabei für Sozialpsychologen und Sozialpsychologinnen ist, eigene Interessen, Erwartungen und Emotionen in bezug auf die jeweils untersuchten Fragestellung und die Beziehung zu den Befragten zu reflektieren.

Mit dem Band »Verunsicherungen. Das Subjekt im gesellschaftlichen Wandel« (Keupp & Bilden 1989) hat der Institutsbereich Sozialpsychologie am Institut für Psychologie der Universität München erstmals versucht, sein spezifisches Profil in einer gemeinsamen Publikation zur Diskussion zu stellen. Wir versammelten Beiträge aus unseren jeweiligen Forschungsfeldern und banden sie durch eine programmatische Einleitung zusammen. Wir wurden uns schnell einig, daß wir einen weiteren gemeinsamen Schritt gehen sollten: Wir wollten die für unser gemeinsames Verständnis einer reflexiven Sozialpsychologie grundlegenden theoretischen Quellen sichtbar und vermittelbar machen. So entstand dieses Buch. Ohne unsere beiden Vertretungsprofessorinnen, Sigrun Anselm und Elisabeth Beck-Gernsheim, hätte es sicher nicht die fachliche Breite gewinnen können, die es jetzt hat.

Susanne Schauer hat das gesamte Manuskript noch einmal gründlich redaktionell bearbeitet. Dafür schulden wir ihr einen herzlichen Dank.

Literatur

Adorno, Th. W. (1969), »Erziehung nach Auschwitz«, in: ders., *Stichworte. Kritische Modelle 2*, Frankfurt am Main: Suhrkamp.

Allport, G. W. (1954), »The historical background of modern social psychology«, in: G. Lindzey (Hg.), *Handbook of Social Psychology*, Bd. 1, Reading, Mass.: Addison-Wesley, S. 3-56.

Benjamin, J. (1982), »Die Antinomien des psychiatrischen Denkens. Kritische Theorie und Psychoanalyse«, in: W. Bonß und A. Honneth (Hg.), *Sozialforschung als Kritik*, Frankfurt am Main: Suhrkamp, S. 426-455.

Brede, K. (1989), »Der interdisziplinäre Charakter anlytischer Sozialpsychologie«, in: Psychoanalytisches Seminar Zürich (Hg.), *Die Gesellschaft auf der Couch. Psychoanalyse als sozial-wissenschaftliche Methode*, Frankfurt am Main: Athenäum, S. 143-165.

Elias, N. (1972), »Soziologie und Psychiatrie«, in: H.-U. Wehler (Hg.), *Soziologie und Psychoanalyse*, Stuttgart: Kohlhammer, S. 11-41.

Flick, U., E. v. Kardorff, H. Keupp, L. v. Rosenstiel und St. Wolff (Hg.) (1991), *Handbuch qualitative Sozialforschung*, München: Psychologie Verlags Union.

Forgas, J. P. (1987), *Sozialpsychologie. Eine Einführung in die Psychologie der sozialen Interaktionen*, München: Psychologie Verlags Union.

Fromm, E. (1932), »Über Methode und Aufgabe einer analytischen Sozialpsychologie. Bemerkungen über Psychoanalyse und historischen Materialismus«, in: ders., *Analytische Sozialpsychologie und Gesellschaftstheorie*, Frankfurt am Main: Suhrkamp 1980.

Fryer, D. (1986), »The social psychology of the invisible. An interview with Marie Jahoda«, in: *New Ideas in Psychology* 4, S. 107-118.

Gehlen, A. (1969), *Moral und Hypermoral. Eine pluralistische Ethik*, Frankfurt/Bonn: Klostermann.

Honneth, A. und H. Joas (1980), *Soziales Handeln und menschliche Natur*, Frankfurt am Main: Campus.

Keupp, H. und H. Bilden (Hg.) (1989), *Verunsicherungen. Das Subjekt im gesellschaftlichen Wandel*, Göttingen: Hogrefe.

McDougall, W. (1908), *Introduction to Social Psychology*, London: Methuen; deutsch: *Einführung in die Sozialpsychologie*, Jena: Gustav Fischer 1928.

Mitscherlich, A. (1963), *Auf dem Weg zur vaterlosen Gesellschaft. Ideen zur Sozialpsychologie*, München: Piper.

Newcomb, T. M. (1959), *Sozialpsychologie*, Meisenheim am Glan: Anton Hain (Original 1950).

Ross, E. A. (1908), *Social Psychology. An Outline and Sourcebook*, New York: Macmillan.

Sampson, E. E. (1989), »The challenge of social change for psychology. Globalization and psychology's theory of the person«, in: *American Psychologist* 44, S. 914-921.

Simmel, G. (1908), *Soziologie. Untersuchungen über die Formen der Vergesellschaftung*, Berlin: Duncker & Humblot.

Joachim Hohl

Die zivilisatorische Zähmung des Subjekts

Der Beitrag von Norbert Elias zu einer historischen Sozialpsychologie

> Rein natürliche Existenz, animalische und vegetative, bildete der Zivilisation die absolute Gefahr.
> Horkheimer und Adorno 1969, S. 31

1. Eine kurze Darstellung der Theorie des Zivilisationsprozesses

Man schreibt das Jahr 1520. Wir befinden uns im Gastzimmer einer deutschen Herberge: »Vielleicht 80 bis 90 Menschen sitzen beieinander, und zwar [...] nicht nur niederes Volk, sondern auch Reiche und Edelleute, Männer, Frauen, Kinder, alles durcheinander. Und jeder verrichtet, was ihm notwendig erscheint. Der eine wäscht seine Kleider und hängt die durchnäßten Sachen am Ofen auf. Der andere wäscht seine Hände. Aber der Napf ist so sauber [...], daß man einen zweiten braucht, um sich von dem Wasser zu reinigen. Knoblauchdüfte und andere üble Gerüche steigen auf. Überall spuckt man hin. Einer reinigt seine Stiefel auf dem Tisch. Dann wird aufgetragen. Jeder taucht sein Brot in die allgemeine Platte, beißt ab und tunkt von neuem. Die Teller sind schmutzig, der Wein ist schlecht [...] Der Raum ist überheizt, alles schwitzt und dünstet und wischt sich den Schweiß ab. Es gibt sicher viele Leute darunter, die irgendeine verborgene Krankheit haben ...« (Erasmus, zitiert nach Elias 1976a, S. 92). Schon beim Lesen schaudert es uns, ein leises Gefühl von Ekel und Peinlichkeit stellt sich ein – und genau darin, so würde Elias sagen, drückt sich der »Prozeß der Zivilisation« aus, der uns heutige Leser dieser Zeilen von jenen Herbergsgästen trennt. Offenbar hat sich einiges geändert in den letzten Jahrhunderten, und zwar sowohl im sozialen

Verhalten der Menschen wie in den Gefühlen, die damit zusammenhängen. Um zu verstehen, was sich da in unserem Erleben und Verhalten verändert hat, müssen wir weit zurückgehen ins Mittelalter ... Mit Elias blättern wir in alten »Tischzuchten«, jenen frühen Benimm-Büchern, die sich bemühten, den Zeitgenossen gute Manieren beizubringen. Aus den Geboten und Verboten jener »Courtoisieschriften« schließt Elias auf das rechte Verhalten der Zeitgenossen. Was finden wir da? Betrachten wir zunächst die Vorschriften für das Verhalten bei Tisch: »Kein edeler man selbander sol mit einem leffel suffen niht ...« (etwa: »Der Mann von Welt trinkt nicht aus dem Löffel«; 1976a, S. 80), heißt es in einer Hofzucht des 13. Jahrhunderts. Und weiter: »Wenn du vom Brot abgebissen hast, tunke es nicht wieder in die gemeinsame Schüssel.« »Schmatze und schnaube nicht beim Essen« (ebd.). Da es noch keine Taschentücher gab, muß die Versuchung groß gewesen sein, ins Tischtuch zu schneuzen – eine Gewohnheit, von der die Hofzuchten dringend abraten. Der Gebrauch der Gabel war noch nicht üblich, man nahm das Essen mit der Hand aus der gemeinsamen Schüssel – daher »sollte man sich auch nicht in Ohren, Nase oder Augen greifen: ›In diu oren grifen niht enzimt und ougen, als etlicher tout, swer den unflat von der nasen nimt, so er izzet, diu driu sint niht gout‹« (ebd., S. 81).
Elias listet eine ganze Reihe von Verhaltensvorschriften auf, die in Hofzuchten verschiedener Länder über die Jahrhunderte immer wiederkehren: »Lege nicht die Ellbogen auf den Tisch, heißt es häufig. Zeige eine heitere Miene. Rede nicht zuviel. Sehr oft wird daran erinnert, sich nicht zu kratzen und nicht sofort gierig über das Essen herzufallen. Man soll auch das Stück, das man schon im Munde gehabt hat, nicht wieder auf die allgemeine Schüssel legen; das wird oft wiederholt [...] Dann wird immer wieder gesagt: Reinige dir die Zähne nicht mit dem Messer. Spucke nicht auf oder über die Tafel [...] Mach deine Zähne nicht mit dem Tischtuch sauber. Biete nicht anderen den Rest deiner Suppe an oder das Brot, von dem du schon abgebissen hast, schneuz dich nicht zu laut. Schlaf nicht bei Tisch ein. Und ähnliches« (ebd., S. 83). Im Lauf der Jahrhunderte werden die geforderten Verhaltensstandards allmählich »zivilisierter«, sie sind aber immer noch sehr weit entfernt von dem, was heutzutage üblich ist. Zu Beginn des 16. Jahrhunderts hatte sich der Gebrauch der Gabel in den Oberschichten weitgehend durchgesetzt, jedenfalls können wir das der

Forderung des Erasmus entnehmen: »Die Finger in die Soße tauchen ist bäurisch. Man nehme, was man will, mit Messer und Gabel, und man suche nicht in der ganzen Platte [...], sondern nehme das, was zufällig gerade vor einem liegt« (ebd., S. 118). Da vieles nach wie vor jedoch mit den Fingern gegessen wird, werden die Hände schmutzig: »Die fettigen Finger abzulecken oder am Rock abzuwischen ist unzivil. Man nimmt dazu besser Tischtuch oder Serviette« (ebd., S. 118). Am Ende des 18. Jahrhunderts hat diese Entwicklung ihren vorläufigen Abschluß gefunden; zu dieser Zeit hat sich in den französischen Oberschichten jener Standard gesitteten Verhaltens bei Tisch durchgesetzt, der uns heute selbstverständlich geworden ist. Auch die Entwicklung des technischen Zubehörs wie Messer, Gabel, Serviette etc. ist zu diesem Zeitpunkt im großen und ganzen abgeschlossen. Was in den nächsten 200 Jahren neu dazukommt, ist die allmähliche Ausbreitung der entsprechenden Verhaltensformen von »oben« nach »unten«, bis sie schließlich für die gesamte Gesellschaft verbindlich geworden sind. Zusammenfassend läßt sich dieser Prozeß etwa folgendermaßen charakterisieren: Mit dem Ausgang des Mittelalters werden die Tischsitten zunehmend verfeinert; das heißt, unmittelbares trieb- bzw. affektbestimmtes Verhalten bei Tisch wird immer stärker tabuisiert. Die Menschen lernen, spontane, »natürliche« Reaktionen bei sich zu unterdrücken und machen sich allmählich die neuen Standards »höflichen« Benehmens zu eigen. (Die Rede von »spontanen«, »natürlichen« oder »unzivilisierten« Verhaltensweisen ist problematisch; denn sie suggeriert die Vorstellung, als gäbe es so etwas wie eine »reine Natur des Menschen« vor jeder gesellschaftlichen Formung. Dies jedoch ist eine Fiktion: Immer wenn wir es mit menschlichen Bedürfnissen und Verhaltensweisen zu tun haben, handelt es sich schon um gesellschaftlich geformte; die »menschliche Natur« existiert nur in gesellschaftlicher Form, von daher kann es im strengen Sinne beim Menschen – mit Ausnahme vielleicht des Neugeborenen – keine natürlichen Bedürfnisse geben. Wenn hier im folgenden doch von solchen die Rede ist, dann sind damit Formen von Bedürfnisbefriedigung gemeint, die einer früheren zivilisatorischen Phase angehören und die daher im historischen Rückblick als »spontan« und »natürlich« *erscheinen*.)
Im Begriff der »Höflichkeit« ist die Erinnerung aufbewahrt an den sozialen Ort, an dem diese Verhaltensregulierungen sich zu-

erst herausbildeten – an den Hof des Königs. Jener Unterdrükkungsprozeß wurde zunächst nur durch Druck von außen auf die Menschen in Gang gesetzt, deshalb spricht Elias hier von einem »Fremdzwang«; dieser wird im Lauf der Zeit und über die Generationen hinweg qua Sozialisation zum »Selbstzwang«, den die Individuen am Ende auch ohne äußeren Druck auf sich selbst ausüben.

Die Modellierung des Verhaltens wird begleitet von einer Veränderung der Affektstruktur: Wenn der beschriebene Verinnerlichungsprozeß, also die Umwandlung von Fremdzwängen in Selbstzwänge, abgeschlossen ist, dann rufen unfeine Tischsitten bestimmte Emotionen hervor, die mit dem Gefühl der Angst verwandt sind, nämlich Scham und Peinlichkeit – Scham bei dem, der gegen die Regeln verstoßen hat, und Peinlichkeit bei denen, die Zeugen dieses *faux pas* geworden sind.

Nun beschränkt sich aber der Prozeß der Zivilisation nicht auf die Veränderung der Tischsitten. Auch in anderen Verhaltensbereichen lassen sich ähnliche Entwicklungen beobachten: in der Einstellung zu den »natürlichen Bedürfnissen« – zum Urinieren und Defäzieren, zum Schneuzen und Spucken –, in der Nacktheit, der Sexualität und der Äußerung von Aggression, überall begegnet uns dasselbe Bild, überall zeigt die »Zivilisationskurve« (Elias) einen ähnlichen Verlauf: Anfangs sind die entsprechenden Verhaltensweisen sozial relativ wenig tabuisiert, die zugrundeliegenden Bedürfnisse werden weitgehend spontan und »in aller Öffentlichkeit« ausgelebt; im Lauf der Zeit geraten diese Verhaltensweisen immer mehr unter Tabu-Druck, sie werden verpönt, mit Scham- und Peinlichkeitsgefühlen umgeben und aus der Öffentlichkeit »hinter die Kulissen« (Blok) der Privatsphäre verlegt. Dazu noch zwei Beispiele aus frühen Manierenbüchern, die sich immer wieder gegen das Urinieren und Defäzieren in der Öffentlichkeit wenden, und dies in einer sehr offenen und direkten Art und Weise tun: »Uber das stehet es einem sittsamen, erbahrn mensch nicht an [...], daß er sich zu natürlicher notdurft in anderer Leute gegenwertigkeit rüste und vorbereite oder nach dem er solches verrichtet, sich in ihrer gegenwertigkeit widerum nestele und bekleide« (Giovanni della Casa 1609; zitiert nach Elias 1976a, S. 176). Und die Braunschweigische Hofordnung von 1589 mahnt uns, »... daß niemand, der sei auch wer er wolle, unter, nach oder vor den Mahlzeiten, spät oder früh, die Wendelsteine, Treppen,

Gänge und Gemächter mit dem Urin oder anderm Unflath verunreinigen, sondern wegen solcher Nothdurft an gebührliche, verordnete Orte gehen thue« (zitiert nach Elias 1976a, S. 177).
Die Tabuisierung ergreift schließlich auch die Sprache: nicht nur wird es allmählich »unschicklich«, diese Dinge zu tun, es wird auch unschicklich, über sie zu sprechen. Folglich entwickeln sich allerlei indirekte Bezeichnungen und Umschreibungen, die dazu dienen, das »Unsagbare« doch zu sagen.
Parallel zu den neuen Verhaltensstandards entwickeln sich die entsprechenden technischen Gerätschaften – die Gabel und das Schnupftuch, der Spucknapf, das Nachthemd, die Toilette etc. Diese sind einerseits Resultat der immer weiter um sich greifenden Triebunterdrückung, andererseits stellen sie die materiellen Bedingungen dar, die diesen Prozeß überhaupt erst ermöglichen und die ihn weitertreiben.
Wir wenden uns nun dem zweiten Band des *Prozesses der Zivilisation* zu. Ging der erste Band vom Individuum aus – er trägt den Untertitel »Wandlungen des Verhaltens in den weltlichen Oberschichten des Abendlandes« –, so setzt der zweite bei der Gesellschaft an (»Wandlungen der Gesellschaft«). Hier geht es um die Entwicklung der mittelalterlichen Gesellschaft auf dem Wege in die Neuzeit – ein Prozeß, den Elias als zunehmende Differenzierung beschreibt. Diese resultiert aus dem Zusammenspiel einer Vielzahl unterschiedlicher sozialer Faktoren und Prozesse: die Bevölkerung wächst langsam, aber stetig an; Städte werden neu gegründet bzw. wachsen und gewinnen als politische und ökonomische Zentren an Bedeutung; mit der Entdeckung und Kolonisierung außereuropäischer Länder nimmt der Fernhandel einen enormen Aufschwung; der Tauschhandel gewinnt an Bedeutung, und als Konsequenz davon geht die Naturalwirtschaft allmählich in die Geldwirtschaft über. Diese Prozesse lassen soziale Verhältnisse entstehen, die immer komplexer werden. Auf eine einfache Formel gebracht: »more people are forced more often to pay more attention to more other people« (Goudsblom). Das heißt, die »Interdependenzketten« (Elias) menschlicher Handlungen werden länger und verflechten sich immer stärker. Für die Menschen bedeutet dies: sie müssen sich in ihrem Verhalten nicht nur an einer immer größeren Zahl immer unterschiedlicherer Mitakteure orientieren, sie müssen auch mehr als bisher zukünftige Handlungen – eigene und fremde – antizipieren und sich darauf

einstellen. Dazu wiederum müssen sie eine Fähigkeit ausbilden, die Elias »Langsicht« nennt – ein vorausschauendes, kalkulierendes Abwägen verschiedener Handlungsmöglichkeiten und -folgen.

Historisch parallel zu diesen Prozessen findet auf der politischen Ebene eine Entwicklung statt, die man mit Elias als »Monopolisierung der Gewalt« beschreiben kann und die in der Herausbildung des modernen Nationalstaates ihren vorläufigen historischen Abschluß erreicht hat: Die feudalistische Gesellschaft des frühen Mittelalters kennt noch kein Gewaltmonopol im eigentlichen Sinne, sie ist gekennzeichnet durch einen andauernden Kampf aller gegen alle; die politische Gewalt ist aufgesplittert auf eine Vielzahl kleiner Feudalherren, die alle versuchen, ihren lokalen Machtbereich zu erhalten bzw. zu vergrößern. Da die Verteilung des zur Verfügung stehenden Landes in Westeuropa spätestens um das Jahr 1000 n. Chr. abgeschlossen ist, läßt sich die Vergrößerung eines Machtbereiches nur auf Kosten der Machtbereiche von anderen durchsetzen. Dies ist nach Elias der eigentliche Grund für die wechselseitigen Dauerfehden zwischen den Feudalherren, die das Mittelalter kennzeichnen. Er interpretiert diesen Prozeß – analog dem ökonomischen Konkurrenzmechanismus – als Konkurrenzkampf um Macht. In jahrhundertelangen »Ausscheidungskämpfen« kommt es schließlich zum endgültigen Sieg eines bzw. einiger weniger Feudalherren über die anderen und damit zur Entstehung eines »Machtmonopols«. Der Sieger – der König oder Kaiser – unterwirft sich seine ehemaligen Mitkonkurrenten, sein Hof wird zum Sitz der damit entstandenen Zentralgewalt. Mit dem Ende der Kämpfe entsteht ein befriedetes Gebiet, in dem nur noch das Gesetz des Herrschers gilt. Dieser duldet keine rivalisierenden Machthaber neben sich. Der ehemals autonome »Schwertadel« verliert seine Selbständigkeit; seine Mitglieder konzentrieren sich am Sitz des Herrschers, sie werden zu »Höflingen« und bilden fortan seinen Hofstaat.

Diese beiden Prozesse – die Entwicklung der »Langsicht« und die Entstehung von befriedeten Räumen durch die Monopolisierung der Gewalt – konvergieren im Hinblick auf die psychische Struktur der Menschen in einem entscheidenden Punkt: sie erfordern von diesen ein bislang nicht gekanntes Maß an Selbstbeherrschung, an Distanzierung von den eigenen spontanen Affekten. Die Menschen können sich nun nicht mehr einfach »gehen las-

sen«, sie müssen innehalten, ihre Bedürfnisse bezähmen, zurückstellen oder ganz auf ihre Befriedigung verzichten, um nicht mit ihren eigenen Interessen oder mit dem Gesetz des Herrschers in Konflikt zu geraten. Wie stets bei sozialen Prozessen, die mit der »Zivilisation« zu tun haben, beginnt dieser Prozeß »oben«, in den höheren Schichten der Gesellschaft und setzt sich dann allmählich nach »unten« hin durch. An der »Verhöflichung des Kriegers« (Elias 1976b, S. 351 f.) läßt sich dieser Prozeß noch einmal exemplarisch verdeutlichen: Indem der ehemals autonome Schwertadel im Prozeß der Herausbildung des Machtmonopols seine Selbständigkeit verliert, wandelt sich auch seine psychische Struktur. Der freie Ritter brauchte seine Impulse kaum im Zaum zu halten, denn es gab niemand, der ihn dazu hätte zwingen können; gegenüber seinen Leibeigenen und Dienern, im Krieg und auf der Jagd konnte er seinen Bedürfnissen freien Lauf lassen. Das ändert sich in dem Maße, wie er sich nunmehr als abhängiger Höfling dem Machtmonopol des Königs beugen muß; am Hofe heißt es, »Höflichkeit« zu zeigen und Rücksicht zu nehmen, auf die Interessen des Königs und auf die der anderen Adligen. Die Etikette zwingt jedem ein hochgradig künstliches, durch Verzicht auf spontane Befriedigung gekennzeichnetes Verhalten auf. (An der Form der höfischen Tänze hat Rudolf zur Lippe dies als »Naturbeherrschung am Menschen« beschrieben.) An die Stelle des ritterlichen Kampfgeistes und des ungezügelten Draufhauens im offenen Zweikampf tritt nun die Intrige. Sie wird zur Waffe und zur Form der Auseinandersetzung bei Hofe – eine Waffe, deren Beherrschung das Gegenteil von spontaner ungezügelter Kraftentfaltung erfordert: »[Die Intrigen] verlangen und züchten andere Eigenschaften als die Kämpfe, die mit der Waffe ausgefochten werden können: Überlegung, Berechnung auf längere Sicht, Selbstbeherrschung, genaueste Regelung der eigenen Affekte, Kenntnis der Menschen und des gesamten Terrains werden zu unerläßlichen Voraussetzungen jedes sozialen Erfolges« (Elias 1976b, S. 370).
Am Schluß des zweiten Bandes seiner Zivilisationstheorie führt Elias unter dem Titel »Entwurf zu einer Theorie der Zivilisation« seine Überlegungen aus den beiden Bänden zusammen. Die im ersten Band am Individuum beschriebenen Veränderungen finden durch die im zweiten Band rekonstruierten gesellschaftlichen Prozesse ihre Begründung. Politische Entwicklungen (»Monopolisierung der körperlichen Gewalt«) und sozio-ökonomische (»Aus-

weitung der Handlungsketten und Interdependenzen im gesellschaftlichen Raum«) wirken zusammen und erzeugen einen bestimmten Zwang zur vorausschauenden Kalkulation von Handlungsfolgen. Dies wiederum macht eine gewisse Ent-Emotionalisierung bzw. De-Spontaneisierung des Verhaltens nötig. Der Zurückhaltung bei der Befriedigung »natürlicher« Bedürfnisse entspricht eine weitgehende Dämpfung der Affekte. Dies ist zunächst äußeres Gebot; in der Folge wird es allmählich verinnerlicht und erscheint schließlich als »ureigenstes« Bedürfnis der Individuen. Ist dieser Verinnerlichungsprozeß abgeschlossen, reagieren die Menschen auf Verstöße gegen zivilisatorische Zwänge mit Scham-, Ekel- und Peinlichkeitsgefühlen. Verrichtungen und Verhaltensweisen, die mit der Naturseite des Menschen zu tun haben, werden im Laufe dieses Prozesses immer mehr aus dem öffentlichen Leben verbannt, sie werden aufs Privatleben beschränkt und/oder an bestimmte Institutionen bzw. Berufsgruppen delegiert. Elias ist es mit seiner Theorie gelungen, gesellschaftliche Prozesse, Verhaltensänderungen und die Entwicklung psychischer Strukturen in ein konsistentes Modell zu integrieren: »Es ändert sich die Art, in der die Menschen miteinander zu leben gehalten sind; deshalb ändert sich ihr Verhalten; deshalb ändert sich ihr Bewußtsein und ihr Triebhaushalt als Ganzes« (Elias 1976b, S. 377).

2. Weiterentwicklungen und Anwendungen

Nachdem der *Prozeß der Zivilisation* Mitte der siebziger Jahre als Taschenbuchausgabe erschienen ist, haben sich zahlreiche Verfasser mit zivilisationstheoretischen Fragestellungen beschäftigt. Wenige ausgewählte Beispiele müssen genügen: Johann Goudsblom untersucht den Zusammenhang von »Zivilisation, Ansteckungsangst und Hygiene« am Beispiel der großen Epidemien in der europäischen Geschichte; er zeigt, wie der Kampf gegen diese Krankheiten (Pest, Cholera etc.) unter der Hand zur Bildung zivilisierter Lebensgewohnheiten beiträgt (vgl. Goudsblom 1977, S. 215 ff.). Peter Gleichmann beschäftigt sich mit der »Verhäuslichung körperlicher Verrichtungen«; er weist nach, daß sich durch die Einführung der Kanalisation in den Städten des 19. Jahrhunderts das Verhältnis der Menschen zu ihren Exkrementen im Sinne

einer Verstärkung von Scham- und Peinlichkeitsgefühlen verändert (vgl. Gleichmann 1977, S. 254 ff.). Michael Schröter untersucht die Art und Weise, wie im Übergang vom Mittelalter zur Neuzeit Ehen geschlossen werden; er kann zeigen, wie die Eheschließung immer mehr unter die Herrschaft von Staat und Kirche gerät und wie zugleich die Individualität der Eheleute in dieser Institutionalisierung eine Aufwertung erfährt (vgl. Schröter 1985). Gabriele Klein verfolgt den historischen Wandel der Tanzformen vom Menuett zum Walter unter zivilisationstheoretischem Aspekt (vgl. Klein 1990, S. 197 ff.). Elias selbst schließlich hat in seinem Buch *Über die Zeit* (1984) unseren modernen westlichen Zeitbegriff analysiert und gezeigt, wie sehr die Zeit zu einem Teil unserer Selbstzwangapparatur geworden ist; in seinen *Studien über die Deutschen* (1989) wendet er die Zivilisationstheorie auf die jüngere deutsche Geschichte an und macht Zusammenhänge deutlich zwischen der spezifischen Form eines deutschen Nationalcharakters und der Entstehung des Nationalsozialismus.
Im folgenden möchte ich zwei Arbeiten etwas ausführlicher darstellen, die ebenfalls in der Tradition der Zivilisationstheorie entstanden sind und die zeigen, wie sich diese Theorie sinnvoll auf weitergehende Fragestellungen beziehen läßt.

2.1 Die Zähmung des Feuers als zivilisatorischer Prozeß

In seiner Untersuchung »The Domestication of Fire as a Civilising Process« (1987) geht Goudsblom an den Beginn der Menschheitsgeschichte zurück. Gestützt auf archäologische, ethnologische und ethologische Befunde stellt er sich die Frage, welche Eigenschaften unsere Hominiden-Vorfahren aufweisen mußten, um vor – sagen wir – rund 500 000 Jahren eine für jede weitere kulturelle Entwicklung fundamentale Fähigkeit auszubilden, nämlich die, mit dem Feuer umgehen zu können. Wie sich zeigt, setzt diese Kulturfertigkeit eine Reihe ziemlich komplexer Fähigkeiten voraus. (Im folgenden geht es nur um die psychischen Prädispositionen – physische, wie etwa der aufrechte Gang, der Gebrauch der Hände etc., bleiben hier außer Betracht.) Da ist zunächst die Beherrschung der Angst vor dem Feuer: Um es »zähmen« zu können, muß man zuallererst die eigene Angst davor kontrollieren können, man muß sich ihm nähern können und lernen, trotz der Angst mit ihm umzugehen. Weiterhin muß man der Verlockung widerstehen, mit ihm herumzuspielen und es zu löschen.[1] Hier spielen also bereits basale Fähigkeiten zur Selbstkontrolle eine Rolle. Damit das Feuer nicht ausgeht, muß man sich andauernd um es kümmern – man muß Holz sammeln, das Feuer unterhalten und bewachen, es gegen Regen schützen, gegen Feinde verteidigen usw. Dies wiederum setzt die Fähigkeit voraus, momentane Lust- und Unlustgefühle zurückzustellen zugunsten eines sachzwangorientierten, vorausschauenden, und planenden Handelns – jene Fähigkeit, die Elias an einer viel späteren Kulturstufe beschrieben und mit dem Begriff »Langsicht« bezeichnet hatte. »Gathering wood and feeding a fire with it are acivities which people perform, not in their own interests, but so to speak ›in the service of fire‹. When people began to collect fuel over larger distances they devoted part of their energies to maintaining something outside themselves. This does not mean of course that they were in any way acting ›unselfishly‹, but tending a fire was a rudimentary form of ›detour‹ behaviour, of the pattern of ›deferred gratification‹ which was later to become a distinguishing characteristic of cattle raising and agriculture« (Goudsblom 1987, S. 465). Die Beherrschung des Feuers setzt also die Selbstbeherrschung des Menschen ebenso voraus, wie sie ihrerseits zum Anlaß für die Weiterentwicklung dieser Selbstbeherrschung wird.[2] Die Herrschaft über das Feuer konnte nur im Rahmen eines sozialen Prozesses erlangt werden; nur Gruppen von Hominiden können imstande gewesen sein, die dazu nötigen komplexen Leistungen hervorzubringen (man denke nur an die Notwendigkeit, das Feuer rund um die Uhr – also auch nachts – zu bewachen). Umgekehrt verlieh das Feuer den Gruppen, die mit

1 Wieviel Spaß es macht, ein Feuer zu löschen, kann man an spielenden Kindern beobachten. Vgl. in diesem Zusammenhang auch Freud (1932), der ja – in Vorausahnung der Zivilisationstheorie? – den Verzicht des Urmenschen darauf, das Feuer auszuurinieren, geradezu als den fundamentalen Akt beschreibt, mit dem die Kultur beginnt.

2 Die Überlegungen Goudsbloms lassen sich verstehen als ein Beispiel für das, was Horkheimer und Adorno als Dialektik der Naturbeherrschung beschrieben haben: daß die Beherrschung der Natur nur möglich ist um den Preis der Selbstbeherrschung der Gattung (vgl. Horkheimer und Adorno 1969).

ihm umzugehen verstanden, einen immensen Überlebensvorteil gegenüber der Tierwelt und gegenüber anderen Hominiden-Gruppen.

Die hier skizzierte Arbeit von Goudsblom zeigt, daß die Zivilisationstheorie in ihrem Anwendungsbereich keineswegs beschränkt ist auf jenen historischen Zeitraum, an dem sie entwickelt wurde. Und sie ist ein schönes Beispiel für Elias' These, daß es keinen »Nullpunkt der Zivilisation« gibt: Immer wenn wir von »Menschen« sprechen können, haben wir es schon mit zivilisatorischen Prozessen zu tun, mit Phänomenen wie »Selbstzwangapparaturen« und »Langsicht« – wie rudimentär auch immer sie entwickelt sein mögen.

2.2 Informalisierung und der Prozeß der Zivilisation

In den letzten Jahrzehnten lassen sich in den westlichen Industriegesellschaften gewisse Phänomene beobachten, die der Zivilisationstheorie zunächst zu widersprechen scheinen. Hatte diese den Prozeß der Zivilisation als immer weitergehende Verinnerlichung von formalisierten Verhaltensstandards beschrieben, so zeigen sich in der sozialen Realität ganz im Gegenteil dazu deutliche Tendenzen einer zunehmenden Entformalisierung und Enttabuisierung. Das beginnt bei den Höflichkeitsformen in der Anrede, wo das Duzen – zumindest zwischen sozial Gleichgestellten – viel selbstverständlicher geworden ist als früher; das zeigt sich in den Bekleidungsvorschriften – die gerade bei formalen Anlässen lokkerer geworden sind –, wie auch in einer allgemeinen Liberalisierung der Standards »guten Benehmens« (was dann zu einem Anlaß des Dauerkonflikts zwischen den Generationen wird); und es zeigt sich in einer weitgehenden Demokratisierung der Umgangsformen und der Beziehung zwischen Eltern und Kindern. Nirgendwo jedoch wird diese Tendenz deutlicher als im Bereich von Sexualität und Körperlichkeit: die Sexualität – jahrhundertelang in die Intimität des privaten Lebens verbannt – ist zum Gegenstand öffentlicher Diskurse geworden.[3] Spielfilme, die auf-

3 Und das seit langem, in der BRD sicher schon seit den sechziger Jahren. Die Aids-Debatte der letzten Zeit scheint mir von daher eher Auswir-

grund einiger milder erotischer Szenen noch vor 35 Jahren zu Massenaufläufen und Protestaktionen in der Bevölkerung führten, erregen heute beim Publikum keinerlei besondere Aufmerksamkeit mehr. Und die sprichtwörtlichen »Nackten im Englischen Garten« in München, die noch vor wenigen Jahren die Boulevardpresse heftig beschäftigten, sind heute kaum mehr eine Zeile wert. Solche Phänomene – die Reihe der Beispiele ließe sich beliebig verlängern – stellen nun für die Zivilisationstheorie »Anomalien« (Kuhn) dar, insofern sie der Vorhersage zunehmender Formalisierung widersprechen. Aber tun sie das wirklich? Mit Cas Wouters, der den Begriff der »Informalisierung« in die Diskussion einführte, müssen wir das verneinen.[4] Denn die genannten Phänomene führen ja offensichtlich nicht dazu, daß das historisch erreichte Niveau zivilisierten Verhaltens verlassen wird: Weder fallen die Nackten im Englischen Garten einfach übereinander her, noch führt die weitgehende Liberalisierung in der Darstellung von Sexualität zu ungezügelter Promiskuität oder zu Massenorgien. Und auch die zunehmende Brutalisierung im Angebot der Massenmedien hat nicht per se eine entsprechende Brutalität im Verhalten des Publikums zur Folge. Vielmehr scheint es so zu sein, daß diese Informalisierungsprozesse »vollkommen im Rahmen eines bestimmten ›zivilisierten‹ Standard-Verhaltens bleiben« (Elias 1976a, S. 257). Nur weil die entsprechenden Selbstkontrollmechanismen schon derart fest in der psychischen Struktur der Individuen verankert sind, kann es sich ›die Gesellschaft‹ leisten, partielle Gegenbewegungen zuzulassen. Mit Stephen Mennell läßt sich hier von einem »highly controlled decontrolling of emotional controls« sprechen. Solche Phänomene widersprechen also nicht dem Prozeß der Zivilisation – sie setzen ihn nachgerade voraus.[5] Noch einen Schritt weiter geht Wouters,

kung als Ursache dieses Prozesses zu sein, wenngleich sie die Enttabuisierungstendenzen natürlich verstärkt.

4 Auch hier wie so oft ist Elias seinen Kritikern voraus: schon 1939 hat auch er bestimmte Informalisierungsprozesse in der Gesellschaft seiner Zeit beobachtet und unter dem Begriff »Lockerung der Sitten« beschrieben. Wie aus den Formulierungen an der entsprechenden Stelle hervorgeht, hat er diese Tendenzen aber in ihrem Ausmaß wohl unterschätzt (vgl. Elias 1976a, S. 257).

5 Auch innerhalb von Informalisierungsprozessen kann es wiederum zu gegenläufigen Tendenzen kommen: »Benimm«-Regeln sind wieder ge-

wenn er darauf hinweist, daß Informalisierungen nicht nur vereinbar sind mit dem globalen Trend zur Verstärkung von Selbstkontrollmechanismen, sondern daß sie diesen sogar fördern: Rigide Fremdzwänge führen zwar dazu, daß sich Menschen im großen und ganzen diesen Zwängen entsprechend verhalten, weniger jedoch dazu, daß sie sie als Selbstzwänge internalisieren. Werden nun die den Menschen von außen auferlegten Kontrollen schwächer, so werden diese – ein gegebenes Zivilisationsniveau vorausgesetzt – darauf mit einer Verstärkung ihrer Selbstkontrollstruktur reagieren; denn den normativen Halt und damit die soziale Orientierung, die zuvor von außen kamen, müssen sie nun selbst produzieren.

3. Kritische Einwände gegen die Zivilisationstheorie

Natürlich ist die Theorie von Elias nicht unwidersprochen geblieben; die Einwände gegen sie sind zum Teil ideologiekritischer Art (die Theorie sei ihrem Wesen nach ethnozentrisch; sie verkünde unter der Hand die Überlegenheit der westlichen Zivilisation etc., vgl. im folgenden Punkt 3.4), zum anderen inhaltlicher Natur (Elias habe ein harmonistisches Gesellschaftsmodell, das die Integrationskraft der Industriegesellschaften weit überschätze; vgl. Breuer 1988. Er übersehe bei seiner Analyse wichtige historische Kausalfaktoren wie etwa die Religion; vgl. im folgenden Punkt 3.1. Eine Zusammenstellung häufig geäußerter Einwände gegen die Zivilisationstheorie findet sich bei Kuzmics 1989). Ich greife einige dieser Einwände heraus.

3.1 Die zivilisatorische Funktion der Religion

Immer wieder wurde Elias der Vorwurf gemacht, er habe die wesentliche Rolle der christlichen Religion – vor allem den Einfluß der Reformation bzw. des Protestantismus – auf den Prozeß der Zivilisation übersehen (vgl. Wilterdink 1984).

fragt, man achtet mehr auf »korrekte« Kleidung, »Treue in der Partnerschaft« wird als Wert wichtiger etc. In Anlehnung an den Sprachgebrauch von Wouters könnte man derartige Prozesse als »Reformalisierungen« bezeichnen.

So weist etwa Wehowsky (1977) im Anschluß an Max Weber auf den zivilisatorischen Einfluß gerade der verschiedenen reformatorischen Glaubensrichtungen hin: In weit höherem Maße als der mittelalterliche Katholizismus sind diese ja bemüht, das Leben der Gläubigen einer umfassenden, auf Körperfeindlichkeit und »Verzichtsbeflissenheit« (Wehowsky) basierenden Disziplinierung und Rationalisierung zu unterwerfen. Das habe Elias wegen seiner theoretischen Fixierung auf die historische Rolle des Adels übersehen. Dieser Vorwurf trifft Elias nur bedingt: Er sieht diesen Zusammenhang sehr wohl, so etwa wenn er sagt, daß mit dem »Übergang von der mittelalterlich-katholischen zur protestantischen Über-Ich-Bildung« ein »entschiedener Schub in die Richtung einer Verinnerlichung der Ängste« verbunden gewesen sei (Elias 1976b, S. 409). Richtig allerdings ist, daß er diesen Zusammenhang nicht weiter ausführt.

3.2 Die zivilisatorische Funktion des frühen Bürgertums

Neben der zivilisatorischen Funktion der Religion soll Elias auch die des frühen Bürgertums übersehen haben. Wehowsky wendet sich gegen die »Kontinuitätsvorstellung« von Elias, der zufolge sich die beschriebenen Verhaltensrestriktionen zeitlich von oben nach unten, das heißt vom Adel aufs Bürgertum (und von diesem dann aufs Proletariat) ausgebreitet hätten. Er weist statt dessen darauf hin, daß sich unabhängig vom Adel und gleichzeitig mit ihm das Frühbürgertum in einer eigenen zivilisatorischen Entwicklung befunden habe. Diese sieht er zum einen im funktionalen Zusammenhang mit der kalkulierenden Selbstdisziplinierung, die Geldwirtschaft und Kaufmannstätigkeit mit sich brachten, zum anderen in der religiösen Prägung dieser Schicht durch Calvinismus und Puritanismus. Nun stimmt es auch hier wieder nicht, daß Elias die damit aufgeworfenen Probleme nicht gesehen hätte; er konzediert durchaus eine eigenständige Entwicklungslinie zivilisatorischer Standards im Frühbürgertum, die auch er in Zusammenhang mit dem prägenden Einfluß des Protestanismus bringt (vgl. etwa Elias 1976b, S. 402), aber auch hier führt er dies nicht weiter aus. In diesem Zusammenhang kommt Elias auf den Beruf zu sprechen, als einen Faktor, der gerade die psychische

Struktur des Bürgertums auf spezifische Weise prägt (ebd., S. 417 f.). Und er weist darauf hin, daß die Selbstzwangapparatur des Bürgertums, die durch die Berufsarbeit produziert wird, in mancher Hinsicht rigider ist als die der höfischen Aristokratie.

3.3 Die Rolle der Gewalt

Mir selbst scheint, daß Elias die Rolle der Gewalt im Prozeß der Zivilisation zu sehr vernachlässigt. Nach der Lektüre der beiden Bände stellt sich die Vorstellung ein, die beschriebene Konditionierung der menschlichen Triebstruktur sei als friedlicher, sich über die Jahrhunderte hinziehender Sozialisationsprozeß verlaufen. Bei Marx jedoch ist nachzulesen, welche zentrale Rolle die Gewalt dabei gespielt hat: am Ende des ersten Bandes seines *Kapitals* beschreibt er die »Blutgesetzgebung« im Westeuropa des 14. bis 16. Jahrhunderts; diese zielte darauf ab, landlos gewordene Bauern und andere mittellose soziale Gruppen unter Androhung drakonischer Körperstrafen in die entstehenden Manufakturen zu zwingen (Marx 1969, S. 761 ff.). Bei Strafe an Leib und Leben waren die Menschen damit gehalten, die für diese historisch neue Form gesellschaftlicher Arbeit erforderlichen Eigenschaften und Fähigkeiten auszubilden – Arbeitsdisziplin, Ordnung, Pünktlichkeit etc. –, eine psychische Struktur also, die der von Elias beschriebenen Selbstzwangapparatur durchaus entspricht. Natürlich wird die so produzierte subjektive Struktur in den folgenden Jahrhunderten qua Sozialisation an die nachkommenden Generationen weitergegeben; doch bleiben bis weit ins 19. Jahrhundert vielerorts Regelungen in Kraft, welche zum Beispiel die Einhaltung der im kapitalistischen Betrieb geforderten Zeitdisziplin strafförmig absichern (vgl. Thompson 1967). Aber auch hier ist Elias der Kritik schon wieder voraus – zumindest wie das Echo der im Prozeß der Zivilisation verübten Gewalt klingt es, wenn er in deutlicher Nähe zu Freud über die Rolle der Angst im Zivilisationsprozeß sagt: »Niemals gelangt der Heranwachsende zu einer Regelung seines Verhaltens ohne die Erzeugung von Angst durch andere Menschen. Ohne den Hebel solcher von Menschen erzeugten Ängste wird aus dem jungen Menschentiere [!] nie ein erwachsenes Wesen, das den Namen eines Menschen verdient ...« (1976b, S. 447).

All die genannten Einwände treffen Elias also nur bedingt – »gesehen« hat er jene Zusammenhänge durchaus; aber er beläßt es dabei, auf diese zusätzlichen Faktoren und Prozesse hinzuweisen, ohne sie weiter auszuführen. Höchstens ist ihm also vorzuhalten, daß er sich auf die Untersuchung *eines* Faktors, eben die »Wandlungen des Verhaltens in den weltlichen Oberschichten des Abendlandes«, beschränkt hat. Nun ist es aber recht wohlfeil, einer Theorie immer wieder vorzuhalten, was sie alles *nicht* enthält; mir erscheint es demgegenüber sinnvoller, diese »sonstigen Faktoren« in die Zivilisationstheorie einzuarbeiten, anstatt bei dem kritischen Hinweis auf ihr Fehlen stehen zu bleiben.

3.4 Hans Peter Duerrs Elias-Kritik

Die radikalste und am weitesten gehende Kritik der Zivilisationstheorie wird in den letzten Jahren von dem Ethnologen Hans Peter Duerr vorgetragen. Er wendet sich gegen Elias' evolutionistische Grundannahme eines historischen Prozesses der Zivilisation, der im Laufe der Jahrhunderte dazu geführt habe, daß der moderne Mensch des Abendlandes zivilisierter sei als der des Mittelalters oder als Angehörige außereuropäischer Kulturen. Unter Verwendung einer enormen Fülle historischen und ethnologischen Materials bemüht sich Duerr dagegen zu beweisen, daß die von Elias beschriebene linear-evolutionäre Veränderung des Affekthaushaltes nicht haltbar ist: Auch im Mittelalter schon – und ebenso davor, in der Antike – habe man Nacktheit, Sexualität und körperliche Funktionen wie Urinieren und Defäzieren mit strikten Tabus belegt; und damals nicht weniger als heute seien die entsprechenden Verhaltensweisen mit Gefühlen von Scham und Peinlichkeit umgeben gewesen. Das gelte genauso für die sogenannten Naturvölker; auch bei ihnen fänden wir dieselben hochdifferenzierten Verhaltensstandards und Affektregulierungen, so daß sich die Rede von »mehr« oder »weniger zivilisiert« von allein verbiete: »Aller Wahrscheinlichkeit nach [hat es] innerhalb der letzten vierzigtausend [?] Jahre«, so Duerr, »weder Wilde noch Primitive, weder Unzivilisierte noch Naturvölker gegeben« (Duerr 1988a, S. 12). Das ist gleichbedeutend damit, daß die zivilisierte Affektmodellierung nicht – wie Elias meint – produziert wird von bestimmten soziohistorischen Entwicklungen wie weitgehender Arbeitsteilung und

fortgeschrittener Staatenbildung. Statt dessen gehöre die Scham zum »Wesen des Menschen« (ebd., S. 12). Am Ende des zweiten Bandes seiner auf vier Bände angelegten Elias-Kritik stellt Duerr dann eine »Theorie der Körperscham« auf, welche die (weibliche) Schamhaftigkeit als funktionales Moment bei der Codierung der emotionalen und sexuellen Beziehungen zwischen den Menschen bestimmt (ebd., S. 256 f.). Die dann natürlich naheliegende Frage nach einer genetischen Fixierung der Körperscham läßt er ausdrücklich offen (ebd., S. 269).
In Duerrs Kritik an Elias[6] lassen sich – analytisch – zwei Dimensionen unterscheiden, einmal eine ideologiekritische und zum anderen eine empirische.[7] Zunächst zur Ideologiekritik. Duerr wird nicht müde, Elias den »Mythos«-Vorwurf zu machen; die Zivilisationstheorie impliziere aufgrund ihrer evolutionistischen Perspektive eine eindeutige Wertung – gegenüber dem »zivilisierten« modernen Abendländer lasse sie die Menschen des Mittelalters ebenso wie die Angehörigen von Stammesgesellschaften als »unzivilisiert« und damit als auf einer niedrigeren Stufe stehend erscheinen. Damit reihe sich Elias' Ansatz in eine Theorietradition ein, die seit der Aufklärung das eurozentrische Vorurteil bedient habe, »wir« seien in irgendeiner Form weiter oder höher entwickelt als »die anderen«. Aufgrund dieser ideologischen Wertung hätten sich derartige Theorien immer wieder als brauchbar

6 Eine ausführlichere und fundiertere Auseinandersetzung mit Duerrs Elias-Kritik, als sie mir möglich ist, findet sich bei Michael Schröter (1990).

7 Man könnte noch eine dritte Dimension unterscheiden, nämlich eine »quellenkritische«. Duerr wirft Elis vor, daß er bei seiner Interpretation mittelalterlicher Bildquellen unter anderem deshalb zu falschen Schlüssen komme, weil er bestimmte Gestaltungsprinzipien der damaligen bildenden Kunst übersieht, wie etwa das Simultanprinzip, die Darstellung von Bedeutungsräumen etc. Die Auseinandersetzung um Elias' Umgang mit den Quellen ist mittlerweile so umfangreich und komplex, daß sie hier nicht im einzelnen wiedergegeben werden kann (vgl. dazu Duerr 1990, S. 270 ff.; Schröter 1990, S. 64 ff.). Alles in allem scheint es in der Tat so zu sein, daß Elias allzu naiv bestimmte mittelalterliche Darstellungen nackter Körper und sexuellen Verhaltens als Schilderungen des Alltagslebens aufgefaßt hat, anstatt, worauf Duerr immer wieder hinweist, als Schilderungen von Ausnahmesituationen, wie etwa einem Bordellbesuch. Zudem neigte er wohl dazu, den allegorischen Charakter mancher Szenen zu verkennen.

bei der Legitimation des Kolonialismus erwiesen (vgl. Duerr 1990, S. 13).[8] In der Tat hat man bei der Lektüre der beiden *Prozeß*-Bände den Eindruck, daß Elias nicht präzise differenziert zwischen dem westlichen Zivilisationsprozeß und solchen Zivilisationsprozessen, die in anderen Kulturen abgelaufen sind. Duerrs Kritik scheint mir insofern berechtigt, als Elias tatsächlich immer wieder in der Gefahr ist, die Grenze zu verwischen und das, was er für die europäische Zivilisationsentwicklung gefunden hat, zu übertragen auf außereuropäische Kulturen. So finden sich bei ihm zahlreiche »Je-desto-Aussagen«, etwa in dem Sinn, »je stärker Interdependenzketten verflochten sind, je stärker die Macht monopolisiert ist, um so stärker die Selbstkontrolle, um so ausgeprägter die Scham- und Peinlichkeitsbarrieren«. Derartige Formulierungen legen natürlich nahe, daß in Gesellschaften *ohne* ausgeprägtes Gewaltmonopol oder mit relativ schwachen Interaktionsverflechtungen die Selbstkontrolle der Menschen geringer ist, daß ihre Scham- und Peinlichkeitsschranken niedriger sind. Elias behauptet dies nicht explizit – aber indem er auch nicht explizit das Gegenteil sagt, also zum Beispiel die Möglichkeit einräumt, daß in anderen Kulturen Scham und Peinlichkeit auch durch andere soziale Strukturmechanismen als im Abendland hervorgebracht werden können, erweckt er zumindest den Eindruck, er unterstelle anderen Kulturen ein geringeres Maß an Trieb- und Affektkontrolle. Er selbst weist an einigen Stellen darauf hin, daß er dies nicht tut – etwa wenn er darauf hinweist, daß sich verschiedene Kulturen lediglich durch qualitativ unterschiedliche Muster oder Formen von Selbstkontrolle unterscheiden und daß man nie von einem wirklichen Anfang der zivilisatorischen Entwicklung sprechen könne. So etwa in seinem (späten) Buch über die Zeit (1984): »Es gibt keinen Nullpunkt von Zivilisationsprozessen, keinen Punkt, an dem Menschen unzivilisiert sind und gleichsam anfangen, zivilisiert zu werden ...« (ebd., S. 128). Dennoch bleibt ein Rest von Unklarheit – man hat den Eindruck, daß Elias hier

8 Duerr führt hier eine Kritik weiter, die schon 1981 auf dem Amsterdamer »Kongreß über Zivilisationsprozesse« von Blok an Elias geübt worden war: der Zivilisationsbegriff sei eine »einheimische Kategorie«, für welche die Ideologie der Überlegenheit des Abendlandes konstitutiv sei. Ihre Anwendung auf außereuropäische Kulturen lasse Elias' Theorie »ethnozentristisch«, ja »rassistisch« werden (vgl. Wilterdink 1984, S. 288 f.).

nicht zu einer klaren Position gefunden hat bzw. daß er schwankt zwischen einer eher eurozentristischen Konzeption, die in bezug auf außereuropäische Kulturen eine latente Defizit-Zuschreibung impliziert, und einer nicht-normativen Konzeption von zivilisatorischer Entwicklung, die kulturneutral bleibt. Michael Schröter hat hier unlängst zur Klärung beigetragen. Er zeigt, wie sich Elias' Sprachgebrauch – und damit ja wohl auch seine theoretische Sicht der Dinge – im Lauf der Zeit verändert hat: Herrschen in den älteren Teilen des *Prozeß*-Buches die dichotomen Bestimmungen »zivilisiert« vs. »unzivilisiert« vor, so argumentiert Elias in den später geschriebenen Passagen mehr komparativ, im Sinne von »mehr« bzw. »weniger zivilisiert«. Schließlich tritt auch dieser Aussagetyp zurück zugunsten von Formulierungen, in denen es um die qualitativ verschiedenen Organisationsmuster von Affekten geht (vgl. Schröter 1985, S. 519). Hierzu ein Beispiel aus dem *Zeit*-Buch: Elias zeigt an Quellenmaterial, wie extrem stark die Selbstkontrolle im Ertragen von Schmerzen bei bestimmten nordamerikanischen Indianerstämmen war. An diesem Punkt ihrer psychischen Struktur sind die Indianer gewissermaßen zivilisierter als die Weißen, an anderen Punkten – etwa in bezug auf Aggressionsäußerungen bei Kampfhandlungen – wäre es umgekehrt. So gesehen handelt es sich also nicht um eine Zunahme der Zivilisation von der »Stufe der Indianer« bis zu »unserer Stufe«, sondern lediglich um eine andere Art und Weise, zivilisiert zu sein. Wenn wir also von einer Kultur zur anderen übergehen, ist es geradeso, wie wenn wir ein Kaleidoskop drehen: die Elemente bleiben dieselben, aber sie fallen durch die Drehung anders zusammen als vorher und ergeben so ein neues Muster. Generell muß man bei einer kritischen Würdigung von Elias zwei Argumentationsebenen unterscheiden: zum einen die Entwicklung im Abendland, die er explizit untersucht, und zum anderen die der Entwicklung in außereuropäischen Kulturen, die zumindest implizit immer wieder anklingt. Duerrs Kritik zeigt *summa summarum*, daß die Übertragung des einen aufs andere nur um den Preis des Ethnozentrismus möglich ist. Und sie zeigt hinsichtlich der ersten Ebene, daß auch Elias' Ergebnisse zur europäischen Entwicklung relativiert werden müssen – natürlich war auch das Mittelalter nicht »scham-los«, haben auch hier Normen und Tabus geherrscht, die trieb- und affektbestimmtes Verhalten durch die Erzeugung von Schamgefühlen steuerten.

Nun also zu Duerrs »empirischer« Kritik an Elias. Auch in seinem zweiten Band fährt er »damit fort zu zeigen, daß von einer allgemeinen Evolution der Gesittung hin zu stärkerer Triebkontrolle und ›Affektmodellierung‹ innerhalb der letzten Jahrtausende nicht die Rede sein kann« (Duerr 1990, S. 7). Die Frage ist nun, ob ihm dieser Nachweis gelingt. An einem kann nach der Lektüre seiner beiden Bände sicherlich kein Zweifel mehr bestehen: daß es weder im mittelalterlichen Abendland noch bei den sogenannten Primitiven irgendeine Form von scham-losem Umgang mit dem Körper und seinen Funktionen gibt oder gab. Nur – wer hätte das je behauptet? Problematisch wird es erst dort, wo Duerr jegliche Entwicklung der von ihm als ubiquitär nachgewiesenen Verhaltens- und Affektstandards bestreitet. Seine eigenen Beispiele jedoch zeigen – wenn man sie, was ich im folgenden tun möchte, gegen den Strich liest –, daß zumindest wesentliche quantitative Unterschiede zu heutigen Gesellschaften bestehen; damit bestätigen sie indirekt doch wieder die These, daß ein Entwicklunsprozeß – jedenfalls in den letzten Jahrhunderten in Europa – stattgefunden hat. Ich greife drei Beispiele heraus:

(a) Die mittelalterlichen Badstuben und die »Wildbäder«

Duerr wendet sich gegen die häufig – auch von Elias – vertretene These, daß in den mittelalterlichen Bädern die Menschen weitgehend nackt gewesen seien und daß es dort keine Geschlechtertrennung gegeben habe. Er führt zahlreiche Belege dafür an, daß dem nicht so war – vielmehr habe man meist bekleidet und nach Geschlechtern getrennt gebadet. Ein wichtiges Indiz dafür sieht er in den – oft drakonischen – Strafen, mit denen Übertretungen der entsprechenden Verordnungen geahndet wurden (vgl. 1988a, S. 38 f.). Ähnlich auch seine Argumentation im Zusammenhang mit der »Entblößung des Leibes« (ebd., S. 283 f.): wie die Quellen zeigen, habe das Mittelalter keineswegs ein liberaleres Verhältnis zur Nacktheit gehabt als spätere Zeiten. Auch hier wieder führt er als Beleg die harten Strafen an, welche die Obrigkeit für einschlägiges Verhalten aussprach: »Als ›zu vassnacht ziten‹ des Jahres 1532 fünfzehn junge Burschen ›nackendig‹ auf den Gassen der Stadt Basel ›hin und her getanzet‹, warf man sie sogleich ins Gefängnis und ließ jeden fünf Pfund Strafe zahlen ...« (ebd., S. 284).

Duerrs Beispiele sind insofern überzeugend, als sie deutlich machen, daß es mit der vielbeschworenen ungezwungenen Nacktheit der Menschen im Mittelalter nicht weit hergewesen sein kann (wofür übrigens auch das häufig wiederkehrende Voyeurs-Thema in der bildnerischen Kunst der damaligen Zeit spricht; ebd., S. 40 f.). Aber zeigen die Beispiele nicht auch, daß es damals eben doch nicht so selbstverständlich war wie heute, *nicht* nackt in der Öffentlichkeit herumzulaufen? Und weist darauf nicht gerade die Existenz jener harten Strafen hin? Mit Elias würde man diese als Ausdruck eines starken Fremdzwanges interpretieren, der die Funktion hat, auf lange Sicht die entsprechenden Selbstzwänge zu produzieren (und der dann allmählich überflüssig wird). Mit anderen Worten: Offenbar mußte die Obrigkeit damals den Zeitgenossen »anständiges« Verhalten erst einbleuen, da es sich noch nicht von allein verstand.

(b) Der »Kackstuhl«

Im Rahmen seiner Argumentation zum Urinieren und Defäzieren, wo er gegen Elias ausführt, daß diese Handlungen auch im Mittelalter schon »privatisiert« und sehr wohl mit Scham und Peinlichkeit belegt waren, kommt Duerr auch auf den »Kackstuhl« zu sprechen. Er zeigt, daß die damals in Herrscherkreisen verbreitete Sitte, auf dem Klosettstuhl sitzend Untertanen zu empfangen, keineswegs selbstverständlich und alltäglich war und deshalb auch nicht als Beispiel unentwickelter Peinlichkeitsstandards gewertet werden darf: »Vielmehr handelte es sich um eine neuzeitliche Form der Machtdemonstration, mit der man dem Gast vor Augen führte, daß man ihn nicht besonders hoch schätzte. Gerade dies setzt aber voraus, daß es normalerweise beschämend war, auf dem Klosettstuhl sitzend gesehen zu werden« (1988a, S. 221 f.). So weit, so gut – aber läßt nicht auch eine solch eingeschränkte Verwendungsweise dieses speziellen Möbelstückes darauf schließen, daß derjenige, der auf ihm saß, eine von der unseren recht verschiedene Affektmodellierung gehabt haben muß? Man stelle sich eine hochgestellte Persönlichkeit unserer Tage vor, die einen Besucher auf diese Weise ihrer Geringschätzung versichert ...

(c) *Die mittelalterlichen Huren*

Duerr führt Belege dafür an, daß die Prostituierten in den Städten des Mittelalters stets unterdrückt und diskriminiert worden sind. Damit wendet er sich gegen Elias' These einer weitgehenden Integration der Prostituierten in die damalige Gesellschaft. Elias hatte diese These unter anderem mit dem Brauch begründet, fremden Herrschern beim Einzug in die Stadt zur Begrüßung Huren entgegenzuschicken. Auch Duerr bestreitet die Existenz dieses Brauches nicht, interpretiert ihn aber anders, nämlich als Relikt magisch-mythischer Vorstellungen: »Wenn also den Herrschern öffentliche Huren entgegegeschickt wurden oder wenn ein Kaiser wie Friedrich II. sich von solchen Frauen ›gefangennehmen‹ ließ, um sich mit einer Geldsumme wieder auszulösen und dergleichen, dann ist dies alles andere als ein Indiz dafür, daß die ›gemeinen Frauen‹ in die mittelalterliche Gesellschaft integriert waren. Vielmehr erhoffte man sich, daß unmittelbar dem Herrscher und mittelbar seinem Land durch eine solche Begegnung mit einer ›Ausgegrenzten‹ Glück und Fruchtbarkeit zuteil wurden« (ebd., S. 302) Auch hier wieder kann man Duerr gut folgen in seiner Kritik – sicher hat Elias das Ausmaß der sozialen Integration der Prostituierten weit überschätzt; andererseits läßt der von beiden Autoren dargestellte Brauch doch wieder darauf schließen, daß in der damaligen Gesellschaft ein anderer Scham- und Peinlichkeitsstandard in bezug auf die Prostitution geherrscht haben muß als heutzutage. Auch hier wieder braucht man ja bloß die Phantasie zu bemühen und sich einen Staatsbesuch in unseren Tagen vorzustellen, bei dem den Gästen auf jene Art ›Glück und Fruchtbarkeit‹ gewünscht wird ...

Liest man sie gegen den Strich, so liefern Duerrs Beispiele – wie ich meine – unterderhand doch wieder Argumente für die Position von Elias, wenn auch in relativierter Form. Durch diese Beispiele wird zwar die von Elias beschriebene Entwicklung in ihrer quantitativen Ausprägung in Frage gestellt, nicht jedoch in ihrer Richtung und ihrer Logik. Aber wohlgemerkt – dies gilt nur für die Entwicklung im Abendland und auch nur für den angegebenen Zeitraum, also etwa die Neuzeit.[9]

9 Wie immer man die Tragfähigkeit der Duerrschen Kritik an Elias beurteilen mag, festzuhalten bleibt, daß sie sich auch nach Erscheinen des

Abschließend noch ein Wort zu Duerrs theoretischer Position. Diese ist der von Elias diametral entgegengesetzt: Hieß es im ersten Band noch, es sei »nicht meine Absicht, die Eliassche Theorie vom Kopf auf die Füße zu stellen, also aus der gängigen Evolutionstheorie der Zivilisation eine Art ›Verfallstheorie‹ zu machen« (Duerr 1988a, S. 12), so scheint Duerr im zweiten Band doch genau dabei zu landen, wenn er für die modernen westlichen Gesellschaften eine »allgemeine Erosion von Peinlichkeitsstandarden und Schamschranken« (Duerr 1990, S. 269) feststellt (und heimlich beklagt, vgl. S. 261 f.). Die Ursache dafür sieht er in demselben Prozeß, den Elias ganz im Gegensatz dazu für die *Erhöhung* der Scham- und Peinlichkeitsbarrieren anführt: die zunehmende Komplexität und Vernetzung sozialer Beziehungen. Denn dieser Prozeß, den man mit »zunehmender Arbeitsteilung« und »Verstädterung« in eins setzen kann, führte im Lauf der Geschichte notwendigerweise zu steigender Anonymität zwischen den Menschen und damit zu einer Schwächung der sozialen Kontrolle. So kehrt sich für Duerr auch das Verhältnis von Fremd- und Selbstzwängen um: In der mittelalterlichen Dorfgesellschaft mit ihrer *Face-to-face*-Kontrolle seien die Normen des sozialen Lebens stärker verinnerlicht gewesen als in der frühneuzeitlichen Stadt-Gesellschaft, in der diese traditionelle Form der Kontrolle zunehmend durch anonymere, ›moderne‹ Kontrollmechanismen ersetzt wurde. Das habe zur Folge, »daß die sozialen Zwänge immer weniger als ›innere Natur‹ und immer mehr als Außen- oder Fremdzwänge erlebt wurden« (1990, S. 24). Damit kommt Duerr auch zu einer anderen Sichtweise der oben als »Informalisierung« beschriebenen Phänomene: im Unterschied zu Elias sieht er hier nicht eine scheinbare, sondern eine tatsächliche Lockerung der Triebkontrolle am Werke (vgl. 1988a, S. 150 ff.).

zweiten Bandes nur auf einen Teil der Zivilisationstheorie bezieht, auf jenen, in dem es um den Bereich Nacktheit, Sexualität und Körperscham geht. Nicht berührt von der Kritik sind all jene Teile der Theorie, die sich auf die Veränderungen im höflich-gesitteten Verhalten und – vor allem – im aggressiven Verhalten beziehen (vgl. hierzu besonders: Elias 1976a, S. 263 f.).

3.5 Was bleibt von der Zivilisationstheorie?

Nach Abwägen der Duerrschen Einwände gegen die Theorie von Elias komme ich zu folgenden Schlußfolgerungen:

(1) Es gibt und gab *keine »unzivilisierten« menschlichen Gesellschaften.*

(2) Abgesehen von einigen transkulturellen Konstanten – zumindest alle die von Duerr angeführten Gesellschaften kennen das Gefühl der Körperscham – hat *jede Gesellschaft ihr eigenes, spezifisches Muster zivilisierten Fühlens und Verhaltens.* Daraus folgt:

(3) Es ist nicht möglich, die Zivilisationstheorie auf außereuropäische Gesellschaften zu übertragen. Tut man es dennoch, muß man sich den Vorwurf des *Ethnozentrismus* gefallen lassen.

(4) Innerhalb *gegebener* Gesellschaften lassen sich Veränderungen zivilisatorischer Standards über die Zeit beobachten.

(5) In den abendländischen Gesellschaften hat sich seit dem Mittelalter der von Elias beschriebene Zivilisationsprozeß vollzogen; in *diesen* Gesellschaften ist er eine Funktion des Staatenbildungprozesses und der Arbeitsteilung.

(6) Dabei *überschätzt* Elias das Ausmaß der eingetretenen Veränderungen im gleichen Maße, wie er das Ausmaß der auch im Mittelalter schon herrschenden Verhaltens- und Affektmodellierung *unterschätzt.*

Aber auch eine dergestalt relativierte Theorie der Zivilisation sieht sich einer Reihe offener Fragen gegenüber; zwei davon scheinen mir besonders wichtig:

(a) Die Brutalisierung der Strafrituale in der beginnenden Neuzeit

Am Beginn der Neuzeit kommt es im Rahmen der damals einsetzenden Hexenverfolgung in Westeuropa zu einer Verschärfung der Foltermethoden und der Körperstrafen, die bis weit ins Zeitalter der Aufklärung hinein anhält. Ihren Höhepunkt erreicht die Hexenverfolgung in der Zeit zwischen 1550 und 1650; aber auch danach ebben die Folterungen und Massenhinrichtungen wegen Hexerei nur allmählich ab – erst im Jahre 1775 findet die letzte

Hinrichtung wegen Hexerei auf deutschem Boden statt (Brackert 1977, S. 323). Die mit Hexenverfolgung einhergehende Brutalisierung der Strafrituale findet also keineswegs im »finsteren Mittelalter« statt, sondern zu einer Zeit, in welcher der von Elias beschriebene Zivilisationsprozeß schon weit vorangekommen ist. Wenn wir nun mit Elias davon ausgehen, daß im Verlauf dieses Prozesses auch die aggressive Seite der menschlichen Natur zivilisiert wird (vgl. 1976a, S. 263), dann stellt sich die Frage, wie das historische Faktum der Hexenverfolgung mit der Zivilisationstheorie zu vereinen ist. Vielleicht müssen wir Abstand nehmen von der Vorstellung eines homogenen, alle menschlichen Verhaltensbereiche gleichermaßen umfassenden Zivilisationsprozesses. Denkbar wäre es ja, daß verschiedene Bereiche je unterschiedliche Zivilisationskurven aufweisen, die historisch nur bedingt kovariieren, zum Beispiel indem sie phasenspezifisch versetzt zueinander verlaufen. Ein ähnliches Problem stellt sich meines Erachtens für die Zivilisationstheorie mit der

(b) Judenvernichtung im Nationalsozialismus

Wie läßt sich die staatlich organisierte Ermordung von sechs Millionen Menschen mitten im 20. Jahrhundert im nationalsozialistischen Deutschland mit der Zivilisationstheorie in Einklang bringen? Auch in der Neuauflage seines Hauptwerkes von 1976 geht Elias – dessen Mutter in Auschwitz umgebracht wurde – mit keinem Wort auf diesen »Rückfall in die Barbarei« (Adorno) ein. Je nachdem was für eine Konzeption von Zivilisation man hier anlegt, lassen sich Argumente für und wider finden; so weist Stephen Mennell darauf hin, daß gerade die weitgehende Affektneutralität in Verbindung mit einer effizienten zweckrationalen Bürokratie, wie sie für »hochzivilisierte« Gesellschaften typisch sind, die systematische Massenvernichtung von Menschen möglich machen. Noch einen Schritt weiter geht Bauman, wenn er als Konsequenz aus solchen Überlegungen formuliert: »Holocaust-style phenomena must be recognized as legitimate outcomes of the civilising tendency, and its constant potentials« (zitiert nach Mennell 1990, S. 217; hier findet sich – unter dem Titel »decivilising processes« – eine ausführliche Diskussion der Problematik). Abschließend noch ein Wort zu Elias' Fortschrittsoptimismus:

Zwar hat er sich in späteren Äußerungen (vgl. *Zeit*-Interview 1988) strikt dagegen verwahrt, er betrachte den Prozeß der Zivilisation als einen des historischen Fortschritts – ihm gehe es ohne jede Wertung nur um *Entwicklung*, das heißt um (gerichtete) *Veränderung*. Dennoch klingt bei ihm immer wieder eine deutlich positive Wertung der »Zivilisation« an – obgleich er ja andererseits auch betont, wie hoch die Kosten dieses Prozesses sind, in Gestalt von Triebunterdrückung, Angst, »Produktion von Neurosen« etc. Sein positives, letztlich unkritisches Verhältnis zum Zivilisationsprozeß wird besonders deutlich in den Schlußsätzen seines zweiten Bandes, wo er die Hoffnung vertritt, es könne in einer fernen Phase des Zivilisationsprozesses zu jenem »optimalen Gleichgewicht« in der Seele des Menschen kommen, »das wir so oft mit großen Worten wie ›Glück‹ und ›Freiheit‹ beschwören: ein dauerhaftes Gleichgewicht oder gar den Einklang zwischen seinen gesellschaftlichen Aufgaben, zwischen den gesamten Anforderungen seiner sozialen Existenz auf der einen Seite und seinen persönlichen Neigungen und Bedürfnissen auf der anderen« (Elias 1976b, S. 454). Hier äußert sich ein Optimismus, in Gestalt einer Hoffnung auf Versöhnung, der meines Erachtens im Widerspruch steht zur inneren Logik von Elias' gesamter Theorie; denn dieser gilt ja der Zivilisationsprozeß als unumkehrbar, sie entwirft ihn als fortschreitenden Prozeß immer weitergehender Machtmonopolisierung und immer komplexer werdender sozialer Beziehungen. Entsprechend dieser Logik müssen damit auch die Fremdzwänge immer stärker werden und in deren Folge auch die Selbstzwänge. Der Theorie angemessener scheint mir eher eine düstere Zukunftsperspektive, daß nämlich der Graben zwischen individuellen Triebbedürfnissen und den gesellschaftlich zugelassenen Formen ihrer Befriedigung immer weiter aufreißt. Zwar wird einerseits die Befriedung immer weiterer Räume durch Monopolisierung staatlicher Gewalt voranschreiten, werden die Menschen durch immer komplexer werdende soziale Beziehungen immer mehr miteinander verbunden und aufeinander bezogen – andererseits müssen sie dafür mit einem immer weitergehenden Verzicht auf unmittelbare Triebbefriedigung bezahlen. Ein Ausbalancieren von individuellen Bedürfnissen und gesellschaftlichen Anforderungen, wie es Elias für die Zukunft erhofft, wird damit immer unwahrscheinlicher. Freud hatte in seiner Kulturtheorie diesen Zusammenhang auf die Formel »Sicherheit statt Glück«

gebracht und für die Zukunft ein zunehmendes »Unbehagen in der Kultur« prophezeit. Die pessimistische Prognose Freuds scheint mir dem Geist der Zivilisationstheorie eher zu entsprechen als die Eliassche Versöhnungshoffnung.

4. Was bringt die Zivilisationstheorie für die Sozialpsychologie?

4.1 Die historische Entwicklung von Subjektivität

Jenseits der bloßen Deklaration von »historischer Entwicklung« zeigt Elias konkret, wie sich das Erleben und Verhalten des Menschen – mithin: der Gegenstand der Psychologie – in Europa seit dem Ausgang des Mittelalters verändert hat. (Wobei allerdings der Schluß vom historischen Quellenmaterial auf das faktische Erleben der damaligen Menschen stets problematisch bleibt; denn da wir diese nicht mehr nach ihren Gefühlen fragen können, bleiben alle diesbezüglichen Aussagen letztlich hypothetisch – ein methodologisches Problem, das von Elias, soweit ich sehe, nirgends systematisch reflektiert worden ist.) Indem er ein konsistentes theoretisches Verlaufsmodell auf breiter empirischer Basis formuliert, gelangt er hinaus über die bloße Versicherung, daß sich der Mensch historisch verändert und entwickelt habe. Am Beispiel unserer eigenen Geschichte und unserer eigenen psychischen Struktur weist er nach, wie tiefgreifend die menschliche »Natur« durch gesellschaftliche Einflüsse geprägt ist, wie sehr selbst unsere Affekte und Gefühle, die wir je geneigt sind, als etwas ubiquitär menschliches zu betrachten, historisch variabel sind.

4.2 Die Verbindung von gesellschaftlicher und individueller Ebene

Im zweiten Band des *Prozeß*-Buches rekonstruiert Elias den soziopolitischen Prozeß der Staatenbildung in Europa und zeigt, inwiefern die Herausbildung der im ersten Band dargestellten Subjektstruktur mit bestimmten Aspekten dieses globalen politischen Prozesses zusammenhängt. Damit gelingt es ihm, gesellschaftliche und individuelle Ebene zu verbinden: Die Veränderung individueller Erlebnis- und Verhaltensweisen geschieht nicht historisch zufällig, sie ist vielmehr das notwendige Resultat bestimmter gesellschaftlicher Veränderungen.

4.3 Die Überwindung der *Homo-clausus*-Vorstellung

An vielen Stellen seines Werkes wendet sich Elias gegen die in der Sozialwissenschaft verbreitete Konzeption des Menschen als *homo clausus*: da wird zunächst »der Mensch« als von »der Gesellschaft« getrennt gedacht, *danach* wird er zu dieser Gesellschaft in Beziehung gesetzt – mit Konzepten wie »Sozialisation«, »Wechselwirkung«, »soziale Faktoren« etc. Wie auch immer die Verbindung aussieht, stets geht es um die nachträgliche Herstellung einer Einheit zwischen zwei Größen, die zunächst als getrennte konzipiert wurden. Das Weltbild der Sozialwissenschaften basiert auf einer kategorialen Trennung von Individuum und Gesellschaft, die von Elias immer wieder kritisiert wird: »Das durch derartige Sprach- und Denkkonventionen heraufbeschworene Bild ist das einer hohen Mauer um ein einzelnes Individuum herum, von der herab geheimnisvolle Zwerge – die ›Umwelteinflüsse‹ – kleine Gummibälle nach dem Betreffenden werfen, die bei ihm ›Ein-drücke‹ hinterlassen« (1972, S. 19). Elias zeigt, daß dieser atomistischen Subjektkonzeption das zivilisierte Selbsterleben des modernen Menschen zugrunde liegt: Weil alle voneinander durch zivilisatorische Normen, durch Schamschwellen und Peinlichkeitsgrenzen wie durch eine unsichtbare Mauer getrennt sind, erlebt ein jeder sich als Monade. In der kategorialen Trennung von Subjekt und Objekt, die spätestens seit Descartes das Weltbild der modernen Wissenschaft prägt, ist dieses Selbsterleben paradigmatisch festgeschrieben. Gegen die Trennung von Individuum und Gesellschaft setzt Elias den Begriff der Figuration: Gruppen, Familien, Gesellschaften etc. bestehen aus Menschen, zwischen denen je unterschiedliche, aber bestimmte Beziehungen existieren – und umgekehrt: Menschen, die miteinander in bestimmten Beziehungen stehen, bilden die Figuration »Familie«, »Klasse«, »Gesellschaft« etc. Er verdeutlicht sein Figurationskonzept am Beispiel des Tanzes: »Man kann gewiß von einem Tanz im allgemeinen sprechen, aber niemand wird sich einen Tanz als ein

Gebilde außerhalb der Individuen vorstellen oder als eine bloße Abstraktion. Die gleiche Tanzfiguration kann gewiß von verschiedenen Individuen getanzt werden; aber ohne eine Pluralität von aufeinander ausgerichteten, voneinander abhängigen Individuen, die miteinander tanzen, gibt es keinen Tanz; wie jede andere gesellschaftliche Figuration ist eine Tanzfiguration relativ unabhängig von den spezifischen Individuen, die sie hier und jetzt bilden, aber nicht von Individuen überhaupt. Es wäre unsinnig zu sagen, daß Tänze Gedankengebilde sind, die man aufgrund von Beobachtungen an einzelnen, für sich betrachteten Individuen abstrahiert« (1976a, S. LXVIII). Indem Elias weder »Strukturen« noch »Menschen«, sondern eben »Figurationen« begrifflich ins Zentrum seiner Theorie rückt, vermeidet er die abstrakte Gegenüberstellung von Individuum und Gesellschaft.[10]

10 Das Figurationskonzept von Elias mag den empirischen Phänomenen angemessener sein als die klassische Gegenüberstellung von »Individuum und Gesellschaft«. Verloren geht bei diesem Gesellschaftsbegriff allerdings das kritische Potential, das in jener begrifflichen Dichotomie implizit enthalten war; denn in dieser war noch etwas aufbewahrt von dem, was in der Hegel-Marxschen Tradition als »Entfremdung« bezeichnet wurde, nämlich die Tatsache, daß die Gesellschaft, die doch nichts anderes ist als das gemeinsame Produkt der Individuen, jedem einzelnen als fremde Macht gegenübertritt; daß sie, wiewohl von Menschen »gemacht«, nach ihren eigenen Gesetzen funktioniert und sich dem planenden Zugriff der Individuen weithin entzieht. Adorno hatte die Aufspaltung der Humanwissenschaften in Soziologie und Psychologie als falsches und zugleich richtiges Bewußtsein kritisiert; seine Kritik an dem Versuch Parsons', die individuelle und die gesellschaftliche Ebene begrifflich zu vereinheitlichen, läßt sich direkt auch auf das Eliassche Konzept beziehen: »Die Trennung von Gesellschaft und Psyche ist falsches Bewußtsein; sie verewigt kategorial die Entzweiung des lebendigen Subjekts und der über den Subjekten waltenden und doch von ihnen herrührenden Objektivität. Aber diesem falschen Bewußtsein läßt sich nicht durchs methodologische Dekret der Boden entziehen. Die Menschen vermögen sich selbst in der Gesellschaft nicht wiederzuerkennen und diese nicht in sich, weil sie einander und

4.4 Die prozessuale Sichtweise sozialer Phänomene

Das Konzept der Figuration ermöglicht es auch eher als die statische Gegenüberstellung von Individuum und Gesellschaft, soziale Phänomene nicht als »Tatsachen« (Durkheim), sondern als Prozesse zu betrachten. Wieder am Beispiel des Tanzes: die »Institution« Walzer ist sozusagen dynamisch, sie besteht aus einer bestimmten Bewegung von Individuen – hört die Bewegung auf, endet auch der Tanz. Und so, wie sich mit jedem Tanzschritt die Beziehung der Tanzenden zueinander verändert, verändert sich auch – wenn auch in größeren Zeiträumen – die Figuration »Walzer« insgesamt. Dies gilt ebenso für Gesellschaften als Ganze: am Beispiel des Monopolmechanismus war deutlich geworden, wie sich die Wandlung der Figuration »Gesellschaft« aus der »endogenen Dynamik der Figuration selbst erklärt« (ebd., S. LXIX).

4.5 Die ganzheitliche Betrachtung

Elias wird nicht müde zu betonen, daß sich die historische Entwicklung der kognitiven Dimension menschlicher Natur nicht losgelöst untersuchen läßt von jener der affektiven Dimension – in der Sprache der Psychoanalyse hieße dies: nicht nur die Struktur des »Ich« ist historisch variabel, sondern auch die des »Es«. Und beide Systeme unterliegen im Verlauf der Geschichte einem interdependenten Veränderungsprozeß. Beispielsweise die spezifisch abendländische Form der Rationalität, wie sie sich etwa in der Tradition der Aufklärung oder in den modernen Naturwissenschaften ausdrückt, gründet nach Elias in der oben beschriebenen affektiven »Selbstzwangapparatur« der Subjekte, die überhaupt erst eine innere Distanzierung vom Objekt und damit einen »rationalen« Bezug zu ihm möglich macht.

dem Ganzen entfremdet sind. Ihre vergegenständlichten gesellschaftlichen Beziehungen stellen sich ihnen notwendig als ein Ansichsein dar. Was die arbeitsteilige Wissenschaft auf die Welt projiziert, spiegelt nur zurück, was in der Welt sich vollzog. Das falsche Bewußtsein ist zugleich richtiges, inneres und äußeres Leben sind voneinander gerissen. Nur durch die Bestimmung der Differenz hindurch, nicht durch erweiterte Begriffe, wird ihr Verhältnis angemessen ausgedrückt« (Adorno 1972, S. 44 f.).

4.6 »Mut zur Theorie«

Die Sozialwissenschaften sind heute dadurch gekennzeichnet, daß sie sich immer mehr im Sammeln disparater empirischer Befunde verlieren, deren Integration zu übergreifenden Theorien immer aussichtsloser erscheint. Elias dagegen läßt es nicht beim Sammeln und Katalogisieren von Einzelbefunden bewenden, sondern er integriert seine Ergebnisse zu einem theoretischen Gesamtkonzept der Entwicklung des (abendländischen) Menschen. Unabhängig von möglichen inhaltlichen Einwänden gegen diese Theorie bleibt sie doch ein großer Entwurf, wie er seit Freud in den Sozialwissenschaften nicht mehr da war. Insofern läßt sich Elias' Werk verstehen als Beleg dafür, daß es auch heute noch möglich ist, Gesellschaftstheorien zu konzipieren, die diesen Namen verdienen.

Literatur

Adorno, Th. W. (1972), »Zum Verhältnis von Soziologie und Psychologie«, in: *Gesammelte Schriften*, Bd. 8: *Soziologische Schriften 1*, Frankfurt am Main: Suhrkamp, S. 42-85.

Brackert, H. (1977), »Daten und Materialien zur Hexenverfolgung«, in: G. Becker u. a. (Hg.), *Aus der Zeit der Verzweiflung. Zur Genese und Aktualität des Hexenbildes*, Frankfurt am Main: Suhrkamp, S. 313-440.

Breuer, S. (1988), »Über die Peripetien der Zivilisation. Politische Psychologie heute«, in: *Leviathan*, Sonderheft 9, S. 411-432.

Duerr, H. P. (1988a), *Nacktheit und Scham. Der Mythos vom Zivilisationsprozeß*, Bd. 1, Frankfurt am Main: Suhrkamp.

– (1988b), »In der Rocktasche eines Riesen. Eine Erwiderung«, in: *Die Zeit 22*, S. 50.

– (1990), *Intimität. Der Mythos vom Zivilisationsprozeß*, Bd. 2, Frankfurt am Main: Suhrkamp.

Elias, N. (1972), »Soziologie und Psychiatrie«, in: H.-U. Wehler (Hg.), *Soziologie und Psychoanalyse*, Stuttgart: Kohlhammer, S. 11-41.

– (1976a), *Über den Prozeß der Zivilisation. Soziogenetische und psychogenetische Untersuchungen*, Bd. 1: *Wandlungen des Verhaltens in den weltlichen Oberschichten des Abendlandes*, Frankfurt am Main: Suhrkamp.

– (1976b), *Über den Prozeß der Zivilisation. Soziogenetische und psychogenetische Untersuchungen*, Bd. 2: *Wandlungen der Gesellschaft. Ent-*

wurf zu einer Theorie der Zivilisation, Frankfurt am Main: Suhrkamp.
– (1984), *Über die Zeit. Arbeiten zur Wissenssoziologie II*, Frankfurt am Main: Suhrkamp.
– (1985), *Humana conditio. Betrachtungen zur Entwicklung der Menschheit am 40. Jahrestag eines Kriegsendes (8. Mai 1945)*, Frankfurt am Main: Suhrkamp.
– (1988), »Was ich unter Zivilisation verstehe. Antwort auf H. P. Duerr«, in: *Die Zeit 25*, S. 37 f.
– (1989), *Studien über die Deutschen. Machtkämpfe und Habitusentwicklung im 19. und 20. Jahrhundert*, Frankfurt am Main: Suhrkamp.
Freud, S. (1972), »Zur Gewinnung des Feuers«, in: *Gesammelte Werke*, Bd. 16, Frankfurt am Main: S. Fischer.
Gleichmann, P. (1977), »Die Verhäuslichung körperlicher Verrichtungen«, in: P. Gleichmann u. a. (Hg.), *Materialien zu Norbert Elias' Zivilisationstheorie*, Frankfurt am Main: Suhrkamp, S. 254-278.
Goudsblom, J. (1977), »Zivilisation, Ansteckungsangst und Hygiene. Betrachtungen über einen Aspekt des europäischen Zivilisationsprozesses«, in: P. Gleichmann u. a. (Hg.), *Materialien zu Norbert Elias' Zivilisationstheorie*, Frankfurt am Main: Suhrkamp, S. 215-253.
– (1987), »The Domestication of Fire as a Civilising Process«, in: *Theory, Culture and Society 4*, S. 457-476.
Horkheimer, M. und Th. W. Adorno (1969), *Dialektik der Aufklärung. Philosophische Fragmente*, Frankfurt am Main: Fischer.
Klein, G. (1990), »›Wenn das Blut in Wallung kommt ...‹ Vom Menuett zum Walzer oder: Zum Wandel der Tanzformen im Prozeß der Zivilisierung«, in: H. Korte (Hg.), *Gesellschaftliche Prozesse und individuelle Praxis. Bochumer Vorlesungen zu Norbert Elias' Zivilisationstheorie*, Frankfurt am Main: Suhrkamp, S. 197-215.
Korte, H. (Hg.) (1990), *Gesellschaftliche Prozesse und individuelle Praxis. Bochumer Vorlesungen zu Norbert Elias' Zivilisationstheorie*, Frankfurt am Main: Suhrkamp.
Kuzmics, H. (1989), *Der Preis der Zivilisation. Die Zwänge der Moderne im theoretischen Vergleich*, Frankfurt/New York: Campus.
Lippe, R. (1974), *Zur Naturbeherrschung am Menschen*, Frankfurt am Main: Syndikat.
Marx, K. (1969), *Das Kapital. Kritik der politischen Ökonomie*, Bd. 1, Berlin: Dietz.
Mennell, S. (1990), »Decivilising Processes: Theoretical Significance and Some Lines of Research«, in: *International Sociology 5*, S. 205-223.
Schröter, M. (1985), *»Wo zwei zusammenkommen in rechter Ehe ...« Sozio- und psychogenetische Studien über Eheschließungsvorgänge vom 12. bis 15. Jahrhundert*, Frankfurt am Main: Suhrkamp.
– (1990), »Scham im Zivilisationsprozeß. Zur Diskussion mit Hans Peter Duerr«, in: H. Korte (Hg.), *Gesellschaftliche Prozesse und individuelle*

Praxis. Bochumer Vorlesungen zu Norbert Elias' Zivilisationstheorie, Frankfurt am Main: Suhrkamp, S. 42-85.

Thompson, E. P. (1967), »Time, Work-Discipline and Industrial Capitalism, in: *Past & Present 38*, S. 56-97.

Wehler, H.-U. (Hg.) (1972), *Soziologie und Psychoanalyse*, Stuttgart: Kohlhammer.

Wehowsky, A. (1977), »Uns beweglicher machen, als wir sind – Überlegungen zu Norbert Elias«, in: *Ästhetik und Kommunikation 8*, S. 8-18.

Wilterdink, N. (1984), »Die Zivilisationstheorie im Kreuzfeuer der Diskussion. Ein Bericht vom Kongreß über Zivilisationsprozesse in Amsterdam«, in: P. Gleichmann u. a. (Hg.), *Macht und Zivilisation. Materialien zu Norbert Elias' Zivilisationstheorie*, Bd. 2, Frankfurt am Main: Suhrkamp, S. 280-304.

Wouters, C. (1977), »Informalisierung und der Prozeß der Zivilisation«, in: P. Gleichmann u. a. (Hg.), *Materialien zu Norbert Elias' Zivilisationstheorie*, Frankfurt am Main: Suhrkamp, S. 279-298.

Gudrun Brockhaus
Vom Nutzen psychoanalytischen Vorgehens in der Sozialpsychologie

1. Vorbehalte – auch berechtigte

Die Psychoanalyse gilt in der Öffentlichkeit als ein – mehr oder weniger umstrittenes – psychotherapeutisches Verfahren. Im Unterschied zu Freud, der sich zu Fragen der Kunst, Religion, Politik und Zeitgeschichte äußerte, verbleiben die meisten Psychoanalytiker und Psychoanalytikerinnen heute in der Enklave eines krankenkassenfinanzierten Heilverfahrens. Versuche zu einer psychoanalytischen Sozialpsychologie fallen häufig undifferenziert und moralisierend aus. Ein Beispiel dafür sind manche kulturkritische Arbeiten Erich Fromms, deren Globaldiagnosen (zum Beispiel, daß in unserer Kultur des Habens mehr Liebe nottut) mit ihrem Sonntagspredigerton mehr verdunkeln als zu einer Klärung beitragen (Fromm 1959).
Die Potentiale der Psychoanalyse, zum Verständnis sozialer Prozesse etwas beizutragen, liegen nach meiner Auffassung vor allem im therapeutischen Verfahren der Psychoanalyse, das die Aufdekkung unbewußter Bedeutungen zum Ziel hat. Das bedeutet eine Abkehr von dem Modell, an einzelnen Patienten oder Patientinnen gewonnene klinische Einsichten auf die Gesellschaft zu übertragen. Dies ist die häufigste Form, psychoanalytisches Denken auf die Sozialpsychologie anzuwenden, so zum Beispiel in der bekannten Diagnose von Christopher Lasch, wir lebten im »Zeitalter des Narzißmus« (Lasch 1986). Zunächst möchte ich an einem Beispiel diese Analogisierung von psychischen und sozialen Prozessen zeigen, ihre Funktion diskutieren und andeuten, wie eine adäquatere Übertragung psychoanalytischen Denkens in soziologische Felder aussehen könnte, nämlich über die Reflexion eigener emotionaler Barrieren. Dann soll eine kurze Nachzeichnung psychoanalytischer Grundgedanken Hinweise für Ansätze einer psychoanalytischen Sozialpsychologie geben. Freuds Kulturkritik wird dargestellt und ihre Brauchbarkeit für heutige Analysen diskutiert, dann die Fragestellungen der analytischen

Sozialpsychologie in der Tradition der Kritischen Theorie angerissen. Am Schluß wird die These erläutert, der Nutzen der Psychoanalyse für die Sozialpsychologie liege vor allem in der Verwendung ihres aus der Therapie gewonnenen methodischen Instrumentariums, nicht in der Übertragung klinischer Daten auf die Gesellschaftsanalyse.

Die Tendenz, mit dem Vokabular der psychoanalytischen Neurosen- und Trieblehre gesellschaftlichen Phänomenen zu Leibe zu rücken, richtet sich vor allem auf beängstigende und gewaltsame Ereignisse – etwa den Nationalsozialismus. Er wird mit Hitler gleichgesetzt, die Ursachen für den industriellen Massenmord an den Juden in Hitlers Kindheit gesucht und gefunden (vgl. Miller 1980; Binion 1978). Ein Beispiel aus jüngerer Zeit ist der während des Kriegs am Golf im *Spiegel* erschienene und damals hochgelobte Artikel von Hans Magnus Enzensberger: »Hitlers Wiedergänger« (1991). Saddam Hussein ist Hitlers Reinkarnation, der Krieg am Golf wie der Zweite Weltkrieg auf den »Todesrausch« (Enzensberger 1991, S. 27) der Irakis bzw. Hitlers und seiner Anhänger zurückführbar, ein Resultat der »Todesenergie der Massen« (S. 28). Dessen »Fortleben beweist, daß wir es nicht mit einer deutschen, nicht mit einer arabischen, sondern mit einer anthropologischen Tatsache zu tun haben« (ebd.).

Welch verführerische Kraft derartige Simplifizierungen haben, zeigte sich daran, wie viele Intellektuelle während des Golfkriegs dieser »Analyse« Hans Magnus Enzensbergers zustimmten und sie für brillant erklärten. Enzensberger erhebt sich über die »hilflosen Versuche der Historiker, das Unerklärliche ... dingfest zu machen« (ebd., S. 27). Wenige Zeilen später hat er dann die Antwort auf die einer »ganzen Generation von Gelehrten« (ebd.) offengebliebenen Fragen nach dem Verhalten der Deutschen in der Zeit des Nationalsozialismus:

»Der Feind der Menschheit [als solchen bezeichnet er Saddam Hussein oder Hitler, G. B.] kann sich mit der gesammelten Todesenergie der Massen aufladen. Er wird dabei eine Fähigkeit an den Tag legen, die an das Geniale grenzt: den unfehlbaren Spürsinn für die unbewußten Regungen seiner Anhänger« (ebd., S. 28).

Am Beginn des Golfkrieges hatte eine heftige Unruhe- und Angststimmung gestanden, Gefühle existentieller Verunsicherung, die nicht der realen Bedrohung geschuldet waren, sondern dem Zutagetreten im Alltag sonst verleugneter Gefühle von Ohnmacht. Der Krieg zeigte uns allen, wie sehr wir hilflose Betrachter sozialer, militärischer, massenmedialer, religiöser Prozesse sind, deren Zusammenhänge wir nicht durchschauen können. In dieser Situation einer erlebten und nicht nur gewußten Hilflosigkeit wirkte die Vorstellung tröstlich, der Golfkrieg sei nur die Wiederholung eines vertrauten, anthropologisch verankerten Geschehens – des von einem unfehlbaren Genie genutzten Todesrausches der Massen. So scheint das Unerklärliche gebannt mit dem Instrumentarium des psychologisierenden Vokabulars.

Analysen wie die von Enzensberger haben auch den Vorteil, so generell und so weit jenseits von Empirie zu sein, daß sie durch keinerlei Einzelinformationen widerlegt werden können. Bevor wir uns eine einigermaßen triftige Einschätzung der Situation am Golf, im ehemaligen Jugoslawien oder einem anderen Krisenherd zutrauen dürften, müßten wir eine Unzahl von Fragen beantworten. Unsere vollständige Abhängigkeit von der Kriegsberichterstattung der Medien und ihrer Experten macht uns immer wieder deutlich, wie wenig Chancen zu informierter Stellungnahme wir haben. Noch unmöglicher scheint ein veränderndes Eingreifen. So kommen die Propagandisten einer sicheren Gewißheit und moralischen Überlegenheit gerade recht.

Ich habe das Beispiel der Golfkriegs-Analyse mit dem triebtheoretischen Vokabular aufgegriffen, um die Ambivalenzen einer Verwendung der Psychoanalyse zum Verständnis gesellschaftlichen Geschehens anzudeuten: psychoanalytische Termini können als Generalschlüssel zu einer scheinbaren Klärung benutzt werden, die nur Vorurteile verstärkt und die Wirklichkeit selektiv als Beweismaterial der vorgefaßten These sieht. Unzählige Witze über die Psychoanalyse nehmen diese Art einer sich allwissend gebenden Globaldeutung aufs Korn. Leider gibt es sie nicht nur in schlechten Scherzen oder in den Pauschalisierungen von großzügig die eigenen Wissenslöcher überspringenden Anwendern der Psychoanalyse, sondern auch bei Freud und seinen Nachfolgern.

2. Reflexion eigener Irrationalität – unangenehm und notwendig

Freuds eigene, während des Ersten Weltkriegs verfaßte Überlegungen »Zeitgemäßes über Krieg und Tod« (Freud, *GW* x, S. 323 ff.), sind ein Beispiel für eine ganz andere Art, Psychoanalyse zum Verständnis sozialer Prozesse heranzuziehen. Schon der Beginn des Textes zeigt die Offenheit, die Akzeptanz der Vieldeutigkeit des Themas, die kognitive wie emotionale Selbstreflexion des Autors, der sich selber als Teil des zu analysierenden Kriegsgeschehens begreift und nun die Voraussetzungen seines Textes offenlegt:

»Von dem Wirbel dieser Kriegszeit gepackt, einseitig unterrichtet, ohne Distanz zu den großen Veränderungen, die sich bereits vollzogen haben oder zu vollziehen beginnen, und ohne Witterung der sich gestaltenden Zukunft, werden wir selbst irre an der Bedeutung der Eindrücke, die sich uns aufdrängen, und an dem Werte der Urteile, die wir bilden. Es will uns scheinen, als hätte noch niemals ein Ereignis so viel kostbares Gemeingut der Menschheit zerstört, so viele der klarsten Intelligenzen verwirrt, so gründlich das Hohe erniedrigt. Selbst die Wissenschaft hat ihre leidenschaftslose Unparteilichkeit verloren; ihre aufs tiefste erbitterten Diener suchen ihr Waffen zu entnehmen, um einen Beitrag zur Bekämpfung des Feindes zu leisten. Der Anthropologe muß den Gegner für minderwertig und degeneriert erklären, der Psychiater die Diagnose seiner Geistes- oder Seelenstörung verkünden« (Freud, *GW* x, S. 324).

Freud ›erklärt‹ auch auf den folgenden Seiten den Krieg nicht. Nach der Lektüre seines Aufsatzes habe ich nicht eine griffige Formel wie Enzensbergers »Todesrausch der Massen« in der Tasche, sondern eher mehr offene Fragen. Die Betrachtung unserer Verleugnung des Todes, die Freud auf den folgenden Seiten mit kühler Lakonie und ohne moralische Wertung vornimmt, hat ihren Nutzen als Hilfe bei der Reflexion unserer Widerstände gegen Erkenntnis. Mit der Klärung, warum ein ›vernünftiger‹ Umgang mit Krieg und Tod uns schwer oder unmöglich ist, klärt sich freilich zugleich etwas von den Ursachen der Leichtfertigkeit auf, mit der sich Menschen in kriegerische Auseinandersetzungen verstricken.

Dennoch hat dieser »kleine Wink« (ebd., S. 325) – diesen Stellenwert räumt Freud seinen Ausführungen ein – einen anderen Charakter als monolithische Ursachenfindungen, wie sie in den

Naturwissenschaften möglich sind und in den Humanwissenschaften oft angestrebt werden. Psychologisches Vorgehen öffnet den Blick für die Vielfalt, die Mehrdimensionalität von Ursachen und für die aus eigenen Bedürfnissen entstehenden Verstrickungen in das Thema. Die Psychoanalyse teilt nicht die fromme Hoffnung vieler Wissenschaftler, diese subjektiven Verzerrungen ließen sich durch methodische Operationen eliminieren; anschließend sei eine objektive Wirklichkeitsbeschreibung möglich. Vielmehr sieht sie eine Chance darin, diese subjektive Seite zu benennen und zu reflektieren. Wenn ich als Psychoanalytikerin über den Golfkrieg und mögliche Ursachen nachdenken will, werde ich meine eigene Position nicht hinter einer Maske wissenschaftlicher Unberührtheit verstecken, sondern mit einbeziehen. Denn ich gehe davon aus, daß mein Wille zur Objektivität die subjektiven Bedürfnisse nicht zum Verschwinden bringen wird. Solange diese unbewußt sind, werde ich die Wissenschaft benutzen, um meine argumentative Rüstung zu verstärken. Die Versuchung, der Darstellung meiner eigenen Interessen am Thema zu entgehen und mich in die sichere Festung einer scheinbar überparteilichen Wissenschaft zu retten, ist um so größer, je heftiger die eigenen Impulse sind. Im Golfkrieg waren starke Gefühle von Wut und Angst angesprochen – um so selbstgewisser fielen die Analysen aus.

Wenn ich mich zurückversetze, sehe ich ein Gefühlsbündel, welches ich nachträglich deutlicher als psychische Abwehroperationen erkennen kann:

- meinen – wider besseres Wissen – momentweise starken Glauben an die »Sauberkeit« der im Fernsehen zu besichtigenden »Operationen« (Verleugnung);
- meine Erleichterung angesichts der ›ok‹-Zeichen der amerikanischen Bomberpiloten, die ihren Job ordentlich zu tun versprechen (Regression auf die Kind-Position, Delegation);
- meine Sehnsucht, von den Israelis trotz meiner Kriegskritik geliebt zu werden (Verleugnung von Antinomien, Harmonisierung);
- meine Hoffnung auf die – von meinem politischen Verstand her als absurde Verschwendung technischer Phantasie eingeschätzte – glänzend und perfekt scheinende Kriegsmaschinerie (Projektion von Omnipotenzphantasien auf Elternäquivalente);
- meine aller Medienkritik trotzende Sehnsucht nach Glaubwür-

digkeit der Fernseh- und Zeitungsinformationen (die Unmöglichkeit, von der Idealisierung der Elternfiguren zu lassen);
- meine Wut auf die arabischen Frauen, die westliche Kameramänner mit ihrem Haß überschütten (die Enttäuschungswut, wenn die idealisierenden Harmonievorstellungen zusammenbrechen);
- die Angst vor einem Attentat ›fanatisierter‹ Palästinenser hier in München (Angst vor Kontrollverlust, Projektion und Abwehr von destruktiven Phantasien).

Solche Empfindungen widersprechen meinen Vorstellungen von persönlicher Reife und Rationalität. Sie entstammen offensichtlich einer kindlichen Welt von Ohnmachtserleben, von Wünschen nach Omnipotenz und ewiger Symbiose. Wer sie sich, so peinlich sie sind, klarmacht, gewinnt über die Selbstreflexion hinaus eine Vorstellung von der Gewalt dieser gegen die eigenen Einsichten anstürmenden Emotionen. In der Regel bleiben diese Gefühle unausgesprochen, werden aber in einem Gemisch mit anderen Motiven selbst (oder gerade) in der politischen Sphäre wirksam.

3. Thema der psychoanalytischen Sozialpsychologie – das Widersinnige

Schon sehr früh wurde die Notwendigkeit einer analytischen Sozialpsychologie mit der Einsicht in die politischen Potenzen solcher von der Vernunft abgelehnten, ausgeschlossenen Begierden und Ängste begründet. Bereits vor dem Sieg des Faschismus formulierten die Autoren der Kritischen Theorie angesichts der trotz wirtschaftlicher Misere ausbleibenden revolutionären Entwicklung die Notwendigkeit, konservative und autoritätsgebundene Strukturen bei Arbeitern und Angestellten zu untersuchen und dabei die Psychoanalyse zu Hilfe zu nehmen, die »einzige, die im Ernst den subjektiven Bedingungen der objektiven Irrationalität nachforscht« (Adorno 1972b, S. 43).

Bis heute bezieht die psychoanalytische Sozialpsychologie aus diesem Erschrecken über die Bereitschaft zu einem politischen Irrationalismus, der eigene Interessen negiert, ihre Fragestellungen. Warum eifern Arbeiter in ihrer Moral, ihren Familienformen, ihren Sitten und Gebräuchen den Bürgern nach, obwohl sie deren Privilegien nie gewinnen können? Warum sind Angehörige der

Unterschichten gegenüber aller wirtschaftlichen, religiösen und politischen Autorität so gehorsam, obwohl deren Politik gegen ihre Interessen gerichtet ist (Fromm 1936)? Warum hassen und verfolgen vor allem die Unterdrückten andere Minderheiten, obwohl sie von deren Ausgrenzung und Ausrottung keinerlei Vorteile haben (Adorno u. a. 1950)? Warum und wie wirkt faschistische Propaganda, auch wenn die Menschen wissen, daß sie belogen werden (Lowenthal und Gutermann 1968; Adorno 1972c)? Was zieht sie an an Hitler, der so offensichtlich ein hohler Angeber ist (Erikson 1980)? Warum haben die Deutschen, die Hitler so ergeben waren, nach dem »Zusammenbruch« des »Dritten Reiches« nicht um ihn getrauert und sind so fortgefahren, als wäre nichts geschehen (Mitscherlich 1983)? Warum führen Ärzte medizinische Experimente von unvorstellbarer Grausamkeit durch und empfinden sich doch als humane Helfer (Lifton 1986)?

Psychoanalytische Sozialpsychologie hat immer wieder danach gefragt, wie und warum der Nationalsozialismus die aktive oder passive Unterstützung von Millionen gefunden hat. Der Nationalsozialismus ist aber nicht ein Unfall der Weltgeschichte, sondern ein Extrem, in dem sich das destruktive Potential in den Menschen zeigte. Auch in diesem Sinn ist der Nationalsozialismus die Vergangenheit, die nicht vergeht. Natürlich wird sich die besondere ökonomische und politische Konstellation, die den Erfolg der Nazis möglich gemacht hat, so nicht wiederholen. Aber nach wie vor gibt es psychische Dispositionen, die zu einem Flächenbrand von Nationalismus, Ethnozentrismus und Fremdenhaß führen können, wie es auch die Entwicklung im Deutschland der letzten Jahre zeigt. Eine Sozialpsychologie, die solche Phänomene nur als direkte Antwort auf soziale Unsicherheit, drohenden Arbeitsplatzverlust, Überschwemmtwerden mit westlichen Standards, den Entzug der eigenen Biographie etc. sieht, bietet keine hinreichende Erklärung. Warum richtet sich der Haß nicht auf jene, die die Arbeitslosigkeit verursacht haben? Warum werden Politiker für ihre nicht eingelösten Versprechungen nicht verantwortlich gemacht? Warum sind nicht die sozial am härtesten Betroffenen auch die militantesten Rechtsradikalen? Warum werden Menschen zu Nationalisten, obwohl das ihrer sozialen Misere nicht abhilft?

Offenbar spiegeln politische Meinungen, Einstellungen und Verhaltensweisen nicht die rational faßbaren Lebensumstände. Die äußere Realität wird – so müssen wir schließen – durch eine innere psychische Realität gefiltert wahrgenommen und angeeignet. In dieser inneren Welt gelten offenbar andere Gesetze als die Logik des Bewußtseins.

4. Das hysterische Elend und das gemeine Unglück

Von dem widersinnig und unvernünftig Erscheinenden hat die Psychoanalyse ihren Ausgangspunkt genommen. Freud wollte es nicht dabei bewenden lassen, die Herkunft der damals so viel bestaunten hysterischen Symptome einer Degeneration zuzuschreiben. Die Betroffenen – viele Frauen, wenige Männer – waren ohne körperliche Ursache blind oder lahm, sie litten unter Tics, produzierten epilepsieähnliche Krampfanfälle – ein »verwickeltes Krankheitsbild«, so heißt es bei Josef Breuer in seinem Bericht über die von ihm 1880 behandelte Patientin »Anna O.« (Breuer 1961, S. 244). Breuer besuchte Anna O. täglich und sprach stundenlang mit ihr. Er entdeckte schließlich, daß die Symptome nacheinander verschwanden, wenn Anna O. sich in Hypnose an die verursachenden Erlebnisse erinnerte. Diese wiesen ebenso wie bei den später von Freud behandelten Hysterikern und Hysterikerinnen immer die gleiche Konfliktqualität auf.

»Bei den von mir analysierten Patienten hatte nämlich psychische Gesundheit bis zu dem Moment bestanden, in dem ein Fall von Unverträglichkeit in ihrem Vorstellungsleben vorfiel, das heißt bis ein Erlebnis, eine Vorstellung, eine Empfindung an ihr Ich herantrat, welches einen so peinlichen Affekt erweckte, daß die Person beschloß, daran zu vergessen, weil sie sich nicht die Kraft zutraute, den Widerspruch dieser unverträglichen Vorstellung mit ihrem Ich durch Denkarbeit zu lösen« (Freud, *GW* 1, S. 61 f.).

Diese früheste Beschreibung des Prozesses der Verdrängung, das heißt der Unbewußtmachung von Impulsen, die mit dem Selbstbild unvereinbar sind, ist die zentrale Einsicht der Psychoanalyse geblieben. Später sieht Freud, daß nicht nur das Verdrängte, sondern auch der Mechanismus der Abwehr des Verpönten selbst sich unbewußt vollzieht. Die Abwehroperationen zur Vermeidung unangenehmer Wahrheiten werden in ihrer Vielfalt beschrieben (vgl. Anna Freud 1980): Wir schieben nicht nur in der Verdrängung

ganze Teile unseres Selbst ins Abseits des Unbewußten; wir verleugnen auch unser emotionales Betroffensein; wir verschieben den Affekt auf andere, weniger ängstigende Objekte; wir trennen die kognitive von der emotionalen Seite (Isolierung); wir spalten die uns wichtigen Personen in nur gute und nur schlechte, idealisieren die einen, an deren Größe wir partizipieren, entwerten die anderen, an denen wir nun Aggressionen ohne Schuldgefühle auslassen können; wir identifizieren uns mit Personen, bei denen uns unser Schwanken zwischen Haß, Furcht und Liebe zu überwältigen droht; wir projizieren in andere das, womit wir in uns selbst nicht fertig werden können – wenn es außen ist, sichtbar, von uns getrennt, meinen wir es besser kontrollieren und beherrschen zu können (projektive Identifizierung); wir nutzen unsere Intelligenz, um die eigenen Motive als in der Sache gerechtfertigt zu rationalisieren.
Solche Mechanismen der Abwehr konnten Freud und Breuer nur deutlich werden, weil sie die ärztliche Distanz zu den hysterisch Kranken drastisch verringerten, diese nicht, wie Freuds Lehrer Charcot in Paris oder Bernheim in Nancy einem staunenden Publikum als Exoten vorführten, die sich in orgasmusähnlichen Zuckungen winden oder wie Marionetten posthypnotische Befehle ausführen. Aus allen frühen Arbeiten Freuds, zumal den *Studien zur Hysterie*, ist die Hochachtung Freuds gegenüber den Kranken zu spüren, sein Respekt für ihren tapferen Kampf mit den von ihnen selber so hochgeachteten strikten Moralanforderungen:

»Ich habe den Charakter der Kranken geschildert, die Züge, die bei so vielen Hysterischen wiederkehren und die man wahrhaftig nicht auf Rechnung einer Degeneration setzen darf: die Begabung, den Ehrgeiz, die moralische Feinfühligkeit, das übergroße Liebesbedürfnis, das zunächst in der Familie seine Befriedigung findet, die über das weibliche Ideal hinausgehende Selbständigkeit ihrer Natur, die sich in einem guten Stück Eigensinn, Kampfbereitschaft und Verschlossenheit äußert« (Freud, *GW* 1, S. 227).

Intensives Zuhören in der Intimität einer Zweier-Beziehung, in der Freud sehr bald die hypnotische Suggestion durch die freie Assoziation ersetzt, macht allmählich aus den unsinnigen Symptomen eine verständliche Antwort auf den heftigen inneren Konflikt: ›Wenn ich nicht gehen kann, so kann ich auch nicht zu dem geliebten Mann, mit dem ich lieber ausgegangen wäre, statt den todkranken Vater Woche für Woche zu pflegen. Mit der Gehunfähigkeit bestrafe ich mich selbst, andererseits bin ich nun entlastet und selbst im Mittelpunkt von Fürsorge‹ – so schlicht wie in diesem Beispiel geht es gewiß nur selten zu, aber das Prinzip einer gänzlich neuen Betrachtung ist gefunden.

Das neurotische Symptom ist ein mißlingender Kompromiß zwischen Triebwünschen und Moralinstanzen. Diesen grundlegenden Konflikt zwischen unseren Begierden und gesellschaftlichen Anforderungen, an dem die hysterischen, angstneurotischen, zwanghaften Frauen und Männern erkranken, haben wir alle auszuhalten. Wir alle schaffen uns Erleichterungen, die demselben Mechanismus folgen wie die neurotischen Symptome, zum Beispiel unsere Tagträume:

»Der Mensch findet mit der kargen Befriedigung, die er der Wirklichkeit abringen kann, eben nicht sein Auskommen. ›Es geht überhaupt nicht ohne Hilfskonstruktionen‹, hat Theodor Fontane einmal gesagt. Die Schöpfung des seelischen Reiches der Phantasie findet ein volles Gegenstück in der Einrichtung von ›Schonungen‹, ›Naturschutzparks‹ dort, wo die Anforderungen des Ackerbaus, des Verkehrs und der Industrie das ursprüngliche Gesicht der Erde rasch bis zur Unkenntlichkeit zu verändern drohen. Der Naturschutzpark erhält diesen alten Zustand, welchen man sonst überall mit Bedauern der Notwendigkeit geopfert hat. Alles darf darin wuchern und wachsen, wie es will, auch das Nutzlose, selbst das Schädliche. Eine solche dem Realitätsprinzip entzogene Schonung ist auch das seelische Reich der Phantasie« (Freud 1969, S. 363).

Nicht nur unsere Phantasien folgen dem Mechanismus der Kompromißbildung von Wunsch und Abwehr, sondern auch viele andere alltägliche Phänomene: Witz, Fehlleistungen, Tics, Charaktereigentümlichkeiten und, vor allem, Träume. In den 90er Jahren beginnt Freud eine genaue Untersuchung seiner eigenen Träume, angeregt durch die Kranken, die in der Behandlung »anstelle ihrer Symptome auch Träume vorbrachten. Somit entstand die Vermutung, daß auch diese Träume einen Sinn haben« (ebd., S. 101). Es zeigt sich dann, daß »der Traum selbst ... auch ein neurotisches Symptom ist« (ebd.).

Diese Wendung des Blicks auf die eigene Person bringt Freud zur Entdeckung der Ähnlichkeit, ja Gleichheit der psychischen Grundmuster bei »Gesunden« und »Kranken«:

»Wir können es nicht in Abrede stellen, daß auch der Gesunde in seinem Seelenleben das besitzt, was allein die Traumbildung wie die Symtombildung ermöglicht, und müssen den Schluß ziehen, daß auch er Verdrängungen vorgenommen hat, einen gewissen Aufwand betreibt, um sie zu unterhalten, daß sein System des Unbewußten verdrängte und noch energiebesetzte Regungen verbirgt und daß *ein Anteil seiner Libido der Verfügung seines Ichs entzogen ist.* Auch der Gesunde ist also virtuell ein Neurotiker ...« (ebd., S. 439).

Theoretisch existiert für die Psychoanalyse kein Unterschied zwischen gesund und krank; die Definition von Krankheit ist nur eine praktische und bestimmt sich danach, wieviel Energie die neurotischen Symptome binden, wieviel dem einzelnen an Genuß- und Leistungsfähigkeit verblieben ist. Einige wenige Zufälle der Biologie, der Lebensgeschichte, des sozialen Milieus entscheiden über meinen Weg in das, was gesellschaftlich als Gesundheit oder Krankheit gilt.

So können etwa traumatische Erlebnisse die psychischen Verarbeitungsfähigkeiten so dauerhaft überfordern, daß eine neurotische Entwicklung in Gang kommt und persistiert. Viele Untersuchungen belegen solche psychischen Spätfolgen bei KZ-Insassen, bei politisch Verfolgten, die in Verstecken überlebten (vgl. Keilson 1989), zu deren kumulativen Traumata ja auch die Verlust- und Isolationserfahrungen nach 1945 zählten. Sehr bitter hat Kurt Eissler in seinem Aufsatz »Die Ermordung von wie vielen seiner Kinder muß ein Mensch symptomfrei ertragen können, um eine normale Konstitution zu haben?« (1963, S. 240 ff.) das Aussortieren von ›gesunden‹ und ›kranken‹ Reaktionen in den sogenannten Wiedergutmachungsverfahren kommentiert.

Die psychoanalytische Radikalkritik an dem Sortieren von Menschen in Raster von normal-gesund vs. neurotisch-krank widerspricht dem System von Sozialversicherungen ebenso wie dem der Justiz, die auf der eindeutigen Zurechenbarkeit zu Populationen von Normalität oder Abweichung basieren. Heute paßt sich die institutionalisierte Psychoanalyse vielfach den herrschenden Krankheitsdefinitionen wieder an. Von seiten vieler Kritiker, auch aus den eigenen Reihen, hat ihr das den Vorwurf des »Medicozentrismus« (Parin) eingetragen.

Der fließende Übergang zwischen gesund und krank ist zentral für Theorie wie Praxis der Psychoanalyse. Aus ihm ergibt sich die Heilbarkeit der Neurose (Freud 1969, S. 439) und eine veränderte Beziehung des Helfers auf die Hilfesuchenden: diese können nicht länger als Fremde betrachtet werden, die mit der eigenen

Person nichts gemein haben, die er analysieren könnte ohne eigene Betroffenheit. Die neurotischen Symptome werden in der therapeutischen Beziehung nur verständlich, weil der Therapeut oder die Therapeutin in sich strukturell ähnliche Konflikte kennt. Das empathische Sich-Hineinversetzen in die Gefühlswelt des Patienten basiert auf einer partiellen Identifikation. Die strukturelle Gleichheit psychischer Prozesse bei Gesunden und Kranken ermöglicht, im psychoanalytischen Therapieprozeß innerpsychische Prozesse kognitiv und emotional nachzuvollziehen. Im Laufe der Jahrzehnte ist immer deutlicher geworden, wie sehr Verstehensprozesse eingeschränkt und verzerrt werden, wenn ich als Therapeut oder Therapeutin meine Gefühlswelt im Umgang mit den Patienten auszuschalten versuche und nicht die eigene »Gegenübertragung als Hilfsmittel zum Verstehen« (Schmidbauer 1988, S. 84 ff.) nutze.

Aus dem veränderten Subjekt-Objekt-Verständnis in der Psychoanalyse folgt auch ein gänzlich anderes Modell von beruflicher Qualifikation als etwa in der Medizin. Für den Medizinstudenten ist der erste reale Patientenkontakt im Studium der mit der Leiche im Sektionssaal, an der er ein Äußerstes an Distanzierung gegenüber sich selbst (seinem Ekel, seiner Angst) und dem zu Behandelnden (der Leiche, dem Patienten) lernen muß. Dagegen ist das Ziel der eigenen Analyse als Hauptbestandteil der psychoanalytischen Ausbildung, nicht mehr so viel an Distanzierungsmechanismen zwischen mich und den Patienten stellen zu müssen, indem ich mit meinem eigenen Unbewußten vertrauter werde. Zu entdecken, daß ich selber fähig bin zu Mordgelüsten, zu intensivem Genuß gemeinster Schadenfreude, zu heftiger Wut, untröstlichem Neid, zu wilder Freude, lehrt mich auch die Absurdität eines Überlegenheitsgestus gegenüber den neurotischen oder sozialen Abweichlern.

Für die sozialwissenschaftliche Forschung folgt daraus ein wissenschaftliches Vorgehen, in dem die eigenen Positionen der Forscher zum Teil der Untersuchung werden, wie ich am Beispiel des Golfkriegs bzw. Freuds Äußerungen zum Ersten Weltkrieg zeigen wollte. Ebenso wie in der Therapie hat die Selbstreflexion nicht zum Ziel, eine von subjektiven Verunreinigungen gesäuberte objektive Forschung zu betreiben. Ich muß mich damit bescheiden, daß das Wissen um meine emotionalen Verwicklungen ihre Macht mindert.

Als Resümee bleibt festzuhalten, wieviel sich für eine sozialpsychologische Analyse aus dem Studium der Psychopathologie gewinnen läßt:

»Wenn es richtig bleibt, daß die Neurosen sich in nichts Wesentlichem von der Norm entfernen, so verspricht ihr Studium, uns wertvolle Beiträge zur Kenntnis dieser Norm zu liefern. Wir werden dabei die ›schwachen Punkte‹ einer normalen Organisation entdecken« (Freud 1953, S. 41).

5. Freuds Kulturkritik 1: Kulturheuchelei

Für Freud hat die Einsicht in die Beliebigkeit der Grenzziehung von normal und unnormal, die er an der Therapie vor allem der hysterisch Kranken gewann, nach und nach zu einer immer umfassenderen Kulturkritik geführt. Zunächst stellt er fest, daß die gesellschaftlich propagierte moralische Höherentwicklung die Entstehung von Neurosen fördert. Am Beispiel der gemeinsamen kindlichen Onanie des Hausmeisterkindes und der Tochter der feinen Herrschaften im 1. Stock zeigt Freud die Milieuabhängigkeit der Genese neurotischer Störungen: die Hausmeistertocher vergißt die kindlichen Masturbationserfahrungen, während diese für die andere zum Ausgangspunkt einer neurotischen Entwicklung werden:

»Die Verschiedenheit der beiden Schicksale trotz gleichen Erlebens rührt daher, daß das Ich der einen eine Entwicklung erfahren hat, welche bei der anderen nicht eingetreten ist. Der Tochter des Hausbesorgers ist die Sexualbetätigung später ebenso natürlich und unbedenklich erschienen wie in der Kindheit. Die Tochter des Hausherrn hat die Einwirkung der Erziehung erfahren und deren Ansprüche angenommen. Ihr Ich hat aus den ihm dargebotenen Anregungen Ideale von weiblicher Reinheit und Unbedürftigkeit gebildet, mit denen sich die sexuelle Betätigung nicht verträgt« (Freud 1969, S. 146).

Je ›höher‹ die kulturelle, moralische und intellektuelle Verfeinerung des einzelnen, um so schärfer der Konflikt mit seinen nach unmittelbarer Befriedigung drängenden Triebwünschen, um so größer also die Wahrscheinlichkeit einer neurotischen Symptombildung. Wenn die gesellschaftliche Sexualmoral und ihre Institutionen Monogamie, Virginität bis zur Ehe, sexuelle Enthaltsamkeit als Mittel der Geburtenregelung, Tabuisierung aller nicht-genitalen und nicht heterosexuellen Sexualpraktiken, Entsexualisierung und Entkörperlichung von Weiblichkeit so rigoros durchsetzen wie in den Mittel- und Oberschichten um die Jahrhundertwende, so müssen die Menschen und vor allem die Frauen die Kosten einer potentiellen neurotischen Entwicklung tragen. Die *Studien zur Hysterie* zeigen auf bewegende Weise, wie die in die Personen hineingenommenen gesellschaftlichen Sexualtabus im Kampf mit den uns heute gänzlich harmlos erscheinenden Wünschen der Frauen (etwa trotz der Pflege des kranken Vaters mit dem Geliebten fortgehen zu wollen) den Sieg davontragen. In den »Beiträgen zur Psychologie des Liebeslebens« (*GW* VIII, S. 65 ff.; *GW* XII, S. 159 ff.) beschreibt Freud die Impotenz der Männer gerade bei den Frauen, die sie lieben. Solche Männer, so zeigt seine Analyse, können wegen des Verbots sexueller Empfindungen in der doch so körperlich nahen Beziehung zwischen Mutter und Kind auch in allen späteren intimen Beziehungen Erotik und Zärtlichkeit nicht auf einen Nenner bringen. Sie tragen die auferzwungene Spaltung weiter fort. Wer die religiös abgestützte Sexualmoral zur eigenen Norm macht, bleibt davor ungeschützt, und eher hilft der heimliche Verstoß, die Lüge, die doppelte Moral vor einer psychoneurotischen Erkrankung.

»Alle, die edler sein wollen, als ihre Konstitution es ihnen gestattet, verfallen der Neurose ... überhaupt (sind) in vielen Familien die Männer gesund, aber in sozial unerwünschtem Maße unmoralisch, die Frauen edel und überverfeinert, aber – schwer nervös« (Freud *GW* VII, S. 155 ff.).

Freud kommt zu seiner Diagnose der »Kulturheuchelei« (*GW* X, S. 336) also nicht durch eine Analyse der Gesellschaft, sondern der Konzentration auf die psychischen Leiden der einzelnen.
Diese Betrachtungsweise soll genauer nachvollzogen werden, indem noch einmal auf den Text »Zeitgemäßes über Krieg und Tod« eingegangen wird. Freud beschreibt als das Ziel dieser Arbeit, »das seelische Elend der Daheimgebliebenen« (*GW* X, S. 325) zu erhellen. Es geht um die Bearbeitung des Weltkriegsgeschehens in der Psyche des einzelnen, und zwar um den Teil, wo diese Arbeit nicht gelingt, Trauer, Ohnmachtsgefühle, intellektuelle Hemmungen und Einbußen zu beobachten sind. Wie kommt es, daß der Krieg die Toleranz gegenüber den »Anderen« in Haß und Abscheu verwandelt, jede Lüge geglaubt, die nationale Habgier rationalisiert, Tücke, Verrat, Roheit und Grausamkeit nun vielen möglich wird, ohne daß Reue und schlechtes Gewissen sie quälen?

In seiner Beschäftigung mit dem so enttäuschenden Wiederaufbrechen von Haß, blinder Wut dem »Feind« gegenüber und der bedingungslosen Parteinahme für die eigene Seite kommt Freud auf die archaischen Regungen in uns, die uns die »brutale Machtbetätigung« genießen lassen. Im Krieg werden Triebregungen elementarer Natur, die auf Befriedigung drängen, wieder sichtbar. Diese Wiederkehr unterdrückter Lust an der Aggression erklärt sich Freud aus der mangelnden Assimilation und Sublimierung der Triebwünsche in sozial erwünschte Bahnen. Nur zu einem kleinen Teil gelingt es der Gesellschaft, diese »eigensüchtigen Strebungen durch erotische Zusätze in altruistische soziale [zu] verwandeln« (ebd., S. 333). Zum weitaus größeren Teil und in zunehmendem Maß preßt die Gesellschaft mit dem Mittel der Erzeugung sozialer Angst dem einzelnen Gehorsam gegen ihre Normen ab. Die Verinnerlichung dieses äußeren Zwangs bleibt prekär, gelingt bei vielen gar nicht. Läßt der soziale Angstdruck nach und wird im Krieg das Verbotene plötzlich zur nationalen Pflicht, werden die »Triebumbildungen, auf welchen unsere Kultureignung beruht, [...] rückgängig gemacht. Ohne Zweifel gehören die Einflüsse des Krieges zu den Mächten, welche solche Rückbildung erzeugen können« (ebd., S. 338).
Die – vor oder nach dem Krieg kaum nachvollziehbare – Macht solcher Entdifferenzierungsprozesse hat sich auch während der Golfkriegszeit mit heftiger Dynamik entfaltet. Das gründliche Vergessen der haßvollen Emotionalität während dieser Kriegswochen ist sicher auch als Indiz einer Abwehr zu sehen – so vermeiden wir die Beschämung darüber, uns von so machtvollen Gefühlen haben hinreißen zu lassen. Fast alle haben wir mitgemacht bei der Freund-Feind-Aufteilung der Welt in Kriegsbefürworter und -gegner gemäß der manichäischen Logik des ›Wer nicht für mich ist, ist gegen mich‹. Jedem wurde ein Standpunkt abverlangt, Abwägung galt als schlappe Feigheit. Die Kriegsgegner wurden für die eine Seite zu Antisemiten, zu Feinden Amerikas und der Demokratie, die sich zynisch über internationales Recht hinwegsetzen. Die Verantwortung für den Krieg wurde extrem personalisiert (Hussein, Bush, Schwartzkopf). Das Leiden der ›anderen‹ Seite kam nicht vor, für das Leid der ›eigenen‹ Seite wurde weniger die andere Kriegspartei als die Gegner im eigenen deutschen Lager verantwortlich gemacht (Pazifisten als Giftgaslieferanten in den Irak ...). Die heterogensten Merkmale wurden

zusammengezogen und zu einem Feindbild vereinheitlicht: Kriegsgegner = militanter Judenhasser = Feigling = moralischer Opportunist = Zyniker.

Diese Entdifferenzierungsprozesse waren keine Eigenheit des Golfkriegs, sie vollziehen sich immer erneut.

Die Zurücknahme des gesellschaftlich erworbenen erwachsenen Umgangs mit Tod und Mordlust war Freuds zweites Thema in »Zeitgemäßes über Krieg und Tod«. In der Idealisierung soldatischen Heldentums sieht er die Todesverleugnung unseres Unbewußten, den Glauben an seine Unsterblichkeit wiederkehren. Der Krieg hebt auch das Mordtabu gegenüber allen Fremden auf und setzt damit unbewußt gemachte leidenschaftliche Wünsche in uns frei:

»Wir beseitigen in unseren unbewußten Regungen täglich und stündlich alle, die uns im Wege stehen, die uns beleidigt und geschädigt haben [...] Ja, unser Unbewußtes mordet selbst für Kleinigkeiten [...], denn jede Schädigung unseres allmächtigen und selbstherrlichen Ichs ist im Grunde ein crimen laesae majestatis« (ebd., S. 351).

Die dritte Aufhebung unserer konventionellen Einstellung gegenüber dem Tod im Krieg bezieht Freud auf das »Gesetz der Gefühlsambivalenz«, welches alle unsere nahen Beziehungen prägt und beim Tod einer geliebten Person zu heftigen Konflikten führt. Einerseits ist dem Menschen der Tote »ja doch ein Stück seines eigenen geliebten Ich. Andererseits war ihm ein solcher Tod doch auch recht, denn in jeder der geliebten Personen stak auch ein Stück Fremdheit« (ebd., S. 346). Die Gesellschaft tabuisiert den feindseligen Anteil unserer Gefühle gegenüber Angehörigen, Freunden, Volksgenossen. Erst der Krieg »rät uns, uns über den Tod geliebter Personen hinwegzusetzen« (ebd., S. 354).

In vielerlei Hinsicht also streift der Krieg uns »die späteren Kulturauflagerungen ab« und läßt die heftigen und destruktiven Impulse frei, die Freud im Urmenschen, im Kind und in unserer aller verdrängtem Unbewußten sah. Wie dieser Prozeß einer psychischen Entdifferenzierung sich vollzieht und warum er zu einem kollektiven Phänomen werden kann, hat Freud später in *Massenpsychologie und Ich-Analyse* versucht zu beantworten (siehe den Beitrag von Sigrun Anselm in diesem Band). In »Zeitgemäßes über Krieg und Tod« will er dagegen zeigen, warum unser ethischer Überbau so schnell zusammenbricht. Die Ursache liegt für Freud ebenso wie bei der individuellen Neurosenentstehung in den frommen Illusionen, die wir uns über die moralischen Qualitäten der Menschen machen. Wir verleugnen die Macht unserer antisozialen Impulse, wollen nicht wissen, daß wir in unseren unbewußten Wunschregungen eine »Rotte von Mördern« (ebd., S. 351) sind. Diese Verkehrung und Verleugnung unserer Triebnatur betrifft das Zentrum der gesellschaftlichen, religiös untermauerten Normen. Die Gesellschaft leistet durch die Unterstellung einer selbstverständlichen Vernunft und Ethik unserer Handlungen und Motive einer basalen Verlogenheit Vorschub.

»Es ist unleugbar, daß unsere gegenwärtige Kultur die Ausbildung dieser Art von Heuchelei in außerordentlichem Umfang begünstigt. Man könnte die Behauptung wagen, sie sei auf solcher Heuchelei aufgebaut« (ebd., S. 376).

Den Zynismus der sozialen Werteordnung findet Freud also nicht nur im Krieg. Wie schon gezeigt, sieht er sie auch in der Sexualmoral, die mit der Tabuisierung der kindlichen Sexualität und der Inzestwünsche die libidinösen Energien in sozial akzeptierte Bahnen zu pressen versucht. Die beiden zentralen Stützen der sozialen Ordnung, das Gewalt- und Mordverbot für den einzelnen und das Inzestverbot beruhen auf einer Lüge: es wird nicht zugegeben, daß die Verbote nur deshalb so hart sanktioniert werden müssen, weil ihnen so starke Wünsche entgegenkommen. Statt dessen werden Inzest- und Mordtabu zu humanen Mindeststandards erklärt.

Denselben Mechanismus der Heuchelei findet Freud in der Pädagogik, die die Asexualität des Kindes propagiert, um mit den daraus resultierenden Schuldgefühlen und verdrängten Wünschen die Bändigung der Kinder zu erleichtern. Die Religion führt zu einer Aufrechterhaltung kindlicher Abhängigkeiten von unhinterfragbarer Autorität, setzt in einem zentralen Bereich das Prinzip von selbstbestimmter Vernunft außer Kraft.

»[Wir] meinen, daß der Wahrheitsgehalt der Religion überhaupt vernachlässigt werden darf. Religion ist ein Versuch, die Sinnenwelt, in die wir gestellt sind, mittels der Wunschwelt zu bewältigen« (Freud 1969, S. 595).

Freuds Blick auf die Innenwelt der Subjekte, von der aus er auf die Gesellschaft schaut, bringt den Antagonismus von individuellen Wünschen und gesellschaftlichen Zwecksetzungen in voller Schärfe zur Geltung. Seine Analyse der allgegenwärtigen Kulturheuchelei bedeutet jedoch nicht ein Plädoyer für die unkontrollierte Triebbefriedigung des einzelnen, die die Gesellschaft zerstören und das Leben des einzelnen gefährden würde. Seine Parteinahme gilt vielmehr der Aufklärung über die Kräfte, die in uns wirken. Wir sind ihnen um so blinder ausgeliefert, je mehr wir ihre Macht leugnen. »Etwas mehr Wahrhaftigkeit und Aufrichtigkeit allerseits« (Freud *GW* x, S. 340) können unsere Abhängigkeit von gesellschaftlichen Zwängen und Triebnatur nicht aufheben, aber eröffnen überhaupt erst Chancen zu mehr Selbstbestimmung. Ganz vorsichtig macht Freud zum Schluß seiner Betrachtungen zur Kulturheuchelei Werbung für die Selbsterkenntnis:

»Sollen wir nicht zugestehen, daß wir mit unserer kulturellen Einstellung zum Tode psychologisch wieder einmal über unseren Stand gelebt haben, und vielmehr umkehren und die Wahrheit fatieren?« (ebd., S. 354).

Über die Erkenntnis der eigenen Verstrickungen und Impulse die Macht der unbewußten Abhängigkeiten einzudämmen: dies ist sowohl die Grundidee in der psychoanalytischen Therapie des einzelnen wie auch der Nutzen einer Anwendung psychoanalytischen Denkens auf gesellschaftliche Prozesse. Dieser Nutzen bestimmt sich nicht nach dem Erfolg. Freuds Hoffnungen, daß die Stimme der Vernunft gehört werde, sind immer geringer geworden, seine Skepsis mehr und mehr pessimistisch getönt. Aber die Vorstellung der Aufklärung über das Unbewußte bleibt ohne Alternative:

»Es ist damit wie mit unserem Leben; es ist nicht viel wert, aber es ist alles, was wir haben« (Freud 1969, 31. Vorlesung, S. 508).

6. Freuds Sozialpsychologie heute

Freuds aufklärerischer Impetus ist nach wie vor aktuell und immer noch eine wissenschaftliche Utopie. Weniger einverstanden können wir heute mit vielen seiner inhaltlichen Ergebnisse sein. Unhistorisches Denken und die Neigung zur universellen Anwendung der Psychoanalyse führen Freud in Aporien. Er verkennt die Eigenart und Eigengesetzlichkeit des Gesellschaftlichen. So bezeichnet er die Staaten als »Großindividuen«, die nach denselben Prinzipien funktionieren wie der einzelne, im Krieg regredieren, neurotisch werden etc.:

»Soll man nicht zur Diagnose berechtigt sein, daß manche Kulturen – oder Kulturepochen – möglicherweise die ganze Menschheit – unter dem Einfluß der Kulturstrebungen ›neurotisch‹ geworden sind?« (Freud 1953, S. 163).

Soziale Institutionen, auch wenn sie aus dem Handeln der Individuen resultieren, sind aber keine Individuen mit einem Innenleben. Normative und soziale Strukturen haben – erst recht in der komplexen spätkapitalistischen Gesellschaft – Eigendynamik und Selbstmächtigkeit jenseits der Psychologie des einzelnen gewonnen. Nicht umsonst greift Freud auch immer wieder auf den Mythos der ›Urhorde‹ zurück (und gibt ihn als Realität aus), in der einzelne die Gesetze machen. Aber lassen sich Kriege aus dem ›Todesrausch‹ der Menschen erklären? Wäre der Nationalsozialismus ohne Hitlers schlimme Kindheitserfahrungen nie Wirklichkeit geworden? Ist die Konsumgesellschaft wirklich ein Resultat unserer süchtigen Gier nach Liebe? Wenn Psychoanalytiker sich überhaupt zu gesellschaftlichen Fragen äußern, folgen ihre Deutungsmuster oft dieser bei Freud vorgezeichneten Logik der Psychologisierung sozialer Tatbestände. Der Überschwang der Entdeckerfreude scheint Freud zu verführen, seine in der Psyche des einzelnen gefundenen Funktionsprinzipien überall wiederzufinden, in der Geschichte wie in der Biologie (als ewiger Kampf von Todestrieb und Eros). Statt der Psychologie mehr Bedeutung zu verleihen, entwertet diese Übertragung auf Natur und Geschichte den spezifischen Erkenntnisgewinn der Psychoanalyse für die Dynamik des Innerpsychischen.

Einen zweiten Einwand gegen die Sozialpsychologie Freuds sehe ich in ihrer partiell unhistorischen Vorgehensweise. Einerseits ist historisches Denken die Basis der Psychoanalyse als Wissenschaft und Therapie: die psychischen Phänomene werden nicht als gegeben hingenommen, sondern aus ihrer Entstehungsgeschichte im Individuum verstanden. Andererseits wird aber bei Freud die vorgefundene Dynamik zur unabänderlichen Natur erklärt, die sich einmal in der Vorzeit der Urhorde entwickelt hat und seither ins genetische Programm der Menschen übergegangen ist. Der vorgefundene bürgerliche Mensch mit seiner Internalisierung gesellschaftlicher Zwänge über die enge Bindung an die väterliche Autorität wird nicht als Produkt einer ganz spezifischen historischen Phase der Geschichte erkannt, in der das Privateigentum die Vorstellung individueller Autonomie fördert, die industrielle Pro-

duktion und die ineinander verschachtelten sozialen Institutionen dem einzelnen ein hohes Maß an Selbstkontrolle und Rationalität abverlangen. Die psychoanalytische Utopie, mehr an selbstbestimmten Handlungsräumen gewinnen zu können, ist selbst den mit dem Kapitalismus und Aufklärung entstehenden Autonomiekonzepten verpflichtet. Die psycho- und soziohistorischen Arbeiten von Norbert Elias zeigen deutlich, wie die wachsende gesellschaftliche Komplexität eine zunehmende Verinnerlichung der Selbststeuerung von Triebäußerungen nötig macht. Die länger werdenden Interdependenzketten erzwingen nicht nur Verhaltensänderungen. Eine innerpsychische Selbstzwangapparatur muß errichtet werden. Andere Kulturen, die nicht auf den kapitalistischen und industriellen Funktionsprinzipien von individuellem Besitz und Freiheit basieren, erfordern auch keine psychische Ausstattung, die gesellschaftliche Herrschaftsprinzipien zu innerpsychischen umwandelt und die Person zu einer Festung mit dicken Mauern macht, in der um Autarkie gekämpft wird. Ebenso läßt sich vermuten, daß die Penetranz des sexuellen Interesses und die emotionale Fixierung des Kindes an seine Eltern, die die Dramatik des Ödipus-Komplexes bedingen, erst mit der Herausbildung der bürgerlichen Kleinfamilie als einzigem Ort von Emotionalität und Sexualität entstehen.
In den frühen kulturtheoretischen Schriften Freuds, die sich alle mit der ›Kulturheuchelei‹ und den gegensätzlichen Interessen von Individuum und Gesellschaft befassen, scheint bei aller Radikalität eine ›Versöhnung‹ von individuellen Wünschen und gesellschaftlichen Zwecken noch denkbar. Eine weniger repressive Sexualmoral würde den unerträglichen Druck lindern, der auf den Menschen lastet und vor dem sie in Neurosen und soziale Apathie fliehen. Die veränderte Gestalt von Sexualnormen – auch wenn man sie nicht für eine echte Befreiung, sondern eher für eine konformitätsfördernde Lenkung hält wie Herbert Marcuse (»repressive Entsublimierung«: Marcuse 1967) – hat diesem Antagonismus von Individuum und Gesellschaft seine Schärfe genommen. Die Kritik Freuds an der krankmachenden Sexualunterdrückung ist zum Teil von der Geschichte überholt worden, wenngleich die Wirkungen der sexuellen Liberalisierung auf die psychosexuelle Entwicklung der einzelnen häufig überschätzt werden und Tabus sich zum Teil eher verschärft haben. So wird in dem gegenwärtig modischen Diskurs über sexuellen Mißbrauch von Kindern die

selbständige Sexualität von Kindern abgeleugnet, die Sexualität insgesamt in eine Korrelation mit Gewalt/Vergewaltigung/patriarchaler Herrschaft gebracht und damit äußerst negativ konnotiert – das Tabu der (kindlichen) Sexualität ist in verwandelter, schwerer erkennbarer Gestalt wiedergekehrt. Andere Sexualnormen sind aufgehoben oder gelockert, eine Wiederherstellung verbindlicher Normierungen ist in der sich individualisierenden Gesellschaft nicht vorstellbar – die Forderung nach Virginität bis zur Ehe, nach lebenslanger Monogamie, Ächtung aller nicht-fortpflanzungsbezogenen Sexualpraktiken, nach Körperverachtung und Askese, nach Desexualisierung der Frau haben ihre tragende Bedeutung für die Gesellschaft eingebüßt.

7. Freuds Kulturkritik II: Die Besatzungsmacht in uns

Wichtiger und aktueller als Freuds Kritik an der triebeinschränkenden Gesellschaft ist seine Sozialpsychologie dort, wo er nicht Individuum und Gesellschaft einander gegenüberstellt, sondern den Weg der gesellschaftlichen Normierung ins Innerpsychische nachverfolgt. Der äußere Zwang und Anpassungsdruck wird durch seelische Zwangsapparaturen ergänzt und teilweise ersetzt. Das Über-Ich stellt sich dem Rest der Person beobachtend, be- und verurteilend gegenüber und läßt uns alle – nicht nur die Neurotiker –, an einem ständigen und sich steigernden »Unbehagen in der Kultur« (so der Titel von Freuds wichtigster kulturtheoretischer Arbeit von 1930) leiden:

»Es scheint festzustehen, daß wir uns in unserer heutigen Kultur nicht wohlfühlen« (Freud 1953, S. 85).

Diese doppelte Sicherung unserer Einpassung in die Gesellschaft durch äußeren und inneren Zwang sieht Freud als notwendig an, weil er die gemeinsamen vernünftigen Selbsterhaltungsinteressen der Menschen für zu schwach einschätzt, als daß durch sie die gesellschaftliche Ordnung aufrechterhalten werden könnte. Die Libido, die Kraft des Sexualtriebs, wird auch eher für das unsoziale Privatisieren in Zweierbeziehung und Familie genutzt als für die ›Kulturarbeit‹. Ihre verbindende Kraft muß jedenfalls gegen starke Impulse in uns ankämpfen, die auf Auflösung und Vernichtung ausgerichtet sind. Freud sieht die Gesellschaft in dieser im Präfaschismus verfaßten Arbeit durch die Aggressionslust bedroht, die von dem Todestrieb herrührt.

»Das gern verleugnete Stück Wirklichkeit hinter all dem ist, daß der Mensch nicht ein sanftes, liebesbedürftiges Wesen ist, das sich höchstens, wenn angegriffen, auch zu verteidigen vermag, sondern daß er zu seinen Triebbegabungen auch einen mächtigen Anteil von Aggressionsneigung rechnen darf. Infolgedessen ist ihm der Nächste nicht nur möglicher Helfer und Sexualobjekt, sondern auch eine Versuchung, seine Aggression an ihm zu befriedigen, seine Arbeitskraft ohne Entschädigung auszunützen, ihn ohne seine Einwilligung sexuell zu gebrauchen, sich in den Besitz seiner Habe zu setzen, ihn zu demütigen, ihm Schmerzen zu bereiten, ihn zu martern und zu töten. Homo homini lupus; wer hat nach allen Erfahrungen des Lebens und der Geschichte den Mut, diesen Satz zu bestreiten?« (ebd., S. 102).

Noch viel weniger als Freuds These von der Macht der Sexualität sind seine seit 1920 in »Jenseits des Lustprinzips« entwickelten Vorstellungen eines Todestriebs akzeptiert worden. Die Kritik an der Biologisierung der Destruktivität zu einer genetisch vorgegebenen Triebausstattung ist meines Erachtens gerechtfertigt. Leider aber wird zusammen mit dem Todestrieb fast immer auch das Thema des menschlichen Potentials an Destruktivität beiseite gelegt, welches nach Freuds Vorstellungen nur über einen innerpsychischen Unterdrückungsmechanismus in Schach gehalten werden kann. Die Ausschließlichkeit und Intensität der Elternbeziehung treibt die Kinder unter der Drohung von Liebesverlust und Gewalt (›Kastrationsdrohung‹) zu einer Verinnerlichung der elterlichen Moral, zu einer Identifikation mit ihrer Realitätsauffassung – wir identifizieren uns mit den pädagogischen Aggressoren, ohne die wir nicht überleben können.

»Gegen die Autorität, welche das Kind an den ersten, aber auch bedeutsamsten Befriedigungen verhindert, muß sich bei diesem ein erhebliches Maß von Aggressionsneigung entwickelt haben, gleichgültig welcher Art die geforderten Triebentsagungen waren. Notgedrungen mußte das Kind auf die Befriedigung dieser rachsüchtigen Aggression verzichten. Es hilft sich aus dieser schwierigen ökonomischen Situation auf dem Wege bekannter Mechanismen, indem es diese unangreifbare Autorität durch Identifizierung in sich aufnimmt, die nun das Über-Ich wird und in den Besitz all der Aggression gerät, die man gern als Kind gegen sie ausgeübt hätte« (ebd., S. 115).

Wir errichten in uns selbst einen hierarchischen Apparat von Ich und Über-Ich, welcher in seiner Herrschaftsausübung zum größeren Teil unbewußt funktioniert. Die unterdrückte Aggression bleibt im Über-Ich, wendet sich gegen die eigene Person. »Jeder Triebverzicht wird nun eine dynamische Quelle des Gewissens, jeder neue Verzicht steigert dessen Strenge und Intoleranz« (ebd.).
Dieser sich verselbständigende Prozeß bedingt unser Unbehagen. Die Menschen fühlen sich als Versager vor sich und der Welt, leiden auf diffuse Weise und können doch die Quellen ihres Unglücks nicht finden. So, meint Freud, gelingt unsere soziale Anpassung um den Preis einer permanent stationierten fremden Herrschaft in uns, die ein »andauerndes inneres Unglück, die Spannung des Schuldbewußtseins« (ebd., S. 114) erzeugt.

»Die Kultur bewältigt also die gefährliche Aggressionslust des Individuums, indem sie es schwächt, entwaffnet und durch eine Instanz in seinem Innern, wie durch eine Besatzung in der eroberten Stadt, überwachen läßt« (ebd., S. 111).

Die Gesellschaft schwächt das Individuum, nimmt ihm bewußte Steuerungsmöglichkeiten; das Über-Ich funktioniert zu größeren Teilen unbewußt. Diese Paradoxie – daß gerade die bürgerliche Gesellschaft, deren Ideal Selbstbestimmung und aufgeklärte Vernunft ist, die Autonomie der Individuen durch die »gesellschaftliche Produktion von Unbewußtheit« (Erdheim 1982) verhindert – wird von Freud nur konstatiert. Ich und Über-Ich, die Steuerungsinstanzen, spielen oft genug die Rolle des dummen August im Zirkus, der glaubt, alle Vorgänge in der Manege spielten sich auf sein Kommando hin ab. Für die Autoren aus dem Umfeld der Kritischen Theorie ist diese Entdeckung Freuds – sein Auffinden der gesellschaftlichen Widersprüche in der Psychologie der Individuen – der Ausgangspunkt einer kritischen Sozialpsychologie gewesen.
Deshalb ist es verfehlt, der Psychoanalyse Psychologismus vorzuwerfen, weil sie sich mit der psychischen Realität einzelner und nicht direkt mit der Gesellschaft beschäftigt. Nicht nur verrät diese Aufforderung – entgegen der eigentlichen Absicht – ein gänzlich ungesellschaftliches Verständnis vom Individuum und seiner Psychologie. Sie verschenkt auch die genuinen analytischen Potenzen zugunsten einer oft vagen Biertisch-Soziologie, wie man

an vielen wohlmeinenden gesellschaftskritischen Psychoanalytikern beobachten kann.

»Ich meine also, daß die Psychoanalytiker auch dort, wo sie Kulturkritik betreiben – und das halte ich für ihre vordringliche Aufgabe –, auf der Relevanz ihre ureigensten Gegenstandes, des Inneren, bestehen müssen und sich nicht aus Opportunitätsgründen in ein Außen abdrängen lassen dürfen, wo ihr Instrumentarium seine Schärfe verliert und zur auswechselbaren Kosmetik von x-beliebigen Gedanken und Behauptungen verkommt« (Passett 1991, S. 208 f.).

Die Kulturkritik der Psychoanalyse sollte sich auf die Suche nach den Spuren des Gesellschaftlichen in der Psychodynamik des einzelnen begeben und bedenken:

»Psychodynamik ist die Reproduktion gesellschaftlicher Konflikte im Individuum, aber nicht derart, daß es die aktuellen gesellschaftlichen Spannungen bloß abbildet« (Adorno 1972, S. 55).

So ist etwa die extreme Ausbildung von Schuldgefühlen, die Freud an seinen Patienten und Patientinnen beobachtete, nicht die Folge einer direkten Abbildung der gesellschaftlichen Sexualnormen im Über-Ich. Vielmehr gewinnt die aus immer neuer Frustration und Aggression gespeiste Über-Ich-Bildung eine Eigendynamik, die schließlich auch für die gesellschaftliche Anpassung dysfunktional wird. Die Zirkularität von Verdrängung und Schuldgefühl läßt keine Kraft übrig. Freuds Prognose einer zunehmend steileren Spirale, in der sich das Über-Ich mit immer mehr Aggression anfüllt und die Menschen unter immer schärferen Schuldgefühlsdruck setzt, hat sich nicht bewahrheitet. Er war davon ausgegangen, daß seit Urzeiten dasselbe gesellschaftliche Prinzip, die Ödipalität, herrscht und sich verschärfen muß mit der Kulturentwicklung: der Kampf der Söhne gegen den mächtigen Vater um die Herrschaft und den Zugang zur Sexualität. Er setzt also das familiale Patriarchat absolut, mit dem zu Freuds Zeiten die bürgerliche Herrschaft abgesichert ist.

8. Gesellschaftlicher und psychischer Strukturwandel?

An den historischen Veränderungen der familialen Autorität und deren Auswirkungen auf psychische Entwicklungen hat die klassische psychoanalytische Sozialpsychologie des (Prä-)Faschismus angesetzt. Die väterliche Autorität – ohnehin ein Überbleibsel feudaler Herrschaftsprinzipien im Kapitalismus – verliert mit dem Niedergang des mittleren Eigentums und mit der Erosion aller traditionellen Bindungen im Gefolge des Ersten Weltkriegs jede sachliche Begründung. Sie wird »irrational« und hohl, kann sich nur noch über Gewalt gegenüber den Schwächeren – Frauen, Kindern – aufrechterhalten. Die Söhne können diese Väter nicht idealisieren, entwickeln keine Bindung an sie, gehorchen aus Angst und lassen den unterdrückten Haß wiederum an Schwächeren aus. Auch die Mütter werden gehaßt, weil sie schwach sind und keinen Schutz vor den Vätern bieten. Das bedeutet, daß die Über-Ich-Bildung rudimentär bleibt, die Sehnsucht nach Unterwerfung persistiert, ebenso wie die Angst davor. Das Ich, geschüttelt von Ambivalenzen, bleibt ebenfalls schwach und unselbständig. Das ist – natürlich sehr oberflächlich und verkürzt – die Zeitdiagnose der autoritären, sadomasochistischen Persönlichkeitsstruktur, die Fromm, Adorno, Horkheimer, Marcuse und andere in Untersuchungen im Deutschland der frühen dreißiger Jahre wie auch in der amerikanischen Emigration in den vierziger Jahren durch empirische Studien zu belegen suchen. Die autoritäre Unterwürfigkeit wie der auf Juden, andere Minderheiten oder fremde Völker verschobene Haß erklärt für sie viel von der Anfälligkeit für die Botschaften des Faschismus.

Die Autoren konstatieren also gesellschaftlich bedingte Veränderungen in dem Verhältnis der psychischen Strukturen zueinander: eine Schwächung des Ichs, eine ›Externalisierung‹ des Über-Ichs. Letzteres ist aber ein Widerspruch in sich, denn Über-Ich meint ja gerade die Internalisierung sozialer Normen. Die beschriebenen Typen autoritärer Syndrome, vor allem der ›manipulative Typus‹, verweisen auf eine Veränderung des Verhältnisses von Außenwelt und Innerpsychischem. Den manipulativen Typus als eine Erscheinungsform der autoritären Persönlichkeit sehen sie durch einen zwanghaften Überrealismus, durch das völlige Fehlen von Bindungen an Menschen und das ausschließliche Interesse am reibungslosen Funktionieren gekennzeichnet. Sie halten ihn für die modernste und gefährlichste Form des Autoritarismus, bei dem der »psychologischen Erklärung [...] gewisse Grenzen gesetzt« (Adorno 1973, S. 335) sind, weil es eine Psyche mit einer inneren Eigendynamik gar nicht mehr zu geben scheint. So haben Adorno und andere Autoren der Frankfurter Schule die Frage gestellt, ob Freuds Strukturlehre nicht obsolet geworden sei, ebenso wie ihr Gegenstand, das bürgerliche, als autonom und rational vorgestellte Individuum im Konflikt mit gesellschaftlichen Anforderungen, »denn das Substrat der Psychologie, das Individuum reflektiert selber die heute überholte Form der Vergesellschaftung« (Adorno 1972a, S. 55). Marcuse spricht 1963 vom »Veralten der Psychoanalyse« (Marcuse 1965), welches sich nicht auf einzelne theroretische Annahmen beschränke, sondern die Basis psychoanalytischer Annahmen betreffe:

»Der Titel bezieht sich auf einige Grundannahmen der Freudschen Theorie [...] Ich behaupte, daß sie in dem Maße veraltet sind, wie ihr Gegenstand, nämlich das ›Individuum‹ als die Verkörperung von Es, Ich und Über-Ich in der gesellschaftlichen Wirklichkeit veraltet ist. Die Entwicklung der gegenwärtigen Gesellschaft hat das Freudsche Modell durch ein soziales Atom ersetzt, dessen seelische Struktur nicht mehr die Qualitäten aufweist, die Freud dem psychoanalytischen Gegenstand zusprach« (Marcuse 1965, S. 85).

Nicht nur von Marcuses Kritik an der eindimensionalen Gesellschaft und den Studien zum autoritären Charakter her entstehen Fragen, inwieweit psychoanalytische Konzepte von gesellschaftlichen Strukturveränderungen überholt worden sind. Während bei den von Marcuse und Adorno beschriebenen Veränderungen die Grenze zwischen Ich und Außenwelt in Auflösung erscheint, so ist bei den von Klaus Theweleit analysierten Freikorps-Soldaten (bzw. ihren literarischen oder autobiographischen Äußerungen) auch die innerpsychische Schranke zwischen bewußten und unbewußten Anteilen der Person gefallen. Inzestuöse und destruktive Impulse liegen offen zutage, werden kaum abgewertet. Theweleit resümiert seine Untersuchungen an präfaschistischer Literatur:

»Die Unfähigkeit zu Objektbeziehungen, die Auflösungszustände des Ich, die Absencen, die halluzinatorische Wahrnehmung, die Koppelung der Abwehr- mit Angriffsmechanismen deuten auf eine Herkunft aus dem Bereich der Grundstörung [ein Terminus von Michael Balint, G. B.]. [...] Die Tötungsaktionen, die diese Soldaten gegen ihre Angst/zu ihrer Lust unternehmen, stellen sich mir ebenfalls weniger als eine Abwehr der Kastrationsdrohung dar denn als Versuche, jenen Ausgleich eines grundlegenden Mangels zu erzielen, von dem Balint spricht« (Theweleit 1977, Bd. 1, S. 258 f.).

Die Betrachtung der Geschichte der letzten Jahrzehnte mit dem Brennpunkt der Nazi-Zeit läßt eine Reihe von Autoren zweifeln, ob die Individuierungsprozesse in der Regel noch eine nach außen wie gegen die innere Welt der Triebe abgedichtete Ich-Entwicklung ermöglichen. Die Erosion traditioneller Bindungen an Schicht und Klasse, Familie, Religion und andere normative und Verhaltensstandards hat sich seit Ende des Zweiten Weltkriegs enorm beschleunigt (vgl. den Beitrag von Elisabeth Beck-Gernsheim in diesem Band).
Während manche Autoren in diesen Individualisierungsprozessen die vergrößerten Wahlchancen des einzelnen festhalten (vgl. Keupp 1988), ist die moderne psychoanalytische Kulturkritik eher einem globalen Pessimismus anheimgefallen, was die psychische Seite der »Risikogesellschaft« (Beck 1986) anbetrifft. Sie sind von einer »Endzeitstimmung« (Reiche 1991, S. 1055) geprägt, wie zum Beispiel der folgende Textausschnitt zeigt:

»Die moderne Gesellschaft ist mitnichten dadurch gekennzeichnet, daß das, was den größeren Gruppen, Kollektiven oder Institutionen an Bestimmungen abginge, heute den einzelnen zuwüchse. Sondern im Gegenteil dadurch, daß der Komplexitätssteigerung des Ganzen eine abnehmende Integrationskraft der Teile entspricht. Was sich vollzieht, ist gewiß eine Bewegung [...] der Fragmentierung und der Dekompensation [...] Nicht nur ökonomisch und ökologisch, auch psychologisch gerät die moderne Gesellschaft zusehends ins Defizit; wie nach außen, scheint auch nach innen, nach der Seite der psychischen Systeme, ihre vorherrschende Tendenz die des Strukturabbaus zu sein« (Breuer 1992, S. 27 f.).

Evidenz gewinnt diese These aus einer sozialpsychologischen Interpretation dessen, was in der klinisch ausgerichteten Psychoanalyse diagnostiziert wird: die Zunahme von Suchten, Borderline- und narzißtischen Störungen. Das Leiden dieser Menschen liegt nicht mehr vorwiegend im Konflikt zwischen auf andere Menschen gerichteten Begierden und deren Versagung durch Ich und Über-Ich, sondern in Störungen der Selbstwertregulation, die ihnen keine Kraft für eine Bindung an andere Menschen läßt. Die zu Freuds Zeiten so häufige Hysterie mit ihren dramatischen Konversionssymptomen, die zum Beispiel epileptischen Anfällen ähnelten, kommt praktisch nicht mehr vor. Die heutigen Patienten und Patientinnen leiden vorwiegend unter diffusen Identitätsstörungen. Sie klagen über vage Unzufriedenheit, innere Leere, Unruhe, depressive Verstimmungen, extreme Kränkbarkeit und Wut bei Zurücksetzungen, Unfähigkeit, Beziehungen über Enttäuschungen hinweg aufrechtzuerhalten (vgl. Hohl 1989). Dieser Wandel der häufigsten Symptome von Psychotherapie-Patienten wird von Analytikern und Analytikerinnen unterschiedlichster Provenienz übereinstimmend diagnostiziert. Die sozialpsychologische Deutung dieses Phänomens ist aber umstritten. Viele psychoanalytisch orientierte Kulturkritiker sehen in dem Zutagetreten narzißtischer Symptomatiken eine Spiegelung der gesellschaftlichen Entwicklung in der Psyche: das »Zeitalter des Narzißmus« (Lasch 1986) sei angebrochen. Andere halten den Symptomwechsel für ein Artefakt, welches durch die veränderten psychoanalytischen Theorieperspektiven und durch den Einbezug von Mittel- und Unterschichten in die psychoanalytische Klientel zustande gekommen sei. Wieder andere glauben nicht an einen Unterschied in der Tiefe der Person, ihrer primären psychischen Struktur, sondern sehen den Symptomwandel als nur oberflächliche Veränderungen im Ausdruck; die psychischen Grundkonflikte blieben sich immer gleich:

»Die durchschnittliche Hausfrau, der durchschnittliche technische Angestellte usw. von heute dürften sich in ihrer ›primären seelischen Struktur‹ kaum von ihren Vorgängern im Deutschen Reich von 1871 oder im bonapartischen Frankreich unterscheiden« (Reiche 1991, S. 1057).

Welche der drei skizzierten Positionen zutrifft, reduziert sich leider auf Plausibilitäten: Auch Reimut Reiche kann seine kritische Position gegenüber Marcuse, Adorno und ihren Adepten, die die These eines Strukturwandels von Psychopathologie mit dem Verfall der bürgerlichen Gesellschaft zusammendenken, nur mit Glaubenssätzen und Konjunktiven unterstreichen. Das von Freud begonnene Programm, aus der Psychopathologie Lehren zu ziehen über die Bruchstellen der psychischen und gesellschaftlichen Normalität, ist nach den durch Verfolgung und Emigration erschwerten Studien der Frankfurter Schule zur Autorität weder empirisch noch theoretisch überzeugend weitergeführt worden. Von psychoanalytischer Seite überwiegt eine pauschalisierende Kulturkritik, in der die Moderne psychopathologisiert wird – so im anfänglich zitierten ›Todesrausch‹ des Irakis, so noch 1990 in einem Buch, welches sich aktuelle Zeitdiagnose mit den Mitteln der Psychoanalyse vorgenommen hat:

»Unsere moderne Realität [weist] Züge eines ›psychotischen Kosmos‹ auf« (Rhode-Dachser und Meyer zur Capellen 1990, S. 163).

Die Tugenden des psychoanalytischen Vorgehens – das genaue Hinschauen, die Zurücknahme des Urteilens, die Analyse der eigenen Gegenübertragung – werden hier sämtlich ad acta gelegt, statt dessen die »aktuellen Entwicklungen im psychischen Aufbau der Gesellschaft verdammt, noch ehe sie überhaupt begriffen sind« (Reiche 1991, S. 1059).
Die empirische und begriffliche Stagnation einer sozialpsychologischen Interpretation der klinischen Daten der Psychoanalyse besagt aber nichts gegen die Legitimität und mögliche Fruchtbarkeit eines solchen Programms. Dieses Programm wäre auch auszudehnen auf eine wissenssoziologische Fragestellung, in der die psychoanalytische Theoriebildung – ihre Entwicklungspsychologie, Neurosenlehre, Theorie der Technik etc. – als Symptomkatalog historischen Wandels gelesen werden könnte. Die Theorieentwicklung stellt, bezieht man sie auf gesellschaftliche Veränderungen, einen Fundus an Wissen über die psychische Seite des historischen Prozesses dar, der wegen der Bornierungen auf Seiten der ›Kulturkritiker‹ wie der ›Kliniker‹ zum großen Teil noch zu heben wäre. Der unbefriedigende Stand der psychoanalytischen Sozialpsychologie hat eine wichtige Ursache in der wechselseitigen Abschottung der soziologisch-analytischen Kulturkritik auf der einen und der klinischen Praxis auf der anderen Seite.

9. Starre Fronten – Kulturkritik und klinische Praxis

Die Anfänge dieser Frontenbildung reichen bis in die zwanziger Jahre zurück, als die ersten Ausbildungsinstitute eröffnet wurden und die Psychoanalyse bei der Ärzteschaft und im staatlichen Gesundheitswesen Anerkennung als medizinisches Heilverfahren suchte. Freud wandte sich vehement gegen die Okkupation der Psychoanalyse durch die Medizin (vgl. »Die Frage der Laienanalyse«, *GW* XIV). Die Tradition der Sozialpsychologie, die Psychoanalyse als »kritische Theorie des Subjekts« (Horn 1972) für die Sozialwissenschaft nutzbar zu machen, kann sich auf viele Äußerungen Freuds berufen. Dieser hat schließlich den klinischen Arbeiten immer weniger, den kulturtheoretischen Arbeiten immer mehr Raum gegeben.

»Der Gebrauch der Analyse zur Therapie der Neurosen ist nur eine ihrer Anwendungen, vielleicht wird die Zukunft zeigen, daß sie nicht die wichtigste ist« (Freud, *GW* XIV, S. 283).

Schon zu seinen Lebzeiten geriet Freud mit diesem breiten Anwendunsgsbezug der Psychoanalyse in eine Außenseiterposition. Seine psychoanalytischen Kollegen wollten mehrheitlich öffentliche Anerkennung als Heilberuf und finanzielle Absicherung. In Deutschland bahnte dies die Bereitschaft, für die Fortexistenz der gerade gewonnenen Arbeitsmöglichkeiten als Therapeuten erhebliche inhaltliche und institutionelle Anpassungen an den Nationalsozialismus vorzunehmen. Die jüdischen Mitglieder wurden zu einem ›freiwilligen‹ Austritt gepreßt, den staatliche Stellen die Leistungsfähigkeit der Psychoanalyse zum Aufbau der NS-Gesellschaft angepriesen. Das psychoanalytische Institut wurde ab 1936 in das ›Reichsinstitut für psychologische Forschung und Therapie‹ integriert, in dem die Finanzierung der ›tiefenpsychologisch‹ fundierten Psychotherapie durch Staat oder Krankenkassen vorbereitet wurde, die aber erst nach 1945 in der BRD Realität wurde. Seit 1969 ist die Psychoanalyse als Kassenleistung dann anerkannt, wenn ein von der Kasse bestellter Gutachter den Krankheitswert der Neurose und die Wirksamkeit eines analytischen Therapieverfahrens als ausreichend nachgewiesen ansieht.

Für die Verteidiger des kulturkritischen Impetus der Psychoanalyse haben die psychoanalytischen Gesellschaften die wesentlichsten Gehalte der Freudschen Theorie verkauft. Für sie »verwandelte sich die Psychoanalyse aus einem Instrument der Kritik in eines im Dienste gesellschaftlicher Konformität« (Lohmann 1986, S. 82). Das Verdikt von Borniertheit und Machtverliebtheit traf nicht nur die Berufspolitik der psychoanalytischen Vereine. Die analytische Therapie wurde generell der Psychopathologisierung von Protestpotential, der begriffslosen Anpassung an herrschende Sexual- und Leistungsnormen verdächtigt (vgl. Adorno 1972, S. 66). Der Preis, den die Kulturtheoretiker für ihre Ignoranz gegenüber der therapeutischen Arbeit und ihre Idealisierung des Gesellschaftskritikers Freuds zahlen mußten, war ein hoher Grad von Abstraktheit. Programmatische Schriften, in denen der revolutionäre Geist und der sozialpsychologische Gehalt seiner Schriften beschworen wurde, ersetzten konkrete historische Analysen. Freud wurde gegen die ›Reformer‹ der Psychoanalyse verteidigt. Adorno, Horn und andere haben zeigen können, daß scheinbar soziologisch aufgeklärte Neopsychoanalytiker wie Erich Fromm und Karen Horney oder psychoanalytisch aufgeschlossene Soziologen wie Talcott Parsons eine harmonisierende und psychologistisch verflachende Vorstellung des Verhältnisses von Individuum und Gesellschaft haben (vgl. Adorno 1972a; Horn 1971), während Freuds Auffassung eines unausweichlichen Konflikts zwischen Individuum und Gesellschaft eine radikalere Gesellschaftskritik impliziert. Die Konzepte des Sexualtriebs und auch des Todestriebs gelten ihnen als realistischere Einsichten in die anarchischen und destruktiven Kräfte im Menschen als Visionen eines nach geistiger Erfüllung strebenden Wesens, wie bei C. G. Jung. Für sie ist der »Stachel Freud« (Görlich 1980) gegenüber seinen Verharmlosern nicht stumpf geworden, und viele teilen das zärtliche Diktum Adornos:

»An der Psychoanalyse ist nichts wahr als ihre Übertreibungen« (Adorno 1951, S. 56).

Freuds Biologismus, sein Bestehen auf der Universalität sexueller Begierden, die Respektlosigkeit gegenüber den geistigen und kulturellen Schöpfungen der Menschheit, seien bei aller Einseitigkeit dem freundlichen Einheitsbrei der Synthetiker vorzuziehen.
Marcuse, Adorno und andere Autoren der Kritischen Theorie haben an der Freudschen Psychoanalyse festgehalten, weil sie in ihr neben der skeptischen Realitätsbeschreibung des permanent im Konflikt befindlichen Subjekts auch Momente von Utopie fanden: die Vorstellung eines zugleich lustvollen und vernünftigen Individuums, das die Kraft hat, »sich von den anderen abzulösen, ein Selbst zu werden und zu bleiben« (Marcuse 1965, S. 105). Von feministischer Seite wird auch diese Autonomie-Vorstellung als nicht erstrebenswert, als männliche Utopie abgelehnt (vgl. Benjamin 1990).
Aber auch wer diese Utopie teilt, kann mit dieser in den Bereich des Denkmals versetzten Psychoanalyse nicht froh werden. Sie ermöglicht zwar den kulturkritischen Rundumschlag, nicht aber eine genaue Analyse gegenwärtiger Problemlagen. Sicher ist den

Autoren aus der Tradition der Kritischen Theorie zuzustimmen, wenn sie Freud gegen die vielfältigen Versuche verteidigen, seine Thesen unter dem Mantel der Reform zu entschärfen und einzupassen in gängige Schemata. So berechtigt diese Einwände gegen die Verharmloser der radikalen Freudschen Skepsis sein mögen, so sehr trugen sie dazu bei, sich in einer musealen Attitüde der Exegese Freudscher Schriften zuzuwenden.

So wurde es der ›gegnerischen‹ Seite der therapeutisch tätigen Analytiker leicht gemacht, sämtliche gesellschaftskritischen Ansätze (damit auch die Bearbeitung der NS-Vergangenheit der eigenen Zunft) als lebensfern und dogmatisch marxistisch zu denunzieren. Sehr lange Jahre hat es kaum Berührung gegeben zwischen den Szenen einer meist rein ideologiekritisch und nicht forschungspraktisch arbeitenden Enklave psychoanalytischer Sozialpsychologie an den Universitäten und der Praxis einer kassenfinanzierten analytischen Psychotherapie, deren Forschungsansätze sich auf die Bearbeitung klinischer Detailprobleme beschränkten, ohne Rücksicht auf die Entwicklung in der theoretischen Soziologie, empirischen Psychologie oder der Erkenntnistheorie. Die analytischen Therapeuten und Therapeutinnen arbeiteten vorwiegend eklektizistisch und bezogen als theoretischen Hintergrund allenfalls die sehr stark von ihrer Integration in die Psychiatrie bestimmte, rein klinisch orientierte amerikanische Psychoanalyse mit ein. Während die Praktiker sich zunehmend von einem neurosentheoretisch oder behandlungstechnisch ›überholt‹ erscheinenden Freud abwandten, gingen die psychoanalytischen Sozialpsychologen durch ihre konservierende Freud-Exegese ebenfalls an dem vorbei, was die Psychoanalyse lebendig bleiben läßt: ihre Herkunft aus dem intensiven Dialog mit leidenden Menschen (vgl. Kreuzer-Haustein 1992).

10. Falsche Gewißheiten und richtige Zweifel

Wenn ich mit Frederic Wyatt frage, was von der Psychoanalyse am Ende ihres ersten Jahrhunderts bleibt (Wyatt 1990), kann ich mich der Kritik vieler inhaltlicher Positionen und metapsychologischer Konstruktionen Freuds nicht verschließen:

»Die Psychoanalyse stellt gegenwärtig ihren Bestand an Veränderungswissen und Bedingungswissen radikal in Frage, und sie wird vieles ändern, z. B. die ›Phasen‹lehre, die Traumtheorie; die Annahme über die Bedeutung der Affekte in der kognitiven Entwicklung, die Auffassung zur geschlechtsspezifischen Sozialisation usw.« (Körner 1991, S. 53).

Kritikerinnen und Kritiker überschätzen oft den logischen Status der Freudschen Theoreme. Diese dienen nur als Wegmarkierungen, als Kieselsteine, mit deren Hilfe ich – wie Hänsel im Märchen – aus dem dunklen Wald herauszufinden hoffe, in den mich neurotische Symptome oder politische Irrationalitäten führen. Den Wald ganz auszuleuchten ist nicht möglich. Diese Einsicht in die prinzipielle Beschränktheit theoretischer Erhellungen gewinnt jeder, der neurotische Symptome oder auch nur eine unbedeutend erscheinende Fehlleistung analysieren will.
Schon im Jahr 1900, bei der Analyse der ›Dora‹ genannten Patientin, sieht sich Freud gezwungen, die Eindeutigkeit des

»schönen, poesiegerechten Konflikts [...] [zu] trüben und [zu] verwischen. [...] In der Wirklichkeit aber, die ich hier zu schildern bemüht bin, ist die Komplikation der Motive, die Häufung und Zusammensetzung seelischer Regionen, kurz die Überdeterminierung die Regel« (Freud, *GW* v, S. 220).

Die Überdeterminierung, das heißt die Überlagerung mehrerer Verursachungen in einem einzigen Symptom, scheint mir eine ebenso zentrale Erkenntnis der Psychoanalyse zu sein wie die der Ambivalenz aller unserer Emotionen. Nach wie vor gültig erscheinen die Begriffsbildungen der Psychoanalyse, die diese Vieldeutigkeiten zu beschreiben suchen, etwa die analytische Beziehung als Geflecht von Übertragungen und Gegenübertragungen. In der Therapiesituation wird von den Ambivalenzen und Überdeterminierungen nur ein ganz bestimmter Ausschnitt der Konfliktdynamik zugänglich.
Die psychoanalytische Theorie kann immer nur einen Ausschnitt beleuchten. Wenn die Theorie-Stücke gut sind, dann leuchten die weißen Kiesel in der Nacht wie neue Batzen; nur zu oft stellt sich aber wie bei Hänsel und Gretel heraus, daß es Brotstücke waren, die die Tiere des Waldes längst gefressen haben. In der analytischen Situation wird die Metapsychologie und Technik-Theorie erst interessant und wichtig, wenn meine Empathie und Beziehungsfähigkeit im therapeutischen Kontakt versagen.

»Wenn alles stimmt, fällt einem immer das Richtige ein [...] Die Theorie der Technik [...] formuliert Konzepte, die eigentlich nur dann zur Anwendung kommen, wenn ich auf sie zurückgreifen muß, weil ich in der Beziehung zu meinem Analysanden und bei der Aufgabe, den analytischen Prozeß in Gang zu bringen, auf Schwierigkeiten stoße« (Morgenthaler 1986, S. 48).

Alle theoretischen Begriffe, selbst die beschreibenden klinischen Falldarstellungen, haben aufgrund der Linearität von Sprache eine falsche, flache Eindimensionalität. Die gleichzeitigen, überlagerten psychischen Prozesse können nur chronologisch beschrieben werden. So kommentiert Freud seine differenzierteste Krankengeschichte über den sogenannten Rattenmann:

»Was für Pfuschereien sind unsere Reproduktionen, wie jämmerlich zerpflücken wir diese großen Kunstwerke der psychischen Natur« (Freud und Jung 1974, S. 263).

Jede noch so kongeniale Darstellung ist eine Vergröberung, durch deren Studium »der Analytiker niemals dazu kommen [wird], besser zu verstehen, was in seinem Analysanden vorgeht« (Morgenthaler 1986, S. 49).
Diese Haltung bedeutet, wie hoffentlich deutlich geworden ist, dennoch eine hohe Wertschätzung der Theoriebildung. Ohne Begriffe kann ich ebensowenig verstehen wie ohne Empathie. Aufzugeben ist nur die Illusion einer vollständigen, kontextfreien, überhistorisch gültigen psychologischen Theorie.
Freud hat immer wieder versucht, die Ambiguitäten des psychoanalytischen Prozesses sprachlich abzubilden, »dem Schein der Einfachheit, Vollständigkeit und Abgeschlossenheit keine Opfer zu bringen, Probleme nicht zu verhüllen, Lücken und Unsicherheiten nicht zu verleugnen« (Freud 1969, S. 450). Er hat sich damit die in Ablehnung und Wut sich umsetzende Enttäuschung vieler nach eindeutigen Gewißheiten Strebender eingehandelt.

»[...] man macht ihr [der Psychoanalyse, G. B.] aus jedem ungelösten Problem, aus jeder eingestandenen Ungewißheit einen Vorwurf« (ebd.).

Freud läßt in seinen Texten seine Leser teilhaben an seinem Erkenntnisprozeß. Patrick Mahony beschreibt in seinem Buch *Der Schriftsteller Sigmund Freud* (Mahony 1989) diesen Sprachstil als ständigen Wechsel von Metaphern- und Theoriesprache, von Gewißheiten und Infragestellungen, von Neufestlegungen des Inhalts, voller Selbstironie und im intensiven Dialog mit einem Leser, der meist als interessiert, aber skeptisch vorgestellt wird. Diese Stilelemente sind aber nicht Zutaten zu den wissenschaftlichen Erkenntnissen; in der Psychoanalyse ist Sprache selbst ein therapeutisches *agens*; Freuds Texte sind selber häufig »eine Annäherung der Inspiration an die psychoanalytische Behandlungssituation« (ebd., S. 151), »die von Freud erfundenen Metaphern [nähern sich] auf einer tieferen Ebene dem dynamischen Charakter seelischer Vorgänge« (ebd., S. 106).

Vor allem in dieser Entsprechung von Inhalt und Form, die das Lesen seiner Texte zu einer genuin psychoanalytischen Erfahrung machen kann, sind Freuds bis zu hundert Jahre alte Texte unentbehrlich. Sie unterscheiden sich nur zu deutlich »von der übertriebenen Ernsthaftigkeit und der starren Selbstverteidigung vieler psychoanalytischer Autoren« (ebd., S. 102). Die Sozialpsychologie kann bei Freud eine Umsetzung des theoretisch so oft propagierten prozessualen und interaktiven Charakters von Erkenntnis kennenlernen. Seine Texte verlangen vom Exegeten eine »ständige Bereitschaft, jede Erklärung Freuds als vorläufig angenommen oder bildhaft hinnehmen zu müssen« (ebd., S. 106), eine Bereitschaft zur radikalen Infragestellung der eigenen theoretischen Bemühungen.

11. Therapeutische Tugenden. Die Chance der psychoanalytischen Sozialpsychologie

Freud hat also seine eigene Theorie nie für unerschütterlich gehalten. Unentbehrlich für den Analytiker schien ihm nur der Respekt vor dem Unbewußten und der Dynamik von Widerstand und Übertragung. Das analytische Vorgehen fördert eine permanente Infragestellung der eigenen Basis. So heißt die Antwort von Frederic Wyatt, der die Entwicklung der Psychoanalyse seit vielen Jahren miterlebt hat, auf die oben zitierte Frage »Was bleibt?«:

»Es bleiben vor allem die Kraft und die Frische jener psychoanalytischen Anschauung, [...] eine Art des Aufmerkens, Zuhörens, zusammenhängend Erfassens, deren Anwendungsmöglichkeiten noch längst nicht ausgelotet sind. Sie enthält etwas von Hölderlins ›heiliger Nüchternheit‹ unbefangener und unerschrockener Beobachtung des menschlichen Verhaltens und bewahrt in einer zunehmend anomischen und isolierenden, beziehungsschwächenden Massengesellschaft die Möglichkeit, im analytischen Setting doch immer wieder an die Wahrheit heranzukommen, an die eigene und an die des analytischen Partners« (Wyatt 1990, S. 915).

Diese innovative Kraft hat die Psychoanalyse gewonnen, indem sie die Rätsel der Hysterie aufzudecken versuchte. Der Umgang mit den Leidenden zwang Freud zu einem neuen, offeneren therapeutischen Vorgehen. Wenn er etwas verstehen wollte von der Dynamik der Konflikte, mußte er zuhören lernen, sich ebenso wie der Patient oder die Patientin den vielfältigen und widersprüchlichen Botschaften des Unbewußten überlassen, dem Impuls zu raschem Eingreifen widerstehen, den Eifer des Helfenwollens zurückstellen, einen klar abgegrenzten Raum schaffen für die emotional so aufgeladene Beziehung. Die hier umschriebenen Therapie-Techniken der Empathie, der freien Assoziation, der gleichschwebenden Aufmerksamkeit, der Abstinenz, der Regelvereinbarung über das analytische Setting stellen eine Ansammlung von Paradoxien dar: als Therapeutin soll ich beim Zuhören mich nicht anstrengen, keine Absicht verfolgen, keine Auswahl treffen – und ich soll doch aufmerksam sein, was bedeutet, mich zielgerichtet auf einen Punkt hin anzuspannen. Ähnliche Unmöglichkeiten gelten für den Patienten: er soll sich im Liegen auf der Couch seinen spontanen Assoziationen überlassen, aber er muß die Stundenvereinbarung einhalten, soll nicht agieren etc. (vgl. hierzu und zum Folgenden Greenson 1982). Diese Mixtur von gegensätzlichen Anforderungen ist unmöglich zu erfüllen – und doch eine notwendige Entsprechung zu der Konfliktdynamik der Symptome zwischen Ich und Es, Bewußtheit und Unbewußtem. Die Analyse soll einen Raum schaffen, in dem der Konflikt ausgetragen werden kann, in dem sich bewußte wie unbewußte Anteile darstellen:

»Eine wirkliche Entscheidung kann erst fallen, wenn sich die beiden auf demselben Boden treffen. Ich denke, dies zu ermöglichen, ist die einzige Aufgabe der Therapie« (Freud 1969, S. 417).

Im Verlauf der Therapie wird die anfänglich einverständige Szenerie zwischen Therapeut und Patient durchsetzt von Irritationen, die aus Mißverständnissen, Kränkungen und Liebessehnsüchten herrühren und sich nicht einfach durch eine rationale Erklärung auflösen. Der Analytiker wird versuchen, mit Hilfe der Reflexion seiner eigenen Gefühle in der Situation, seiner partiellen Identifikation mit dem Patienten, seinem klinischen und metapsychologischen Wissen die unbewußte Bedeutungen dieser Szenen zu »konstruieren« (vgl. Freud, *GW* XVI, S. 41 ff.). Die Reaktionen des Patienten auf seine Deutungen werden seine Konstruktionen widerlegen oder differenzieren. Scheint zunächst einem Symptom die eine Bedeutung zuzukommen, wird in der nächsten Stunde vielleicht deutlich, daß ein ganz anderer Gesichtspunkt ebenso der Symptombedeutung entspricht, aber durch das erste Motiv verdeckt bleiben mußte, solange dies unbewußt war. Die analytische Arbeit ist angewiesen auf den geschützten Raum der Dyade, in dem sich die Vielfältigkeit des Netzes bewußter und unbewußter Prozesse ausbreiten kann. Ob das Aufnehmen eines Fadens ins Zentrum des Netzes führt, ob eine Deutung zutreffend ist, erweist sich nur an dem weiteren Verlauf. Wenn die Rekonstruktion des Analytikers oder der Analytikerin falsch ist, ist es im analytischen Prozeß ein Zeitverlust, nicht mehr:

»Was in solchem Falle geschieht, ist vielmehr, daß der Patient wie unberührt bleibt, weder mit Ja noch mit Nein darauf reagiert. Das kann möglicherweise nur ein Aufschub seiner Reaktion sein; bleibt es aber so, dann dürfen wir den Schluß ziehen, daß wir uns geirrt haben, und werden dies ohne Einbuße an Autorität bei passender Gelegenheit dem Patienten eingestehen. Diese Gelegenheit ist gegeben, wenn neues Material zum Vorschein gekommen ist, das eine bessere Konstruktion und somit die Korrektur des Irrtums gestattet. Die falsche Konstruktion fällt in solcher Art heraus, als ob sie nie gemacht worden wäre, ja in manchen Fällen gewinnt man den Eindruck, als hätte man, mit Polonius zu reden, den Wahrheitskarpfen gerade mit Hilfe des Lügenköders gefangen« (Freud, *GW* XVI, S. 48).

Diese hohe Toleranz gegenüber Ungewißheit und Ambiguität, die Einsicht in die Beziehungsabhängigkeit der eigenen Forschung, das Lob einer Mischung von Distanz und Beteiligung ergeben sich aus den Erfahrungen der Therapiesituation. Die Paradoxien, die Freud zu dem Diktum gebracht haben, bei der Psychoanalyse handele es sich um einen unmöglichen Beruf (*GW* XVI, S. 94), sind in der analytischen Arbeit nicht nur erträglich, sondern kreativ, weil Therapeut und Analysand die Notwendigkeit widersprüchlicher Erfordernisse ständig erleben. In dieser Bewegung einer Springprozession geht der analytische Prozeß voran. Versuche ich, ihn beiden zu ersparen, verlängert sich auch das Leid.

Die therapeutische Situation entspricht dem Ideal einer offenen

Forschung insofern, als hier vor allem der ›Beforschte‹ die Untersuchung anleitet, ihre Themen, das Tempo, die Verwendung des Wissens:

»In der Psychoanalyse bestand von Anfang an ein Junktim zwischen Heilen und Forschen, die Erkenntnis brachte den Erfolg, man konnte nicht behandeln, ohne etwas Neues zu erfahren, man gewann keine Aufklärung, ohne ihre wohltätige Wirkung zu erleben« (Freud, *GW* XIV, S. 293 f.).

Die analytische Methode – eine Verbindung von veränderndem Eingreifen und Reflexion von Bedeutungen – ist ihr wesentlichster Beitrag zu einer kritischen Sozialpsychologie. Ihr methodisches Vorgehen erlaubt, »Neues zu erfahren«.

Wenn die Therapie als Modell einer sozialwissenschaftlich vorgehenden Psychoanalyse dienen soll, so liegt eine Übertragung zunächst dort nahe, wo sich der leidende, zur Mitarbeit motivierte ›Patient‹ findet, das heißt im Bereich der Supervision der Forscher. Die Aufgabe der Analytiker wäre, die unbewußte Szene zwischen dem Forscher, seinem Thema und den Untersuchten besser zu klären. Wo will ich unbedingt ein bestimmtes Ergebnis? Warum zerfließe ich hier vor Mitleid mit meinem Interviewpartner, nehme ihm dort autoritär das Wort aus dem Mund? Was verbirgt sich hinter meiner Angst, die Untersuchten mit meinen wissenschaftlichen Hypothesen zu ›vergewaltigen‹?

Psychoanalyse ist ein auf den verbalen Dialog angewiesenes Verfahren, entwickelt in einem ganz spezifischen Rahmen. Dies muß ich berücksichtigen, wenn ich analytische Verfahren nicht nur in der Supervision nutzen, sondern selber sozialpsychologisch forschen will. Wenn der Gegenstand analytischer Sozialpsychologie das rational nicht verständliche, politisch und sozial relevante Erleben sein soll, dann habe ich es in der Regel nicht mit einem leidenden, an Veränderung interessierten Individuum zu tun. Selbst wenn in der Situation eines qualitativen Forschungsinterviews das Merkmal des verbalen Dialogs der analytischen Situation ähnelt, fehlen zentrale Merkmale, die eine schlichte Übertragung des therapeutischen Vorgehens nicht gestatten, vor allem fehlt die Vereinbarung mit dem Patienten/Interviewten, an der psychischen Abwehrstruktur zu arbeiten.

Oder ich beschäftige mich nicht mit Personen, sondern mit Texten, Filmen, Architektur etc. Das Material meiner Analyse antwortet nicht auf meine Deutungen, als Untersuchende bleibe ich

auf die Ebene meiner Phantasien und Übertragungen verwiesen. Zum Teil läßt sich die fehlende Interaktion durch ein gruppenanalytisches Verfahren ersetzen, in dem die Deutungen der einzelnen durch den Gruppenprozeß geprüft und bereichert werden. Aber die Sicherheit, die sich im analytischen Dialog ergibt, läßt sich aus einer tiefenhermeneutischen Kulturanalyse, wie Alfred Lorenzer (1986) dieses Vorgehen nennt, nicht gewinnen.
Die Anwendung des psychoanalytischen Instrumentariums auf Interviews, Texte und Ähnliches arbeitet, wie die Therapie, mit den Irritationen, die ein Text in mir auslöst. Lorenzer vergleicht diese Arbeit mit der des Detektivs, der ebenfalls meint, daß das Wesentliche hinter dem nach außen Sichtbaren verborgen ist.

»Freilich handelt es sich für die Psychoanalyse nicht um ein Tatgeschehen, ein ›Realgeschehen‹, dessen ›Spuren‹ der Kriminalist zu sichern hat. Es geht überhaupt nicht um ein Ergebnis, sondern um Erlebnisse, um ›Tatentwürfe‹; und auch da, wo etwas in der Realität geschehen ist, geht es nur um die ›Abdrücke‹ im Erleben. Die Bedeutung der Erlebnisfiguren – das ist es, wonach der Psychoanalytiker fahndet« (Lorenzer 1986, S. 26).

Diese Suche nach dem »verborgenen Hintersinn« (ebd.), der zwar die Szene bewegt, aber selber nicht sichtbar wird, ist das Spezifische, was eine psychoanalytische Sozialpsychologie leisten kann. An die unbewußten Bedeutungen eines Textes werde ich nur herankommen können, wenn ich mich über die bewußte Intentionen des Textproduzenten und das Umfeld der Textproduktion kundig mache. Wenn ich etwa eine psychoanalytische Interpretation von Hitlers *Mein Kampf* vornehmen möchte, reicht es nicht, mich nach den therapeutischen Prinzipien von gleichschwebender Aufmerksamkeit auf die im Text hergestellte unbewußte Szene einzulassen. Ich muß auch etwas wissen über die historischen Entstehungsbedingungen, über zeittypische Ideologeme, Sprache und Rezeptionsmuster. Und wie das klinische Wissen in der Therapie sollten die soziologischen, politologischen, historischen Erkenntnisse nicht ein unbefangenes Zugehen auf den Text ersetzen. Wie ich mich mit dem Patienten zum Teil identifizieren muß, um seine Sicht der Welt zu verstehen, muß ich mich auch in *Mein Kampf* hineinbegeben. Wie kann ich verstehen, daß es zwischen Hitler und mir irgendein Band geben soll? Und wo und warum wehre ich mich dagegen? Dieses Vorgehen ist keine masochistische Spielerei, bei der ich in Hitler meinen Bruder suchen und Asche auf mein Haupt streuen will. Die Methode des Sich-Hineinversenkens übernimmt nur aus der Therapie die Lehre, wie wenig sich aus der Distanz verstehen läßt. Walter Benjamin hat, ebenfalls mit Blick auf den Nationalsozialismus, gesagt:

»Verneinende Geschichtserkenntnis ist ein Widersinn« (zitiert nach Theweleit 1977, S. 284).

Wenn ich etwas von der Massenbewegung des Faschismus begreifen will, muß ich mich in die Welt der Protagonisten wagen, die von vielen nicht ans Tageslicht tretenden Geistern bevölkert ist. Antisemitismus oder Fremdenhaß können mir nie begreiflich werden, wenn ich sie auf der Ebene einer politischen Idee abzuhandeln versuche, wo sie nur als barer Unsinn erscheinen können. Genausowenig reicht es aber hin, sie mit dem Etikett ›Projektion‹ versehen in eine Ecke zu stellen. Die Theorie wird dann zur Abwehr benutzt. Gegenüber dem Faschismus stellt sich fast zwangsläufig die eine oder andere Abwehrhaltung ein. Nach seiner Analyse faschistischer Texte zieht Theweleit den Schluß:

»[...] das Bewußtsein ist nicht der richtige Ort für die ›Aufbewahrung‹ der faschistischen Greuel [...] Der Weg der Erkenntnis wäre vielleicht der, das eigene Unbewußte nicht zu verdrängen, die Geschichte (den Faschismus) vom eigenen Unbewußten ›durchleben‹ zu lassen, so daß die Erkenntnis der Geschichte schließlich *über eine Erfahrung des eigenen Unbewußten* geschieht« (Theweleit 1977, S. 283).

Die aus der Therapie gewonnenen Möglichkeiten der Psychoanalyse liegen darin, sich den schrecklichen, verbotenen Bereichen annähern zu können – nicht als Richter, nicht als Parteigänger, sondern im Interesse einer aufrichtigen Dokumentation dessen, was ist. Vielleicht können wir Freuds Einladung annehmen: Sollten wir nicht erst einmal innehalten, umkehren und uns die Wahrheit eingestehen?

Literatur

Adorno, Th. W. (1972a), »Die revidierte Psychoanalyse«, in: ders., *Gesammelte Schriften*, Bd. 8, Frankfurt am Main: Suhrkamp, S. 42-85.
– (1972b), »Zum Verhältnis von Soziologie und Psychologie«, in: ders., *Gesammelte Schriften*, Bd. 8, Frankfurt am Main: Suhrkamp, S. 86-92.
– (1972c), »Freudian Theory and the Pattern of Fascist Propaganda«, in:

ders., *Gesammelte Schriften*, Bd. 8, Frankfurt am Main: Suhrkamp, S. 408-433.
– (1973a), *Studien zum Autoritären Charakter*, Frankfurt am Main: Suhrkamp.
– (1973b), *Minima Moralia* (1951), Frankfurt am Main: Suhrkamp.
Beck, U. (1986), *Risikogesellschaft. Auf dem Weg in eine andere Moderne*, Frankfurt am Main: Suhrkamp.
Benjamin, J. (1982), »Die Antinomien des patriarchalischen Denkens. Kritische Theorie und Psychoanalyse«, in: W. Bonß und A. Honneth (Hg.), *Sozialforschung als Kritik*, Frankfurt am Main: Suhrkamp, S. 426-455.
– (1988), *Die Fesseln der Liebe*, Frankfurt am Main: Stroemfeld/Roter Stern.
Binion, R. (1978), *»... daß ihr mich gefunden habt«. Hitler und die Deutschen: eine Psychohistorie*, Stuttgart: Klett-Cotta.
Breuer, J. (1961), »Krankengeschichte Fräulein Anna O.« (1895), in: G. Bally (Hg.), *Einführung in die Psychoanalyse Sigmund Freuds*, Reinbek: Rowohlt, S. 233-253.
Breuer, S. (1992), »Sozialpsychologische Implikationen der Narzißmustheorie«, in: *Psyche* 46, S. 1-31.
Eissler, K. (1963), »Die Ermordung von wie vielen seiner Kinder muß ein Mensch symptomfrei ertragen können, um eine normale Konstitution zu haben?«, in: *Psyche* 17, S. 240-291.
Enzensberger, H. M. (1991), »Hitlers Wiedergänger«, in: *Der Spiegel* 45, S. 26-28.
Erdheim, M. (1982), *Die gesellschaftliche Produktion von Unbewußtheit*, Frankfurt am Main: Suhrkamp.
Erikson, E. H. (1980), »Die Legende von Hitlers Kindheit« (1942, 1950), in: H. Dahmer (Hg.), *Analytische Sozialpsychologie*, Bd. 1, Frankfurt am Main: Suhrkamp, S. 257-282.
Freud, A. (1980), *Das Ich und die Abwehrmechanismen* (1936), München: Kindler.
Freud, S. (1950), *Aus den Anfängen der Psychoanalyse. Briefe an Wilhelm Fließ. Abhandlungen, und Notizen aus den Jahren 1887-1902*, Frankfurt am Main: S. Fischer.
– (1958 ff.), *Gesammelte Werke (GW)*, Bde. I-XVI, Frankfurt am Main: S. Fischer.
– »Die Abwehr-Neuropsychosen. Versuch einer psychologischen Theorie der akquirierten Hysterie, vieler Phobien und Zwangsvorstellungen und gewisser halluzinatorischer Psychosen«, in: *GW* I, Frankfurt am Main: S. Fischer, S. 57-74.
–, *Studien über Hysterie*, in: *GW* I, S. 75-312.
–, »Bruchstück einer Hysterie-Analyse«, in: *GW* V, S. 161-286.
–, »Beiträge zur Psychologie des Liebeslebens«, in: *GW* VIII, S. 65-93.

–, »Die ›kulturelle‹ Sexualmoral und die moderne Nervosität«, in: *GW* VIII, S. 143-170.
–, »Zeitgemäßes über Krieg und Tod«, in: *GW* X, S. 323-356.
–, »Beiträge zur Psychologie des Liebeslebens III«, in: *GW* XII, S. 159-180.
–, *Massenpsychologie und Ich-Analyse*, in: *GW* XIII, S. 70-161.
–, »Die Frage der Laienanalyse«, in: *GW* XIV, S. 207-296.
–, »Konstruktionen in der Analyse«, in: *GW* XVI, S. 41-56.
–, *Der Mann Moses und die monotheistische Religion*, in: *GW* XVI, S. 101-248.
– (1969), *Vorlesungen zur Einführung in die Psychoanalyse* und *Neue Folge*, in: *Studienausgabe (StA)*, Bd. 1, Frankfurt am Main: S. Fischer.
– (1953), *Abriß der Psychoanalyse. Das Unbehagen in der Kultur*, Frankfurt am Main: S. Fischer.
Freud, S. und C. G. Jung (1974), *Briefwechsel*, Frankfurt am Main: S. Fischer.
Fromm, E. (1936), »Sozialpsychologischer Teil«, in: M. Horkheimer (Hg.), *Studien über Autorität und Familie*, Paris: Felix Alcan, S. 77-135.
– (1959), *Die Kunst des Liebens*, Frankfurt/Berlin/Wien: Ullstein.
– (1970), »Über Methode und Aufgabe einer analytischen Sozialpsychologie. Bemerkungen über Psychoanalyse und historischen Materialismus« (1932), in: ders., *Analytische Sozialpsychologie und Gesellschaftstheorie*, Frankfurt am Main: Suhrkamp, S. 9-40.
Görlich, B., A. Lorenzer und A. Schmidt (1980), *Der Stachel Freud. Beiträge und Dokumente zur Kulturismus-Kritik*, Frankfurt am Main: Suhrkamp.
Greenson, R. (1982), »Dieser ›unmögliche‹ Beruf«, in: ders., *Psychoanalytische Erkundungen*, Stuttgart: Klett-Cotta, S. 222-240.
Hohl, J. (1989), »Zum Symptomwandel neurotischer Störungen. Sozialhistorische und sozialpsychologische Aspekte«, in: H. Keupp und H. Bilden (Hg.), *Verunsicherungen*, Göttingen: Hogrefe, S. 103-124.
Horn, K. (1971), »Insgeheime kulturistische Tendenzen der modernen psychoanalytischen Orthodoxie«, in: A. Lorenzer u. a., *Psychoanalyse als Sozialwissenschaft*, Frankfurt am Main: Suhrkamp, S. 93-151.
– (1972), *Psychoanalyse – kritische Theorie des Subjekts*, Amsterdam: de Munter.
Keilson, H. (1989), »Die Verzahnung von individuellem und kollektivem Schicksal«, in: R. Cogoy u. a. (Hg.), *Erinnerung einer Profession. Erziehungsberatung, Jugendhilfe und Nationalsozialismus*, Münster: Votum, S. 212-222.
Keupp, H. (1988), *Riskante Chancen. Das Subjekt zwischen Psychokultur und Selbstorganisation*, Heidelberg: Asanger.
Körner, J. (1991), »Für eine Rückkehr der Psychoanalyse in die Psychologie«, in: *Psychologie und Gesellschaftskritik* 15, S. 49-58.
Kreuzer-Haustein, U. (1992), »Schöngeister und Kleingeister. Klischee-

bildungen im Dialog zwischen ›Kulturtheoretikern‹ und ›Klinikern‹«, in: *Forum der Psychoanalyse* 8, S. 47-62.

Lasch, Ch. (1986), *Das Zeitalter des Narzißmus* (1979), München: Deutscher Taschenbuch Verlag.

Lohmann, H. M. (1986), *Freud zur Einführung*, Hamburg: Junius.

Lifton, R. J. (1986), *The Nazi Doctors. Medical Killing and the Psychology of Genocide*, New York: Basic Books.

Lorenzer, A. (1986), »Tiefenhermeneutische Kulturanalyse«, in: H. D. König u. a. (Hg.), *Kulturanalysen*, Frankfurt am Main: S. Fischer, S. 11-98.

Lowenthal, L. und N. Gutermann (1968), »Lügenpropheten. Eine Studie über die Techniken und Themen des amerikanischen Agitators«, in: Th. W. Adorno u. a., *Der autoritäre Charakter*, Bd. 1, Amsterdam: de Munter (Original: New York 1950).

Mahony, P. J. (1989), *Der Schriftsteller Sigmund Freud*, Frankfurt am Main: Suhrkamp.

Marcuse, H. (1965), »Das Veralten der Psychoanalyse«, in: ders., *Kultur und Gesellschaft* 2, Frankfurt am Main: Suhrkamp.

– (1967), *Der eindimensionale Mensch. Studien zur Ideologie der fortgeschrittenen Industriegesellschaft*, Darmstadt und Neuwied: Luchterhand.

Miller, A. (1980), *Am Anfang war Erziehung*, Frankfurt am Main: Suhrkamp.

Mitscherlich, A. und M. Mitscherlich (1983), *Die Unfähigkeit zu trauern* (1967), München: Piper.

Morgenthaler, F. (1986), *Technik. Zur Dialektik des psychoanalytischen Prozesses*, Frankfurt am Main: Syndikat.

Parin, P. und G. Parin Matthèy (1983), »Das obligat unglückliche Verhältnis der Psychoanalytiker zur Macht«, in: H. M. Lohmann (Hg.), *Das Unbehagen in der Psychoanalyse*, Frankfurt am Main: Qumran.

Reiche, R. (1991), »Haben frühe Störungen zugenommen?«, in: *Psyche* 45, S. 1045-1066.

Rohde-Dachser, Ch. und R. Meyer zur Capellen (1990), »Prothesengott und Muttermacht. Psychoanalytische Bemerkungen zur Technikentwicklung, zur Naturzerstörung und zur Manipulierbarkeit unbewußter Phantasien«, in: Ch. Rohde-Dachser (Hg.), *Zerstörter Spiegel. Psychoanalytische Zeitdiagnosen*, Göttingen: Vandenhoeck und Ruprecht, S. 163-184.

Schmidbauer, W. (1988), *Liebeserklärung an die Psychoanalyse*, Reinbek: Rowohlt.

Theweleit, K. (1977), *Männerphantasien*, Bd. 1, Frankfurt am Main: Stroemfeld/Roter Stern.

Wyatt, F. (1990), »Die Psychoanalyse am Ende ihres ersten Jahrhunderts«, in: *Merkur*, Heft 10/11, S. 891-915.

Sigrun Anselm
Die sozialpsychologische Perspektive der Kritischen Theorie
Zu Adornos Freud-Rezeption

In den achtziger Jahren begann eine erneuerte Rezeption der Schriften von Theodor W. Adorno. Es gab eine Vielzahl von Tagungen, dazu kamen Sammelbände und Monographien, Einführungen und Überblicke, kritische Abhandlungen und theoretische Würdigungen. Sie alle galten einem Wissenschaftler und Philosophen, der wie kein zweiter das kritische Denken in der Bundesrepublik der fünfziger und sechziger Jahre beeinflußt hat. Adornos Tod (1969) fiel zeitlich mit dem Ende der Studentenbewegung zusammen, für deren Selbstverständnis er eine zentrale Rolle gespielt hatte. Wahrscheinlich lag es an dieser Koinzidenz, daß seine Ausstrahlungskraft nach seinem Tod zu schwinden schien, und es bedurfte eines zeitlichen Abstands, um Adorno unter einem neuen Blickwinkel sehen zu können. Nun erst wurde deutlich, welch herausragende Bedeutung er für Philosophie und Wissenschaft der Nachkriegszeit, aber nicht minder für das zeitgenössische Denken hat.

Adorno gehört zu einer Generation von Wissenschaftlern, für deren Schriften das Zeitgeschehen besonders ins Gewicht fällt; folglich kreist die heutige Auseinandersetzung mit ihm um die Reichweite seiner Analysen und um die Frage, was die heutige Gesellschaft mit jener Zeit gemeinsam hat.[1] In jungen Jahren schloß sich Adorno einer Gruppe von Wissenschaftlern aus allen großen sozialwissenschaftlichen Disziplinen an, in deren Zentrum

1 Unverständlich bleibt in diesem Kontext die historisierende Relativierung von Adornos Denken durch eine Reihe jüngerer Autoren (Wiggershaus, Dubiel, Bonß), die Habermas zum Überwinder der älteren Kritischen Theorie machen. Obwohl Habermas von Horkheimer habilitiert wurde, sind die Unterschiede zwischen Horkheimer/Adorno und Habermas so groß, daß es wenig einbringt, sie in eine historische Abfolge zu stellen. Es handelt sich ja doch um unterschiedliche Denkstile, deren Für und Wider an den Theorien selbst verhandelt werden sollte.

der um einige Jahre ältere Max Horkheimer stand. Das Institut für Sozialforschung, das bereits 1924 gegründet worden war, bildete den organisatorischen Rahmen und stellte die finanziellen Mittel für ihr weiträumig angelegtes Projekt einer umfassenden Zeitdiagnose bereit. Angesichts der unlösbaren gesellschaftlichen Widersprüche am Ende der Weimarer Republik faßte die Gruppe den Plan für einen neuen gesellschaftstheoretischen Entwurf, der die materiellen und politischen Strukturen, die intellektuellen und künstlerischen Formen im Kontext der kapitalistischen Moderne reflektieren sollte. Nicht lange nach ihrer Entstehung sah sich die Gruppe 1933 gezwungen, Deutschland zu verlassen. Sie emigrierte zunächst nach Paris, dann nach New York, auch ihre personelle Zusammensetzung änderte sich infolge dieser Umbrüche. Wie fruchtbar aber ihr anfängliches Vorhaben war, zeigt sich daran, daß alle ihre Mitglieder ihre ursprünglichen Pläne weiterverfolgten und zu wegweisenden Theoretikern weit über ihre Disziplinen hinaus wurden. Neben Horkheimer und Adorno zählten zu der Gruppe: Erich Fromm, Herbert Marcuse, Friedrich Pollock, Leo Löwenthal, Franz Neumann und Otto Kirchheimer.

Nach dem Krieg wurde das Institut für Sozialforschung in Frankfurt neu gegründet, doch nur Horkheimer, Adorno und Pollock kehrten aus der Emigration zurück. In den fünfziger Jahren bildete das Institut einen Sammelpunkt für viele derer, die der historischen Amnesie und politischen Apathie mit einem aufgeklärten Denken begegnen wollten. Öffentliche Resonanz bekam es in den sechziger Jahren, als Horkheimer und Adorno zu Repräsentanten eines kritischen Denkens wurden, das die verdrängte Vergangenheit, den Nationalsozialismus, ins Bewußtsein der Nachkriegsgeneration hob. Sie hatten das Erstarken der nationalsozialistischen Bewegung noch miterlebt und mußten diese als um so bedrohlicher erkennen, da sie wußten, daß sich in ihr soziale Konflikte manifestierten, die weit älteren Ursprungs und nach dem Ende des Nationalsozialismus auch nicht behoben sind. Mit Beginn der Emigrationszeit konzentrierte sich ihr Erkenntnisinteresse deshalb auf die gesellschaftlichen Bedingungen, die den Nationalsozialismus hervorgebracht hatten. Horkheimers Schriften aus jener Zeit geben dem Nationalsozialismus einen systematischen Ort in der Entwicklung des Kapitalismus. Die von beiden Autoren kurz vor Kriegsende gemeinsam verfaßte Schrift zur

Dialektik der Aufklärung geht der europäischen Zivilisationsgeschichte nach, um den faschistischen »Rückfall in die Barbarei« als deren innere Konsequenz sichtbar zu machen. In der Nachkriegszeit verschiebt sich die Stoßrichtung ihrer Kritik, und sie konzentrieren ihr Interesse auf die immanenten Konflikte der eigenen Gesellschaft; besonders Adorno hat mit mimetischer Sensibilität die Brüche und Konflikte der Nachkriegsgesellschaft analysiert. Jede soziale Utopie schien ihnen desavouiert, und die Gesellschaft konnte einzig noch an ihrem eigenen Maßstab gemessen werden, wie er von dem entstehenden modernen Bürgertum formuliert worden war. Zugleich aber tragen sie mit ihrem Pochen auf das bürgerliche Lebensprinzip der gesellschaftlichen Entwicklung Rechnung, denn heute gilt der ideelle Lebensentwurf des Bürgertums, der Freiheit, Gleichheit und Autonomie aller Gesellschaftsmitglieder ins Zentrum stellt, viel unbedingter und selbstverständlicher als im 19. Jahrhundert. Und Horkheimer und Adorno wurden nicht müde, nach der Verwirklichung dieses Lebensentwurfs zu fragen. Nicht weil sie ihn als Vollendung der Menschheitsgeschichte betrachteten, sondern weil die soziale und politische Verfassung moderner Industriegesellschaften die Subjekte aus allen kulturellen Verbindlichkeiten entlassen hat, so daß diese autonom und mündig werden müssen, um nicht Ideologien, Wahn und Selbstbetrug anheimzufallen.

Die Vertreter der Kritischen Theorie waren nicht die ersten, die mit soziologisch fundiertem Blick ihr besonderes Interesse auf die Verfassung moderner Subjektivität gerichtet haben. Auch Max Weber stellte sich zeit seines Lebens die Frage, welchen Einfluß die »Entzauberung der Welt« und die Bürokratisierung von Herrschaft auf die Lebensführung der Subjekte hat.[2] Und viele wären zu nennen, die von der Tatsache aufgeschreckt worden waren, daß die Subjekte unter den modernen kapitalistischen Lebensbedingungen »transzendental obdachlos« und ihrer traditionellen Lebensbezüge beraubt wurden. Aufgrund der gesellschaftlichen Umbrüche nach dem Ersten Weltkrieg hofften die Mitglieder des Instituts für Sozialforschung zunächst, daß eine soziale Revolu-

2 In seinen Studien zu Max Weber stellt Wilhelm Hennis (1987) die These auf, daß Webers leitende Fragestellung dem Zusammenhang von Kultur und Lebensführung bzw. Lebensstil galt, so daß alle seine großen Themen, wie etwa der Rationalisierungsprozeß, unter diesem Gesichtspunkt interpretiert werden müssen.

tion den kulturellen Niedergang auffangen und den Subjekten ein tätiges und selbstbewußtes Leben eröffnen könne.
Angesichts der Tatsache, daß der Nationalsozialismus 1933 legal die Macht übernehmen konnte, hatte die Sozialismusdebatte ihre Aktualität eingebüßt. Die Mitglieder des Instituts begannen nun, sich den bürgerlichen Lebensbedingungen zuzuwenden, um zu verstehen, was die Subjekte zu Verhaltensweisen treibt, die ihren eigentlichen Interessen zuwiderlaufen. Zwar sollten sie nie von der Erkenntnis abrücken, daß die gesellschaftlichen Produktionsbedingungen die Matrix bilden, von der alle Denk- und Bewußtseinsformen geprägt sind, doch zugleich wurden sie gewahr, daß gerade im Kapitalismus die kulturellen Formen und die Psychologie der Subjekte ein Eigenleben führen, das zwar als Antwort auf die gesellschaftlichen Verhältnisse zu begreifen ist, aber dennoch Motiven und Handlungsimperativen folgt, die nur aus der Psychologie der Subjekte verständlich werden. Deshalb wandte sich ein Teil der Gruppe nun der Psychoanalyse zu, insbesondere den kulturkritischen Schriften von Freud, um diese für ihre Kritische Theorie der Gesellschaft fruchtbar zu machen.[3] Dabei schlagen sie jedoch nicht den Weg der Freudo-Marxisten ein, die den Versuch machen, beide Theorien zu synthetisieren; vielmehr sehen sie die unterschiedlichen Zugangsweisen von Gesellschaftstheorie und Psychoanalyse in der Sache begründet, im Antagonismus von Individuum und Gesellschaft, der von keiner Einheitswissenschaft hinreichend erfaßt werden kann.
In der Nachkriegszeit war es besonders Adorno, der die von der Gruppe in den dreißiger Jahren begonnene Freud-Rezeption mit sozialpsychologischer Perspektive weitergeführt hat. Daher scheint es mir sinnvoll, sich auf eine Reihe seiner kleineren Schriften aus dieser Zeit zu beschränken. – Die beiden großen Studien, zum einen über *Autorität und Familie*, zum anderen zum *Autoritären Charakter*, gehören natürlich auch in den Kontext der hier zu verhandelnden Themen. Wo es nötig ist, wird auf sie zurückgegriffen werden, doch es wäre unangemessen, sie als

3 Schon in den zwanziger Jahren gab es eine erste Auseinandersetzung mit der Psychoanalyse unter den Sozialisten, weil das Scheitern der deutschen Revolution 1918 durch die Marxsche Theorie nicht mehr erklärt werden konnte. Die damalige Auseinandersetzung hat mit der späteren Freud-Rezeption, zumal derjenigen von Adorno, wenig gemein. Siehe dazu Wolfgang Bonß (1982).

Ganze in ihrem Aufbau und ihrer Konzeption hier in knapper Form zu referieren, zumal die *Autoritäre Persönlichkeit*[4] in einer Vielzahl von Veröffentlichungen gewürdigt, aber auch unter methodischen Gesichtspunkten kritisiert wurde. – In der vorliegenden Abhandlung soll es besonders um Adornos theoretischen Zugang gehen, der gerade nicht beansprucht, ein wertfreies und zeitloses Instrumentarium zu benutzen, sondern die Forderung erhebt, daß die Begriffe den Erfahrungsgehalt einer Epoche, den »Zeitkern«, in sich reflektieren müssen, um dem Material gerecht zu werden.[5] Diese Materialgerechtigkeit gewinnt für Adorno in dem Maße an Bedeutung, wie er von jedem gesellschaftstheoretischen Systementwurf Abstand nimmt. Er geht den scheinbar marginalen Phänomenen des öffentlichen und privaten Lebens nach, die er symptomatologisch interpretiert, als Indizien für den Zustand der Gesellschaft. Um den Symptomcharakter dieser Phänomene sichtbar zu machen, greift er eine zentrale Kategorie von Marx auf, nämlich das Tauschprinzip. Adorno macht diesen Begriff zum Angelpunkt seiner Gesellschaftskritik, weil die spätkapitalistische Gesellschaft durch die Universalisierung des Tauschprinzips gekennzeichnet sei, eine Tatsache, die jedem Systemanspruch den immanenten Bezugspunkt genommen habe. Seine eigene Betrachtungsweise ist Folge dieses kritischen Postulats. Wie zwingend und totalisierend Adorno das Tauschprinzip im kategorialen Sinne auch faßt, gerade in seinen sozialpsychologischen Schriften hat er diesen Begriff mit großer Offenheit eher als heuristische Kategorie benutzt, unter deren Perspektive er die Beschädigungen, die

4 Die Studien über *Autorität und Familie,* zuerst 1936 in Paris veröffentlicht, umfassen drei programmatische Texte von Horkheimer, Marcuse und Fromm. Darüber hinaus vorläufige Ergebnisse einer empirischen Untersuchung in mehreren europäischen Ländern sowie eine Vielzahl von Einzelstudien unterschiedlicher Autoren. – Die Untersuchung über *The Authoritarian Personality* wurde, initiiert vom American Yewish Committee, als erste einer geplanten Reihe »Studies in Prejudice« in den USA der ersten Nachkriegsjahre durchgeführt und erstmals 1950 in New York veröffentlicht. Neben Adorno gehörten zu der Forschungsgruppe: Else Fraenkel-Brunswik, Daniel J. Levinson und R. Nevitt Sanford. Einzig Adornos Text wurde bislang ins Deutsche übersetzt.

5 Alfons Söllner (1984) hat Adornos Methode als »idiosynkratischen Subjektivismus« bezeichnet, dessen Objektivitätsanspruch Reflex und Reflexion auf seine Lebensgeschichte sei – eine Formulierung, der ich mich anschließen kann.

Zurichtungen und Ängste der Subjekte zum Thema machen kann, ohne den Bezug zum Ganzen aus den Augen zu verlieren.
Adorno hat immer wieder betont, daß die Erfahrung des Nationalsozialismus sein wesentlicher Erkenntnistrieb war, vielleicht wäre er andernfalls Musikwissenschaftler geblieben. Nun aber sah er die Zivilisation als ganze in Frage gestellt, und es schien ihm als vordringliche Aufgabe, den psychosozialen Bedingungen nachzugehen, die den Nationalsozialismus möglich gemacht hatten und die nach seinem Zusammenbruch nicht verschwunden sein konnten. Während sich die offizielle Vergangenheitsbewältigung ausschließlich mit der vergangenen Zeit beschäftigt, fragt Adorno nach dem Alten im Neuen, also nach dem, was von der Vergangenheit fortwirkt, besonders da, wo es sich in neuem Gewande zeigt: »Ich betrachte das Nachleben des Nationalsozialismus *in* der Demokratie als potentiell bedrohlicher denn das Nachleben faschistischer Tendenzen *gegen* die Demokratie« (Auf, S. 556).
So führt ihn die Auseinandersetzung mit der eigenen Zeit immer wieder zurück in den Nationalsozialismus, wie er diesen selbst vor dem Hintergrund der kapitalistischen Moderne dieses Jahrhunderts begreift, deren anfangs emphatisch geforderte, dann aber faktisch nur erlittene Konsequenz für die Subjekte Individualisierung heißt. Adorno spricht hier von »Atomisierung«. In den subjektiven Motiven, die den Nationalsozialismus möglich gemacht haben, erkennt Adorno eine Reaktion auf die Atomisierung, denn diese habe die Subjekte ihrer Ohnmacht und der Angst vor sozialer Deklassierung ausgeliefert. Um von dieser »universalen Angst, durch die Maschen zu fallen und abzusinken« (Auf, S. 562), befreit zu werden – einer Angst, die mittlerweile als zweite Natur anstelle der Existenzangst um das »natürliche Dasein« getreten sei (SP, S. 47) –, waren die Subjekte bereit, einen hohen Preis zu zahlen.
Wie sah ihre Reaktion nun aus? Da sie weder von Vernunft oder Rationalität noch von der Erkenntnis der eigenen Angst getragen war, kommt auch Adorno, wenn er die Handlungsweise der Subjekte verstehen will, in das Dilemma, auf die Sprache der Psychopathologie zurückgreifen zu müssen, die trifft und zugleich falsch ist, weil sie die Subjekte entlastet. Doch Adorno reflektiert das Dilemma und sprengt es als Problem der Betrachtungsweise, indem er zeigt, wie die Subjekte rational und pathologisch ineins waren. Auf den ersten Blick aber überwiegt die Seite der Pathologie. Um ihre bedrohte Selbstachtung zurückzugewinnen, identifi-

zieren sich die Subjekte mit einem mächtigen Kollektiv; eine Identifizierung, die Adorno wahnhaft nennt (MWG, S. 589), weil dieses mächtige Kollektiv als Fiktion allein aus dem Identifizierungsbedürfnis hervorgeht, denn schließlich war der Nationalsozialismus nichts weniger als ein funktionierendes Kollektiv.

Vor dem Hintergrund der Zerstörungskraft, die dieser Wahn erzeugt hat, geht Adorno in seinen Nachkriegsschriften all den Phänomenen nach, in denen er den Versuch wahrnimmt, soziale Ängste zu verleugnen und mittels Kollektiv- oder Autoritätsbeschwörung falsche Gewißheiten zu erzeugen, weil er die Erfahrung gemacht hat, daß jede soziale Konfliktverschiebung die Gefahr gewaltsamer Lösungen mit sich bringt.

Betrachten wir zunächst Adornos Zugang zur Psychoanalyse als einer mit der Soziologie konkurrierenden Theorie zur Erklärung menschlicher Verhaltensweisen. Nicht daß diese Konkurrenz von den beiden Disziplinen ausgetragen würde, meist wird sie gar nicht gesehen, oder sie wird bestritten, obwohl beide die Hand auf denselben Gegenstand legen. Freud hatte die Soziologie zur nachgeordneten Disziplin erklärt, während die Soziologie zwar ein psychologisches Substrat unterstellt, auf dieser Basis jedoch von der Annahme ausgeht, daß die Subjekte, an Selbsterhaltung orientiert, sich die Rationalitätskriterien ihrer Gesellschaft zu eigen machen. Und wo sie es nicht tun, hält sie eine eigene Wissenschaftssparte bereit, die Theorie des abweichenden Verhaltens und der Anomie. Da nun beide, Soziologie wie Psychoanalyse, von der gesellschaftlichen Prägung der Subjekte ausgehen, muß die Differenz ihrer Befunde einerseits in der unterschiedlichen Vorgehensweise und der jeweiligen Gegenstandsdefinition, aber ebenso in der Beschaffenheit und Bewegungsform der Gegenstände selber, der Subjekte wie der Gesellschaft, begründet sein. Hier setzt Adorno an, denn ihm geht es darum, das Verhältnis beider Disziplinen, ihre Reichweite und ihre Grenzen von der Entfaltung des Gegenstands her zu bestimmen. Da sich jedoch kein Gegenstand in seinem An-sich-Sein darstellt, sondern immer schon in begrifflicher Fassung, die eine theoretische oder ideologische Konstruktion impliziert, macht Adorno die Theorien selbst zum Gegenstand, um das Verhältnis von Begriff und Sache zu beleuchten und dadurch eine Gegenstandsbestimmung zu gewinnen, die den Aporien beider Theorien entkommt. Adornos Vorgehen ist also in erster Linie Kritik; daher auch die Bezeichnung »Kritische Theorie«.

Im 20. Jahrhundert ist kritisches Denken zur Besonderheit einer Schule geworden. Dabei muß man sich klar machen, daß es ursprünglich mit der Heraufkunft des Bürgertums verschwistert war. Weder an Adornos Methode noch an seinen Gegenstand gebunden, gehört es zum reflektierenden Denken seit der Aufklärung. Die bürgerliche Gesellschaft kennt keine allgemein verbindliche Interpretation des sozialen Lebens mehr, denn das bürgerliche Prinzip, das sich in der demokratischen Verfassung des Ganzen und der Autonomie der Subjekte realisiert, hat nur eine korrektive und keine normative Funktion.[6] Kritik wird daher zum wesentlichen Element des neuzeitlichen Vernunftbegriffs. So wie die freigesetzten Subjekte Autonomie nur durch ihre Fähigkeit zu Kritik erwerben und festhalten können, bedarf es der kritischen Reflexion sozialer Strukturen, da Gerechtigkeit und Demokratie in einer offenen Gesellschaft immer erneut konkretisiert werden müssen. Nach Adorno steckt in Kritik die »Kraft zum Widerstand [...] gegen alles bloß Gesetzte, das mit seinem Dasein sich rechtfertigt« (K, S. 785), ganz gleich, ob es sich um vorgegebene Meinungen oder vorhandene Institutionen handelt. Nach der Erfahrung des Nationalsozialismus wird er nicht nachlassen, diese kritische Kraft und die Mündigkeit der Subjekte als Bollwerk gegen jede neue Form des Totalitarismus zu fordern. Und die Wissenschaft hat für ihn die Pflicht, den Bedingungen nachzugehen, die in diesem Jahrhundert dazu geführt haben, daß das bürgerliche Prinzip zugunsten heteronomer und autoritärer Setzungen preisgegeben wurde.

Welches ist nun das Erkenntnisinteresse, um dessentwillen Adorno Soziologie und Psychoanalyse heranzieht, um sie zugleich kritisch in ihre Schranken zu weisen, wenn er »die Trennung von Soziologie und Psychologie [für] unrichtig und richtig zugleich« (SP, S. 57) erklärt?[7] Mit Recht kann die Soziologie davon ausgehen, daß die prägende Kraft der Gesellschaft bis zu den Wünschen und Ängsten der Subjekte reicht, so Luhmann in seiner

6 Zum »bürgerlichen Prinzip« siehe Paul Tillich (1962, S. 271 und 346). Adorno benutzt diesen Begriff meines Wissens nicht, doch gehörte Tillich Anfang der dreißiger Jahre zum Kreis des Instituts für Sozialforschung, und Adorno wurde von Tillich habilitiert.

7 Adorno spricht wechselweise von Psychologie und Psychoanalyse, doch geht es ihm ausschließlich um die Psychoanalyse, so daß sein unterschiedlicher Begriffsgebrauch nicht zu irritieren braucht.

Abhandlung über die Liebessemantik, so Durkheim in seiner Untersuchung über den Selbstmord. Und doch fehlt ihr ein Begriff von Subjektivität, der die Wünsche wie auch das Leiden als subjektive Antworten auf die Gesellschaft begreifbar macht. So kann sie die geronnenen Gestalten nur konstatieren und nicht analysieren, wie etwa Parsons es tut, wenn er die geschlechtsspezifische Rollenverteilung zur Grundlage der Gesellschaft macht. Im Gegenzug neigt die Psychoanalyse dazu, vom »gesellschaftlichen Produktionsprozeß [abzusehen] und ihrerseits ein Produziertes, [...] das Individuum in seiner bürgerlichen Gestalt« (SP, S. 57), absolut zu setzen und seinen spezifischen Individuierungsprozeß zum menschlich allgemeinen zu machen. Trotz dieser Kritik wird Adorno die Psychoanalyse immer dann heranziehen, wenn er die Verfassung der Subjekte zum Thema macht, denn »gerade indem sie bei der atomistischen Existenz des Individuums beharrlich verweilt« (PG, S. 5), habe sie das »Wesen der Vergesellschaftung« in heutiger Zeit getroffen.
Adorno führt die Atomisierung auf das ubiquitäre Tauschprinzip zurück, das alle symbolischen Formen und traditionellen Beziehungsstrukturen sprengt und die Subjekte in einen gesellschaftlichen Vermittlungszusammenhang hineinzieht, dem keine individuelle oder kollektive Besonderung standhält. So werden die Subjekte in einem Zuge als Individuen freigesetzt und einem abstrakten Anpassungsprozeß unterworfen. Die Theorie Sigmund Freuds liest Adorno als Antwort auf diesen Individualisierungsprozeß, der die Subjekte dazu zwingt, die reale und ungreifbar werdende gesellschaftliche Abhängigkeit zu verinnerlichen und in eine intrapsychische Abhängigkeitsstruktur zu verwandeln. Nun macht freilich Freud einen realen Konflikt der Kindheit zum Nadelöhr des Individuationsprozesses, weil das Kind diesem Konflikt nur um den Preis entkommt, daß es ihn verinnerlicht. Den Individuationsprozeß hatte er in der Familie angesiedelt, und all die Attribute, die das bürgerliche Subjekt auszeichnen, sah er aus einem langen und konfliktreichen Prozeß hervorgehen: als Kompromißbildungen zwischen den Triebwünschen der Subjekte und den normativen Anforderungen der Gesellschaft. Während er der innerfamilialen Dynamik deshalb den zentralen Part für die Bildungsgeschichte des Subjekts zuweist, läßt er die Institution Familie außerhalb seiner Betrachtung, nämlich die Tatsache, daß erst die bürgerliche Familie zu der Vermittlungsinstanz avanciert,

durch die soziale Anforderungen in psychische verwandelt werden. Als Agent dieser Verwandlung tritt der Vater auf, und so kennt Freud als aktive Subjekte nur Vater und Sohn. Aber gerade in deren Beziehung tritt das bürgerliche Herrschaftsprinzip zutage, denn der Vater fungiert innerhalb der bürgerlichen Familie als Repräsentant einer gesellschaftlichen Norm, durch die Realkonflikte als Triebkonflikte verinnerlicht und damit der Bearbeitung entzogen werden. In seiner Ödipus-Konstruktion stellt Freud dar, wie und warum der Sohn im Konkurrenzkampf um die Mutter letztlich vor der Macht des Vaters weicht. Er gibt seinen Widerstand gegen die Verbote des Vaters preis und unterwirft sich, verlockt durch das Versprechen, als Erwachsener dem Vater gleich zu werden. Und er wird ihm gleich, wenn auch anders, als dem Kind der allmächtige Vater erschien, nämlich er wird wie dieser den verinnerlichten Zwang und die verdrängte Angst nicht loswerden und erst in den Augen seines Sohnes zu der selbstmächtigen Figur, die der erwachsen und zum Vater gewordene Sohn für sich selbst selten zu werden vermag.
Freud beschreibt den Individuationsprozeß als Kampf, der zumeist auf der inneren Bühne ausgetragen wird und deshalb fatale Folgen für die Realitätsbeziehung der Subjekte nach sich zieht. Angesichts des Zwangs zur Autonomie muß das Subjekt mit sich abmachen, was zuvor kollektiv geregelt wurde. Auch Freud war sich im klaren darüber, daß die geforderte Autonomie zumeist eine Schimäre blieb, gerade zu seiner Zeit liefen die Subjekte gegen den Verlust traditioneller Lebensformen Sturm. Daß er dennoch Realkonflikte und Triebschicksale unter dem Aspekt der Autonomie, nämlich als deren Scheitern analysierte, lag an der Tatsache, daß diese Konflikte nur noch in psychologischer Gestalt agiert wurden, weil sie den familialen Verinnerlichungsprozeß durchlaufen hatten. Um es noch einmal deutlich zu sagen: nicht der Ödipuskonflikt als Realkonflikt wird zur prägenden Kraft für die Psychologie des Subjekts, sondern seine Verinnerlichung. Ist diese einmal etabliert, wandelt sich der Realitätsbezug des Subjekts, und die verinnerlichte Elterninstanz bewirkt, daß das Subjekt in einer Gesellschaft, die dem Generations- wie dem Geschlechterkonflikt keine Symbolisierung bereitstellt, sein Leben lang im Bann seiner Kindheit verharrt.
Adorno liest Freud als Kritiker eines Individuationsprozesses, der die Subjekte in selbstzerstörerische Zwänge treibt. »Was Freud

eigentlich dazu veranlaßt, einzelnen Vorgängen in der Kindheit besonders Gewicht beizumessen, ist, obzwar unausdrücklich, der Begriff der ›Beschädigung‹« (PG, S. 4). Gerade weil nun Adorno den Zwang zur Verinnerlichung für den zentralen Gedanken in Freuds Individuationstheorie hält, will er die Konflikte der Kindheit nicht als deren letztes Motiv gelten lassen; in Freuds späten kulturtheoretischen Schriften findet er eine Argumentationsfigur, die weiter reicht.

Zunächst hatte Freud Verinnerlichung und Realitätsaneignung als identischen Prozeß dargestellt. Später dann drängt sich ihm die Erkenntnis auf, daß die Verinnerlichung keineswegs zur Bearbeitung früher Ängste und Wünsche führen muß und die verinnerlichte Instanz, das Über-Ich, mittels Aggression und Angsterzeugung nur noch zur Unterwerfung zwingt, aber nicht mehr der Selbstverwirklichung dient. Aus dem Repräsentanten des Außen wird vollends ein Agent des Innen, der das Ich zum Spielball ungelöster Triebkonflikte macht und es so daran hindert, die Fähigkeit zu erwerben, zwischen Wunschwelt und sozialer Welt zu vermitteln, ja mehr noch, überhaupt ichgerechte Wünsche zu bilden. Diesen Verlust an Ich-Autonomie führt Freud auf den fortschreitenden Zivilisationsprozeß zurück, der das Subjekt zwinge, seine Affekte zu dämpfen und zu verinnerlichen, weil der soziale Gestaltungsraum für den einzelnen immer kleiner werde – ein Gedanke, den Norbert Elias für seine Theorie fruchtbar gemacht hat. Wichtiger als Elias scheint Adorno der sich ändernde Verinnerlichungsmodus, den Freud konstatiert und den Adorno auf die Erosion sozialer Formen und Symbolisierungen zurückführt. Der Unfähigkeit der Subjekte, ihren Wünschen Ausdruck zu geben, korrespondiere, daß diese ihrer Verkörperungsmöglichkeit enteignet würden. Freud analysierte das Wechselverhältnis von Enteignung und Unterwerfung für eine Zeit, die das Zerbrechen traditioneller Autoritäten erlebte. Das heutige Subjekt werde in einen infiniten Prozeß bloßer Anpassung getrieben, eine andere Form der Unterwerfung, die immer die Gefahr in sich berge, in einem Kreislauf von Angst und Selbstdestruktion zu münden, wie Freud ihn analysiert hatte. Um aber die Bedeutung und den Formwandel des äußeren Zwangs zu verstehen, der sich nach innen fortsetzt, bedarf es, so Adorno, einer Gesellschaftstheorie, die er einmal als Komplement zu Freuds Theorie, zum anderen jedoch als vorrangig begreift.

Immer wieder wird Adorno die Übermacht des Sozialen, die allseitige Vermittlung und die Dominanz des gesellschaftlich herrschenden Tauschprinzips hervorheben und damit der Soziologie recht geben, wenn sie die gesellschaftliche Relevanz psychischer Tatbestände in Abrede stellt. Zugleich wirft er ihr vor, daß sie damit die Frage nach einem »vernünftigen gesellschaftlichen Gesamtsubjekt« (SP, S. 56) ad acta gelegt und selbst einen Begriff von Vernunft eingebüßt hat, ja mehr noch, daß sie das immanente Herrschaftsprinzip der Gesellschaft gar nicht mehr zu fassen versteht. Hier kommt nun für Adorno die Psychoanalyse ins Spiel. Ihr gibt er als kritischer Theorie, die den Herrschaftsmechanismus im Innern der Subjekte offenlegt, eine zentrale Bedeutung. »›Psychodynamik‹ ist die Reproduktion gesellschaftlicher Konflikte im Individuum, aber nicht derart, daß es die aktuellen gesellschaftlichen Spannungen bloß abbildete. Sondern es entwickelt auch, indem es als ein von der Gesellschaft Abgedichtetes, Abgespaltenes existiert, nochmals die Pathogenese einer gesellschaftlichen Totalität aus sich heraus, über der selber der Fluch der Vereinzelung waltet« (SP, S. 55). Und so werden für Adorno die Erkenntnisse der Psychoanalyse zur wichtigsten Argumentationsfigur, wenn er die Verluste, die Ängste, aber auch die latente Gewaltbereitschaft der Subjekte als Folgen des herrschenden Individuationsprozesses verständlich machen will.
Zu den frühen Schriften, in denen Adorno sich explizit mit der Psychoanalyse auseinandersetzt, gehört der 1951 erstmalig veröffentlichte Aufsatz »Die Freudsche Theorie und die Struktur der faschistischen Propaganda«.[8] Anlaß dazu gab ihm die Tatsache, daß während des Krieges auch die USA von faschistischen Agitatoren heimgesucht wurden, deren Methoden und Vokabular denen der Nationalsozialisten gleichkamen. Da die immergleichen Motive und politischen Ziele dieser Propaganda hinreichend be-

8 Hier soll nicht unerwähnt bleiben, daß Adorno in seiner ersten Habilitationsschrift von 1927, die er dann selbst zurückgezogen hat, sich mit dem Begriff des Unbewußten befaßt, mit dem Ziel, eine »transzendentale Begründung der Psychoanalyse als Wissenschaft« zu entwerfen. Mit seiner späteren Psychoanalyse-Rezeption hat diese Arbeit nichts zu tun; interessant ist seine Kritik am vitalistischen und ontologischen Denken, besonders an den sogenannten Grenzbegriffen, wie etwa der Intuition. Siehe Adorno, »Der Begriff des Unbewußten in der transzendentalen Seelenlehre«, in: *GS*, Bd. 1.

kannt seien, sei »es nun an der Zeit, das psychologische System, das diese Bestandteile umfaßt und sie produziert [...] ins Auge zu fassen« (FP, S. 410). In Freuds Abhandlung *Massenpsychologie und Ich-Analyse* findet Adorno eine Analyse, die seinem Vorhaben weiterhilft. Angeregt durch Le Bons *Psychologie der Massen* greift Freud hier seine in *Totem und Tabu* entwickelten Gedanken zur Gesellschaftsbildung erneut auf, um sie an einem aktuellen Phänomen weiterzuentwickeln.

Mit *Totem und Tabu* hatte Freud seinen ersten Entwurf einer Zivilisationstheorie vorgelegt, den er in seiner Abhandlung zur Massenpsychologie erneut aufgreift und in seinen späteren kulturtheoretischen Schriften erweitert und in vielen Punkten auch revidiert. Anhand zeitgenössischer ethnologischer Forschungsergebnisse glaubt Freud in totemistisch organisierten Gesellschaften das frühe Vorbild der Vater-Sohn-Beziehung zu finden, die für seine Zeit charakteristisch war. Freud interessiert die Frage, aus welcher ursprünglichen Konstellation diese Beziehung hervorgegangen sein könnte und welches reale Ereignis erstmals zur Internalisierung des väterlichen Inzestverbots geführt habe, das seither zum kulturellen Grundbestand aller Gesellschaften zählt. Nur die Quintessenz seiner Argumentation kann hier vorgeführt werden: die Geschichte von der Überwindung der Urhorde.

Den Anfang von Gesellschaft und Geschichte verortet Freud in der organisierten Brüderhorde. Nach dem gemeinsamen Mord an dem allmächtigen, Frauen wie Söhne beherrschenden Urvater machen die Brüder, von Reue geplagt, sich die Verbote des Vaters im nachträglichen Gehorsam zu eigen. Sie anerkennen sein Inzestverbot und richten den toten Vater als moralische Instanz symbolisch wieder auf. Niemand soll fortan seine Stelle einnehmen; als gemeinsamer Vater wird er zum Bindeglied und zur Appellationsinstanz für das Leben der Gemeinschaft. Doch diese väterliche Appellationsinstanz kann nie konfliktlos anerkannt werden und treibt stets erneut die Aggression hervor, die schließlich zum Mord geführt hatte. Nun, aufgrund der realen Schuld, führt sie zum Schuldgefühl, das aus Angst und Aggression hervorgeht und einen Zirkel von Protest und Unterwerfung initiiert, der zum Treibsatz der historischen Entwicklung werden sollte. Im Laufe der Geschichte kehren die Vaterfiguren zwar wieder, doch werden auch sie dem Sohneskonflikt nicht entkommen und einen spirituellen Vater erschaffen, der nun als Gott verehrt wird.

Es ist unschwer, in dieser Konstruktion das frühbürgerliche Demokratiemodell wiederzuerkennen, in dem der einzelne Bürger gegenüber seinesgleichen ein Bruder, in der Familie wie in der gesellschaftlichen Hierarchie aber eine mit Macht ausgestattete Vaterfigur war, gegenüber dem väterlichen Gott jedoch immer ein Sohn blieb. Diese Rollenverteilung im Sozialen entspricht den konfligierenden Positionen der innerpsychischen Dynamik, die in Phylogenese wie Ontogenese zum Treibsatz aller Ängste und Abwehrformen werden sollte. Und doch, so Freuds implizite Quintessenz in diesem Text, wird die Vorstellung einer gemeinsamen Substanz und einer gemeinsamen Appellationsinstanz die Aggressionen und Ängste so weit binden und überwinden können, daß die Gesellschaften immer wieder zu einem geregelten Leben zurückfinden konnten.[9]

Vor dem Hintergrund dieser Zivilisationskonstruktion ist es nun interessant, wie Freud in der Abhandlung zur Massenpsychologie den Akzent verschiebt. Nicht mehr die demokratisch organisierte Brüderhorde, sondern die vom Vater beherrschte Urhorde erkennt Freud nun als Modell, das in jeder Gesellschaftsbildung wiederkehrt. Mit dieser Gewichtsverlagerung in der Beziehung von Vater und Sohn reagierte er auf soziale Phänomene, die erst Jahre später im Nationalsozialismus in ihrer ganzen Tragweite in Erscheinung treten sollten. Hier gibt es nicht mehr die zur Autonomie befähigende Internalisierung des väterlichen Gebots, sondern die Rückkehr des tyrannischen Vaters, der sich nicht an vertragliche Abmachungen hält, wie sie konstitutiv für patriarchalische Gesellschaften waren und das innere wie äußere Band zwischen den Subjekten und der Gesellschaft darstellten. Freud wird nun zeigen, wie Masse und Führer beide daran mitwirken, daß die Subjekte sich widerstandslos unterwerfen und der Führer durch Ausnutzung des Unterwerfungsbedürfnisses sich die Macht aneignen kann.

Freud geht auf die gesellschaftlichen Bedingungen nicht ein, die das Autoritätssyndrom in dieser Form hervorgebracht haben, und

9 In Freuds Ödipuskonstruktion wie in seiner Zivilisationstheorie wird die Rolle der Frauen gar nicht oder falsch gesehen. Zugleich impliziert seine Theorie eine Konstruktion über das Geschlechterverhältnis, in der die historische Verdrängung des Weiblichen zum Thema gemacht wird. Bei Freud fehlt, wie die Frauen an dieser Verdrängungsgeschichte selbst beteiligt sind.

macht nun dieses zum gesellschaftlich Allgemeinen. Doch dieser zu weit gefaßte Verallgemeinerungsschritt bleibt unbedeutend angesichts seiner sublimen Analyse der psychodynamischen Beziehungen, die zum Charakteristikum jener Zeit wurden. Adorno wird die Reichweite von Freuds Text neu bestimmen, indem er die sozialen und psychodynamischen Bedingungen hervorhebt, die nicht nur zu Freuds Zeiten, sondern bis heute wirksam sind. Zunächst aber geht es ihm darum, Freuds Fragestellung deutlich zu machen. »Das Problem der Massenpsychologie ist Freud zufolge eng verbunden mit einem neuen Typus seelischer Erkrankung, der für eine Epoche, die aus sozioökonomischen Gründen den Niedergang des Individuums und seine daraus folgende seelische Schwäche sieht, so charakteristisch ist [...] Innerhalb der monadologischen Grenzen des Individuums [hat er] die Spuren seiner tiefgehenden Krise und seiner Bereitschaft, vor mächtigen äußeren Kollektivgewalten kritiklos abzudanken, verfolgt« (FP, S. 411). Die seelische Erkrankung, von der Adorno spricht, wird unter dem Topos Narzißmus verhandelt, der in der modernen Psychoanalyse eine zentrale Rolle spielen wird.

Lange Zeit wurde der Zuspruch großer Teile der Bevölkerung zum Nationalsozialismus durch die damaligen Propaganda- und Manipulationsmethoden erklärt. Auch Adorno will dem Manipulationseffekt auf die Spur kommen und setzt gerade deshalb bei den Subjekten an, bei ihrer Bereitschaft, sich manipulieren zu lassen, eine Bereitschaft, die offensichtlich durch die schon angesprochene »seelische Schwäche« hervorgerufen wird. Die faschistische Propaganda war nie an das individuelle Subjekt, sondern an ein Kollektiv adressiert, das Freud aufgrund spezifischer Verhaltensweisen als Masse bezeichnet. Welche psychischen Dispositionen bereitliegen müssen, damit aus einer Menge einzelner eine Masse wird, ist die Frage, die Freud interessiert. Und da er keinen Herdentrieb anzunehmen gewillt ist, wird er die Beziehung der Massenmitglieder untereinander und diejenige von Masse und Führer ins Zentrum seiner Betrachtung stellen.[10]

Angesichts der Tatsache, daß Massen sich kaum je ohne Führer

10 Um die Jahrhundertwende war der Massenbegriff fester Bestandteil der konservativen Kulturkritik. Freud greift den Begriff auf, um dann aber nach der Psychologie der Subjekte zu fragen, die sie dazu führt, sich temporär als Masse zusammenzuschließen. Zur Geschichte und Rolle des Massenbegriffs siehe König (1992).

bilden, lag es für Freud zunächst nahe, seine Konstruktion über die ödipale Vater-Sohn-Beziehung heranzuziehen. Doch schon das Material, die Beschreibung der subjektiven Verhaltensweisen in der Masse, offenbarte einen Widerspruch zu einer der Grundannahmen seiner bisherigen Konstruktion. Diese besagt, daß die ödipale Vateridentifikation den Knaben dazu führt, seine Affekte und damit sich selbst zu beherrschen. In der vom Führer initiierten oder auch autorisierten Massenreaktion dagegen werfen die Subjekte alle Selbstkontrolle ab und agieren die Affekte, die von der väterlich inaugurierten Selbstzensur normalerweise nicht zugelassen würden. Könnte man im Massenverhalten einen spontanen Ausbruch des sonst Verbotenen sehen, dann wäre die Erklärung leicht. Hier aber geht es um Haß, Aggression und Zerstörung, die definitiv erlaubt sind und gerade durch diese Erlaubnis ihre verbindende Kraft bekommen.

Aus der Differenz zwischen der ödipalen Vater-Sohn-Beziehung und der faschistischen Führer-Masse-Beziehung entwickelt Freud sein Konzept der Massenpsychologie, das gerade durch diese Differenzbestimmung seine Bedeutung gewinnt. Um Autoritätsbeziehungen geht es in beiden Fällen, und Freud legt die Annahme nahe, daß das faschistische Modell aus einer Dekompensation des bürgerlich-ödipalen hervorgeht. Vielleicht war Adorno einer der ersten, der diese Spannung in Freuds Texten wahrgenommen und zum Thema gemacht hat. In ihm fand er nicht nur seine Befürchtung vom Zerfall des bürgerlichen Individuums bestätigt, sondern mehr noch die Kriterien zur Analyse einer psychosozialen Konfliktstruktur, die heute keineswegs überwunden ist, auch wenn ihre Lösungen anders aussehen als im Nationalsozialismus.

Mit dem Problem autoritärer Beziehungen hatten sich Adorno wie auch Horkheimer schon Jahre zuvor beschäftigt. Nachdem Freud in den zwanziger Jahren das Stichwort gegeben hatte, wurde das Autoritätsproblem zu einem zentralen Sujet des gesellschaftskritischen Denkens. Vorbereitet durch die Literatur, die schon vor dem Ersten Weltkrieg die zunehmende Brisanz des Vater-Sohn-Konflikts zum Thema gemacht hatte, begannen nun auch die Sozialwissenschaften die Tragweite sozialpsychologischer Konflikte zu erkennen. In ihrer ersten großen Studie zum Verhältnis von *Autorität und Familie* ging die Kritische Theorie der Frage nach, warum Autorität, als gesellschaftliches Verhältnis gedacht, in der modernen bürgerlichen Gesellschaft noch immer eine Rolle spielt, obwohl das Bürgertum mit dem Kampf gegen alle traditionellen Autoritäten und damit gegen Autorität überhaupt angetreten war. Horkheimer vertrat die These, daß Autorität in den Anfängen der Industriegesellschaft noch rational war, mit deren Weiterentwicklung jedoch ihre Legitimation eingebüßt habe und deshalb irrational, aber keineswegs überflüssig geworden sei, weil die spätkapitalistische Gesellschaft nur durch autoritäre Strukturen noch stabilisiert werden könne. Um die Bereitschaft der Subjekte zu verstehen, sich diesen Strukturen zu fügen, ging er den Autoritätsstrukturen in der Familie nach.

Adorno wird in seinen Nachkriegsschriften einen anderen Gesichtspunkt hervorheben, wenn er auf die Bedeutung des Autoritätsverlusts im Vorfeld des Nationalsozialismus verweist. »Die alten, etablierten Autoritäten des Kaiserreichs [waren] zerfallen, gestürzt [...], nicht aber die Menschen psychologisch bereit, sich selbst zu bestimmen« (Erz, S. 678). Den Rückgang autoritärer Strukturen empfanden sie als Verlust, und sie verlangten nach einer neuen unverbrüchlichen Autorität. Ihrer strukturellen Funktion wie auch patriarchalischen Legitimation entkleidet, fiel die eingeklagte Autorität auf die Psychologie des Subjekts zurück. Erst vor diesem Hintergrund trat die psychische Disposition des sogenannten »autoritären Charakters« hervor, ein substanzlos gewordener Autoritarismus, der ein Bedürfnis nach Führung und Unterwerfung signalisiert, dessen Bedeutung und Herkunft nur durch die psychische Verfassung der Subjekte erklärt werden konnte. Schon die Studie im *Autoritären Charakter* hatte eine Differenz zwischen dem ödipalen und dem autoritären Charakter sichtbar gemacht, die Adorno durch seine Freud-Rezeption aufgegriffen und weiterentwickelt hat.

Wahrscheinlich ist es Adorno besonders schwergefallen, zwischen der familialen Autorität des bürgerlichen Vaters und derjenigen des faschistischen Führers überhaupt eine Gemeinsamkeit gelten zu lassen. In dem 1956 erschienenen Exkurs zur »Familie«, zusammen mit Horkheimer verfaßt, wird er immer wieder die irrationale Autorität des Vaters anprangern, die Familie insgesamt als Anachronismus innerhalb der Industriegesellschaft bezeichnen. »Im strengen Sinne gibt es die ›bürgerliche Familie‹ überhaupt nicht: in ihr widerspricht das vorgeblich rationale Prinzip des Individuums sich selbst, und zwar notwendig, weil es inmitten des totalen Rationalitätsprinzips irrationale Momente konserviert« (Fa, S. 122). Und doch wird er daran festhalten, daß im günstigsten Falle aus der bürgerlichen Familienkonstellation Menschen herauskamen, »die am Vorbild des Vaters die Haltung der Unabhängigkeit, Freude an freier Disposition und innerer Disziplin lernten, die Autorität sowohl wie Freiheit darstellen und praktizieren konnten« (Fa, S. 126). Deshalb will er in Hitler keine Figur erkennen, die sich an die Familienautorität anschlösse, vielmehr seien »Hitler und die moderne Diktatur [...] das Produkt eine vaterlosen Gesellschaft« (Fa, S. 128).

Soll nun die Frage nach der Rolle des autoritären Vaters für die Sozialpsychologie des Nationalsozialismus nicht gänzlich obsolet werden, dann muß deutlich werden, welchen Verlust und welchen Funktionswandel die Vaterfigur erlitten hat. Adorno hat von der Krise der Familie gesprochen, die bereits in den zwanziger Jahren in Erscheinung trat. Schon vor dem Ersten Weltkrieg begannen die Väter ihre Macht einzubüßen, weil sie gesellschaftlich nichts mehr repräsentierten. Sie waren nicht mehr die Stellvertreter des patriarchalisch organisierten Ganzen in der Familie und warfen sich deshalb nicht selten zum Patriarchen sui generis auf. In den zwanziger Jahren, nach dem Krieg, der gescheiterten Revolution und der Inflation, galten für die Jugend, die den väterlichen Machtanspruch noch internalisiert hatten, die eigenen Väter nichts mehr, und sie suchten nach dem Führer, dessen Macht unbedingt und deshalb durch keinerlei historischen Prozeß tangierbar war. Das historische Scheitern der Väter kränkte die autoritär erzogenen Kinder, produzierte Haß auf sie und Selbsthaß, Minderwertigkeitsgefühle und Aggression. Die Gesellschaft als ganze und ihr zivilisatorisches Prinzip sollte abgeschafft werden und an ihre Stelle ein totalitäres Machtprinzip treten, dessen Inkarnation der Führer sein sollte. Adorno hat, mit Freud, den narzißtischen Charakter all dieser Kompensationen und die tiefe narzißtische Kränkung, die ihnen zugrunde liegt, in den Mittelpunkt seiner Interpretationen gestellt. Und im Narzißmus der Führer-Beziehung liegt auch die Differenz zur ödipalen Vaterbeziehung: Während der ödipale Vater Repräsentant eines bürgerlichen Lebenszusammenhangs ist, in den der Sohn, wenn er sich die Gebote des Vaters aneignet, gleichberechtigt eintreten wird, muß der Führer seine Übermacht immer behalten, damit der Sohn an dieser Macht per Identifikation partizipieren kann.

Verlassen wir nun die Sprache des bürgerlichen Familienmodells.

An seiner Wandlung wurde deutlich, daß Freuds Konstruktion einen gesellschaftlichen Rahmen voraussetzte, der in den Anfängen dieses Jahrhunderts zu erodieren begann. Erst der dekompensierte bürgerliche Familienvater fungierte als Katalysator für die totalitären Machtansprüche der nächsten Generation. Selbst Freud hatte Mühe, in dem Führer eine Vaterfigur zu erkennen, denn in seine Figur des Urvaters hat er all die Phänomene eingetragen, die ihm aus der aktuellen Familiendynamik nicht erklärbar waren. Mit seinem Narzißmusbegriff hat er dann selbst eine Dimension eingeführt, die sich der restlosen Familialisierung sperrt. Mag der narzißtische Mangel auf frühkindliche Störungen zurückführbar sein – Freud macht sich darüber keine Gedanken –, so ist die narzißtische Kompensation, die er analysiert, nur als Kollektivphänomen denkbar. Schon allein diese Tatsache läßt daher Zweifel aufkommen, ob die frühkindlichen Störungen die hinreichende Bedingung für diesen Mangel darstellen oder nur die *conditio sine qua non*. Jedenfalls sind die Störungen der Ich-Funktion, die Freud konstatiert, nicht ohne den Verlust der kollektiven Verbindlichkeiten vorstellbar, die im Vorfeld des Nationalsozialismus immer wieder eingeklagt wurden.
Nun wäre die Störung der Ich-Funktion lediglich ein Symptom der individuellen Pathologie, wenn sie nicht auf die Gesellschaft projiziert und in gewaltsamen Lösungsversuchen agiert worden wäre. In den »Elementen des Antisemitismus« widmen Horkheimer und Adorno der Projektion ein eigenes Kapitel, um die spezifische Form der Realitätsbeziehung und -konstitution im Projektionsvorgang deutlich zu machen. Ein Gesichtspunkt aus ihrer komplexen Betrachtung ist grundlegend für das Verständnis der »Massenpsychologie«. Dort sprechen sie von der »falschen Projektion«, um sie von der notwendigen Projektion in allen Wahrnehmungs- und Erkenntnisvorgängen zu unterscheiden. In beiden Fällen geht es um die Vermittlung des subjektiven Innen mit dem realen Außen, die in der falschen Projektion gestört ist, so daß das Subjekt »zwischen dem eigenen und dem fremden Anteil am projizierten Material« (EA, S. 212) nicht unterscheiden kann. Zu den Motiven für die daraus folgende Realitätsverzerrung gehören Angst, Enttäuschung und die Erfahrung des Scheiterns, die nicht anerkannt werden dürfen. Durch Projektion entledigt sich das Subjekt der unerträglichen inneren Spannung, indem es die eigenen verpönten und mit Angst besetzten Wünsche an ein

anderes Subjekt delegiert. Lag die Gefahr für die Selbstanerkennung des Subjekts ursprünglich im eigenen Innern, so kommt sie nun als reale Bedrohung, ob moralischer oder materieller Natur, von draußen und kann dort bekämpft werden. Individualpsychologisch findet sich diese Art des Projizierens besonders in der Paranoia. Die kollektive Projektion hat eine doppelte Funktion. Zum einen erlaubt sie der Gemeinschaft die fatale Selbstermächtigung, die der Abwehr und besonders der Rache des Paranoikers an seinem fiktiven Verfolger gleicht; zum anderen stabilisiert sie die Gruppe nach innen, indem sie dieser ein gemeinsames Ziel eröffnet.

In den »Elementen des Antisemitismus« hatten Horkheimer und Adorno die Abwehr, den Zwang und die Selbstzerstörung in das Zentrum ihrer Betrachtung gestellt. Nun geht Adorno durch seine Freud-Interpretation weiter und fragt nach den Bedürfnissen, die sich in der faschistischen Massenbewegung Geltung verschaffen. Dämonisierend wäre es, nach dem Bedürfnis der Masse zu fragen. Es geht um das Bedürfnis der einzelnen und ihr Verhältnis zueinander, in dem temporär Konkurrenz und individuelle Differenzen überwunden sind. Die spontane Massenbildung, wie sie Le Bon einzig im Auge hatte, ist in Freuds Fragestellung nur eines der Kollektivphänomene, deren inneren Zusammenhalt er thematisiert. Freud konnte noch nicht ahnen, wie der Nationalsozialismus Massen als Kollektiv organisieren und als deren Selbstdarstellung inszenieren würde. Erst dadurch konnte der Nationalsozialismus die zerstörerischen Affekte bündeln und für seine Ziele verfügbar machen. Wie sehen nun die Bedürfnisse aus? »Die Menschen, mit denen er [der Nationalsozialismus; d. V.] zu rechnen hat, befinden sich in der Regel in dem charakteristischen modernen Konflikt zwischen einer sehr entwickelten, auf Selbsterhaltung eingestellten Ich-Instanz und dem ständigen Mißerfolg, den Ansprüchen des eigenen Ichs nicht genügen zu können. Aus diesem Konflikt resultieren starke narzißtische Triebimpulse« (FP, S. 419), ein Konflikt, der im Zuge zunehmender Individualisierung noch schärfer geworden ist. In den historischen Ungleichzeitigkeiten Anfang der dreißiger Jahre standen sich spätkapitalistische Konkurrenzgesellschaft und das Bedürfnis nach autoritativ abgesicherten Lebensformen unversöhnbar gegenüber. Die verinnerlichte Autorität, die nur Angst und Selbsthaß hervorrief, trieb die Subjekte zur Schaffung einer äußeren Instanz, der sie sich ohne Schuldgefühl und Angst unterordnen konnten. Adorno spricht von der Externalisierung des Über-Ichs, die als kollektiver Vorgang eine Machtinstanz schuf, die zum gemeinsamen Ideal des Kollektivs erhoben wurde. Kollektive Identifikation und Führeridealisierung waren deshalb im Nationalsozialismus unmittelbar miteinander verknüpft, und der »kollektive Narzißmus« bildete den Konterpart zur Idealisierung.

Adorno hat in Freuds Analyse die Begriffe Identifizierung, Idealisierung und Narzißmus in den Vordergrund gestellt. Freuds Ödipuskonstruktion setzte voraus, daß der Vater Idealisierungs- und Identifizierungsobjekt in eins war. In der Beziehung von Führer und Kollektiv treten Idealisierung und Identifizierung auseinander. So konnte die narzißtische Abwehr sich im Imaginären entfalten, während die Identifizierung aufgrund gemeinsamer Idealisierung alle realen und angstmachenden sozialen Beziehungen ausgeblendet hat durch das gemeinsame Gefühl der Macht. »Kollektiver Narzißmus« ist Adornos Begriff für den aus dieser Konstellation hervorgehenden Identifikationsgewinn. Der Führer als individuelle Figur kann weder Identifikationsobjekt noch Autorität sein, die dem einzelnen vorschreibt oder vorführt, wie er sein individuelles Leben zu gestalten hätte, denn die »urvaterhafte Allmacht des Führerbildes [ist] gewissermaßen von der Macht des Kollektivs geliehen« (FP, S. 329), in ihm finden die Machtbedürfnisse aller einzelnen ihren Ausdruck und ihre Bestätigung. Adorno entwickelt hier im Ansatz eine Sozialpsychologie der Macht, der zufolge die Führerfigur zwar historisch notwendig war, nicht aber konstituierend für das Bedürfnis nach kollektiver Macht. Hannah Arendt hat schon am Nationalismus des 19. Jahrhunderts gezeigt, wie die Identifikation mit kollektiven Machtgebilden von dem Motiv gespeist war, unlösbare soziale Konflikte zu überspringen durch imaginäre Einheitsvorstellungen.

Im 19. Jahrhundert waren die Machtvorstellungen der Subjekte noch an die politische Sphäre gebunden und konnten das soziale Selbstverständnis der Subjekte nur am Rande tangieren. Mit den Traditionsbrüchen in diesem Jahrhundert begannen die Lebenswelt der Subjekte und ihre sozialen Beziehungen ihre identitätsstiftende Funktion zu verlieren, so daß die Identifikation mit Macht zum Selbstbehauptungsmodus der einzelnen werden konnte, der bis in die Privatsphäre hineinreichte. Der immer neu zu erringenden Balance zwischen Selbstbehauptung und Aner-

kennung war der Boden entzogen, und die Subjekte, des bürgerlichen Konflikts zwischen Autoritätsbindung und Autonomiestreben überdrüssig, trieb es zur Suche nach einer Machtposition, an der alle Anerkennungskonflikte zunichte wurden. Hier entstand eine Machtfaszination, die in der Krisenstimmung der zwanziger Jahre zum sozialen Motor werden konnte. Damals war das Machtbedürfnis der einzelnen auf das Kollektiv gerichtet, nach Adorno aber lebt es im gesellschaftlichen Verhältnis der Subjekte zueinander fort, hervorgebracht durch die Bedingungen des universalisierten Tauschprinzips. Deshalb bildet die Psychologie der Macht nach Adorno das *missing link* zwischen Individual- und Sozialpsychologie; die Beziehung zur Macht sei an die Stelle des Autoritätssyndroms getreten. Durch Macht hofft das Subjekt sich seiner Verstrickungen zu entledigen, mit diesen aber hat es sich zugleich seiner lebendigen Bedürfnisse beraubt, denn sie sind es ja, die verstricken. Im Narzißmus der Macht ist der andere als Anderer ausgelöscht, unterworfen oder »gleichgeschaltet«, deshalb ginge der narzißtische Triumph ins Leere, wenn der ubiquitäre Andere, nie endgültig besiegbar, nicht als ewiger Leistungsansporn da wäre.
Der kollektive Narzißmus wird von dem gleichen psychologischen Motiv hervorgebracht, doch lebt er zunächst nur aus dem Machtanspruch, der dem Volk und der Rasse zustehen sollte, der also von Anbeginn mit einem Freund-Feind-Schema verschwistert war. Im Falle der älteren Nationalismen würde Adorno kaum vom »kollektiven Narzißmus« sprechen, auch wenn sie zur inneren Stabilisierung des Feindbildes bedurften. Erst die unmittelbare Überantwortung des einzelnen an die Macht des Ganzen, durch die individuelle und kollektive Selbstbehauptung identisch gemacht und die Subjekt-Objekt-Spannung im Kollektiv ausgelöscht werden soll, bringt das persönliche Machtgefühl jedes einzelnen als Mitglied seines Kollektivs hervor. Doch die Nichtidentität zwischen dem Anspruch der einzelnen und dem Machtanspruch des Ganzen droht stets erneut aufzubrechen, und so werden die Subjekte getrieben, ihre subjektiven Motive und alles, was an diese erinnert, an sich selbst und am Anderen zu zerstören. Im Führerbild kulminiert das Verhältnis von Narzißmus und Macht, er hat Macht. Daß die »Geführten« aus ihrer Posistion einen narzißtischen Gewinn ziehen konnten, lag an der spezifischen Konstellation der Zeit. Machtbedürfnis und Unterwer-

fungslust gingen aus demselben Motiv hervor, das eigene Subjektsein loszuwerden; besser noch, sie waren dasselbe. Adorno führt diese Flucht aus dem individuellen Selbst auf einen substanzlosen Autoritarismus zurück, der in keiner realen Beziehung Halt und Befriedigung gefunden hätte. Erst aus der Beziehungslosigkeit geht die Alternative von Geführten und Führer hervor, von »Gliedermann oder Gott«, wie Rilke Jahre zuvor formulierte. Indem sich jeder einzelne beziehungslos mit der Macht des Ganzen verband, wurde es ihm möglich, daß er sich als Führer von Führers Gnaden empfand.

Adorno hat immer wieder vom Wahn der Nationalsozialisten gesprochen, und vor nichts hat er sich wohl in der Nachkriegszeit mehr gefürchtet als vor der Wiederkehr kollektiver Wahnvorstellungen. Wo diese sich auch nur rudimentär anzudeuten schienen, hat er sich dazu geäußert und ihre Funktion sichtbar gemacht. Gerade weil der kollektive Wahn dem Subjekt dazu verhilft, sich narzißtisch aufzuwerten, sah er die Gefahr kollektiver Projektionsprozesse so lange nicht gebannt, wie die Gesellschaft Widersprüche hervorbringt, die den einzelnen oder ganze Gruppen der Schamangst vor dem sozialen Tod ausliefern. Jede Form kollektiver Identifikation schien ihm in der heutigen Gesellschaft verdächtig, weil solche Identifikationen immer dazu herhalten mußten, Konflikte zu verschieben und der Bearbeitung zu entziehen. Und die Erfahrung gibt ihm bis heute recht, denn die Beschwörungen des Kollektivs nehmen immer zu, wenn die sozialen Konflikte radikaler werden. Da die individualistische Gesellschaft es den Subjekten nahelegt, ihren Erfolg wie ihr Scheitern als Bestätigung oder Einbuße ihres Narzißmus zu empfinden, ist die narzißtische Kränkung schon vorprogrammiert. Deshalb wird das Kollektiv als psychologische Rettungsfigur von all denen und für die angerufen, die sich der Konkurrenz ausgeliefert fühlen und darüber ihre Selbstanerkennung verlieren. Das reale Kollektiv kann diese Aufgabe nicht erfüllen, sondern nur ein imaginäres, das als positive Kehrseite aus der Verschiebung der eigenen Ängste auf ein projektiv geschaffenes Feindbild hervorgeht. Im Nationalsozialismus lebten alle positiven Setzungen aus ihrer Abwehrfunktion, ohne das Feindbild der Juden hätte die völkische Beschwörung der Rasse ihren Inhalt verloren. Diese negative Kollektivitätsproduktion ist nicht auf die nationale oder ethnische Ebene beschränkt, obwohl sie dort ihre schlimmsten Ausgrenzungs- und Zerstörungspotentiale hervortreibt, doch auch jugendliche Subkulturen, spirituelle Zirkel und akademische Traditionsverbände leben nicht selten aus einem vergleichbaren Antrieb. Und Adorno wurde nicht müde, auf die Gefahr dieser negativen Kollektive aufmerksam zu machen.

Die Verstümmelung des Subjekts, seine Beschädigung und seine Ängste, sie blieben der Mittelpunkt, um den die meisten Texte Adornos kreisen. Und Freuds Begriff des Narzißmus wurde ihm dabei zur Signatur der Zeit; im Narzißmus fand er die falsche oder mißglückte Überwindung des Autoritarismus, weil dort anstelle autoritärer Beziehungen nicht ein egalitäres Anerkennungsmodell, sondern die Beziehungslosigkeit getreten sei. Schon in den *Studien zum autoritären Charakter* hatte er den »manipulativen Typ« als den gefährlichsten bezeichnet, weil bei ihm »emotionelle Beziehungen« gänzlich fehlen (AC, S. 486). »Der ›Spinner‹ und der *Manipulative* scheinen den Ödipuskomplex gelöst zu haben, indem sie sich narzißtisch in sich selbst zurückzogen [...] Der Manipulative entgeht der Psychose, indem er die Wirklichkeit zum bloßen Handlungsobjekt degradiert, wodurch er aber zur positiven Kathexis unfähig wird« (AC, S. 467). Später wird Adorno nicht so sehr die Gefährlichkeit, wohl aber die Kälte und emotionale Erstarrung des Narzißten in den Vordergrund stellen, und er beklagt, »daß der erotische Trieb zu schwach ward, um die sich selbst erhaltenden Monaden zu verbinden« (MM, S. 316).

Heute gehört der Narzißmusbegriff zu den zentralen Kategorien der Psychoanalyse, und die therapeutischen Praxen werden von Menschen frequentiert, die unter Beziehungsstörungen leiden. Adorno hat sich kaum mit der Frage beschäftigt, welche frühkindlichen Störungen zum narzißtischen Defekt des Erwachsenen führen, sondern er hatte die Gesellschaft im Auge, die den Narzißmus als Modus der Selbstanerkennung hervortreibt. Ihn beunruhigte, daß das narzißtische Ich sich weder zu dem Anderen in sich selbst noch zu dem realen Anderen in Beziehung zu setzen weiß. Das Ich als vermittelnde Instanz zwischen Innen und Außen ist einer Abwehrinstanz gewichen. Immer wieder sprach Adorno von der bloßen Selbsterhaltung, der das Ich alle Ansprüche, die verstricken können, opfern muß. Vermitteln kann das Ich nur, wenn die Differenz zwischen Innen und Außen, zwischen sich und dem anderen ohne Angst akzeptiert und in einen Wunsch oder ein Interesse übersetzt werden kann. Wo die Übermacht der

Gesellschaft zu groß und Ohnmachtserfahrung zu kränkend ist, wo also jede Beziehung zum anderen die Gefahr des Ausgeliefertseins mit sich bringt, macht sich das Ich unberührbar. Aber das gelingt ihm natürlich nicht, und so besteht die Gefahr, daß die latente Angst vor Vernichtung in Destruktion oder Selbstdestruktion münden kann.

Der Narzißmus steht für Adorno am Ende einer langen Herrschaftsgeschichte, die mit der Herrschaft über den Leib ihren Anfang nimmt. Die Spaltung in geistige und körperliche Arbeit, in leibliche und sublim-geistige Bedürfnisse bildet nach ihm die Vorgeschichte des Verinnerlichungsprozesses. »Die Befreiung des europäischen Individuums erfolgte im Zusammenhang einer allgemeinen kulturellen Umwandlung, die im Innern der Befreiten die Spaltung desto tiefer eingrub, je mehr der physische Zwang von außen nachließ« (Kö, S. 266). Wie brutal in der bürgerlichen Erziehung die Leiber verstümmelt und die sinnlichen Begierden ihrer Sublimierungsfähigkeit beraubt wurden, braucht kaum eigens erwähnt zu werden. Daß die Frauen im gleichen Prozeß auf ihre Körperlichkeit reduziert wurden, ist nur die Kehrseite davon. Mit dem Verzicht auf die sexuellen Wünsche war bei Freud die Basis für den sekundären Narzißmus des heranwachsenden Knaben gelegt. Meist war dieser Verzicht in eine »Selbstzwangsapparatur« eingebettet, die am Körper grausam rächte, was der Psyche nicht gelingen wollte, die Befreiung von Abhängigkeit und Angst. Der Haß auf den Körper hat eine lange Tradition, aber erst in dem Moment, in dem dieser Haß verinnerlicht wird, kann der Körper zum Fremdkörper werden, der durch Herrschaft unterworfen werden muß. Hier geht es nicht mehr um die christlich geforderte Kraft zum Widerstand gegen die Begierden, sondern um die Auslöschung der Begierden, weil jeder innere Zwiespalt, wie der zwischen Wunsch und Schuldgefühl, viel zu bedrohlich wäre. Die modernen Narzißmustheorien geben der Scham die weitaus mächtigere Disziplinierungskraft als dem Schuldgefühl. Mit der Scham und der Angst vor Beschämung wird das Ich als Urteilsinstanz unterlaufen. In der Scham fühlt sich das Subjekt einem anderen ausgeliefert, weil es für einen Moment die Macht über sich selbst verloren hat. Um der Auslieferung seiner selbst an die äußere Macht zu entkommen, nimmt es diese nach innen und gewinnt so um den Preis jeglicher Widerstandskraft eine idealiter totale Unabhängigkeit. Vermutlich entsteht die zunehmende

Angst vor Beschämung innerhalb einer Abhängigkeitsstruktur, in der das Subjekt sich ohnmächtig fühlt. Und so macht es sich mächtig, indem es den »erotischen Trieb«, der ja abhängig macht, an sich selbst unterdrückt. Also nicht um Verdrängung und Neurose geht es hier, sondern um Selbstzerstörung. Deshalb spricht Adorno von der Grausamkeit gegen sich selbst, die in »Freuds Lehren von Narzißmus und Todestrieb psychologisch interpretiert« werde (Kö, S. 266). Daß heute der Sport und der Körper zum Medium subjektiver Selbstdarstellung und -vergewisserung geworden ist, bestätigt Adornos These, daß Verinnerlichung von Herrschaft sich über die Entfremdung vom eigenen Leib vollzieht, und dies um so mehr, wenn es der Herrschaftssymbole und der unmittelbaren Herrschaftstechniken nicht mehr bedarf. Gerade die Manipulation des Körpers bestätigt: dieser »ist nicht wieder zurückzuverwandeln in den Leib« (Kö, S. 267). Mit der zunehmenden Ästhetisierung der disziplinierten Körper hat die narzißtische Befreiung von den Begierden ihren Kulminationspunkt erreicht. Nun ist sie nicht allein Mittel zum Zweck, sondern Selbstzweck, und die gesellschaftlich geforderte Selbstdisziplinierung kann widerstandslos zu eigen gemacht werden, weil sie als Motor subjektiver Selbstverwirklichung erscheint.

Adorno hatte in Freud den großen Aufklärer unseres Jahrhunderts gesehen, weil er den Anspruch der Subjekte festhält und einem Individuationsmodell entgegenstellt, das die Psychologie des Subjekts zum Schauplatz der gesellschaftlichen Herrschaftseinübung macht. Dabei hatte er nicht nur den Kritiker traditioneller Lebensformen im Auge, sondern nicht minder die Möglichkeit zur Selbstreflexion, die Freuds Methode eröffnet. Um Aufklärung im Sinne der Aufklärungsepoche konnte es Adorno, kann es heute nicht mehr gehen. Damals hoffte man, durch Traditionskritik die Subjekte von heteronomen Zwängen zu befreien. Mittlerweile sind die Traditionen zerstört, ohne daß es der Befreiung der Subjekte dazu bedurft hätte. Im Gegenteil. »Während [...] subjektive Tradition zerrüttet ist oder ideologisch verzerrt, hat objektiv die Geschichte weiter Macht über alles, was ist und worin sie einsikkerte« (TD, S. 314). Adorno hat den verlorenen Traditionen keineswegs nachgeweint, schließlich ist mit deren Überwindung auch eine Herrschaftsform untergegangen, eine Tatsache, die bei der Klage um den Traditionsverlust häufig vergessen wird. Mehr noch hat er das künstliche Ankurbeln von Traditionen bekämpft, weil Tradition mit der bürgerlichen Gesellschaft unvereinbar sei und jeder Traditionalismus nur der Verschleierung diene. Statt deren Wiederbelebung fordert Adorno ihre kritische Aneignung, um sich die latente Macht der Vergangenheit im Heute zu vergegenwärtigen. Die offizielle Tradition und die in ihr verkörperte Herrschaftsgeschichte eignen sich dafür kaum. Aber Tradition war ja mehr. Dort, wo sie Gesellschaft noch hergestellt hat, gab sie dem Leben des einzelnen, seinen sozialen Beziehungen, seinen Wünschen und Ängsten kollektiv verbindlich Sinn und Gestalt. Gesellschaftliche Konflikte und subjektives Aufbegehren wurden gegen und innerhalb bestimmter Traditionen ausgetragen. Gerade in den »subjektiven Traditionen« finden sich Brüche und abgelegte Gestalten, deren konkreter Sinn zu entfalten wäre, denn in ihnen wird all das artikuliert, was heute unbewußt weitertreibt, weil es »unerledigt blieb, geschichtlich sich nicht entfaltete [...] das am Weg liegen Gebliebene, Vernachlässigte, Besiegte« (TD, S. 317). Daß Adorno besonders den Künsten die Fähigkeit zur produktiven Kritik an Traditionen zutraute, braucht angesichts seiner Gesellschaftskritik nicht zu verwundern. Im Gegensatz besonders zur Wissenschaft, aber auch zur Philosophie könne sich die Kunst der Frage nach dem Sinn nicht entziehen, weil sie traditionell Sinn hergestellt hat. Wenn sie das heute nicht mehr kann, wirft das ein Licht auch auf die Vergangenheit. Welchen Sinn hatte die frühere Sinnproduktion? Um dieser Frage nachzugehen, muß Kunst die Methoden traditioneller Sinnproduktion aufbrechen; dabei wird sie auf existentielle Konflikte der neuzeitlichen Gattungsgeschichte stoßen, für die sie zwar keine Lösungen anbieten, die sie aber formulieren kann.

Vielleicht war es Freuds anti-traditioneller Sinnbegriff, der nach dem verborgenen Sinn von Krankheit und Neurose fragt und damit den Sinn der herrschenden Anpassungslogik und des gesamten existierenden Normgefüges in Frage stellt, in dem Adorno das radikale kritische Prinzip wiedererkannte, dem auch er zeitlebens die Treue hielt, um den Versöhnungswunsch der Subjekte, der in diesem Jahrhundert so zerstörerische Formen annahm, wieder Raum und die Möglichkeit zur Artikulation zu geben.

Literatur

Adorno, Th. W. (1970 ff.), *Gesammelte Schriften (GS)*, hg. von Rolf Tiedemann, Frankfurt am Main: Suhrkamp.

– EA »Elemente des Antisemitismus. Grenzen der Aufklärung«, in: *Dialektik der Aufklärung*, *GS*, Bd. 3.

– Kö »Interesse am Körper«, in: *Dialektik der Aufklärung*, *GS*, Bd. 3.

– SP »Zum Verhältnis von Soziologie und Psychologie«, in: *GS*, Bd. 8.

– FP »Freudian Theory and the Pattern of Fascist Propaganda«, in: *GS*, Bd. 8; deutsch in: H. Dahmer (Hg.), *Analytische Sozialpsychologie*, Bd. 1, Frankfurt am Main: Suhrkamp 1980.

– AC »Studies in the Authoritarian Personality«, in: *GS*, Bd. 9,1; deutsch in: Th. W. Adorno, *Studien zum autoritären Charakter*, Frankfurt am Main: Suhrkamp 1980.

– Auf »Was bedeutet: Aufarbeitung der Vergangenheit«, in: *GS*, Bd. 10,2.

– Erz »Erziehung nach Auschwitz«, in: *GS*, Bd. 10,2.

– MWG »Meinung, Wahn, Gesellschaft«, in: *GS*, Bd. 10,2.

– K »Kritik«, in: *GS*, Bd. 10,2.

– TD »Über Tradition«, in: *GS*, Bd. 10,1.

– Fa »Familie«, in: M. Horkheimer und Th. W. Adorno, *Soziologische Exkurse*, Frankfurt am Main: Europäische Verlagsanstalt 1956.

– MM *Minima Moralia. Reflexionen aus dem beschädigten Leben*, Frankfurt am Main: Suhrkamp 1951.

– PG »Zum Verhältnis von Psychoanalyse und Gesellschaftstheorie«, in: *Psyche* 6 (1952), S. 1-28.

Bonß, W. (1982), »Psychoanalyse als Wissenschaft und Kritik. Zur Freud-Rezeption der Frankfurter Schule«, in: W. Bonß und A. Honneth (Hg.), *Sozialforschung als Kritik*, Frankfurt am Main: Suhrkamp.

Hennis, W. (1987), *Max Webers Fragestellung*, Tübingen: Mohr.

König, H. (1992), *Zivilisation und Leidenschaften. Die Masse im bürgerlichen Zeitalter*, III: *Massendiskurs*. Reinbek: Rowohlt.

Söllner, A. (1984), »Angst und Politik. Zur Aktualität Adornos im Spannungsfeld von Politikwissenschaft und Sozialpsychologie«, in: J. Habermas und L. v. Friedeburg (Hg.), *Adorno-Konferenz 1983*, Frankfurt am Main: Suhrkamp.

Tillich, P. (1962), »Die sozialistische Entscheidung«, ders., *Gesammelte Werke*, hg. von R. Albrecht, Bd. 2, Stuttgart: Evangelisches Verlagswerk.

Elisabeth Beck-Gernsheim
Individualisierungstheorie: Veränderungen des Lebenslaufs in der Moderne

1. Einleitung

Wenn wir Berichte lesen, die Lebensformen früherer Epochen beschreiben, dann ist für unsere heutigen Augen immer wieder erstaunlich, wie stark das Leben der Menschen früher von Vorgaben und Traditionen bestimmt war, ja, wie auf vielen Ebenen der Radius des Handelns schon qua Geburt vorgezeichnet war, gewissermaßen »in die Wiege gelegt«. Vor allem Stand und Geschlechtszugehörigkeit, aber auch Religion und Region regelten den Alltag, minutiös bis in viele Details hinein.

Aus einem Bericht, der die traditionelle bäuerliche Tracht in Hessen beschreibt: »Schon an den Farben der Kleidungsstücke wie ihrer Zierate unterscheidet man das junge Mädchen (rot) von der jungen (grün), älteren (blau, violett) und alten Frau (schwarz), [...] selbst das ›gefallene‹ Mädchen vom jungfräulichen [...] Diese Farbenskala wirkt sich in allen Einzelheiten der Kleidung bis auf die Knöpfe [...] und Schuhlaschen [...] aus. Volltrauer (Schwarz und Weiß), Halbtrauer und Abtrauer mit genauer Abstufung nach den Verwandtschaftsgraden regeln Werktags-, Festtags- und Brauttracht. Die trauernde Schwälmlerin trägt Strümpfe, deren Muster im Gegensatz zur rechtsmaschigen Ornamentik der Freudenstrümpfe linksmaschig gestrickt sind [...] Auch vertauschen die Schwälmer Neuverheirateten am ersten Ehetag die viereckigen ›Freudenschnallen‹ der Schuhe mit den ovalen ›Trauerschnallen‹, da der Ernst des Lebens begonnen, und die junge Hüttenberger Frau schnürt ihr Mieder im Zickzack statt parallel, wie sie es als Mädchen tat« (Adolf Spamer, zitiert nach Weber-Kellermann 1987, S. 229 f.).

Aus anderen Berichten, die den Übergang zur Moderne beschreiben, wissen wir auch, wie diese alte Welt sich allmählich verändert hat. Die beginnende Industrialisierung, das Anwachsen der Städte, die zunehmende Mobilität – solche und ähnliche Entwicklungen leiten eine Herauslösung des Menschen aus traditionell gewachsenen Bindungen, Glaubenssystemen, Sozialbeziehungen ein. Damit zugleich entstehen neue Formen des Lebenslaufs, neue Denk- und Verhaltensweisen, neue Anforderungen, Erwartungen, Ziele.

Um ebendiesen epochalen Wandel geht es, wenn in sozialwissenschaftlichen Analysen von »Individualisierung« die Rede ist. Was dieses Konzept thematisiert, sind – so kann man in einer ersten Annäherung sagen – die *biographischen Folgen* von Modernisierungsprozessen; etwa da, wo es um den Lebenslauf im allgemeinen geht (vgl. Beck 1986; Kohli 1986; Weymann 1989a) oder um Jugend (vgl. Baethge 1985; Fuchs 1983; Heitmeyer und Olk 1990) und Alter (vgl. Rosenmayr 1989); um Erziehung (siehe zum Beispiel Flitner 1987) und Kinderwunsch (vgl. dazu Beck-Gernsheim 1984, 1988; Lüscher und Engstler 1991); um Psycho-Boom (siehe Keupp 1988) und Wählerverhalten (vgl. Wildemann u.a. 1991), um Frauen (vgl. Beck-Gernsheim 1983; Bilden 1989), um Liebe, Ehe, Familie (Beck und Beck-Gernsheim 1990; Mahlmann 1991). Gefragt wird hier nicht nach den gesamtgesellschaftlichen Veränderungen per se, die mit dem Übergang zur Moderne einhergehen (zum Beispiel Ausdehnung von Erwerbsarbeit und Arbeitsmarkt, Aufbau von öffentlichen Bildungsinstitutionen, Urbanisierung und Technisierung usw.). Im Mittelpunkt steht vielmehr die Frage, wie solche Entwicklungen auf der Makro-Ebene der Gesellschaft in vielerlei Formen hineinwirken in *den ganz privaten Lebensraum:* wie sie den biographischen Horizont verändern, neue Möglichkeiten, Konflikte und Zwänge vorgeben.

Betrachtet man aus diesem Blickwinkel, also in bezug auf die »privaten« Folgen von Modernisierungsprozessen, klassische und neuere Theorien der modernen Gesellschaft, so kann man in sehr grober Zusammenfassung sagen, daß sie – von unterschiedlichen Bezugspunkten her – ein Grundmotiv aufnehmen und immer weiter entwickeln. Sie zeigen nämlich, wie sich im Übergang von der ständisch-feudalen Agrargesellschaft zur bürgerlichen Industriegesellschaft ein *epochaler Gestaltwandel im Verhältnis zwischen Individuum und Gesellschaft* durchsetzt. Dieser Übergang ist, angefangen von den soziologischen Klassikern wie Durkheim, Marx, Tönnies und Simmel bis zu den zeitgenössischen Modernisierungstheoretikern, mit unterschiedlichen Akzenten immer in seiner Dialektik von Freisetzung und neuer Einbindung des Menschen gedacht worden. Mit der Herausbildung eines komplexen und interdependenten Wirtschaftssystems, einer weitreichenden gesellschaftlichen Infrastruktur, mit der Zunahme von Säkularisierung, Urbanisierung, Mobilität usw. wird der einzelne aus traditionellen Versorgungsbezügen und Glaubenssystemen herausgelöst und in neue, über anonyme Marktgesetze hergestellte Abhängigkeiten eingebunden (Beck und Beck-Gernsheim 1993).

Dabei ist die Diskussion um Inhalt, Richtung und Folgen dieses epochalen Wandels freilich durch viele Kontroversen gekennzeichnet. Dies liegt wesentlich daran, daß viele Autoren, wenn sie von »Individualisierung« (oder Individuation, Individualismus) sprechen, dies Wort in den verschiedensten Bedeutungsnuancen verwenden und mit konträren Wertungen verbinden. So hat schon Weber feststellen müssen: »Der Ausdruck ›Individualismus‹ umfaßt das denkbar Heterogenste« (Weber 1984, S. 198). Und inzwischen ist dies Problem nicht gerade geringer geworden.

Um diese Mißverständnisse nicht fortzusetzen, will ich zunächst einmal wichtige Bedeutungsdimensionen herausarbeiten, in denen der Begriff »Individualisierung« in der Literatur verwandt wird. Betrachtet man klassische und neuere Autoren in der Modernisierungsdebatte, so lassen sich – so der Grundgedanke meiner Überlegungen – drei Hauptlinien erkennen. Wo von Indiviualisierung die Rede ist, wird zum einen verwiesen auf die Befreiung aus traditionellen Kontrollen; zum anderen auf den Verlust traditioneller Stabilitäten; und drittens schließlich auf das Entstehen neuer Bindungen und Kontrollen.

2. Drei Bedeutungsdimensionen von Individualisierung

2.1 Befreiung aus traditionellen Kontrollen

Bei vielen Autoren wird Individualisierung zunächst einmal begriffen als Befreiung aus traditionellen Kontrollen. Den Bezugspunkt dieser Argumentation bildet ein Bild der vormodernen Lebenswelt, das wesentlich deren Enge betont. Diese Welt ist demnach gekennzeichnet durch viele Schranken, Vorschriften, Kontrollen, die den einzelnen festschreiben auf Merkmale wie Stand und Geschlechtszugehörigkeit, Alter und Religion, auf die damit verbundenen Verhaltensregeln und Lebensbahnen; diese Welt erscheint, eben durch ihre Beschränktheit, auch gekennzeichnet durch viele Bornierungen und Vorurteile.

So gesehen erscheint die Freisetzung aus traditionellen Bindungen spiegelbildlich als Erweiterung des Lebensradius, als Gewinn an Handlungsspielräumen und Wahlmöglichkeiten. Und in enger Verknüpfung zwischen strukturell-biographischer und psychischer Ebene wird parallel auch die Erweiterung des geistigen Horizontes betont, die Schärfung des Bewußtseins und Denkens, kurz, der Zuwachs an innerer Autonomie.

In diesem Sinne verwandt, ist der Begriff der Individualisierung aufs engste verknüpft mit dem des »bürgerlichen Individuums« und seiner Entstehungsgeschichte. Er verweist dann auf die Aufklärungsphilosophie und den in ihr enthaltenen Impuls, der zu einer wesentlichen Triebkraft im Übergang von der feudalen zur bürgerlichen Gesellschaft wurde. Der Bezugspunkt ist hier das Thema der Emanzipation, der Anspruch auf Selbstentfaltung des Menschen, wie ihn programmatisch Kant formuliert hat: als Befreiung aus »selbstverschuldeter Unmündigkeit«.

Für diesen Diskussionsstrang in der Modernisierungsdebatte möchte ich exemplarisch zwei Beispiele nennen. Zu den klassischen Autoren, die im angedeuteten Sinne argumentieren, gehört insbesondere Emile Durkheim. Zum einen weist Durkheim auf die quantitative Ausdehnung der Gesellschaft, auf die Erweiterung der Lebenswelt, die dem einzelnen eine größere Vielfalt von Kontakten ermöglicht; dadurch auch größere Freiräume erlaubt und größere Spielräume der Individualität. Noch wichtiger ist für Durkheim die zunehmende Spezialisierung der Arbeit und damit die zunehmende Arbeitsteilung, die zu den Grundkennzeichen der modernen Gesellschaft gehört. Denn damit, so Durkheim, wird die Befangenheit in lokalen Bindungen und Loyalitäten aufgehoben, es ist vorbei mit »Provinzgeist« und »Kirchturmpatriotismus« (Durkheim 1977, s. 67). An der besonderen Aufgabe, die sich je nach Berufsstand ergibt, gewinnt dann auch die Persönlichkeit des einzelnen ihr besonderes Profil: ihre, gemessen an früheren Epochen, weitaus individuellere Ausgestaltung und Form.

In dem Maße, wie zwischen den einzelnen Regionen und Städten immer mehr Verflechtungen entstehen, »wird der Blick weiter [...] Selbst der Bewohner der Kleinstadt lebt nun weniger ausschließlich das Leben der kleinen Gruppe, die seine nächste Nachbarschaft ist. Er knüpft auch mit entfernteren Orten [...] zahlreichere Beziehungen [...] Seine häufigeren Reisen, die aktivere Korrespondenz, die er führt, die Geschäfte, die ihn nach außen führen usw., lenken seinen Blick von dem ab, was rund um ihn vorgeht. Das Zentrum seines Lebens und seiner Beschäftigungen befindet

sich nicht mehr so vollständig im Ort, den er bewohnt. Er interessiert sich also weniger für seine Nachbarn, weil sie einen geringeren Platz in seiner Existenz einnehmen [...] [So] lockert sich unwiederbringlich die Kollektivüberwachung, das Kollektivbewußtsein verliert an Autorität und die individuelle Variabilität vergrößert sich« (ebd., S. 338-342).
»Statt von den Fortschritten der Spezialisierung beeinträchtigt zu sein, entwickelt sich die individuelle Persönlichkeit erst mit der Arbeitsteilung. Eine Person zu sein heißt, eine autonome Quelle des Handelns zu sein. Der Mensch erwirbt diese Eigenschaft nur in dem Maß, in dem er etwas in sich hat, das ihm und nur ihm allein gehört und das ihn individualisiert, wo er mehr ist als eine einfache Verkörperung des Gattungstyps seiner Rasse und seiner Gruppe [...] Die Arbeitsteilung trägt selbst zu dieser Befreiung bei, denn die individuellen Naturen werden, indem sie sich spezialisieren, komplexer, und sind damit zum Teil der Kollektivwirkung und den Erbeinflüssen entzogen [...] Also hängen die Fortschritte der individuellen Persönlichkeit und die der Arbeitsteilung von ein und derselben Ursache ab« (ebd., S. 444 f.).

Unter den neueren Autoren seien hier exemplarisch Peter Berger, Brigitte Berger und Hansfried Kellner herausgegriffen, deren Buch »Das Unbehagen in der Modernität« zu einem wichtigen Bezugspunkt der Diskussion geworden ist. Für Berger, Berger und Kellner liegt ein wesentliches Moment der Moderne darin, daß es kaum noch die relativ geschlossene Lebenswelt früherer Epochen gibt, statt dessen eine Pluralität von Bereichen mit je unterschiedlichen Werten, Maßstäben und Anforderungen. Gleichzeitig ist auch die Lebenslaufbahn des einzelnen nicht mehr unverrückbar vorgegeben, sondern offener und gestaltbarer geworden, was neue biographische Freiräume und Wahlchancen eröffnet.

»Im Laufe der Menschheitsgeschichte lebten die Menschen zumeist in Lebenswelten, die mehr oder weniger einheitlich waren [...] Für den Einzelnen bedeutete das ganz einfach, daß die gleichen integrierenden Symbole die verschiedenen Sektoren seines Alltagslebens durchdrangen. Im Kreise seiner Familie oder bei der Arbeit, ob er an politischen Geschehnissen oder an Festen und Zeremonien teilnahm: Der Einzelne befand sich stets in der gleichen ›Welt‹. Wenn er nicht physisch seine eigene Gesellschaft verließ, hatte er selten, wenn überhaupt je das Gefühl, eine besondere gesellschaftliche Situation würfe ihn aus dieser gemeinsamen Lebenswelt heraus. Die typische Situation der Menschen in einer modernen Welt ist völlig anders. Die verschiedenen Bereiche ihres Alltagslebens bringen sie in Beziehung zu außerordentlich verschiedenartigen und oft sehr gegensätzlichen Bedeutungs- und Erfahrungswelten [...] Pluralität ist ein we-

sentlicher Bestandteil dieses Prozesses. Der einzelne wird, gleich wo er sein mag, mit einer Vielzahl von Informationen und Kommunikationen bombardiert. Es ist sprichwörtlich, daß dieser Prozeß [...] ›den Horizont erweitert‹.‹ (Berger, Berger und Kellner 1975, S. 59-62).
»Die Modernität hat in der Tat eine befreiende Wirkung gehabt. Sie hat die Menschen von den einengenden Kontrollen der Familie, der Sippe, des Stammes oder der kleinen Gemeinschaft befreit. Sie hat dem Individuum vorher ungekannte Wahlmöglichkeiten und Bahnen der Mobilität eröffnet« (ebd., S. 168).

2.2 Verlust traditioneller Stabilitäten

Wo von Individualisierung die Rede ist, ist in einer zweiten Bedeutungsdimension oft auch der Verlust traditioneller Stabilitäten gemeint. Dahinter steht der Gedanke, daß traditionelle Bindungen nicht nur, wie bisher betont, Kontrolle und Beschränkung beinhalten, sondern auch ein anderes Gesicht haben: Sie können dem einzelnen Halt, Sicherung, Schutz geben. Wenn man diese Seite betrachtet, rückt ins Blickfeld, daß der Abbau traditioneller Strukturen nicht bloß Befreiung ist, sondern in vielerlei Hinsicht auch ein Verlust. Oder wie es bei Berger, Berger und Kellner heißt: »Die Befreiungen hatten [...] einen hohen Preis« (ebd., S. 168).
Hier steht im Zentrum, daß die Auflösung der Regeln, die den Lebenslauf direkt mit vorgegebenen Merkmalen wie Herkunft, Stand und Geschlecht verknüpften, nicht nur eine Zunahme von Chancen bedeutet, sondern auch – ja, vielleicht mehr noch – eine Zunahme von Risiken und Bedrohungen im Lebenslauf. Am Beispiel der sozialen Mobilität formuliert: Wo die Standes- und Klassenschranken sich auflösen, eröffnen sich Aufstiegschancen, aber es wächst auch die Abstiegsgefahr. Und, allgemeiner gesagt, je mehr Chancen es gibt, desto mehr Möglichkeiten gibt es auch Chancen zu verpassen, falsche Wahlen zu treffen, Erfolgsziele nicht zu erreichen, kurz »die anomische Bedrohung dieser Konstellationen [ist] ganz außerordentlich mächtig« (Ebd., S. 159).
Dabei gibt es, wie ein Blick auf die einschlägigen Autoren der Modernisierungsdebatte zeigt, eine ganze Palette von Veränderungen, die in Richtung eines solchen Stabilitätsverlusts gedeutet werden. Von den Anforderungen des Arbeitsmarktes über soziale

und geographische Mobilität bis zu Konsumdruck und Massenmedien: Sie alle zerreiben, so die These, in teils direkten, teils indirekten Formen viele der traditionellen Bindungen, die den einzelnen mit anderen Menschen verknüpfen, sei's mit seiner Umgebung, seiner Herkunft, seiner Geschichte. So schafft die geographische Mobilität, die der Arbeitsmarkt fordert, räumliche Distanzen zwischen Eltern und Kindern, zwischen Geschwistern und Freunden, ja zunehmend auch zwischen Ehepartnern. Die soziale Mobilität entfernt, ja mehr noch: entfremdet von den Gewohnheiten der Herkunftsfamilie, der eigenen Kindheit. Und im Zuge der zunehmenden Säkularisierung, der Pluralisierung von Lebenswelten, der Konkurrenz von Werten und Glaubenssystemen werden auch viele der traditionellen inneren Bindungen aufgelöst, die dem einzelnen ein »Weltbild« vorgaben, einen sinnstiftenden Zusammenhang, eine Verankerung der eigenen Existenz in einem größeren Kosmos.

Die zunehmende Bindungslosigkeit auf immer mehr Ebenen kann demnach für den einzelnen eine Herausforderung sein – aber auch zur Überforderung werden. Das genau ist die zweite Bedeutungsdimension, die bei vielen Autoren der Modernisierungsdebatte im Zentrum steht. Von unterschiedlichen Blickwinkeln aus thematisieren sie die biographischen Folgen, die mit dem Verlust eines stabilen Rahmens verknüpft sind. Sie zeigen die Risiken, Konflikte und Brüche, die daraus entstehen: sei's auf biographisch-struktureller Ebene – als Abstieg, Konkurrenzdruck, Entwurzelung und Isolation; sei's auf der psychischen Ebene, vom Gefühl der Leere und des Versagens bis zu einer Zerstörung innerer Autonomie. Um exemplarisch wieder einigen Autoren zu nennen:

Berger, Berger und Kellner betonen die zunehmende »Pluralisierung der sozialen Lebenswelten« (ebd.), durch die der einzelne in den verschiedenen Bereichen seines Alltags mit je unterschiedlichen, ja zum Teil widersprüchlichen Anforderungen und Maßstäben konfrontiert wird. Da die Institutionen derart keine feste Grundlage, keine Gewißheit mehr bieten können, entsteht in der Moderne ein charakteristischer Zustand der inneren »Heimatlosigkeit« (ebd.), eine fortwährende Suche nach Identität:

»Die pluralistischen Strukturen der modernen Gesellschaft haben das Leben von immer mehr Menschen nomadisch, ständig wechselnd, mobil gemacht [...] Diese äußere Mobilität [hat] Korrelate auf der Ebene des Bewußtseins. Eine Welt, in der alles ständig in Bewegung ist, ist auch eine

Welt, in der es schwierig ist, zu Gewißheiten irgendwelcher Art zu gelangen. Die soziale Mobilität hat ihr Korrelat in kognitiver und normativer Mobilität. Was in einem Sektor des sozialen Lebens des Individuums Wahrheit ist, kann in einem anderen Sektor Irrtum sein. Was in dem einen Stadium der sozialen Laufbahn des Individuums als richtig angesehen wurde, wird im nächsten Stadium falsch [...] Die Institutionen hören auf, die ›Heimat‹ des Ichs zu sein [...] Die Identität hört auf, ein objektiv und subjektiv gegebenes Faktum zu sein und wird statt dessen zum Ziel einer oft irrenden und schwierigen Suche. Der moderne Mensch ist [...] unaufhörlich auf der Suche nach sich selbst« (ebd., S. 159, 83).

»Die modernen Sozialstrukturen lieferten den Kontext für die Sozialisation hochindividualisierter Personen [...] Die Erfahrung der ›Entfremdung‹ ist das symmetrische Korrelat eben dieser Individualisierung« (ebd., S. 169).

Ulrich Beck (1983) untersucht, wie sich in den letzten Jahrzehnten das Gefüge sozialer Ungleichheit tiefgreifend verändert hat. Früher war soziale Ungleichheit eingebunden in die Lebenswelt von Klasse und Stand, in einen Ort gemeinsamer Lebenslage und Identitätsbildung, der von den handlungsleitenden Symbolen und Sinndefinitionen bis hinein in die unmittelbaren Erfahrungen und Gewohnheiten des Alltags reichte. Zu einem deutlichen Einschnitt kam es nach Becks Analyse, als in den fünfziger und sechziger Jahren verschiedene Entwicklungen einsetzten, die das Gesicht der Bundesrepublik wesentlich prägten – schneller wirtschaftlicher Wiederaufbau und Erhöhung des Lebensstandards, Ausweitung sozialstaatlicher Sicherungsleistungen und Arbeitszeitverkürzung, Bildungsexpansion, soziale und geographische Mobilität. Das Zusammentreffen all dieser Entwicklungen brachte einen Freisetzungsprozeß von bislang unbekannter Reichweite. In dessen Verlauf verlieren Klasse und Stand ihre Bedeutung als Ort gemeinsamer Lebenslage und Identitätsbildung, wobei – das eben ist der hier entscheidende Punkt – auch »klassische Schutzvorrichtungen« für den Umgang mit Krisen zunehmend zerrieben werden. Denn der einzelne ist jetzt, ohne das Band erfahrbarer Gemeinsamkeiten, immer mehr auf sein Einzelschicksal zurückgeworfen. Im Fall des Versagens entstehen jetzt neue Formen der persönlichen Schuldzuweisung.

»Durch die Auflösung ungleichheitsbezogener lebensweltlicher Kollektivitäten und Identitäten werden die fortbestehenden ungleichen Risiken und Chancen allerdings keineswegs beseitigt, sondern nur umdefiniert: Es eröffnen sich historisch bis dahin unbekannte Schleusen einer *Individuali-*

sierung sozialer Risiken. Die kollektiv-lebensweltlichen Wahrnehmungs- und Bewältigungsformen (Familie, Nachbarschaft, Arbeitsgruppe) verblassen und müssen entweder durch rechtliche Absicherungen oder durch individuelle Anstrengungen kompensiert werden. In demselben Maße gewinnt *individuelles Leistungsdenken* – und zwar sowohl in der sozialen Rechtfertigung fortbestehender oder sich verschärfender Ungleichheiten als auch in dem Schuld- und Selbstbewußtsein des einzelnen – an Bedeutung. Dies wird dadurch verstärkt, daß auch die klassischen Schutzvorrichtungen – Familie, Bildung und Beruf – an Funktionskraft verlieren« (Beck 1983, S. 69).

2.3 Neue Bindungen, Zwänge, Kontrollen

Auf einer dritten Bedeutungsebene schließlich wird der Begriff der Individualisierung direkt verknüpft mit dem Hinweis auf neue Bindungen, Zwänge, Kontrollen, die in der Moderne entstehen. Dahinter steht der Gedanke, daß die neuen Wahlmöglichkeiten, die sich dem einzelnen eröffnen (zum Beispiel Berufswahl), wiederum eingebunden sind in gesellschaftliche Rahmenbedingungen, institutionelle Regeln und Vorschriften (zum Beispiel Schullaufbahnen, Zeugnisse, Gesundheitszertifikate), die dem einzelnen nicht zur Disposition stehen. So gesehen führen die neuen Freiheiten zugleich wieder in andere Arten der Abhängigkeit.
Wo derart die Steuerungsmechanismen der modernen Gesellschaft ins Zentrum rücken, wird häufig betont, daß diese eine spezifisch neue Gestalt annehmen: statt des direkten Zwangs eher Formen der indirekten, vielfältig vermittelten, unsichtbar scheinenden Beeinflussung, die gerade deshalb oft besondere Kraft entfaltet. Dies gilt insbesondere für die Anforderungen des Arbeitsmarktes, die heute zu einer zentralen Achse der persönlichen Zukunftsplanung werden. In ähnlicher Weise werden auch die Vorgaben von Bildungssystem und Rechtssystem, von Massenmedien, Konsum und populärwissenschaftlicher Ratgeber-Literatur gedeutet: Diese liefern direkte und indirekte Regeln für die persönliche Lebensgestaltung, von der Ausbildungsdauer bis zur Entscheidung für oder gegen das Heiraten. Sie liefern vorgefertigte Pakete von Urlaub- bis Freizeitgestaltung, setzen Normen für alle Lebensbereiche von Ernährung bis Kindererziehung, ja, lassen auch den Bereich nicht aus, der der allerpersönlichste ist: Intimität, Sexualität, Liebe. Wie es in einer Studie über die moderne Familie heißt:

»Die äußeren Einflüsse auf das Familienleben verschwanden nicht mit dem Aufstieg der privaten Familie, sie wurden nur weniger sichtbar. Wo die Regulierung früher über Klatsch und den unmittelbaren Bezug der Nachbarschaft erfolgte, geriet das Familienleben nun unter den Einfluß von Leitbildern und Vorschriften, die aus den Massenmedien kommen, aus einem breiten Literaturzweig von Büchern, Zeitschriften, Broschüren, ebenso von Ärzten, Pädagogen, anderen professionellen Experten und sozialen Reformern« (Skolnick 1979, S. 302).

In diese Argumentationslinie gehören auch die Autoren der Kritischen Theorie, die hier ein sehr pessimistisches Bild entwerfen. Ihr Thema ist der »mittlerweile evidente Verfall von Individualität« (Adorno 1966, S. 342): jene Standardisierung der Menschen, die aus der Verinnerlichung der Prinzipien der Tauschgesellschaft folgt. Das Resultat solcher Prozesse ist für sie die »Entsubjektivierung der Subjektivität« (Adorno 1970, S. 29), ja, das Ende des Individuums.

»Mitten unter den standardisierten und verwalteten Mencheneinheiten west das Individuum fort. Es steht sogar unter Schutz und gewinnt Monopolwert. Aber es ist in Wahrheit bloß noch die Funktion seiner Einzigartigkeit, ein Ausstellungsstück wie die Mißgeburten, welche einstmals von Kindern bestaunt und belacht wurden. Da es keine selbständige ökonomische Existenz mehr führt, gerät sein Charakter in Widerspruch mit seiner objektiven gesellschaftlichen Rolle. Gerade um dieses Widerspruchs willen wird es im Naturschutzpark gehegt, in mühseliger Kontemplation genossen« (Adorno 1952, S. 252f.).

Eine gewisse Auflösung der Kontroverse um Individualität versus Standardisierung deutet sich bei Kohli und Beck an. Folgt man ihren Ausführungen, so ist die Frage, ob die moderne Gesellschaft ein Mehr oder Weniger an Individualität bringt, in gewissem Sinne falsch gestellt. Vielmehr haben die traditionelle und die moderne Gesellschaft je eigene Formen sowohl der Vielfalt wie der Gleichförmigkeit. Es geht demnach nicht um eine pauschale Zunahme der einen oder anderen Seite, sondern um die historischen Umformungen der beiden, um ihren epochalen Gestaltwandel. So zeigt Kohli auf, wie in der Moderne der Lebenslauf des einzelnen zwar aus traditionellen Schranken entlassen, aber gleichzeitig eingebunden wird in die Regelungen von Bildungssystem, Arbeitsmarkt usw., die bestimmte Altersgrenzen vorgeben (vgl. Kohli 1985; Kohli und Robert 1984). Damit wird der einzelne bei seinen Planungen und Entscheidungen einerseits auf gesellschaftliche

Vorgaben, andererseits auf seine ganz persönlichen Daten, wie eben das Geburtsdatum, verwiesen: Diese beiden Ebenen muß er miteinander »verkoppeln«. So werden in der modernen Gesellschaft auf vielfältige Weise die Daten des persönlichen Lebenslaufs mit gesamtgesellschaftlichen Anforderungen zusammengebracht und in sie eingepaßt. Oder, anders gesagt, die Biographie wird zur »neuen Vergesellschaftungsform«.

»Der europäische Modernisierungsprozeß kann u. a. als Prozeß der Subjektivierung bzw. Individualisierung des Lebens (Auflösung geschlossener Felder, Internalisierung sozialer Programme) beschrieben werden, und in diesem Prozeß ist die Biographie zu einer zentralen sozialen Regelungsdimension geworden [...] Wenn von einem Individualisierungsprozeß gesprochen wird, geht es nicht primär um die zunehmende Ausprägung interindividueller Differenzen, sondern um Individualität als (historisch neue) Vergesellschaftsform« (Kohli und Roberts 1984, S. 4).

Beck faßt die Paradoxie der widersprüchlichen Entwicklungslinien in der Formel zusammen, daß der persönliche Lebenslauf immer mehr das »Doppelgesicht einer institutionenabhängigen Individuallage« annimmt (Beck 1986, S. 210). Danach sind es heute zwar immer mehr die individuellen Entscheidungen und Wahlen, Handlungen oder Unterlassungen einer Person, die in bestimmte Lebensbahnen und einen entsprechenden Platz in der Sozialstruktur einweisen; also etwa der Besuch eines bestimmten Schultyps, das Bestehen oder Nicht-Bestehen eines Examens, die Wahl dieses oder jenen Berufs. Jedoch sind, das eben ist der entscheidende Punkt, auch solche Verhaltensweisen, die zunächst als ganz private erscheinen, auf vielfältige Weise an politische Entwicklungen und institutionelle Vorgaben zurückgebunden. So wirkt weichenstellend bis in das ganz persönliche Schicksal hinein zum Beispiel die jeweilige Zielsetzung der Bildungspolitik, die einmal die unterprivilegierten Gruppen entdeckt und ihnen Stipendien bereitstellt, dann wieder solche Unterstützungen kürzt und statt dessen die Eliten-Förderung anstrebt; oder die Regelungen im Familien- und Scheidungsrecht, in der Steuergesetzgebung und der Hinterbliebenenversorgung, die – je nach der finanziellen Einstufung von Ledigen, Verheirateten, Verwitweten, Geschiedenen – die Heiratsbereitschaft fördern oder blockieren. So gesehen ist der Lebenslauf heute auf vielfältige Weise verzahnt mit den Regelungen der modernen Gesellschaft: Er wird »in neuer Weise bestimmt von übergreifenden ›historischen Zufallsvariablen‹ wie

Wirtschaftskrisen (oder -aufschwüngen), Arbeitsmarkteinbrüchen, Numerus clausus, Stärke oder Schwäche eines Geburtenjahrgangs usw.« (Beck 1983, S. 69). Durch die Auflösung traditioneller Formen der Abhängigkeit und das gleichzeitige Aufkommen moderner Formen entstehen derart neue Widersprüche:

»In den wohlfahrtsstaatlichen Massendemokratien vollzieht sich Individualisierung [...] unter Rahmenbedingungen eines Vergesellschaftungsprozesses, der Individualisierung (im Sinne individueller Verselbständigung) gerade in zunehmendem Maße *unmöglich* macht. Einerseits wird der einzelne immer mehr aus Bindungen und Versorgungsbezügen herausgelöst und ist zur Sicherung seiner Existenz auf sich selbst und sein persönliches Arbeitsmarktschicksal verwiesen. Andererseits wird er zugleich in der Sicherung seiner privaten Existenz immer nachdrücklicher und offensichtlicher von Verhältnissen und Regulierungen abhängig, die sich seinem Zugriff vollständig entziehen [...] Kurz, noch nie war die individuelle Existenz so wenig individuell-autonom zu führen wie heute, wo die Individualisierung am weitesten fortgeschritten ist« (ebd., S. 55).

3. Das Doppelgesicht von Individualisierungsprozessen

Nimmt man die bisher genannten, aus der Modernisierungsdebatte gewonnenen Bedeutungsdimensionen zur Grundlage, so läßt sich der Inhalt dessen, was »Individualisierung« meint, etwa folgendermaßen umreißen: Dieses Konzept zielt ab auf das *Zerbrechen traditioneller Lebensformen und die damit verbundene Herauslösung des Menschen aus normativen Bindungen, sozialen Abhängigkeiten, materiellen Versorgungsbezügen, auf die damit einhergehenden sozialen Konflikte, Chancen, Reintegrationsprobleme.* Mit solchen Veränderungen wird zunächst einmal eine Erweiterung des Lebensradius möglich, ein Gewinn an Handlungsspielräumen und Wahlmöglichkeiten. Der Lebenslauf wird an vielen Punkten offener und gestaltbarer. Jedoch auf der Kehrseite der neuen Gestaltbarkeit kommen auch neue Anforderungen und Zwänge auf. Insbesondere Arbeitsmarkt, Staat und Institutionen bilden nun Netze von Regelungen, Maßgaben, Anspruchsvoraussetzungen heraus – vom Rentenrecht bis zum Versicherungsschutz, vom Erziehungsgeld bis zu Steuertarifen –, die institutionelle Horizonte für die Planung der Individuen vorgeben (Mayer 1986; Mayer und Müller 1989).

Wer aber solchen Vorgaben nicht nachkommt, nicht flexibel damit umzugehen versteht, hat im persönlichen Leben die Folgen zu tragen. Er riskiert Arbeitsplatz, Einkommen und soziale Stellung. Wie Beck schreibt: »In der individualisierten Gesellschaft muß der einzelne [...] bei Strafe seiner permanenten Benachteiligung lernen, sich selbst als Handlungszentrum, als Planungsbüro in bezug auf seinen eigenen Lebenslauf, seine Fähigkeiten, Orientierungen, Partnerschaften usw. zu begreifen« (1986, S. 217). In der vormodernen Gesellschaft waren Lebenschancen zugewiesen qua Geburt und qua Stand. Dagegen lautet das Credo der modernen Gesellschaft: Jeder ist seines Glückes Schmied. Das heißt nun nicht unbedingt, daß jeder Tellerwäscher, so er nur strebsam ist, zum Millionär avanciert. Es heißt aber sicher, daß man für sein Glück *etwas tun muß*, also: Zielstrebig planen! Möglichkeiten abwägen und durchkalkulieren! Nur wer sich auskennt, kommt zu Erfolg! Man muß Bescheid wissen – über BAFöG und Bausparmodelle, über Ausbildungswege und Rentenberechnung – und dies Wissen zu nutzen verstehen. Wer's nicht tut, steht draußen, ohne Job und ohne Aussicht auf Arbeit, ohne Häuschen mit Garten, ohne Rente im Alter. Was die Moderne eröffnet, hat stets ein Doppelgesicht, prägnant zusammengefaßt: »riskante Chancen« (Keupp 1988).
Um dies Doppelgesicht deutlich zu machen, bieten zwei Formeln sich an. Im Zentrum der Moderne steht, wie Habermas in Anlehnung an Parsons schreibt, ein »institutionalisierter Individualismus«. Dieser Formulierung haftet eine Zweideutigkeit an, die Habermas so ausführt: »Einerseits soll die Person im Maße ihrer Individuierung mehr Wahlfreiheit und Autonomie erlangen, andererseits fällt diese Erweiterung der Freiheitsgrade unter eine deterministische Beschreibung: noch die Freisetzung vom stereotypisierenden Zwang institutionalisierter Verhaltenserwartungen wird als eine neue normative Erwartung – als Institution beschrieben« (Habermas 1988, S. 187). Das heißt, das Individuum der Moderne wird auf vielen Ebenen mit der Aufforderung konfrontiert: Du darfst und du kannst – ja, du sollst und du mußt eine eigenständige Existenz führen, jenseits der alten Bindungen von Familie und Sippe, Stand und Religion usw. Diese Existenz ist gleichzeitig, wie Beck formuliert, als eine »institutionenabhängige Individuallage« (Beck 1986, S. 210) zu verstehen. Das heißt, wiederum als Aufforderung formuliert: Führe dein Leben jenseits der

alten Bindungen – aber diesseits der neuen Vorgaben und Regeln, die Staat, Arbeitsmarkt, Bürokratie usw. produzieren. Zu den entscheidenden Merkmalen von Individualisierungsprozessen gehört derart, daß sie eine aktive Eigenleistung der Individuen mehr denn je erlauben *und* mehr denn je fordern. Wo der Lebenslauf nicht mehr Schicksal ist, sondern eher ein Möglichkeitsraum, da werden neue Fähigkeiten verlangt, die wohl auch einhergehen mit neuen Formen der Persönlichkeitsentwicklung und Identitätsbildung. Für verschiedene Phasen des Lebens – von Kindheit (vgl. Zeiher 1983) bis Alter (vgl. Rosenmayr 1989) – ebenso wie für verschiedene Bereiche des Alltags – von Arbeitswelt (vgl. Beck 1986, S. 220 ff.) bis Familie (vgl. Rerrich 1991) – gilt: In erweiterten Optionsspielräumen wächst der individuell abzuarbeitende Handlungsbedarf, es werden Abstimmungs-, Koordinations- und Integrationsleistungen nötig. Die Individuen müssen, um nicht zu scheitern, langfristig planen und den Umständen sich anpassen können, müssen organisieren und improvisieren, Ziele entwerfen, Hindernisse erkennen, Niederlagen einstecken und neue Anfänge versuchen können. Sie brauchen Initiative, Flexibilität, Zähigkeit, nicht zuletzt auch Frustrationstoleranz.

Von daher umfaßt jede äußere Beschreibung nur einen Teil der Veränderungen. Denn das Versprechen auf Freiheit und Unabhängigkeit, das mit der Moderne beginnt, und auch die Logik der (Arbeits-)Marktgesellschaft, die die prinzipielle Gestaltbarkeit des Lebenslaufs in Richtung bestimmter Entscheidungen und Handlungen lenkt – sie haben innere Folgen für die beteiligten Personen. Sie führen in einen Kampf um »eigenen Raum«, im wörtlichen und im übertragenen Sinn, in die Suche nach dem Selbst, ins Ringen um Selbstverwirklichung. Daß diese Stichworte heute – in Interviews, Therapie, Literatur – eine so große Rolle spielen, ist nicht etwa der Ausbruch eines kollektiven Narzißmus. Vielmehr sind diese Themen Ausdruck eben jener gesellschaftlich-historischen Entwicklung, die den Lebenslauf zur persönlichen Aufgabe und Anforderung macht. Wie Martin Kohli schreibt: »Das Leben ist nicht mehr [...] eine ›Wunderbare Gabe Gottes‹, sondern individueller Besitz, der auf Dauer zu verteidigen ist. Mehr noch: es wird zur gestaltenden Aufgabe, zum individuellen Projekt« (1986, S. 185).

3.1 Gab es Individualisierung schon immer?

Viele werden nun fragen: Aber gab es Individualisierungsprozesse nicht schon immer (siehe hierzu Kreckel 1991)? Bei den alten Griechen (siehe Foucault 1989), in der Renaissance (siehe Burckhardt 1972), in der höfischen Kultur des Mittelalters (siehe Elias 1969) usw.? Zweifellos ist Individualisierung in einem allgemeinen Sinn nichts Neues, nichts, das in der Wohlstandsnische Bundesrepublik zum ersten Mal sich zeigt. Doch das scheinbar Gleiche gewinnt heute einen anderen, vielleicht noch gar nicht recht erschlossenen Sinn. Dieser liegt nicht zuletzt in dem *Massencharakter,* in der Weitläufigkeit und Systematik des gegenwärtigen Individualisierungsschubes. Dieser vollzieht sich als Nebenfolge langfristig angelegter Modernisierungsprozesse in reichen westlichen Industriegesellschaften. Waren es in früheren Jahrhunderten kleine Gruppen, elitäre Minderheiten, die sich den Luxus individueller Entfaltungswünsche leisten konnten, so werden heute die »riskanten Chancen« von Individualisierungsprozessen *demokratisiert,* schärfer noch: geradezu gesellschaftlich produziert – im Zusammenwirken von Bildungssystem, Arbeitsmarkt, Recht, Mobilität, Wohlstand, sozialer Differenzierung usw. Je mehr der moderne Mensch in fragmentierten Sozialbezügen steht, je weniger es eine umfassende Ordnung gibt, die ihm die Koordination der verschiedenen Einzelanforderungen abnimmt, desto mehr muß er diese Koordinationsleistung selbst übernehmen: »Das historisch Neue besteht darin, daß heute ganz durchschnittlichen Individuen zugemutet wird, daß sie ihr Leben ›selbst‹ führen« (Kaufmann 1969, S. 127 f.).

3.2 Oder gibt es Individualisierung noch kaum?

Mit Recht fragen viele auch und wenden ein: ob in diesem Konzept nicht Einzelbefunde unzulänglich verallgemeinert werden, Minderheitenwirklichkeiten aufgebauscht, zum Trend und damit zur Zukunftsmehrheit stilisiert werden? Individualisierungsprozesse im oben beschriebenen Sinn sind nicht als punktuelles Ereignis zu begreifen, das alle auf einmal erfaßt, sondern als Produkt langer historischer Prozesse, die hier früher, dort später einsetzen, deren Beschreibung für den einen Kunde aus einem fremden Land der Zukunft, für andere die Wiederholung des Vertrauten und Alltäglichen ist. Die Situation in München, Berlin und Frankfurt (um nur die bundesdeutschen Großstädte mit ausgeprägten Individualisierungsmerkmalen herauszugreifen, gemessen beispielsweise am Anteil der Ein-Personen-Haushalte) ist gänzlich verschieden von der in Ostfriesland, Mittelfranken und Oberbayern (zur regionalen Differenzierung von Individualisierungsprozessen siehe Bertram und Dannenbeck 1990; Burkart, Fietze und Kohli 1989). Und ebenso wie es in spätindustriellen Gesellschaften noch Handwerk und Landwirtschaft gibt, gibt es in Ländern, Regionen und Städten mit weit fortgeschrittener Individualisierung noch Lebensformen, die durch traditionelle Bindungen geprägt sind, noch Kleinfamilien, Kirchen, Klassenkulturen. In gewisser Weise sprechen wir von den Konturen einer individualisierten Gesellschaft mit dem gleichen Recht, mit dem man im 19. Jahrhundert, also zu einem Zeitpunkt, wo Feudales und Ständisches noch allgegenwärtig waren, von einer industriellen Gesellschaft sprechen konnte: Der Trend ist entscheidend, seine Systematik, die mit fortschreitender Modernisierung verknüpft ist. Anders gesagt: Die Tendenz, die mit »Individualisierung« gemeint ist, ist keine Momentaufnahme. Sie zeigt nicht, wo der Zug steht – sondern wohin er fährt.

So betrachtet gibt es nicht »die« Gegenwart, nur eine »Gleichzeitigkeit des Ungleichzeitigen« (Ernst Bloch), die der Betrachter einmal in die eine, einmal in die andere Richtung summieren kann. Was aber Daniel Yankelovich für die USA beschreibt, gilt in dieser Richtung auch für die Bundesrepublik:

»Im amerikanischen Leben koexistieren Kontinuität und weitreichende Veränderungen. Die amerikanische Kultur ist so breit gefächert, daß ein Beobachter, der ihre Beständigkeit herausstellen will, dies leicht tun kann; und umgekehrt kann ein Beobachter ebenfalls die sich wandelnde Natur des amerikanischen Lebens dokumentieren. Die entscheidende Frage ist immer nur, ob die wichtigen Dinge dieselben geblieben sind oder ob sie sich verändert haben. Wenn die wichtigen Dinge sich verändert haben, [...] dann werden sie die Grenzen der Kultur durchströmen und in unser wirtschaftliches und politisches Leben hineinfließen. Und wenn sie gewichtig genug sind, dann werden sie die Kontinuität der Lebenserfahrung in entscheidender Weise aufbrechen« (Yankelovich, zitiert nach Zoll u. a. 1989, S. 12).

4. Zur Bedeutung des Individualisierungskonzepts für die Sozialpsychologie

Das Individualisierungskonzept, so wie es hier dargestellt wurde, hat seine Wurzel in soziologischen Theorien über Modernisierung. Gleichzeitig aber stellt es eine direkte Verbindung zur Psychologie her, ja, es markiert geradezu das Terrain für eine Sozialpsychologie, die sich gesellschaftlich-historischen Prozessen zuwendet. Und dies eben deshalb, weil es nicht primär die Makroebene der Gesellschaft, deren Instanzen und Institutionen thematisiert, sondern vorrangig stets mit Blick auf die biographischen Folgen, also aus einer subjektbezogenen Perspektive argumentiert. Was in einer solchen Perspektive aufscheinen kann, ist das *Ineinander von Individuum und Gesellschaft:* wie aus sozialstrukturellen Vorgaben biographische Entwürfe, Chancen, Zwänge entstehen und wie diese wiederum mit bestimmten emotionalen Befindlichkeiten des Subjekts einhergehen – mit Gefühlen und Wünschen, Hoffnungen und Ängsten, auch mit psychischen Krisen, Konflikten, Störungen.
Freilich ist bisher noch ungeklärt, wie diese Vermittlung zu denken ist. Was fehlt, ist eine Sozialisationstheorie, die explizit ausführt, wie gesellschaftliche Individualisierungsprozesse sich umsetzen in Dispositionen von Personen. Welche Instanzen und Erfahrungen sind hier entscheidend, welche Familienkonstellationen und Familiendelegationen spielen herein? Welche Kindheitserfahrungen werden nun prägend, welche Muster in der Generationenabfolge deuten sich an?
Aber auch wenn diese Vermittlung theoretisch ungeklärt ist – das Ineinander von Person und Sozialstruktur ist dennoch längst zu einem festen Bestandteil der gegenwärtigen Diskussion geworden. Dies insbesondere da, wo gefragt wird, was der Wegfall traditioneller Bindungen für das Individuum bedeutet, und nicht zuletzt: welche Belastungen und Überlastungen es dadurch erfährt. So etwa bei dem Psychotherapeuten Viktor E. Frankl, für den das »Leiden am sinnlosen Leben«, die »Sinnfrage in der Psychotherapie« (Frankl 1977, 1981) im Vordergrund steht. Nach seiner Diagnose leidet der typische Patient der Gegenwart an einem existentiellen Vakuum, und dieses wiederum führt Frankl auf das Zerbrechen der Traditionen zurück: »Im Gegensatz zum Tier sagen dem Menschen keine Instinkte, was er muß, und im Gegen-

satz zum Menschen von gestern sagen dem Menschen von heute keine Traditionen mehr, was er soll. Nun, weder wissend, was er muß, noch wissend, was er soll, scheint er oftmals nicht mehr recht zu wissen, was er im Grunde will« (Frankl 1977, S. 13).
In ähnlicher Richtung weist die Diagnose des Soziologen Ansgar Weymann. In der Einleitung zu einem Sammelband, der sich mit der »Individualisierung und Institutionalisierung von Lebensläufen in der Moderne« (1989a) befaßt, stellt er fest: »Der Mensch der (europäischen) Moderne ist zur Freiheit verdammt. Er ist unbehaust [...] Widerstreitende Erfahrungen und Reflexionen treffen aufeinander: Eine Überfülle von Optionen und Modellen mit einem Mangel an Ressourcen, mit Leistungsdruck und mit dem Wissen um das Risiko des Scheiterns, das niemandem mehr angelastet werden kann« (1989b, S. 2 f.). Er verweist dann freilich auf die Anstrengungen, die das Individuum unternimmt, auf die Auswege, die es sich schafft, um mit dem existentiellen Dilemma der Freiheit leben zu können – zum Beispiel durch Rückzug in soziale Bewegungen, Jugendgruppen, Sekten und ähnliches, um so selbsthergestellte Bindungen gegen die Nachteile der Freisetzung einzutauschen. Das überforderte Individuum »sucht, findet und produziert zahllose Instanzen sozialer und psychischer Interventionen, die ihm professionell-stellvertretend die Frage nach dem ›Was bin ich und was will ich‹ abnehmen und damit die Angst vor der Freiheit mindern« (ebd., S. 3).
Was bei Weymann hier anklingt, wird bei Heiner Keupp direkt ins Zentrum gerückt. Er sieht explizit gesellschaftliche Freisetzungsprozesse als »Basis für den ›Hunger nach Psychologie‹« (Keupp 1988, S. 62), für den so handgreiflich zu beobachtenden Psychoboom. Er sieht Individualisierung als den Motor, der die Psychologisierung der Gesellschaft vorantreibt: »Die psychosoziale Praxis liefert beständig Anschauungsmaterial für die Kostenseite der gesellschaftlichen Freisetzungsprozesse. Menschen sind in ihrer Subjektstruktur von jenen ›Kindheitsmustern‹ bestimmt, denen zunehmend die gesellschaftliche Paßform abhanden gekommen ist. Sie erleben deshalb ihre inneren und äußeren Verhältnisse als defizitär. Freisetzung bedeutet für sie Verlust von Lebenszusammenhängen, in denen sie eine gesicherte Verortung haben könnten, in denen ihr inneres normatives Fadenkreuz ein funktionierender Kompaß ihrer Alltagsbewältigung sein kann. Auf diesem Hintergrund erhalten die auf dem Psychomarkt angepriese-

nen ›Leitfäden‹ ihre eigene Attraktivität: Sie versprechen die Sicherheiten und Sinnhorizonte, die den Menschen abhanden gekommen sind, und sie versprechen zugleich den Eintritt in eine vielversprechende Zukunft, in ein neues Zeitalter« (ebd., S. 69).
Ist der Individualisierungsprozeß also vor allem eine Marktchance für Psychologen und Pädagogen, für Therapeuten und Lebensstil-Ratgeber, für die schnell expandierende Zunft der anerkannten wie der selbsternannten Experten? Erfahren die Individuen dagegen vorrangig seine Risiken und Kehrseiten – etwa Verlust an Handlungskompetenz, wachsende Unsicherheit bei der Bewältigung des Alltags, fortschreitende Entmündigung durch Experten (vgl. Böhme 1979; Illich 1979)? Sind wir also Gefangene im Labyrinth der Moderne, heimatlos beheimatet in einem sozialen Klima dauernder Desorientierung (Schülein 1978)?
Eine solche Diagnose scheint jetzt nahezuliegen. Dennoch ist sie nur in Teilstücken richtig. Denn jene Emanzipation, die mit Individualisierungsprozessen einhergeht, ist zweifellos unbequem, oft überfordernd, und sie bringt sicherlich ein neues »psychosoziales Konfliktprofil« (ebd., S. 433). Aber sie ist gleichzeitig für die Zeitgenossen der Moderne *auch unverzichtbar* geworden. Wer wollte zurück in eine Epoche, in der Beruf, Partnerwahl, Religion usw. vorbestimmt waren qua Geburt und qua Stand, wo es »Wahlen« im eigentlichen Sinn kaum je gab? Der Mensch der Moderne mag, wie Weymann schreibt, unbehaust sein, aber er richtet sich, paradox formuliert, eben darin auch ein. Er will und er kann kaum anders mehr leben. Noch einmal Keupp: »Der tiefgreifende gesellschaftliche Transformationsprozeß führt zu gesellschaftlicher Desintegration, und diese wiederum erweitert die Spielräume für Individualität, für Traditionsbrüche, die neue Lebensperspektiven eröffnen können. Die Subjekte verfügen über gewachsene Chancen, sich eigene Wege zu wählen, sich gegenüber bornierten Nachbarn und umklammernden Familienmitgliedern ignorant zu zeigen und sich mit anderen Menschen zu assoziieren, mit denen sie gemeinsame Interessen verbinden« (Keupp 1988, S. 67 f.). Gerade da, wo die Risiken der Moderne immer augenfälliger werden, muß man auch wieder an ihre Chancen erinnern – Chancen nicht nur des Aufstiegs, der Einkommensverbesserung, der Bildungsteilhabe, sondern Chancen auch der Persönlichkeitsentwicklung. Eben deshalb wäre es falsch, diesen epochalen Wandel nur als Verlust- und Zerstörungsgeschichte zu schreiben. Die Moderne

wird, wie Ulrich Beck im Anschluß an Anthony Giddens erinnert, den Menschen nicht übergestülpt: Es gibt auch ein »irreversibles Einverständnis in die Moderne« (Beck 1991).

Literatur

Adorno, Th. W. (1951), *Minima Moralia*, Frankfurt am Main: Suhrkamp.
– (1966), *Negative Dialektik*, Frankfurt am Main: Suhrkamp.
– (1970), »Zum Verhältnis von Soziologie und Psychologie«, in: ders., *Aufsätze zur Gesellschaftstheorie und Methodologie*, Frankfurt am Main: Suhrkamp.
Baethge, M. (1985), »Individualisierung als Hoffnung und Verhängnis. Aporien und Paradoxien in spätbürgerlichen Gesellschaften oder die Bedrohung von Subjektivität«, in: *Soziale Welt* 36, S. 299-312.
Beck, U. (1983), »Jenseits von Klasse und Stand? Soziale Ungleichheit, gesellschaftliche Individualisierungsprozesse und die Entstehung neuer sozialer Formationen und Identitäten«, in: R. Kreckel (Hg.), *Soziale Ungleichheiten. Soziale Welt*, Sonderband 2, Göttingen: Schwartz, S. 35-74.
– (1986), *Risikogesellschaft. Auf dem Weg in eine andere Moderne*, Frankfurt am Main: Suhrkamp.
– (1991), »Die Frage nach der anderen Moderne«, in: *Deutsche Zeitschrift für Philosophie* 39, S. 1297-1308.
– und E. Beck-Gernsheim (1990), *Das ganz normale Chaos der Liebe*, Frankfurt am Main: Suhrkamp.
– und E. Beck-Gernsheim (Hg.) (1993), *Riskante Freiheiten. Zur Individualisierung von Lebensformen in der Moderne*, Frankfurt am Main: Suhrkamp.
Beck-Gernsheim, E. (1983), »Vom ›Dasein für andere‹ zum Anspruch auf ein Stück ›eigenes Leben‹. Individualisierungsprozesse im weiblichen Lebenszusammenhang«, in: *Soziale Welt* 34, S. 307-340.
– (1984), *Vom Geburtenrückgang zur Neuen Mütterlichkeit? Über private und politische Interessen am Kind*, Frankfurt am Main: Fischer.
– (1988), *Die Kinderfrage. Frauen zwischen Kinderwunsch und Unabhängigkeit*, München: Beck.
Berger, P., B. Berger und H. Kellner (1975), *Das Unbehagen in der Modernität*, Frankfurt: Campus.
Bertram, H. und C. Dannenbeck (1990), »Pluralisierung von Lebenslagen und Individualisierung von Lebensführungen. Zur Theorie und Empirie regionaler Disparitäten in der Bundesrepublik Deutschland«, in: P. A. Berger und S. Hradil (Hg.), *Lebenslagen, Lebensläufe, Lebensstile. Soziale Welt*, Sonderband 7, Göttingen: Schwartz, S. 207-229.

Bilden, H. (1989), »Geschlechterverhältnis und Individualität im gesellschaftlichen Umbruch«, in: H. Keupp und H. Bilden (Hg.), *Verunsicherungen. Das Subjekt im gesellschaftlichen Wandel*, Göttingen: Hogrefe.

Böhme, G. (1979), »Die Verwissenschaftlichung der Erfahrung. Wissenschaftsdidaktische Konsequenzen«, in: G. Böhme und M. v. Engelhardt (Hg.), *Entfremdete Wissenschaft*, Frankfurt am Main: Suhrkamp.

Burckhardt, J. (1972), *Die Kultur der Renaissance*, Stuttgart: Kröner.

Burkart, G., B. Fietze und M. Kohli (1989), *Liebe, Ehe, Elternschaft. Eine qualitative Untersuchung über den Bedeutungswandel von Paarbeziehungen und seine demographischen Konsequenzen*, Wiesbaden: Bundesinstitut für Bevölkerungsforschung.

Durkheim, E. (1977), *Über die Teilung der sozialen Arbeit*, Frankfurt am Main: Suhrkamp.

Elias, N. (1969), *Über den Prozeß der Zivilisation*, Bern: Francke.

Flitner, A. (1987), »Zerbrechliche Zukunft«, in: A. Flitner (Hg.), *Für das Leben – oder für die Schule?*, Weinheim: Beltz, S. 211-219.

Foucault, M. (1989), *Die Sorge um sich. Sexualität und Wahrheit*, Bd. 3, Frankfurt am Main: Suhrkamp.

Frankl, V. E. (1977), *Das Leiden am sinnlosen Leben. Psychotherapie für heute*, Freiburg: Herder.

– (1981), *Die Sinnfrage in der Psychotherapie*, München: Piper.

Fuchs, W. (1983), »Jugendliche Statuspassage oder individualisierte Jugendbiographie?«, in: *Soziale Welt* 34, S. 341-371.

Habermas, J. (1988), *Nachmetaphysisches Denken*, Ffm.: Suhrkamp.

Heitmeyer, W. und T. Olk (Hg.) (1990), *Individualisierung von Jugend*, München: Juventa-Verlag.

Illich, I. u. a. (1979), *Entmündigung durch Experten*, Reinbek: Rowohlt.

Kaufmann, F.-X. (1969), »Die gesellschaftliche Situation der heutigen Familie«, in: A. Beckel, *Ehe im Umbruch*, Münster: Regensberg.

Keupp, H. (1988), *Riskante Chancen. Das Subjekt zwischen Psychokultur und Selbstorganisation*, Heidelberg: Asanger.

Kohli, M. (1985), »Die Institutionalisierung des Lebenslaufs. Historische Befunde und theoretische Argumente«, in: *Kölner Zeitschrift für Soziologie und Sozialpsychologie* 37, S. 1-29.

– (1986), »Gesellschaftszeit und Lebenszeit. Der Lebenslauf im Strukturwandel der Moderne«, in: J. Berger (Hg.), *Die Moderne – Kontinuitäten und Zäsuren. Soziale Welt*, Sonderband 4, Göttingen: Schwartz, S. 183-208.

– und G. Robert (Hg.) (1984), *Biographie und soziale Wirklichkeit*, Stuttgart: Metzler.

Kreckel, R. (1991), »Individualismus und ›moderne‹ Gesellschaft«, in: *Geschichte und Gegenwart* 10, S. 1-17.

Lüscher, K. und H. Engstler (1991), *Formen der Familiengründung in der Schweiz*, Bern: Bundesamt für Statistik.

Mahlmann, R. (1991), *Psychologisierung des ›Alltagsbewußtseins‹. Die Verwissenschaftlichung des Diskurses über Ehe*, Opladen: Westdeutscher Verlag.
Mayer, K. U. (1986), »Structural constraints on the life course«, in: *Human Development* 29, S. 163-170.
– und W. Müller (1989), »Lebensverläufe im Wohlfahrtsstaat«, in: A. Weymann (Hg.), *Handlungsspielräume. Untersuchungen zur Individualisierung und Institutionalisierung von Lebensläufen in der Moderne*, Stuttgart: Enke, S. 41-60.
Rerrich, M. S. (1993), »Zusammenfügen, was auseinanderstrebt. Zur familialen Lebensführung von Berufstätigen«, in: U. Beck und E. Beck-Gernsheim (Hg.), *Riskante Freiheiten. Zur Individualisierung von Lebensformen in der Moderne*, Frankfurt am Main: Suhrkamp.
Rosenmayr, L. (1989), »Alter und Handeln. Eine Reflexion über die Zugänglichkeit von Freiheit im späteren Leben«, in: A. Weymann (Hg.), *Handlungsspielräume. Untersuchungen zur Individualisierung und Institutionalisierung von Lebensläufen in der Moderne*, Stuttgart: Enke, S. 151-162.
Schülein, J. A. (1978), »Psychoanalyse und Psychoboom. Bemerkungen zum Sinnkontext therapeutischer Modelle«, in: *Psyche* 32, S. 420-440.
Skolnick, A. (1979), »Public Images, Private Realities: The American Family in Popular Culture and Social Science«, in: V. Tufte und B. Myerhoff (Hg.), *Changing Images of the Family*, New Haven: Yale University Press, S. 297-315.
Weber, M. (1984), »Die protestantische Ethik«, in: ders., *Die protestantische Ethik*, Bd. 1, hg. von J. Winckelmann, 7. durchgesehene Auflage, Tübingen: Mohr.
Weber-Kellermann, I. (1987), *Landleben im 19. Jhdt.*, München: Beck.
Weymann, A. (Hg.) (1989a), *Handlungsspielräume. Untersuchungen zur Individualisierung und Institutionalisierung von Lebensläufen in der Moderne*, Stuttgart: Enke.
– (1989b), »Handlungsspielräume im Lebenslauf. Ein Essay zur Einführung«, in: ders. (Hg.), *Handlungsspielräume. Untersuchungen zur Individualisierung und Institutionalisierung von Lebensläufen in der Moderne*, Stuttgart: Enke, S. 1-39.
Wildemann, R. und Mitarbeiter (1991), *Politische und soziale Konsequenzen der Individualisierung der Lebensstile* (Projektbericht), Mannheim: Universität, Forschungsstelle für gesellschaftliche Entwicklungen.
Zeiher, H. (1983), »Die vielen Räume der Kinder. Zum Wandel räumlicher Lebensbedingungen seit 1945«, in: U. Preuß-Lausitz u. a. (Hg.), *Kriegskinder, Konsumkinder, Krisenkinder. Zur Sozialisationsgeschichte seit dem Zweiten Weltkrieg*, Weinheim: Beltz, S. 176-194.
Zoll, R. (1989), *»Nicht so wie unsere Eltern!« Ein neues kulturelles Modell?*, Opladen: Westdeutscher Verlag.

Helga Bilden

Feministische Perspektiven in der Sozialpsychologie am Beispiel der Bulimie

1. Frauenforschung in der Psychologie, feministische Psychologie

Frauenforschung oder, wie ich lieber sagen würde, feministische Wissenschaft ist aus der *Frauenbewegung* als politisch-kultureller Bewegung entstanden. Sie versucht, der von Männern und ihren Interessen bestimmten Konstruktion von Wirklichkeit, die sich Wissenschaft nennt und immer mehr Realität schafft, andere Perspektiven entgegenzusetzen, die zu anderen Sichten der Welt führen. Feministische Wissenschaft hat nicht nur Frauen zum Gegenstand, sondern jeden erdenklichen Aspekt der materiellen und symbolischen Wirklichkeit, analysiert unter dem Gesichtspunkt des Geschlechterverhältnisses.

Hessische Wissenschaftlerinnen haben folgende *Bestimmung von Frauenforschung* formuliert:

»Bezugspunkt von Frauenforschung ist die Tatsache der gesellschaftlichen Minderbewertung und Diskriminierung von Frauen und ihrer Lebens- und Arbeitssituation, die durch die herrschende Arbeitsteilung nach Geschlecht bestimmt ist. Ziel von Frauenforschung ist, sexistische Vorurteilsstrukturen aufzudecken und in allen wissenschaftlichen Disziplinen scheinbar geschlechtsneutrale Aussagen zu überprüfen. Frauenforschung beinhaltet die kritische Überprüfung herkömmlicher wissenschaftlicher Erklärungsansätze und Theorien einschließlich der Methoden, deren sie sich bedienen. Frauenforschung läßt sich weder allein durch ein spezifisches Thema noch durch eine spezifische Methode bestimmen, vielmehr durch ein *Erkenntnisinteresse, das auf die Aufhebung von Unterdrückung, Ausbeutung und Diskriminierung von Frauen gerichtet ist.* Frauenforschung trägt zu einer Neudefinition wissenschaftlicher Kategorien und Theorien und damit auch zu gesellschaftlicher Veränderung bei« (Memorandum Hessischer Wissenschaftlerinnen, 1985; Hervorhebung H. B.).

Frauenforschung nimmt nicht, wie in der Psychologie üblich, das, was ist, eine bestimmte Form des Geschlechterverhältnisses, als gegeben hin und affirmiert es dadurch. Sie zielt vielmehr auf Veränderung einer schlechten Wirklichkeit. Insofern ist sie *parteilich;* aber nicht im Sinne einer schlichten Identifikation mit den untersuchten Frauen.

Frauenforschung mit ihrem Anspruch auf Realitätskritik und -veränderung und ihrer Verbindung zu einer sozialen Bewegung mit politischen Zielen erscheint der Psychologie, die auf ihre Wertfreiheit pocht, unakzeptabel und völlig unwissenschaftlich.

Frauenforschung faßt nach meinem Verständnis Geschlecht bzw. *Geschlechterverhältnis(se) als soziale Konstruktion(en)* auf, die geschichtlich hervorgebracht und verändert werden. Das meint: Was wir unter Männlichkeit und Weiblichkeit verstehen, wie eine Frau, ein Mann sein soll und was wir als Verhalten von Frauen bzw. Männern empirisch feststellen, folgt nicht aus der Biologie des männlichen oder weiblichen Organismus, sondern ist Ergebnis gesellschaftlicher Prozesse. Diese Konstruktionen weisen in fast allen uns bekannten Gesellschaften Frauen den Status des »Besonderen-Minderen-Anderen« (Knapp 1987) gegenüber den Männern als dem Allgemeinen, Höherwertigen, dem Ich-Subjekt zu. Aufgabe von Frauenforschung in der Psychologie ist es, zu verstehen, wie das alltäglich geschieht: in den üblichen Interaktionen von Frauen und Männern, in kulturellen Produktionen, auch in der Psychologie als Wissenschaft usw.; und wie weibliche (auch männliche) Individuen diese Konstruktionen zum Teil ihrer selbst machen und wie sie an ihnen mitwirken – oder auch dem etwas entgegenzusetzen versuchen.

Auch psychologische Frauenforschung muß also den *gesellschaftlichen Kontext des Geschlechterverhältnisses (gender)* und seiner historischen Veränderung in ihre Analyse einbeziehen (Meyer 1988). Sie muß *gender* zur zentralen Analyse-Kategorie machen. Nur so leistet sie dem im Alltag wie in der Psychologie üblichen biologischen Erklärungsmuster über Frauen und Geschlecht keinen Vorschub. Sie versteht sich gemäß dieser Auffassung vom Geschlechterverhältnis als sozialwissenschaftliche Psychologie. Sie betrachtet nicht einfach Individuen »als solche«, sondern Subjekte in ihrem sozialen Kontext, ihrem Lebenszusammenhang als Frauen, ihrem lebensgeschichtlichen Gewordensein in einem kulturellen System der Zweigeschlechtlichkeit (Hagemann-White 1984).

So braucht sie zum Beispiel auch beim Versuch, psychische Leiden von Frauen zu verstehen, sozialwissenschaftliche Kategorien, wie

die *geschlechtsspezifische Arbeitsteilung* und das *Verhältnis von Privat- und Öffentlichkeitssphäre*, *Dominanz und Unterordnungsstrukturen* zwischen Männern und Frauen (einschließlich Gewalt gegen Frauen). Für die psychologische Frauenforschung ist es meines Erachtens besonders wichtig, daß sie dem *kulturellen Symbolsystem* ihre Aufmerksamkeit zuwendet. Dieses Symbolsystem ist mit Polaritäten durchsetzt, wie zum Beispiel Geist und Körper, Verstand und Gefühl, hart und weich, die gleichzeitig mit Männlichkeit und Weiblichkeit verbunden sind. Es gibt mit Männlichkeit Konnotiertem den Vorrang, wertet mit Weiblichkeit Konnotiertes dagegen ab (Benhabib 1989; List und Studer 1989; Harding 1990). Dieses Symbolsystem gewinnt in der »postindustriellen« Informationsgesellschaft immer größeren Einfluß auf unsere Köpfe und Gefühle. Ich denke hier zum Beispiel an die in der Werbung, in Filmen, Fernsehshows und -serien entworfenen Bilder von Frauen, von Frauenkörpern und den Umgang von Männern mit ihnen (Schmerl 1992).[1]
Frauenforschung untersucht, wie Individuen (Subjekte) als Frauen und Männer hervorgebracht werden bzw. sich selbst dazu machen. Sie sieht die Frauen nicht nur als Opfer oder Objekte, sondern auch als Subjekte (Haug und Hauser 1985), als »Mit-Täterinnen« (Thürmer-Rohr 1989), die im Zusammenspiel von Männern und Frauen zur Aufrechterhaltung der Ungleichheit, der Dominanz und Unterordnung im Geschlechterverhältnis beitragen. Feministische Psychologie bedient sich kritisch und selektiv verschiedenster vorhandener Theorien.[2]

1 Siehe auch Schmerl 1989; Bilden 1991.

2 Eine hervorragende Rolle spielen feministisch-psychoanalytische Theorien, insbesondere aus der Objektbeziehungstheorie abgeleitet (Chodorov 1985; Benjamin 1990). Jessica Benjamin arbeitet psychoanalytisch an der Entstehung von Dominanz und Unterordnung im Geschlechterverhältnis, sie fragt, warum Frauen meist kein eigenes Begehren entwikkeln, sondern sich von (idealisierten) Männern abhängig machen. Aus der Kritischen Psychologie haben Frigga Haug und ihre Kolleginnen mit Bezug auf Foucaults Diskurstheorie einen feministischen Ansatz mit einer speziellen Methode, der »Erinnerungsarbeit«, entwickelt, der sich für Themen wie weiblicher Körper, Ängste oder allgemeiner für die Selbstkonstruktionen von Frauen als sehr fruchtbar erweist (Haug 1983; Haug und Hauser 1985, 1990). Auch englische Psychologinnen wie Corinne Squire (1990) und Valerie Walkerdine (Walkerdine und Lucey 1988) bedienen sich des Diskursansatzes. Regina Becker-Schmidt

Frauenforschung in der Psychologie ist *nicht prinzipiell mit bestimmten Methoden verbunden,* wenn auch »weiche«, »qualitative« subjektorientierte Methoden, ganz besonders biographische Interviews, einen hohen Stellenwert haben. Das macht sie für die quantitativ-experimentell orientierte Psychologie äußerst suspekt. Gegenüber anderen kritisch-sozialwissenschaftlichen Forschungsrichtungen zeichnet sich Frauenforschung (idealiter) durch einen hohen Grad von *Selbstreflexivität* aus. Das heißt, Frauenforscherinnen versuchen, ihren eigenen Beitrag am Zustandekommen ihrer Ergebnisse zu reflektieren: von der Wahl der Fragestellung und des theoretisch-begrifflichen und methodischen Vorgehens über die konkrete Beziehung zu den Untersuchten bis zu persönlichen oder kulturbedingten Wertungen und »blinden Flecken« (Becker-Schmid und Bilden 1991).

Frauenforschung ging aus von Lebenssituation und Erfahrungen der Frauen, die forschen und Frauen behandeln: Studentinnen, Wissenschaftlerinnen, psychologischen Praktikerinnen, also von amerikanischen oder europäischen weißen Mittelschicht-Frauen. Was für diese gilt, ist jedoch nicht in gleicher Weise für Arbeiterfrauen gültig; es gilt noch weniger für Türkinnen oder andere Migrantinnen in Deutschland oder gar für schwarze und für Frauen in den sogenannten Entwicklungsländern.

Frauenforschung in der Psychologie hat meines Erachtens drei Schwerpunkte:

1. Aus *praktischen Interesse* will sie Frauen verstehen, der Selbstverständigung der Frauen dienen. Sie will die Stimmen der Frauen artikulieren, erst einmal für sich selbst.
2. Sie *kritisiert die Psychologie* in ihren impliziten Grundannahmen, in ihrem Methodenkanon, in ihren Fragestellungen und Themen und der Bevorzugung männlicher Versuchspersonen und Befragter als Teil der *Gender*-Diskurse, welche das Geschlechterverhältnis als hierarchisches konstituieren.
3. Sie möchte die Stimme(n) der Frauen mit *neuen Konzepten in der Psychologie* hörbar machen – was die Psychologie grundlegend verändern würde.

baut ihre sozialpsychologische Frauenforschung auf materialistischer und psychoanalytischer Theorie auf (Becker-Schmidt u. a. 1983). Die amerikanischen feministischen Psychologinnen Rachel Hare-Mustin und Jeanne Marececk (1990) vertreten einen systemtheoretischen Konstruktivismus.

1. Psychologie-Kritik

Kritik an der Psychologie hat sich nach einem pauschalen Anfang (Weisstein 1968) erst in den achtziger Jahren substantieller entfaltet (Johnson u. a. 1977; Unger 1983, 1988; Squire 1989).
Sie gibt Psychologinnen und anderen interessierten Frauen neue Orientierungen, welche die bisher selbstverständlichen Ungleichheiten des Geschlechterverhältnisses nicht aufrechterhalten, sondern in Frage stellen. Sie läßt alltägliche Geschlechterarrangements nicht als Selbstverständlichkeiten stehen, zum Beispiel aufopfernde Mütterlichkeit und väterliches Sichheraushalten aus der Familienarbeit oder die sexuelle Verfügbarkeit von Mädchen und Frauen für Männer. Damit eröffnet sie neue Erkenntnis- und Handlungsmöglichkeiten, die Breschen in das androzentrische Weltbild unserer Kultur und das alltägliche Zusammenspiel von Frauen und Männern schlagen.
Die Engländerin Corinne Squire (1989) etwa faßt feministische Psychologie als wissenschaftliches Unternehmen auf, Verständnis von Entwicklung, Erleben und Handeln »vergeschlechtlichter« Subjekte (englisch: *gendered subjects*) zu gewinnen. Für sie geht es um dauerndes De-Konstruieren, sprich Aufdecken der Arten und Weisen, wie *gender* konstruiert, das heißt, wie in Diskursen des Alltags und der Wissenschaft, auch der Psychologie, das Geschlechterverhältnis immer neu geschaffen wird. Feministische Psychologie im Sinne von Squire legt die Geschlechterdiskurse offen, das heißt die gedanklichen und verbalen Konstruktionen, mit denen die Überlegenheit des männlichen Geschlechts hervorgebracht wird.
Durch diese Dekonstruktion bricht sie ein Stück weit die Kolonisierung der Köpfe der Frauen auf und ermöglicht Bewußtseinsveränderung, vielleicht auch Erweiterung des Handlungsspielraums von Frauen.
Feministische Psychologie kritisiert den *»Androzentrismus«* der Psychologie: Diese ist zentriert auf die männliche Hälfte der Menschheit und deren Sicht von sich selbst und der Welt/Wirklichkeit. Wissenschaft, wie sie sich seit Platon und Aristoteles und insbesondere seit Beginn der Moderne im Abendland entwickelt hat, ist ein androzentrisches Denk- und Handlungssystem. Es grenzt die Erfahrungen, die Weltsicht von Frauen ebenso aus, wie es die üblichen (privaten) Lebensbereiche von Frauen ausgrenzt

(»vergißt«), oder es läßt, wie etwa die Familienforschung, die Frauen und das Geschlechterverhältnis hinter der Rede von »Familie« verschwinden.

Ich möchte *fünf Formen/Methoden/Instrumente des Androzentrismus in der Psychologie* unterscheiden:

(a) Ausschluß der Frauen, Verschweigen des ungleichen Geschlechterverhältnisses;
(b) Universalisierung der Aussagen als »allgemein-menschlich«, angeblich geschlechtsneutral;
(c) Wiederkehr der klassischen Geschlechtsrollenstereotypie;
(d) Ausgang vom autonomen Individuum und Abstraktion vom sozialen und historischen Kontext;
(e) Der Begriff der Objektivität – die experimentelle Methode als Instrument von Herrschaft, Kontrolle und Distanz des Forschersubjekts zum Untersuchungsobjekt.

(a) Der Ausschluß der Frauen, das Verschweigen des ungleichen Geschlechterverhältnisses

Dies geschieht durch die Wahl von Gegenständen und Fragestellungen: Frauen kommen so gut wie nicht vor. Ihre üblichen Lebensbereiche werden nur unter dem Gesichtspunkt kindlicher Entwicklung bzw. Sozialisation betrachtet. Der Ausschluß schlägt sich auch in der häufigeren Wahl von männlichen »Versuchspersonen« nieder (Bamberg und Mohr 1982).

Während die ältere Psychologie, zum Beispiel Lersch (1974), voll war von polarisierenden Aussagen über die Geschlechter, ist die zeitgenössische Psychologie weitgehend hermetisch abgeschlossen gegen den Gedanken, daß Menschen als Frauen und Männer unterschiedlich leben und erleben, also verschiedene Erfahrungen, Konflikte und Entwicklungsprozesse haben könnten.

Sie vermeidet es, Ungleichheit, Dominanz, Herrschaft im Geschlechterverhältnis zu thematisieren, ebenso wie die Ungleichheit zwischen Menschen der Industrienationen und solchen der sogenannten Entwicklungsländer. Der Mensch, das Individuum, das Subjekt der Psychologie ist der weiße euro-amerikanische Mittelschicht-Mann. Oder besser: Die Psychologie, das heißt der Psychologe, schafft sich ein Bild vom Menschen nach dem (Wunsch-)Ebenbild des weißen euro-amerikanischen Mittelschicht-Mannes. Frauen als Wissenschaftlerinnen sind nur zugelassen, wenn sie sich dieser Sichtweise anpassen.

(b) Die Universalisierung der Aussagen als »allgemein-menschlich«, »geschlechtsneutral«

Die Ergebnisse dieser Sicht werden jedoch als allgemein-menschlich dargestellt: universalisiert. Die soziale Tatsache der Zweigeschlechtlichkeit wird entweder ganz ignoriert oder, wenn Frauen doch einmal erwähnt werden, aufs Biologische reduziert. Wohlgemerkt, hauptsächlich Frauen werden aus ihrer Biologie erklärt, bei Männern allenfalls ihre empirisch größere Aggressivität. Doch die Tendenz zu soziobiologischen Erklärungen wächst seit Wilsons Veröffentlichung (1979).

Der Ausschluß der Frauen wird durch die »neutralen« Aussagen verschleiert: Frauen-Erfahrungen werden nicht berücksichtigt oder durch die »androzentrische« Brille verzerrt; es wird so getan, als ob Frauen unter den gleichen Bedingungen lebten wie Männer und die Dinge die gleichen Bedeutungen für sie hätten wie für Männer. Individuelle Lebensbedingungen und subjektive Bedeutungen werden jedoch von einer an universellen Aussagen über »den« oder »die« Menschen interessierten Psychologie ignoriert; sie abstrahiert rigoros vom sozialen Kontext wie auch von der Individualität menschlicher Individuen.

Diese *abstrakte Gleichheit* »als Menschen« verdeckt die reale Verschiedenheit: Immer noch haben Frauen schlechtere Chancen in gehobenen Berufen, verdienen weniger, können und/oder wollen nicht Beruf und Karriere über alles andere stellen. Beruf, Liebe, Sexualität oder die Geburt eines Kindes bedeuten in der Regel nicht dasselbe für Frauen wie für Männer. Die Wichtigkeit von Beruf, Liebe, Sexualität und die Geburt eines Kindes im jeweiligen Leben und für das Selbstverständnis sowie deren reale Konsequenzen sind nicht davon zu trennen, daß die Individuen Frauen oder Männer sind. Das wird in psychologischen Konzepten wie der Leistungsmotivation oder der Aufstiegsmotivation nicht berücksichtigt.

»Elternschaft« zum Beispiel als neutraler Terminus verdeckt, daß sie mehr und anders in weibliches Leben eingreift als in männliches. Mutterwerden heißt unter den Bedingungen unserer Gesell-

schaft tiefgreifende Umstellung des Lebens, der Arbeit, des Selbstverständnisses der Frau. Die soziale Konstruktion der selbstlosen Mutter gibt der konkret-alltäglichen Sorge für ein hilfloses Lebewesen Vorrang vor eigenen Bedürfnissen. Muttersein bedeutet: vermehrte Hausarbeit, keine Freizeit zu haben, Einschränkung des Bewegungsradius für die Hausfrau mit Kleinkind(ern) oder tägliches Hin-und-Her-Hetzen und Umstellungsakrobatik zwischen Beruf und Familie. Vaterwerden heißt in der Regel nur mehr finanzielle Verantwortung, einige Einschränkungen im Hinblick auf Freizeitaktivitäten, gelegentlich mal nachts aufzustehen, sich in der Freizeit eventuell den Kindern zu widmen, das heißt mit ihnen zu spielen, sie ab und zu zum Kindergarten zu bringen, seine Frau mit dem Kind teilen zu müssen.
Sexuelle Gewalt – von der üblichen Psychologie nicht thematisiert – betrifft vorrangig Frauen und Mädchen. Sie zerstört insbesondere als sexueller Mißbrauch in Kindheit und Jugend oder als Vergewaltigung deren persönliche Integrität in bisher ungeahntem Ausmaß (Fegert und Fey 1989; Draijer 1988; Baurmann 1985) und schränkt ihre alltägliche Bewegungsfreiheit ein. Aggressivität bei Frauen und bei Männern wird von der Umwelt sehr verschieden bewertet und sanktioniert. Die Entwicklung des Körperbilds und des Bezugs zum eigenen Körper vollzieht sich bei Frauen und Männern unter ganz verschiedenen Bedingungen. Mädchen und Frauen lernen in erschreckend vielen Fällen schon als Kinder männliche Verfügung über ihren Körper kennen. Mindestens ab der Pubertät erfahren sie ihren Körper als Objekt sexualisierender männlicher Blicke. Jungen, Männer dagegen eignen sich ihren Körper unter der Norm und der Möglichkeit von männlicher Kraft (oder Gewalt) an.

(c) Die Wiederkehr der klassischen Stereotype

Auf eine vertrackte Weise sind die Frauen dennoch anwesend: Trotz der angeblichen »Geschlechtsneutralität« geht das Gros der Psychologen und Psychologinnen, Forscher und Forscherinnen, Praktiker und Praktikerinnen wie jedermann selbstverständlich von den vorherrschenden Geschlechtsrollen-Stereotypen aus. Das geschieht allerdings kaum noch offen in der Theorie, sondern *unterschwellig* in den Beispielen von Lehrbüchern, die Frauen fast

ausschließlich als Mütter oder als Sexualobjekte bzw. in Beziehung zu einem Mann darstellen. Auch in den Hypothesen der Untersuchungen stecken immer wieder implizite Annahmen über die Geschlechter und deren Verhalten (Johnson u. a. 1977).
Immer noch besteht ein *Doppelstandard psychischer Gesundheit* (Broverman u. a. 1972). Viele männliche Bewältigungsstrategien werden erst gar nicht mit psychischen Problemen in Zusammenhang gebracht. Suchtartiges Sportbetreiben oder Arbeiten, exzessive Technikfaszination, Gewalt gegen Frauen oder Kinder, Saufen, das Bedürfnis, immer im Mittelpunkt stehen zu wollen oder überlegen sein zu müssen usw. als gängige, meist nach außen gerichtete Abwehrformen von Männern werden kulturell akzeptiert oder großzügig »übersehen« (Joksimovic 1989, Freytag 1992a). Geschlechtsrollenkonforme weibliche Abhängigkeit, abgeleitete Identität und das Gefühl der Verantwortung für die familiären Beziehungen dagegen werden auf der einen Seite als »normal-weiblich« angesehen, auf der anderen als »Unreife« oder Persönlichkeitsstörung.
Die Frau erscheint in der Psychologie, insbesondere in der Psychoanalyse, wenn überhaupt, *als Mutter.* Als Mutter wird sie nicht als Subjekt mit dem Recht auf eigene Bedürfnisse gesehen, sondern immer aus der Perspektive des Kindes, das heißt unter der Anforderung selbstloser Sorge für dessen optimale Entwicklung, als überprotektive, schizophrenogene, vernachlässigende oder sonstwie versagende Mutter (Rohde-Dachser 1991).

(d) Ausgang vom autonomen Individuum und Abstraktion vom sozialen und historischen Kontext

Der Androzentrismus der Psychologie äußert sich darin, daß sie von einem *Individuumsbegriff* ausgeht, der von realen menschlichen Individuen, ihren Lebensbedingungen und -geschichten abstrahiert. Sie setzt den Menschen als autonom-unabhängiges Subjekt – so wie der bürgerliche *Mann* sich als (scheinbar) unabhängig von Natur, Obrigkeit, wirtschaftlichen Verhältnissen und von Frau und Familie setzte (vgl. Dane 1987; Geiger und Bilden 1988).
Auch da, wo die Psychologie überhaupt keinen Begriff vom Individuum mehr zu haben scheint, steckt ein solches Konzept dennoch in der für ihre Selbstdefinition als eigenständige Wissen-

schaft konstitutiven Methodologie, nämlich in der Abstraktion vom Kontext, welche sich in Laborexperimenten und Verallgemeinerungen auf »den« Menschen realisiert.

(e) *Objektivität – die experimentelle Methode als Instrument von Herrschaft, Kontrolle und Distanz des Forschersubjekts zum Untersuchungsobjekt*

Die bevorzugten experimentellen *Methoden* (streng kontrollierte Versuchsanordnungen mit oft sehr weitgehender Technisierung der Versuchssituation) sollen *Objektivität* sicherstellen. Sie beruhen auf einem *distanzierten, herrschaftlich kontrollierenden Zugang des Forscher-Subjekts zum Gegenstand*, dem menschlichen Subjekt, das hier zum Nur-Objekt gemacht wird (Smith 1987; Keller 1986; Harding 1990). In streng kontrollierten und manipulierten Versuchsanordnungen werden die »Versuchspersonen« in ihren forschungsrelevanten Handlungsmöglichkeiten rigoros auf Knopfdrucke oder vorgegebene Antwortalternativen reduziert. Im Absehen von jeder individuellen Besonderheit (Situationsinterpretation oder der subjektiven Bedeutung der geforderten Reaktion) werden ihre Reaktionen auf die Versuchssituation quantitativ-verallgemeinernd zu universellen Aussagen über menschliche Gedächtnisleistungen aufgewertet, zu Leistungsmotivation usw.

Methoden, die weniger streng kontrollierend, mit weniger Distanz zu den Untersuchten interpretierend und mit Bezug auf das, was für die Untersuchten von Bedeutung ist, vorgehen – sogenannte »weiche« Methoden, welche die Untersuchten als Subjekte behandeln –, werden von der Psychologie als »subjektiv« abgewertet.

Offenbar ist das, was Fox Keller und andere feministische Wissenschaftstheoretikerinnen als »männlichen« Zugang zur Welt ausmachen – eben strenge Trennung von Forscher-Subjekt und Objekt, distanzierter, beherrschend-kontrollierender Umgang, vom Kontext abstrahierende entpersönlichende Verallgemeinerung, Nicht-Reflexion des persönlichen Anteils des Forscher-Subjekts am Ergebnis –, für die Psychologie als Wissenschaft vom Menschen absolutes Kriterium psychologischer Wissenschaftlichkeit. Individualität, lebendige Personen scheinen in »regelgerech-

ten« wissenschaftlich-psychologischen Aussagen nicht auf. Die Psychologie sieht »Objektivität« nur gewährleistet, wenn Nähe, Anteilnahme, Einfühlung, ein Bewußtsein der Ähnlichkeit oder gar der Identifikation zwischen Forscher und Beforschten strikt vermieden wird.
Was Fox Keller als »dynamische Objektivität« entwirft, nämlich ein zwischen Nähe und Distanz, Anteilnahme und Analyse, zwischen Subjekt-Subjekt- und Subjekt-Objekt-Beziehung oszillierendes Verhältnis von Forscherin und Gegenstand wäre meines Erachtens gerade für die Frauenforschung in der Psychologie die Alternative[3] – wenn sie so vorgehen dürfte, wenn solche Forschung in der Psychologie anerkannt und finanziert würde.

2. Die Stimmen der Frau im psychologischen Diskurs artikulieren

Feministische Psychologie will den Erfahrungen und Weltzugangsweisen von Frauen im öffentlichen Diskurs, also auch in der Psychologie, Anerkennung verschaffen. Ziel ist, daß die Psychologie als Wissenschaft, als kulturelle Produktion, die Mensch-Sein, psychische Gesundheit und psychische Störungen (mit) definiert und ihre Behandlung (mit) bestimmt, auf die Dauer so transformiert wird, daß sie nicht mehr der subtilen Unterdrükkung und Unterordnung der Frauen dient.
Von der meist außerhalb der universitären Psychologie erarbeiteten Frauenforschung ist immer noch so gut wie nichts in die offizielle Psychologie eingedrungen. Noch 1990 resümierte Nancy F. Russo für die USA, daß verschiedene Reports on Mental Health der amerikanischen Psychological Association zu einer gemeinsamen Aussage gekommen seien: »Das existierende psychologische Wissen ist inadäquat zum Verständnis der großen und komplexen Geschlechterdifferenzen in den Mustern psychischer Störungen und ihrer Behandlung« (Russe 1990, S. 368). Einen Überblick über derzeit vorhandenes Wissen zu psychischen Störungen, Diagnosen und Behandlung von Frauen, Gewalt gegen Frauen, psychische Implikationen weiblicher Armut und multi-

3 Den Begriff der Objektivität verwerfen andere Autorinnen vollständig, so zum Beispiel Roswitha Burgard (1985).

pler Rollen vermitteln Russo, Koss, McBride, Belle immerhin in der offiziellen Zeitschrift der amerikanischen Psychologenvereinigung, dem *American Psychologist* (1990).

In der Bundesrepublik ist die Situation viel desolater: Die Psychologie schottet sich durch Ignorieren von feministischer Kritik und Gegenentwürfen ab; sie weigert sich, Frauenforschung als existent und berechtigt anzuerkennen (Schmerl 1989). Jenseits der universitären Psychologie, über Bücher, Volkshochschulkurse und andere Frauenbildungsangebote scheint sich feministisch-psychologisches Gedankengut jedoch zumeist bei einem Teil der Frauen in den größeren Städten zu verbreiten.

3. Praktische Fragen

Das anfängliche Interesse von Frauenforschung in der Psychologie war ein praktisches: überhaupt *mehr von Frauen zu verstehen,* ihre Erfahrungen ernstzunehmen, zum Beispiel ihre »psychischen Störungen« als scheiternde Bewältigungsversuche im weiblichen Lebenszusammenhang in einer patriarchalischen Gesellschaft zu verstehen (Psychologinnengruppe 1978). Ein weiteres Interesse bestand darin, neue Interventionsmöglichkeiten zu entwickeln: Seit den siebziger Jahren ist, zuerst in den USA, dann auch in der BRD, aus der Frauenbewegung heraus Psychotherapie kritisiert und Frauentherapie/Feministische Therapie aufgebaut worden.[4]

Nach einer Zeit, in der Frauenforschung Frauen vor allem als Opfer sah, richtet sich ihr Blick jetzt schärfer auf das Subjekt Frau (Haug und Hauser 1985), auf die »Mittäterschaft« von Frauen (Thürmer-Rohr 1989) bei der Aufrechterhaltung der Hierarchie im Geschlechterverhältnis, auf ihren eigenen Beitrag zu dem, was sie leiden macht. So wird gefragt, wie und warum sich Frauen in ihrem Selbstverständnis völlig abhängig machen von der Attraktivität für Männer; wie die Bereitschaft von Frauen zur Unterordnung ihrer Bedürfnisse und Interessen unter die von Männern entsteht und wieso das Begehren der Frauen weitgehend fehlt (Benjamin 1990).

4 Vgl. Ernst und Goodison 1981; ›Handbook of Feminist Therapy‹ 1985; Chaplin 1990; ›Neue Heimat Therapie‹ 1986; Voigt und Steinen 1989; Dürmeier u. a. 1990; Camenzind und Steinen 1991; Bilden 1992.

Frauenforschung trägt dazu bei, die Stimme(n) der Frauen zu artikulieren. Der Topos der »anderen Stimme«, der »Stimme(n) der Frauen« wurde von Carol Gilligan (1984) in die Öffentlichkeit gebracht; Mary Field Belenky u. a. (1989) haben ihn bei den befragten Frauen sehr häufig gehört. Damit ist gemeint, daß die kulturell unterdrückten Erfahrungen und Weltzugangsweisen für die Frauen selbst, zu ihrer Selbstverständigung artikuliert wurden. Das würde Frauen ermöglichen, zum Beispiel ihre Verbundenheit mit anderen und ihre Fürsorge für sie nicht nur als mangelnde persönliche Entwicklung, als Fehlen von Autonomie und Identität, zu erleben. Sie können vielmehr beginnen, eine neue Vorstellung und Praxis eines Individuums zu entwickeln: eine Synthese von Verbindung und Autonomie, von Beziehungsfähigkeit und innerer Eigenständigkeit. Es heißt, sich selbst begreifen als ein Individuum, das feste und doch auch durchlässige Ich-Grenzen ausbildet, das Gefühl und Vernunft, Geist und Körper mehr und gleichberechtigt vereinen kann. Frauen können selbst ihr Leiden, ihre sogenannten psychischen Störungen, aus ihrem Leistungszusammenhang als Frauen heraus verstehen und mit der Selbstveränderung beginnen. Es heißt, die Selbstdefinition und auch die bewußte Selbstveränderung der Frauen zu fördern, die bisher männerbezogenen Definitionen und Praktiken unterworfen waren oder sich ihnen selbst unterwarfen. Insofern knüpft psychologische Frauenforschung an die Tradition der *Consciousness-raising*-Gruppen (CR-Gruppen, Frauengesprächsgruppen) der Frauenbewegung der siebziger Jahre an.

So sehr die Frauen der permanenten Fremddefinition eigene Selbstbestimmungen entgegensetzen müssen, so problematisch wäre es, wenn feministische Psychologie neue Festschreibungen dessen, was Frau und Weiblichkeit ist, produzieren würde. Eine solche feststehende Definition von Weiblichkeit wäre für das Gros der Frauen eine neue Fremdbestimmung; sie liefe letztlich auf das alte biologische Begründungsmuster der Natur der Frau hinaus. Wir würden den Selbstbestimmungsraum, die Vielfalt der Lebensmöglichkeiten für Frauen, die gerade eröffnet werden, wieder einschränken (vgl. Mythos Frau 1984). Die weißen euroamerikanischen heterosexuellen Mittelschicht-Frauen, die in der Frauenforschung dominieren, würden den armen, den schwarzen, den indischen oder nigerianischen Frauen in bekannter Manier vorschreiben, wie sie zu sein und zu leben hätten.

Im folgenden möchte ich Frauenforschung in der Psychologie am Beispiel eines feministischen Verständnisses einer Eßstörung, Bulimie, veranschaulichen.

II. Ein feministisches Verständnis von Bulimie

Nach der Eßsucht und der immer weiter um sich greifenden Magersucht ist in den USA seit Mitte der siebziger Jahre, bei uns seit Mitte der achtziger, eine neue Eßstörung bekanntgeworden: die Bulimie oder Eß-Brech-Sucht. Sie tritt in epidemischem Ausmaß auf. Betroffen sind vor allem Frauen.

Epidemiologie
Wegen der Heimlichkeit der Störung gibt es keine verläßlichen Daten über die Häufigkeit in der Bevölkerung. Epidemiologische Untersuchungen liegen vor allem für die USA vor. Nach Craig Johnson und Mary E. Connors (1987, S. 15-21) finden sich unter Collegestudentinnen wenige, die keine Heißhungeranfälle haben, 5-20% leiden unter Heißhunger-und-Erbrechens-Attacken. Ähnlich, eher höher, ist der Anteil bei Mädchen im High-School-Alter. Männliche Collegestudenten zeigen nur zu 0-5% bulimische Symptome, ganz selten nur tägliche Eß-Brech-Anfälle. Für ältere Erwachsene liegen kaum Studien vor; sie weisen auf niedrigere Prävalenzraten hin. Praktiker und Praktikerinnen sprechen von epidemischer Zunahme der Störungen; ca. 90% der bekanntgewordenen Fälle beträfen Frauen (Fichter u. a. 1986). Schätzungen gehen bis zu 200 000 Frauen, die in der Bundesrepublik an Bulimie leiden. Susie Orbach (1987) meint, die Bulimie grassiere geradezu unter Studentinnen. Häufiges Einstiegsalter soll 16 bis 21 Jahre sein. Vor allem junge Frauen zwischen 20 und 35 Jahren sind betroffen, aber Frauen jeden Alters leiden darunter. Frauen aus mittleren und höheren Schichten, Frauen mit höherer Bildung scheinen überrepräsentiert. Weitaus die meisten Bulimikerinnen sind in Ausbildung oder berufstätig.

Störungsbild
Unauffällige, meist normalgewichtige Frauen bewegen sich zwischen Heißhungeranfällen und Bemühungen, das Aufgenommene

durch Erbrechen und/oder Diäten, Abführ- und Entwässerungsmittel wieder loszuwerden. Sie verschlingen zum Beispiel 1 Pfund Toast, $^1/_2$ Pfund Kekse, $^1/_2$ Pfund Margarine, 1 Dose Fisch, 2 Tafeln Schokolade, 100 g Wurst, $^1/_2$ Glas Honig, 1 Liter Milch, 1 Liter Wasser, $^1/_2$ Flasche Cola, 150 Gramm Fleischsalat, je 150 Gramm Chips und Erdnüsse (Langsdorff 1990, S. 21 f.). Danach erbrechen sie spontan oder mit Hilfe des Fingers im Hals alles wieder. Das alles geschieht heimlich, mehrmals wöchentlich, mehrmals täglich.
Bulimische Frauen, obwohl meist normalgewichtig, halten sich für zu dick. Ihre Fähigkeit zur Wahrnehmung und Interpretation innerer Signale, körperlicher und gefühlsmäßiger, ist tiefgreifend gestört. Sie reagieren auf negative Gefühle und jede Anwandlung von Unlust mit zwanghaftem Essen. Ihr Leben dreht sich um Essen, Brechen und Gewicht.

Erste Zugangsversuche

Von Hilde Bruch (1974, 1991), die nicht Feministin, aber einfühlsame Forscherin und Therapeutin bei Magersucht und Eßsucht ist, haben spätere Autorinnen viel gelernt. Marlene Boskind-Losdahl (1976), die Pionierin in der Behandlung von Bulimie, meinte, bulimische Frauen, von Schlankheit und Gewicht besessen, seien überidentifiziert mit der weiblichen Rolle. Später wiesen sie und ihr Mann auf den Zusammenhang von Eßstörungen und insbesondere Bulimie mit den Konflikten von Frauen aufgrund der historischen Veränderungen der Frauenrolle hin (Boskind-White und White 1983). Sie gehen also nicht nur genau den subjektiven Erfahrungen der Frauen nach, sondern gehen einen ersten Schritt darüber hinaus: Sie beginnen, bulimisches Verhalten in den gesellschaftlichen Kontext der Situation von Frauen und deren historischer Veränderung zu stellen.
In nicht-feministischen Veröffentlichungen dominiert der Versuch, über epidemiologische Studien und eine verhaltenstherapeutische Sicht einen eher distanzierten Zugang zu der Störung zu finden (zum Beispiel Agras 1987; Meermann und Vandereycken 1987). Dem Schlankheits- und Diät-Wahn wird ein zentraler Stellenwert zugemessen; pauschale Hinweise auf Veränderungen der weiblichen Geschlechterrolle kommen oft hinzu.
Als ein differenziertes Beispiel, das den Zirkel von Heißhungeranfällen und Erbrechen sowie die ihn auslösenden und aufrechterhaltenden Situationen und Gefühle darstellt, sei hier ein (verein-

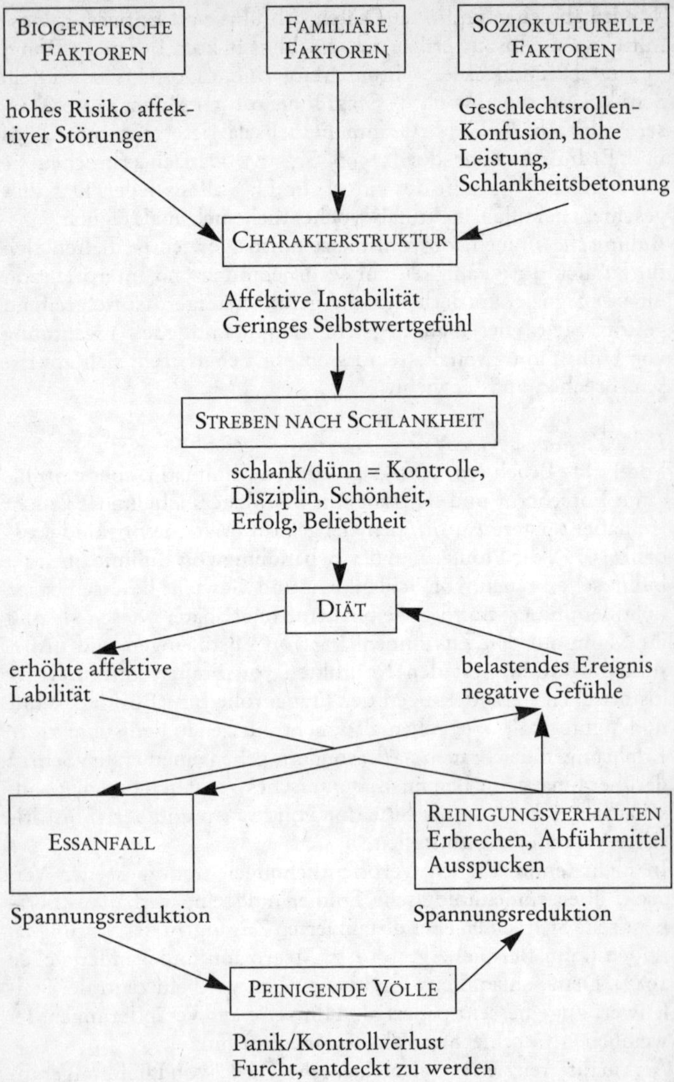

Abb. 1: Systemmodell der Bulimie; vereinfacht nach: Johnson et al. 1984

fachtes) Schema nach Craig Johnson u. a. (1984), wiedergegeben (siehe Abb. 1).
Anfangs wurde in der Literatur oft gefragt, ob es die Persönlichkeit der Bulimikerin gebe. Genannt werden zum Beispiel erhöhte Depressivität und Angst, geringes Selbstwertgefühl, Neigung auch zu anderen Suchtmitteln (Langsdorff 1990). Herausragend ist die sehr hohe berufliche Leistungsorientierung. Viele Autorinnen heben die hohen Ansprüche dieser Frauen an sich selbst hervor, den Versuch, alles 150prozentig zu machen, im Beruf wie im Haushalt und in der Beziehung. Auffällig sei ihre Angst, sich vor anderen eine Blöße zu geben. Sie stünden unter dem dauernden Zwang, ihre Existenz zu rechtfertigen. Es wird immer wieder vom Bemühen berichtet, eine perfekte Fassade aufrechtzuerhalten, und gleichzeitig von zunehmender innerer Leere und Verzweiflung (zum Beispiel Göckel 1988; Langsdorff 1990). Ein Teil dieser Befunde ist sicher auch Folge der oft jahrelangen Bulimie-›Karriere‹.

Ein sozialwissenschaftliches Rahmenmodell für psychische Störungen

Für meine weiteren Ausführungen möchte ich ein Modell zugrunde legen, das in der Münchner Sozialpsychologie und ihrem Umkreis entwickelt wurde (Psychologinnengruppe 1978; Faltermaier 1987):

> Ich verstehe psychisches Leiden, psychische Störungen als Ergebnis scheiternder und selbstzerstörerischer Versuche des Subjekts, Belastungen – kritische Lebensereignisse, Dauerbelastungen, auch innere Konflikte – mit bestimmten Strategien zu bewältigen (siehe Abb. 2).

Sowohl die Belastungen bzw. Konflikte als auch die Bewältigungsversuche sind aus dem gesellschaftlichen Lebenszusammenhang, hier dem von Frauen, zu verstehen. Dieser legt Frauen bestimmte Bewältigungsversuche nahe; andere sind eher Männern zugänglich.

Warum sind es vor allem Frauen, die sich im Zirkel der Bulimie (u. a. Eßstörungen) verfangen?

Meine Thesen:

1. Bulimie und andere Eßstörungen sind scheiternde, letztlich selbstschädigende Bewältigungsversuche von Frauen angesichts von Konflikten und Belastungen im weiblichen Lebens-

Abb. 2: Psychische Störungen im gesellschaftlichen Lebenszusammenhang

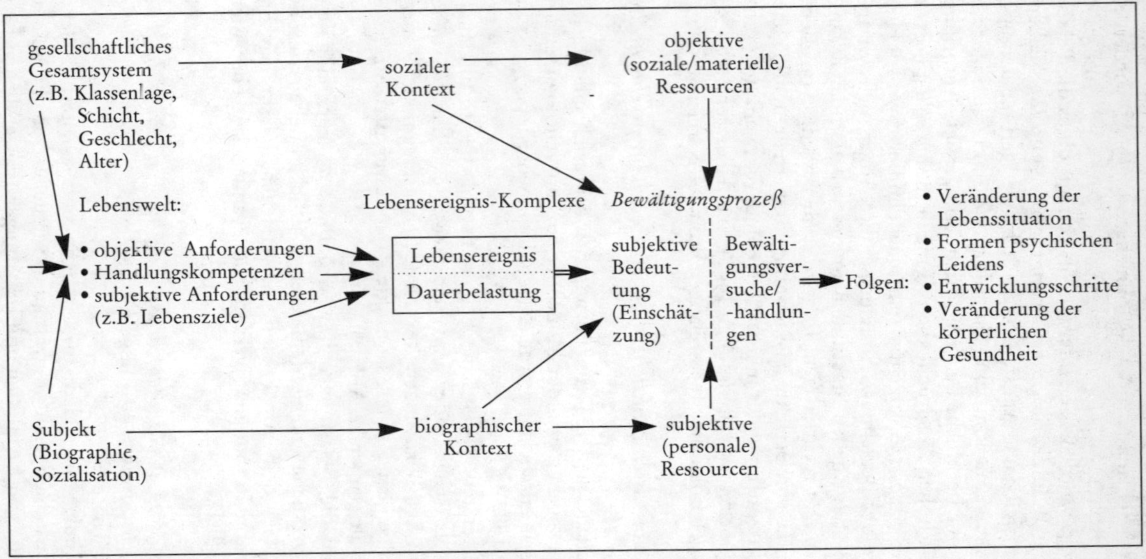

Aus: Toni Faltermaier, *Lebensereignisse und Alltag*. München: Profil 1987, S. 134

zusammenhang. Die Wendung nach innen bzw. auf sich selbst und nicht auf die äußere Realität sowie die Konzentration auf Essen/Nahrung und den eigenen Körper sind eng verknüpft mit Weiblichkeit in einer patriarchalen Gesellschaft.

2. Magersucht und Bulimie werden bevorzugt von jungen Frauen in der frühen bzw. späten Jugend entwickelt. Sie blockieren andere, produktiv in die äußere Realität eingreifende Bewältigungsstrategien. Sie verhindern eine persönliche Weiterentwicklung durch die Auseinandersetzung mit Konflikten.
3. Psychoanalytisch gesehen, dienen sie der *Abwehr von Konflikten* und entstehen *auf der Basis früher Störungen. Individuierungs- und Beziehungsstörungen liegen ihnen zugrunde.*

Indem ich diese Thesen im Rückgriff auf feministische und andere Literatur zu belegen suche, entsteht, hoffe ich, ein Verständnis bulimischer Reaktionen von Frauen, das diese nicht nur als individuelle Pathologie oder Produkt einer gestörten Mutter-Kind-Beziehung stehenläßt, wie es zur Zeit oft geschieht.

Wodurch werden Eßstörungen heute insbesondere Frauen als Bewältigungsversuche nahegelegt?

Allgemein: Essen, Nahrungsaufnahme kann nur unter den Bedingungen von Überfluß »im Dienst komplexer emotionaler und interpersoneller Probleme mißbraucht werden« (Bruch 1974, S. 50).

Erhellend finde ich Tilman Habermas' historische Analyse (1990): Im Rückgriff auf die Zivilisationstheorie von Norbert Elias (1970) bringt er die neuerliche Verbreitung von Bulimie mit der *Informalisierung der Eßgebräuche* in Verbindung: Die klassischen drei Mahlzeiten am Tag sind, insbesondere bei den gewichtsbedachten (jungen) Frauen, nicht mehr die Regel (Habermas 1990, S. 130 ff.). In demselben Zusammenhang sieht er neue kulturelle *Formen der Affekt- und Körperkontrolle:* »Die äußere, den anderen präsentierte soziale Schicht des Körpers ist bis auf die Haut zurückgenommen« (ebd., S. 175). Etikette und sexuelle Repression als frühere Kontrollformen sind ersetzt durch Schlankheitsnormen und Diät. Volker Rittner (1986) versteht die zunehmende Bearbeitung des Körpers in Jogging, Fitneß, Bodybuilding und Ernährung (für Gesundheit, Schlankheit) als Folge von Individualisierungsprozessen, also der Herauslösung der einzelnen aus vorgegebenen sozialen Bezügen (Beck 1986). Von der Darstellung über den selbstbearbeiteten Körper wird soziale Anerkennung, Erfolg und Glück erwartet. Denn in der individualisierten Gesellschaft muß jeder und jede sich auf dem Markt der sozialen Beziehungen darstellen, um Job, Freunde und Freundinnen, Partner und Partnerinnen zu erlangen (Keupp 1987): Soziale Identität vermittelt sich mehr denn je über den Körper. Die allgegenwärtige Werbung benutzt den schlanken (nicht satten) Körper schöner junger Menschen als Glücks- und Erfolgsversprechen, um Bedürfnisse in Konsum zu lenken: Der schlanke Körper ist der Konsumkörper (Turner 1984) – aber auch der autonome, selbstkontrollierte Körper.

Besonders den *Frauen* wird *Körper-Bearbeitung als Problembewältigung nahegelegt:* Frauenkörper, so Orbach (1987), sind nicht für sich selbst da, sondern dienen der sexuellen, emotionalen und oralen Versorgung anderer, von Männern und Kindern. Mehr und fester denn je ist die soziale Identität »als Frau« mit ihrer physischen Attraktivität und, zentral darin, Schlankheit verbunden. Das realitätsferne Idealbild weiblicher Schönheit, das keine Rücksicht auf den Körperbau der einzelnen Frau nimmt und die Zerstückelung des weiblichen Körpers in Beine, Busen, Po usw. vornimmt, gibt jeder Frau das *Gefühl, ›nicht richtig‹ zu sein:* hier zu dick, dort zu dünn, zu lang oder zu kurz (Haug 1983; Martin 1989; Freytag 1992b). Frauenzeitschriften arbeiten heftig an der Definition von »Schönheitsfehlern« und leben davon, daß sie Korrekturmaßnahmen anbieten. Das Vertrackte ist, daß seit den fünfziger und sechziger Jahren amerikanische Frauen (und sicher auch deutsche) im Durchschnitt einige Kilo schwerer geworden sind, das Idealbild jedoch immer schlanker, knabenhafter und schmalhüftiger, das Idealgewicht immer weiter gesenkt wurde. Runde, fleischige Frauenkörper, insbesondere mit eher breitem Becken, werden mit Dicksein gleich Faulheit, Undiszipliniertheit assoziiert (Silverstein u. a. 1986; Garner u. a. 1980). In der gleichen Zeit fand sich ein systematischer Anstieg von Diät-Artikeln in Frauenzeitschriften. Frauen aller Schichten möchten dünner sein (Habermas 1990, S. 161). Kaum eine Frau kommt an Verzicht und *Diät* vorbei, um »das beste aus sich zu machen«, um ihre »Figur-Probleme« zu lösen.[5]

5 Gemessen an den Idealvorstellungen der Männer über-erfüllen die Frauen die Schlankheitsnorm: In einer amerikanischen Untersuchung

Der *Selbstzwang zur Schlankheit* hat den äußeren Zwang des Korsetts übernommen. Die strikte Schlankheitsnorm für Frauen ist eine *neue Form der gesellschaftlichen Kontrolle über den weiblichen Körper, als Selbstkontrolle zu handhaben.* Darin steckt tiefgreifende Kontrolle des weiblichen Lebens, der Person der Frau. Wenn die Frau ist, wie sie aussieht, dann wird ihre soziale Identität mehr denn je auf ihren Körper reduziert, und ihre Gestaltungsenergien und Bewältigungsenergien werden auf diesen gerichtet.

Feministinnen wie Alice Schwarzer (1984) und Susie Orbach (1986) entziffern die Botschaft des Schlankheitsideals als »Frauen, macht Euch dünne!« Erhebt keinen Anspruch auf Platz für Euch und gerechten Anteil am gesellschaftlichen Reichtum! Der Frauenkörper wird zum Ansatzpunkt, um Frauen den Verzicht auf Befriedigung ihrer Bedürfnisse als aktive Eigenleistung abzuverlangen – genau zu dem Zeitpunkt, da sie mit der Frauenbewegung Anspruch auf gesellschaftliche Teilhabe, auf Raum in der Öffentlichkeit, auf Erfüllung ihrer Wünsche erheben. *Die Energie der Frauen wird in Selbstbearbeitung als Selbstbeschränkung umgeleitet.*

Warum, außer wegen Schlankheit und Gewicht, haben Frauen soviel Probleme mit dem Essen?

Essen und Nähren sind eng *mit Weiblichkeit und Mütterlichkeit verbunden.* Die Hausfrau, die Mutter, die liebevoll für die Familie kocht, ist ein vielkultiviertes Bild. Nahrung, Nähren und Kochen sind aufgeladen mit *Liebe-Geben* – an die anderen (Orbach 1987). Sich selbst Liebe geben und auch liebevoll für sich selbst kochen, ist im Frauen-und-Mutter-Bild nicht vorgesehen.

Genährtwerden und Essen sind für das Kind Inbegriff der frühen *Beziehung zur Mutter.* Sie *symbolisieren* die Befriedigung existen-

(American Health 1988) wurden Frauen und Männer befragt, wie sie tatsächlich aussehen, wie schwer sie sind usw. und wie sie aussehen wollen, außerdem, wie sie glauben, daß das andere Geschlecht sie sich wünscht. Dabei ergaben sich auffällige Diskrepanzen: Die real nicht ganz dünnen, eher etwas breithüftigen Frauen wollen viel dünner und schmaler sein. Sie glauben, daß die Männer sie ähnlich schlank wünschen; aber das Frauenideal der Männer ist weniger schlank und schmalhüftig! Bei den Männern sind die Diskrepanzen übrigens deutlich kleiner.

tieller *Bedürfnisse.* Die Enge und die mehr oder weniger große Ambivalenz der Mutter-Tochter-Beziehung und die spätere Auseinandersetzung mit ihr spiegelt sich im ambivalenten Verhältnis von Frauen zum Essen. Auch dies mag Essen, seine Übertreibung im Fressen und seine Verneinung – Hungern und Erbrechen – zur Obsession werden lassen.

All das macht Frauen ihren *Körper* und *Essen* (Hineinnehmen und Behalten oder Hergeben) *zum Problem.* Es legt Körperbearbeitung als *Mittel zur Lösung aller möglichen Probleme* nahe und fördert die Funktionalisierung von Essen und seinen Verneinungen *für andere Bedürfnisse.*

Mit-sich-selbst-Abhandeln ihrer Gefühle und Bedürfnisse, Wendung von Aggression nach innen, Selbstbeschränkung und Selbstzwang nach vorgegebenen Normen oder den Bedürfnissen anderer statt expansiver Realitätsveränderung nach eigenen Wünschen und Bedürfnissen war übrigens schon immer die *bevorzugte Richtung weiblicher Bewältigungsstrategien* unter den Bedingungen relativer Ohnmacht in der patriarchalischen Gesellschaft.

Psychoanalytisch gesehen, richten sich *weibliche Abwehren eher nach innen* (ob als Depression oder Eßstörung), während sich männliche eher nach außen richten (von exzessiver Arbeit über Sport bis zur Gewalttätigkeit).

Widersprüche – Konflikte – Belastungen von Frauen erwachsen aus historischen Veränderungen der Situation von Frauen (jungen und älteren, Töchtern und Müttern)

Historische Veränderungen, besonders seit den fünfziger Jahren, sind Sozialisationsbedingungen sowohl für die jungen Frauen, die an Bulimie erkranken, als auch für deren Mütter. Die Mütter (und Väter) geben ihre Konflikte in bezug auf Weiblichkeit und ihre Lösungen oder Lösungswünsche an die Töchter weiter. Mädchen und junge Frauen wachsen mit widersprüchlichen und wechselnden Bildern des Frauseins von seiten der Medien, der Gleichaltrigen, der Lehrerinnen, der Schule usw. auf.

Die folgenden historischen Veränderungen werden im Zusammenhang mit Eßstörungen ausführlich beschrieben bei Petra Focks und Gabriele Trück (1987), Monika Gerlinghoff u. a. (1988) und Tilmann Habermas (1900).

Die *Kleinfamilie,* die sich seit dem 18. Jahrhundert entwickelt hat,

wird immer kleiner, isolierter und abgegrenzter, insbesondere seit den fünfziger Jahren. Kulturelle Rationalisierungsprozesse schreiten in Öffentlichkeit und Beruf voran. Kompensatorisch wurde die Familie immer mehr emotionalisiert und intimisiert; die Ansprüche an emotionale Beziehungen, Intimität und Glück, an Geborgenheit innerhalb der Familie oder wenigstens der Zweierbeziehung steigen ständig – wie es scheint, derzeit schubartig. Die Frauen als Beziehungsarbeiterinnen werden überfordert und überfordern sich dabei selbst. Die Mütter sind weiterhin die Hauptverantwortlichen für die Kinder – die »neuen Väter« sind rar und meist nur kurzzeitig bereit, beruflich zurückzustecken (Notz und Braecker 1989). Die Frauen sind es, die ihre Berufstätigkeit unterbrechen, reduzieren oder (heute selten) aufgeben. Sie sind es, die letztlich andere außerhäusliche Aktivitäten zurückstellen oder aufgeben. Sie sind für kürzere oder längere Zeit nur Mütter, tagsüber allein mit kleinen Kindern, über- und unterfordert. Die Kinder werden zu ihren Haupt-Bezugspersonen und umgekehrt; Kinder und Mütter sind emotional erbarmungslos aufeinander angewiesen. Das Leistungsdenken unserer Gesellschaft setzt sich oft auch in den Müttern fort: Beeinflußt auch von pädagogischer und psychologischer Literatur, verstehen sie sich als quasi-professionelle Erzieherinnen und messen ihren eigenen Lebenssinn und ihren Wert daran, was aus ihren Kindern wird.
Seit den sechziger Jahren sind *Bildung und Berufstätigkeit* der Frauen immer selbstverständlicher geworden. Obwohl sie bildungsmäßig weitgehend gleichgezogen haben, sind die beruflichen Chancen für Frauen in gehobenen Berufen geringer als für Männer. Trotz außerhäuslicher Erwerbstätigkeit besteht die *alte Arbeitsteilung* in dem Sinne fort, daß die Frauen vor und neben dem Beruf für Hausarbeit, Kinder und Familie, das heißt auch weiterhin für die »Beziehungsarbeit«, zuständig sind. Die Organisierung von Kinderbetreuung und die Ausbalancierung von Widersprüchen zwischen Berufs- und Familienarbeit sind Sache der individuellen Frau. Der Beruf der Hausfrau wurde zur Nur-Hausfrau abgewertet.
Verändert hat sich auch die Einstellung zur *Sexualität*. Wo früher vor allem Verklemmung war, ist heute Lust und Spaß an der Sexualität gefordert – ein neuer Leistungsdruck. Die Schwierigkeiten des Redens über Wünsche, Bedürfnisse und Sehnsüchte in bezug auf Sexualität sind geblieben. Und es gibt eine männlich

bestimmte Sexualität, mit der junge Frauen konfrontiert werden und neben der es für sie schwer ist, eigene Bedürfnisse zu entwickeln und durchzusetzen. Weibliches Begehren ist gesellschaftlich nicht vorgesehen; es wird individuell-lebensgeschichtlich meist blockiert bzw. auf das Dem-Mann-Gefallen und Geliebtwerden umgeleitet (Benjamin 1990).

Daß der weibliche Körper Objekt männlicher Blicke, männlicher Begierde ist, stellt nichts Neues dar. Aber in einer Kultur der Dominanz des Auges ist dieser Blick auf den weiblichen Körper radikalisiert, ja pornographisiert worden. Die Welt ist voller Bilder von Frauenkörpern als Objekten der sexuellen (und sadistischen) Begierden. *Frauen* können kaum umhin, sich selbst im Spiegel dieses männlichen Blicks auf den weiblichen Körper zu sehen; sie *nehmen ihn quasi von außen wahr.* Ihr Körper ist etwas von ihnen Getrenntes, das »von innen« wahrzunehmen die meisten verlernt haben. Insofern ist die Störung der inneren Körperwahrnehmung quasi-normal für Frauen, nicht nur für eßgestörte (Bruch 1991). Ihr Wert ist gleich ihrer *Attraktivität* gemäß einem Idealbild des schlanken weiblichen Körpers, an dem gemessen *ihr Körper praktisch jeder Frau zum Problem wird,* das *durch Körperbearbeitung zu* lösen ist. Ja, es wird nahegelegt, daß fast jedes Problem durch Körperbearbeitung, Styling, Diät zu bewältigen sei.

Die Frauenbewegung hat *formale Rechte und Ansprüche auf Selbstbestimmung, Unabhängigkeit und Gleichheit* vorangetrieben. Trotzdem bestehen weiterhin *ungleiche Chancen* und Möglichkeiten für Frauen. Die *individuelle Entwicklung* von Frauen im Rahmen der üblichen Sozialisationsbedingungen fördert immer noch eher *Anpassung und Unterordnung*/Zurückstehen der eigenen Bedürfnisse.

Verstärkte *Vereinzelungs- und Individualisierungsprozesse* (Beck 1986), Freisetzung aus selbstverständlichen sozialen Bezügen, Rollen und Lebensmustern haben auch die Frauen ergriffen bzw. werden von ihren Emanzipationsprozessen mit vorangetrieben. Sie *fordern objektiv von den Frauen, ihr Leben selbst in die Hand zu nehmen und zu gestalten,* nicht mehr nach vorgegebenen Mustern selbstverständlich zu leben. Das setzt eine *hoch entwickelte individuelle Handlungs- und Entscheidungsfähigkeit als Subjekt* voraus (Bilden 1989). Diese ist aber für Frauen, die historisch nicht Individuen, Subjekte ihrer Lebensführung waren und es als

›gute‹, das heißt selbstlose Mütter auch heute nicht sein sollen, besonders schwer zu erreichen.
Christiane Schmerl (1984) zeigt auf, wie das Frauen- und Mädchenbild in den Medien zwiespältig ist: entweder Hausfrau-Ehefrau-Mutter oder attraktive unabhängige junge Frau: eine *Doppelbotschaft.* Noch tückischer ist die widersprüchliche Aufforderung in Anzeigen und Traumbildern prominenter Männer: Sei unabhängig, um mir zu gefallen – was wohl heißt: Frauen sollen unabhängig wirken, aber abhängig von der Akzeptierung durch Männer bleiben (vgl. Habermas 1990, S. 204 f.).
Dazu paßt der historisch neue Widerspruch, auf den Tilman Habermas (ebd., S. 205) aufmerksam macht: Der schlanke Körper symbolisiert heute Autonomie (Selbstkontrolle), aber indem er, besonders für Frauen, mit dem Ideal der sexuellen Attraktivität verknüpft ist, wird genau diese Autonomie wieder verraten.

Aus diesen Veränderungen ergibt sich eine *höchst unklare und widersprüchliche Situation für Frauen, verwirrend und mit einer Vielzahl von Anforderungen* an sie. Keine Frau kann alle diese objektiven Anforderungen erfüllen.

Aber viele Frauen entwickeln als Reaktion darauf ein *Superfrauen-Anforderungsprofil,* eine absurde Vorstellung, wie sie eigentlich sein sollten. Brauchte frau früher nur eine gute Hausfrau und Mutter zu sein, muß sie heute schön, schlank, unabhängig, beruflich erfolgreich, eine gute Mutter, tolle Geliebte und eine unauffällig-erfolgreiche Beziehungsgestalterin sein... Colette Dowling (1992) hat den zwanghaften Wunsch mancher Frauen, besonders erfolgreicher Frauen, beschrieben, *»perfekt« zu sein,* also sich als perfekt darzustellen. Dem Leistungs- und Perfektionswillen auf allen Gebieten *fallen eigene Bedürfnisse noch weiter zum Opfer.*

Weibliche Sozialisation, familiäre Bedingungen

Craig Johnson und Mary E. Connors (1987, S. 134) fassen die Forschungsergebnisse über die *Familien* von Bulimikerinnen dahingehend zusammen, daß in ihnen *relativ viel Gleichgültigkeit (detachment)* und *Durcheinander, Konflikt und Feindseligkeit* herrsche, aber der *Ausdruck und das Austragen von Konflikten nicht ermutigt* werde bzw. die Fähigkeit dazu fehle. In dem isolierten Nebeneinanderherleben und einem labilen Gefühlsklima werde *Unabhängigkeits- und Selbstbehauptungsstreben nicht un-*

terstützt; das Kind bleibe in einer feindselig-abhängigen Beziehung. Bulimikerinnen stammen meist aus *leistungsorientierten, ehrgeizigen* Mittelschichtfamilien.
Petra Focks und Gabriele Trück (1987) entnehmen ihren qualitativen Interviews, daß die *Mütter,* die über weite Strecken ausschließlich Hausfrau waren und die Sorge für die Familie weit über die eigenen Bedürfnisse stellten, *kein Modell für weibliche Unabhängigkeit,* für Subjektsein sind. Sie fühlen sich vielmehr angewiesen auf die Töchter und können sie schwer unabhängig werden lassen. Typischerweise vermitteln sie die *Doppelbotschaft: Strebe Beruf und Unabhängigkeit an, aber als Frau hast Du für die Familie da zu sein.* Die Psychoanalytikerin Ingrid Schneider-Henn (1988) meint, eßgestörte Frauen hätten in früher Kindheit die Ablehnung ihres weiblichen Körpers durch ihre Mütter erfahren und daher keine verläßliche innere Körperwahrnehmung. Susie Orbach und viele andere Feministinnen sind überzeugt, daß das *unsichere Gefühl der meisten Frauen für ihre körperlichen wie psychischen Bedürfnisse* auf die frühkindliche weibliche Sozialisation, insbesondere die *Mutter-Tochter-Beziehung,* zurückgeht. Dazu werden verschiedene sozialwissenschaftlich-psychoanalytische Ansätze, vor allem der von Nancy Chodorov (1985), herangezogen. Sie zitieren empirische Befunde über Stillen, Füttern, Entwöhnen und den Umgang mit Initiative und Autonomiebestrebungen des kleinen Mädchens. Das sind im einzelnen fragwürdige Behauptungen, in der Tendenz aber meines Erachtens richtig: Mutter und Tochter sind in der Kleinfamilie zu eng verquickt. Die Mutter ist durch die Veränderung der Frauenrolle und ihre Beschränkungen als Hausfrau und Mutter verunsichert und unzufrieden; verunsichert auch durch Wandel und Expertisierung der Kindererziehung. Sie ist in der Regel zu sehr verstrickt in die patriarchalische Abwertung und Unterordnung der Frauen, als daß sie die körperlichen und emotionalen Bedürfnisse der Tochter akzeptieren und beantworten könnte. Sie ist zu besorgt, als daß sie die Autonomiebestrebungen des kleinen Mädchens ermuntern würde. Das Neue an Orbachs Ausführungen ist, wie die Unzufriedenheit der Mütter als Frauen und die Unsicherheit der Frauen als Mütter in den historischen Kontext der Zeit seit dem Zweiten Weltkrieg gestellt werden. Sie bleiben so nicht nur schlechte Mütter-Individuen, wie in der Psychologie üblich.
In bezug auf die Väter wird im Zusammenhang mit Bulimie und

anderen Eßstörungen immer wieder ihre *emotionale oder faktische Abwesenheit* genannt. Petra Focks und Gabriele Trück, Monika Gerlinghoff und andere berichten auch von Vätern, die ihren Töchtern zeitweise sehr nah sind und sich irgendwann zurückziehen, während die Töchter Sehnsucht nach ihnen haben und sie oft idealisieren. Mir scheint das allerdings nichts Spezifisches, sondern eher eine allgemeine Bedingung des Aufwachsens, vor allem von Mädchen, zu sein. (Eine Ausnahme machen vielleicht neuerdings die – noch eher seltenen – »neuen Väter«. Aber deren Töchter sind noch Kinder.) Berichtet wird von *hohen Erwartungen* auch der Väter nach dem Muster: einerseits intellektuelle Leistungen und Karriere, andererseits Familie und Weiblichkeit und vor allem ein Tipptopp-Äußeres: auch hier die *Doppelbotschaft* und die *Betonung des Aussehens.*
Bedeutsam erscheint mir die erst in den letzten Jahren ans Licht tretende Häufigkeit *sexuellen Mißbrauchs* in Kindheit und Jugend durch Väter, Stiefväter, Brüder, Großväter, Freunde der Mutter usw. Offenbar erlebt jede dritte oder vierte Frau solchen, meist fortgesetzten Mißbrauch (Draijer 1988). Die Verwirrung in bezug auf ihren Körper, ihre Gefühle und Bedürfnisse, die daraus resultiert, prädestiniert geradezu, den *Körper zum Kampffeld* zu machen, wie es in Magersucht und Bulimie geschieht.
Die später eßgestörten Töchter entwickeln unter diesen Bedingungen sehr früh ein Gespür dafür, was erwünscht und unerwünscht ist. Sie *lernen daher nicht, ihre eigenen Bedürfnisse differenziert wahrzunehmen.* Sie sind eher brave, pflegeleichte Töchter, welche die Erwartungen ihrer Eltern antizipatorisch erfüllen. Das ist zwar sehr praktisch für die anderen, aber es *behindert die Individuierung der jungen Frauen.*

Adoleszenz: die Auslöse-Situation Nr. 1

Problematisch wird es für die jungen Frauen in der schwierigen und belastenden Situation der Jugend, denn dann geht es um das Gewinnen von Unabhängigkeit durch Ablösung von den Eltern, psychoanalytisch gesehen: um Auseinandersetzung auch mit deren psychischen Repräsentanzen, für Mädchen ganz besonders um die Beziehung zur Mutter. Nur darüber kann das Mädchen ihre individuelle Entwicklung vorantreiben, die Fähigkeit zu individuell selbständigem Handeln erwerben.
Jugend oder Adoleszenz hat sich in den letzten Jahrzehnten ver-

ändert und verlängert: Rechtlich sind die Jugendlichen früh erwachsen. Intellektuell, sexuell, in bezug auf ihren Lebensstil erheben sie früh Anspruch auf Selbständigkeit. Trotzdem sind sie ökonomisch abhängig. Ihre Zukunft und vor allem eine Sinngebung für ihr Leben sind ungewisser denn je. Sie sind mit einer verwirrenden Vielfalt von Angeboten und Möglichkeiten, die oft für sie Schein-Möglichkeiten sind, konfrontiert. Daraus entsteht extreme Unsicherheit, bei Frauen um so mehr, als ihre Lebensentwürfe noch stärker zur Disposition stehen als die der Männer. Dagegen setzen viele ihren Willen, es anders zu machen als ihre Mütter, sich mehr zu erobern. Aber Doppelbotschaften und Widersprüche von Eltern, Medien und Gleichaltrigen verwirren die jungen Frauen, nehmen ihnen die gefühlsmäßige Sicherheit und schwächen ihre Handlungsfähigkeit. Auch bei ganz braven und unauffälligen Jugendlichen besteht eine Menge an Unbehagen gegenüber der Gesellschaft, gegenüber Umgangsweisen und Wertsystem bzw. moralischer Unglaubwürdigkeit der Erwachsenen, vor allem Angst, Wut und Ohnmachtsgefühle in bezug auf die Umweltzerstörung, die sich kaum direkt artikulieren (Zoll u. a. 1989, S. 220). Während Jungen, junge Männer durch Aktivität oder Überlegenheit, auch durch Gewalt gegenüber Mädchen und Frauen oder im Überlegensein in der Konkurrenz diese Gefühle (teilweise) kompensieren können, bleiben Mädchen, junge Frauen meist auf ihnen »sitzen«.
Die *körperlichen Veränderungen* (Brust, Schamhaare, Veränderung der Proportionen, Menstruation) sind nicht nur in ein neues Körperbild zu integrieren, sondern sind verquickt mit dem jetzt verstärkt einsetzenden *Druck, die sozialen Implikationen von Weiblichkeit zu übernehmen* und nach außen darzustellen. Attraktivität für Jungen bzw. Männer, vermittelt über die körperliche Darstellung, tritt radikal in den Vordergrund. Mitschülerinnen von jugendlichen Mädchen, ihre Mütter, Jungen und Männer werfen harte prüfende Blicke auf ihren Körper. Sie können sich in der Regel ihren Körper nicht positiv aneignen, können ihre körperliche Lebendigkeit nicht wahrnehmen, sondern betrachten sich mit dem Blick der anderen. Fast alle Mädchen sind unzufrieden mit ihrem Aussehen und machen sich Sorgen um ihr Gewicht (Habermas 1990, S. 152ff.). Die meisten Mädchen und jungen Frauen machen viele Diäten.
Die Pubertäts- und Jugendproblematik kann auch auf andere

Weise beantwortet werden, etwa indem die jungen Frauen an allen Fronten kämpfen und versuchen, die Situationen, die sich ihnen stellen, in einer Weise zu meistern, in der auch ihre eigenen Bedürfnisse teilweise aufgehoben sind. Vielleicht schaffen sie die anstehenden Entwicklungsschritte, wachsen mit den Anforderungen und können sich in ihrem so entstehenden Leben wiederfinden. »Die heimliche Angst der Frauen vor der Unabhängigkeit« (Dowling 1990) lähmt jedoch viele in ihren Bestrebungen. Viele Mädchen fühlen sich depressiv und ziehen sich zurück, oft über lange Zeit (Hurrelmann und Engel 1989). Manche werden alkohol- oder drogensüchtig usw. Die hohe Suizidversuchsrate von Mädchen – viermal so hoch wie im Bevölkerungsdurchschnitt (Christe 1989, S. 141) – signalisiert das Ausmaß an Verzweiflung, unter der junge Frauen leiden.

Nicht wenige junge Frauen entwickeln bulimisches Verhalten beim *Übergang zur äußerlichen Unabhängigkeit,* wenn sie in Ausbildung oder Beruf sind, wenn sie von zu Hause weggehen oder mit einem Mann zusammenleben. In dieser Situation werden radikal die Widersprüche der weiblichen Lebenssituation, die Doppelbotschaften *als innere Konflikte aktualisiert.* Ihre Angst (vor Neuem) steigt. Viele fühlen sich der Forderung nach eigenständiger subjektiver Handlungsfähigkeit kaum gewachsen. Diejenigen, die langsam oder auch sehr schnell in eine bulimische Symptomatik hineinrutschen, bleiben konform und unauffällig. So wie sie früher die Erwartungen ihrer Eltern erfüllt haben, so suchen sie jetzt die gesellschaftlichen Erwartungen, so wie sie sie selbst definieren, zu erfüllen: alle erdenklichen Anforderungen perfekten Funktionierens. Ihre Standards sind schlicht unerreichbar. Daraus folgen notwendig Scham, Schuldgefühle, Selbstabwertung, weil sie sie nicht erreichen. Sie müssen immer mehr Anstrengungen unternehmen, um die Fassade, die sie sein wollen, aufrechtzuerhalten. Sie sind immer mehr damit beschäftigt, ein Als-ob darzustellen, und bekommen nur Reaktionen auf diese perfekte Fassade. »Die Gewohnheit des falschen Echos« nennt Christina Thürmer-Rohr (1986) das. Ihr eigenes Leben aber, das was sie sind oder werden könnten, verkümmert. Ein Gefühl innerer Leere entsteht zwangsläufig, wenn es nicht schon früher da war.

Der Bulimie-Zirkel, seine Symbolik und seine Konsequenzen

Über die »normalen« Diäten und Hungerkuren läuft für nicht wenige der Einstieg in die Bulimie – wenn ein bestimmtes Körpergewicht die Lösung aller Probleme verspricht, wenn die jungen Frauen meinen, die Anerkennung der Umwelt und besonders die für sie zentrale Anerkennung von Männern hänge davon ab, daß sie 51 kg wiegen. Der Einstieg in die Bulimie kann geschehen, wenn heißhungriges Essen die Sorge für die eigenen Bedürfnisse ersetzt und die innere Leere füllt (eine Metapher, die viele Betroffene benutzen) und das Erbrechen für »Reinigung« und Gewichtskontrolle sorgt, wenn Essen und Erbrechen an die Stelle von Auseinandersetzung mit Abhängigkeit und Unabhängigkeit bzw. mit der Mutter oder anderen Konflikten treten.

Dann kann der *Zirkel von Heißhungeranfällen und Erbrechen* sich festsetzen (siehe oben Abb. 1). Dieser Zirkel *bindet* mit der Zeit *alle Energie und entleert das Leben* noch weiter. Nach einer Zeit der Verdrängung merken die Frauen, daß sie in einem selbstzerstörerischen Zirkel gefangen sind. Sie empfinden sich als zunehmend »pervers« und abartig (Langsdorff 1990). Sie fühlen sich immer unwohler, ihre Angst steigt, die Verzweiflung wächst.

Die Heißhungeranfälle treten immer dann auf, wenn sich unangenehme Gefühle ankündigen, ein Unbehagen, ein vages Gefühl, daß sie etwas anderes wollen. *Eßsucht oder die Scheu vor dem Leben* nennt Renate Göckel ihr Buch (1988). Genauso gut können wir aber auch sagen: Heißhunger ist der Hunger nach Leben, emotionaler Hunger – wobei die »eigentlichen« Gefühle und Bedürfnisse »weggemacht« werden und gar nicht deutlich werden können. Den Frauen fehlen daher die Signale, was sie brauchen und was ihnen nicht gut tut.

Da die im Zirkel der Bulimie gefangenen Frauen *keine anderen Problemlösungen mehr* versuchen als Essen, Erbrechen, Gewichtskontrolle, *entwickeln sie sich nicht mehr weiter.* Sie können auf neue, schwierige Situationen, die sich ihnen stellen, immer weniger differenziert reagieren. Ihre persönliche Problematik steigert sich dadurch weiter und *ihre Fähigkeit, mit ihrem Leben und seinen Anforderungen umzugehen, engt sich zunehmend ein.* Von der Entwicklung ihres Potentials und der Erweiterung ihrer Möglichkeiten kann überhaupt nicht mehr die Rede sein. Insofern vertieft die bulimische (wie die anorektische) Symptomatik, wenn sie über einen längeren Zeitraum die Person

Abb. 3: Entwicklungsstadien der krankhaften Eß-/Brechsucht (Bulimarexie)

1. Phase: Einstiegsprozeß (Verselbständigung)

Bemühen um eine »bessere« Figur - Abmagerungskuren, Diäten, kontrolliertes Essen erste Heißhungeranfälle Freßtage schleichen sich ein	sehr kontrolliertes Eßverhalten Essen aus übermächtigem Hunger 1. Erbrechen	unbelastetes Praktizieren

2. Phase: Einschliffprozeß (Verdrängung und Verleugnung)

verbissenere Abmagerungsversuche Kontrollversuche beim Hungern regelmäßiger auftretende Freßanfälle – Freßattacken – Freß-/Brech-Durchbrüche	strenge Askese Erbrechen als Ausweg Abführmittel, Entwässerungsmittelmißbrauch, Appetitzüglereinnahme	Verdrängung und Ignoranz aufsteigender Perversions-Gefühle Verleugnung des Verhaltens vor der eigenen Person und anderen

3. Phase: Erkenntnisprozeß (eingefahrener Teufelskreis)

ständiger Wechsel zwischen Zügellosigkeit und Enthaltsamkeit dramatische Freßdurchbrüche und extrem asketisches Eßverhalten Gefahr des »Umsteigens« auf andere Drogen	reinste Hunger-Phasen fressen, um zu erbrechen erbrechen, um weiter essen zu können	Erkennen und Verzweifeln Ausbruchsversuche/Öffnung nach außen zunehmende Depression

Aus: Langsdorff 1990, S. 25.

besetzt, ihre Lebensunfähigkeit und wird sehr resistent gegen Änderungsversuche.
Susie Orbach (1986), die sich als Autorin der *Anti-Diätbücher* seit langem mit Eßstörungen von Frauen befaßt, betont in ihrem Buch über Magersucht (1987) die Kontinuität zwischen der Erfahrungswelt magersüchtiger Mädchen und Frauen in unserer patriarchalischen Gesellschaft überhaupt. Eine solche Auffassung betont die gemeinsame Betroffenheit »kranker«, behandlungsbedürftiger Frauen und der Expertinnen, Forscherinnen und Therapeutinnen von der Geschlechterhierarchie. Ein Großteil der Analyse von Orbach erhellt auch wesentliche Hintergründe der bulimischen Reaktion von Frauen. Anorexie und Bulimie sind danach extreme Reaktionen, die sich nur oberflächlich auf die Schlankheitsnorm für Frauen beziehen. Tatsächlich geht es der Anorektikerin um die totale Verleugnung der eigenen Bedürfnisse. Sie symbolisiert die Unterdrückung der Bedürfnisse der Frauen zugunsten der Sorge für die Bedürfnisse anderer – und drückt gleichzeitig in der aktiven Selbstunterdrückung beharrlich ihr Streben nach Unabhängigkeit und Beachtung aus. In der Dialektik der Magersucht sind die Widersprüche des Weiblichkeitsdiktats unserer Gesellschaft auf die Spitze getrieben, sagt Orbach. Der Hungerstreik sei ein »politischer Protest«, die Forderung nach dem uneingeschränkten Recht zu leben.
Die Bulimie dagegen trägt nur *heimlichen Protest* in sich. Nach außen wird die *Maskerade der Weiblichkeit* (Focks und Trück 1987) aufrechterhalten: Bulimikerinnen setzen alles daran, attraktiv, funktionstüchtig, pflegeleicht zu sein, es den anderen recht zu machen. Sie versuchen, alle Probleme mit sich selbst auszumachen, vor allem keine Forderungen an andere zu stellen. Für alles, was nicht funktioniert, geben sie sich selbst die Schuld.
Petra Focks und Gabriele Trück haben jedoch sehr deutlich herausgearbeitet, daß in der Erbrechenssymbolik, die Nichtbetroffene so abstößt, sehr viel Agression steckt. *»Auskotzen des Weiblichkeitsdiktats«* nennen sie es, Auskotzen des »schlechten Objekts« könnten wir auch sagen. Das Sichwehren, das aggressive Moment, kommt im Erbrechen zum Ausdruck. Aber es wird gleichzeitig gebunden als Gewichtskontrolle, also nicht wirklich nach außen gerichtet als Energie zur Veränderung ihrer Situation. In der Symptomatik der Bulimie sehen etwa Mira Dana und Marilyn Lawrence (1990) den Konflikt von Frauen zwischen dem

Wunsch nach Selbstbestimmung und Autonomie einerseits und andererseits ihrem Wunsch, »weiblich« (= abhängig, schwach, nachgiebig) zu sein, am Werk.
Wichtig für das Verständnis der leidenden Individuen ist aber, zu sehen, daß *mit den Symptomen individuell sehr unterschiedliche Bedeutungen* und Symbolisierungen, manchmal auch mehrere, *verknüpft werden können.*

Selbsthilfe
An vielen Orten bilden sich Selbsthilfegruppen bei Eßstörungen, oft vermittelt über Frauenberatungsstellen, Frauenbuchläden oder spezielle Initiativen. Sie ermöglichen den Frauen, aus Heimlichkeit und Isolation herauszutreten und, indem sie die gemeinsame Betroffenheit sehen und die Ursprünge der Störung in der Situation als Frauen erarbeiten, Scham und Selbstverurteilung zu mindern, in Ansätzen sich selbst akzeptieren zu lernen. Besonders wichtig ist, daß die Frauen in Selbsthilfegruppen unabhängig von einer Therapie bzw. neben oder nach einer solchen mit der Aufnahme neuer sozialer Beziehungen Schritte in eine aktive Lebensgestaltung tun können. Allerdings haben Selbsthilfegruppen ihre Grenzen, »wo die Heftigkeit der Dynamik im zugrundeliegenden Konflikt die Gruppe zu sprengen droht« (Hennig und Vogel 1992; siehe auch Estorff 1988; Ihnen 1990; Grünewald-Faxel 1991).

Therapie
Bei Eßstörungen, auch bei Bulimie, werden die verschiedensten Therapieformen angeboten.[6]
Feministische Therapeutinnen sehen Eßstörungen als Abwehren und arbeiten auf jeden Fall an den zugrundeliegenden Konflikten. Viele legen eine starke Betonung auf die Wahrnehmung, Akzeptierung und Aneignung des Körpers. Kreative Methoden (Malen, Musik, Tanzen, Bewegung, Theaterspiel usw.) sind beliebt, um die Einengung durch die Symptomatik aufzuheben, ein Gefühl für den Körper und Beziehung zu anderen zu entwickeln, überhaupt die vorhandenen Potentiale zu wecken (z. B. Tarr-Krüger 1989). Die Therapeutinnen bieten meist auch konkrete Hilfen, das

6 Vgl. Göckel 1988; Tarr-Krüger 1989; Böhme-Bloem und Schulte 1990; ›Die unerträgliche Schwere des weiblichen Seins‹, 1991.

Eßverhalten wieder zu regulieren[7]; nur Psychoanalytikerinnen verzichten in der Regel darauf. Rückfälle sind »normal«. Ziel ist, wie in den meisten Therapieformen, Selbstentwicklung, Individuierung, wobei feministische Therapeutinnen aus einer Haltung der Parteilichkeit für Frauen (Freytag 1992a) die Auseinandersetzung der Frauen mit ihren Erfahrungen des Aufwachsens und Lebens in einer patriarchalischen Gesellschaft fördern (Bilden 1992). Wenn sie die Widersprüche patriarchalischer Weiblichkeitsbestimmungen offenlegen, dekonstruieren sie die *gender*-Diskurse (im Sinne etwa von Squire 1990). So kann vielleicht »bewußte Subjektivität« entstehen: Frauen, die aus der Reflexion ihrer Erfahrungen lernen und sich als Subjekte mit ihren Wünschen, Bedürfnissen, Ansprüchen in ihre Beziehungen einbringen; weibliche Subjekte, die mit ihrer Lebenspraxis die gesellschaftliche Bewegung der Geschlechterverhältnisse ein kleines Stück im antipatriarchalischen Sinne vorantreiben.

Literatur

Agras, W. St. (1987), *Eating Disorders. Management of obesity, bulimia, and anorexia nervosa*, New York: Pergamon Press.

American Health (1990), *Psychologie heute* 17, S. 30f.

Bamberg, E. und G. Mohr (1982), »Frauen als psychologisches Forschungsthema: Ein blinder Fleck in der Psychologie«, in: G. Mohr u. a. (Hg.), *Psychologische Beiträge zur Arbeits- und Lebenssituation von Frauen*, München: Urban und Schwarzenberg, S. 1-19.

Baurmann, M. C. (1985), *Sexualität, Gewalt und die Folgen für das Opfer. Zusammengefaßte Ergebnisse aus einer Längsschnittuntersuchung bei Opfern von angezeigten Sexualkontakten*, Wiesbaden.

Beck, U. (1986), *Risikogesellschaft*, Frankfurt am Main: Suhrkamp.

Becker-Schmidt, R. und H. Bilden (1991), »Impuse für die qualitative Sozialforschung aus der Frauenforschung«, in: U. Flick u. a. (Hg.), *Handbuch der Qualitativen Sozialforschung*, München: Psychologie Verlags Union, S. 23-32.

– u. a. (1983), *Arbeitsleben, Lebensarbeit*, Bonn: Verlag Neue Gesellschaft.

Belenky, M. F. u. a. (1989), *Das andere Denken. Personlichkeit, Moral und Intellekt der Frau*, Frankfurt am Main: Campus.

7 Eine gute Beschreibung, wenn auch bezogen auf Magersucht, findet sich bei Monika Gerlinghoff u. a. (1988), die sich nicht als feministische Therapeuten oder Therapeutinnen verstehen.

Belle, D. (1990), »Poverty and Women's Mental Health«, in: *American Psychologist* 45, S. 385-389.
Benhabib, S. (1989), »Der verallgemeinerte und der konkrete Andere. Ansätze zu einer feministischen Moraltheorie«, in: E. List und H. Studer (Hg.), *Denkverhältnisse*, Frankfurt am Main: Suhrkamp, S. 454-487.
Benjamin, J. (1990), *Die Fesseln der Liebe. Psychoanalyse, Feminismus und das Problem der Macht*, Frankfurt am Main: Stroemfeld/Roter Stern.
Bilden, H. (Hg.) (1992), *Das Frauen Therapie Handbuch*, München: Frauenoffensive.
– und G. Geiger (1988), »Individualität. Identität und Geschlecht«, in: *Verhaltenstherapie und psychosoziale Praxis* 20, S. 439-453.
Böhme-Bloem, Ch. und M. J. Schulte (1990), *Bulimie. Entwicklungsgeschichte und Therapie aus psychoanalytischer Sicht*, Stuttgart: Thieme.
Boskind-Losdahl, M. (1976), »Cinderella's Stepsisters: A feminist perspective on anorexia nervosa and bulimia«, in: *Signs* 2, S. 342-356.
Broverman u. a. (1972), »Sex-role Stereotypes: A current appraisal«, in: *Journal of Social Issues* 28, S. 59-76.
Bruch, H. (1982), *Der goldene Käfig. Das Rätsel der Magersucht*, Frankfurt am Main: Fischer.
– (1991), *Eßstörungen. Zur Psychologie und Therapie von Übergewicht und Magersucht*, Frankfurt am Main: Fischer.
Burgard, R. (1985), *Mißhandelte Frauen. Verstrickung und Befreiung*, Weinheim: Beltz.
Chodorov, N. (1985), *Das Erbe der Mütter*, München: Frauenoffensive.
Christe, Ch. (1989), *Suizid im Alter. Dimensionen eines ignorierten Problems*, Bielefeld: Kleine.
Conrad, J. und U. Konnertz (Hg.) (1986), *Weiblichkeit in der Moderne. Ansätze feministischer Vernunftskritik*, Tübingen: Edition Diskord.
Dana, M. und M. Lawrence (1990), *Die verschwiegene Krankheit. Bulimie: Warum Frauen zwanghaft essen*, München: Heyne.
Dane, E. (1987), *Hingabe oder Aufgabe*, Weinheim: Deutscher Studienverlag.
Die unerträgliche Schwere des weiblichen Seins (1991), *Dokumentation der frauenspezifischen Fachtagung zum Thema Eßstörungen*, Köln.
Dowling, C. (1990), *Die heimliche Angst der Frauen vor der Unabhängigkeit*, Frankfurt am Main: Fischer.
– (1992), *Perfekte Frauen*, Frankfurt am Main: Fischer.
Draijer, N. (1988), *Seksueel Misbruik van meisjes. Omtrent seksualiteit en geweld*, Amsterdam: Universiteit van Amsterdam.
Elias, N. (1970), *Über den Prozeß der Zivilisation*, 2 Bde., Frankfurt am Main: Suhrkamp.
Engel, U. und K. Hurrelmann (1989), *Psychosoziale Belastung im Jugendalter*, Berlin: de Gruyter.
Estorff, A. (1988), »Möglichkeiten und Grenzen von Selbsthilfe bei Eß-

störungen«, in: Hamburgische Landesstelle gegen die Suchtgefahren e. V. (Hg.), *Gestörtes Eßverhalten,* Hamburg.
Faltermaier, T. (1987), *Lebensereignisse und Alltag,* München: Profil.
Fegert, J. und E. Fey (1990), »Sexueller Mißbrauch – Begriffsbestimmung, Häufigkeit und Umgang mit der Problematik«, in: S. Höfling und W. Butollo (Hg.), *Psychologie für Menschenwürde und Lebensqualität.* Bericht zum 15. Kongreß für Angewandte Psychologie des BDP München 1990, Bonn: Deutscher Psychologen Verlag, S. 219-230.
Fichter, M. M. (1985), *Magersucht und Bulimia,* Berlin: Springer.
– u. a. (1986), »Epidemische Zunahme bulimischer Störungen«, in: *Psycho* 12.
Focks, P. und G. Trück (1987), *Maskerade der Weiblichkeit. Eß-Brech-Sucht: Gratwanderung zwischen Anpassung und Verweigerung,* Pfaffenweiler: Centaurus-Verlagsgesellschaft.
Freytag, G. (1992a), »Grundlagen der Feministischen Therapie«, in: H. Bilden (Hg.), *Das Frauen Therapie Handbuch,* München: Frauenoffensive, S. 11-35.
– (1992b), »Der weibliche Körper«, in: H. Bilden (Hg.), *Das Frauen Therapie Handbuch,* München: Frauenoffensive, S. 72-79.
Garner, D. M. u. a. (1980), »Cultural expectations of thinness in women, in: *Psychological Reports* 47, S. 483-491.
Gerlinghoff, M. u. a. (1988), *Magersucht. Auseinandersetzung mit einer Krankheit,* München/Weinheim: Psychologie Verlags Union.
Gilligan, C. (1984), *Die andere Stimme. Lebenskonflikte und Moral der Frau,* München: Piper.
Göckel, R. (1988), *Eßsucht oder die Scheu vor dem Leben,* Reinbek: Rowohlt.
Grünewald-Faxel, B. (1991), »Selbsthilfe bei Eß-Störungen – Ein gangbarer Weg?«, in: H. Petzold und R. Schobert (Hg.), *Selbsthilfe und Psychosomatik,* Paderborn: Junfermann, S. 95-108.
Habermas, T. (1990), *Heißhunger. Historische Bedingungen der Bulimia nervosa,* Frankfurt am Main: Fischer.
Hagemann-White, C. (1984), *Sozialisation Männlich – Weiblich?* [Reihe Alltag und Biographie von Mädchen, Bd. 1], Opladen: Leske und Budrich.
Harding, S. (1990), *Feministische Wissenschaftstheorie. Zum Verhältnis von Wissenschaft und sozialem Geschlecht,* Berlin: Argument.
Hare-Mustin, R. T. und J. Marececk (1990), *Making a Difference. Psychology and the construction of gender,* New Haven: Yale University Press.
Haug, F. (Hg.) (1983), *Frauenformen 2. Sexualisierung,* Berlin: Argument.
– und K. Hauser (Hg.) (1985), *Subjekt Frau,* Berlin: Argument.
– und – (Hg.) (1991), *Die andere Angst,* Berlin: Argument.
Hennig, A. und K. Vogel (1992), »Eßstörungen«, in: H. Bilden (Hg.), *Das Frauen Therapie Handbuch,* München: Frauenoffensive., S. 144-149.

Ihnen, G. (1990), *Wenn ich erst richtig schlank bin. Erfahrungen eßgestörter Frauen in Selbsthilfegruppen,* Berlin: Dick und Dünn, Beratung bei Eßstörungen e. V.
Johnson, C. u. a. (1984), »Incidence and correlates of bulimic behavior in a female high school population«, in: *Journal of Youth and Adolescence* 13, S. 15-26.
– und M. E. Connors (1987), *The Etiology and Treatment of Bulimia nervosa,* New York: Basic Books.
Johnson, P. u. a. (1977), »Doing psychological research«, in: I. Frieze u. a. (Hg.), *Women and Sex Roles,* New York: Norton, S. 11-27.
Joksimovic, O. (1989), *Entwicklung eines sozioanalytischen Modells zur Erklärung der geschlechtsspezifischen Morbiditätsrate des depressiven Syndroms.* Dissertation, München, Ludwig-Maximilian-Universität.
Keller, E. F. (1986), *Liebe, Macht und Erkenntnis,* München: Hanser.
Keupp, H. (1987), »Soziale Netzwerke als alltägliche Lebenswelt und ihre Bedeutung für die Entstehung und Bewältigung psychosozialer Probleme«, in: ders., *Psychosoziale Praxis im gesellschaftlichen Umbruch,* Bonn: Psychiatrie-Verlag, S. 143-171.
– (1988), *Riskante Chancen. Das Subjekt zwischen Psychokultur und Selbstorganisation,* Heidelberg: Asanger.
– und H. Bilden (Hg.) (1989), *Verunsicherungen. Das Individuum im gesellschaftlichen Wandel,* Göttingen: Hogrefe.
Knapp, G.-A. (1987), »Arbeitsteilung und Sozialisation: Konstellationen von Arbeitsvermögen und Arbeitskraft im Lebenszusammenhang von Frauen«, in: U. Beer (Hg.), *Klasse Geschlecht,* Bielefeld: AJZ.
Koss, M. P. (1990), »The woman's mental health research agenda. Violence against women«, in: *American Psychologist* 45, S. 374-380.
Kulke, Ch. (1985a), »Von der instrumentellen zur kommunikativen Rationalität patriarchaler Herrschaft«, in: Ch. Kulke (Hg.), *Rationalität und sinnliche Vernunft*, Berlin: Publica Verlagsgesellschaft, S. 55-70.
– (Hg.) (1985b), *Rationalität und sinnliche Vernunft. Frauen in der patriarchalen Realität,* Berlin: Publica Verlagsgesellschaft.
Langsdorff, M. (1990), *Die heimliche Sucht, unheimlich viel zu essen,* Frankfurt am Main: Fischer.
List, E. und H. Studer (Hg.) (1989), *Denkverhältnisse. Feminismus und Kritik,* Frankfurt am Main: Suhrkamp.
Lersch, Ph. (1947), *Vom Wesen der Geschlechter,* München: Erasmus.
Martin, E. (1989), *Die Frau im Körper,* Frankfurt/New York: Campus.
McBride, A. B. (1990), »Mental health effects of women's multiple roles«, in: *American Psychologist* 45, S. 381-384.
Meermann, R. und W. Vandereycken (1987), *Therapie der Magersucht und Bulimia nervosa,* Berlin: de Gruyter.
Memorandum Hessischer Wissenschaftlerinnen zur Frauenforschung. (1985), Frankfurt am Main.

Merchant, C. (1987), *Der Tod der Natur. Ökologie, Frauen und neuzeitliche Naturwissenschaft*, München: Beck.
Meyer, J. (1988), »Feminist thought and social pychology«, in: M. M. Gergen (Hg.), *Feminist Thought and the Structure of Knowledge*, New York: New York City University Press.
Notz, G. und S. Braecker (1989), »Die Gründungsphase der Kernfamilie«, in: B. Schön (Hg.), *Emanzipation und Mutterschaft*, München: Juventa, S. 107-128.
Orbach, S. (1976), *Antidiätbuch* I, München: Frauenoffensive.
– (1985), *Antidiätbuch* II, München: Frauenoffensive.
Psychologinnengruppe München (1978), »Spezifische Probleme von Frauen und ein Selbsthilfe-Ansatz«, in: H. Keupp und M. Zaumseil (Hg.), *Die gesellschaftliche Organisierung psychischen Leidens*, Frankfurt am Main: Suhrkamp.
Rhode-Dachser, Ch. (1991), *Expeditionen in den dunklen Kontinent. Weiblichkeit im Diskurs der Psychoanalyse*, Berlin: Springer.
Rittner, V. (1986), »Körper und Körpererfahrung in kulturhistorischer Sicht«, in: J. Bielefeld (Hg.), *Körpererfahrung*, Göttingen: Hogrefe.
Russo, N. F. (1990), »Overview: Forging research priorities for women's mental health«, in: *American Psychologist* 45, S. 368-373.
Schmerl, Ch. (1982), »Einige Gedanken zur Sozialisation von Frauen«, in: G. Mohr u. a. (Hg.), *Frauen-Psychologische Beiträge zur Arbeits- und Lebenssituation von Frauen*, München: Urban und Schwarzenberg, S. 20-37.
– (1984), *Das Frauen- und Mädchenbild in den Medien*, Opladen: Leske und Budrich.
– (1992), *Frauenzoo der Werbung*, München: Frauenoffensive.
Schneider-Henn, I. (1988), *Die hungrigen Töchter*, München: Kösel-Verlag.
Schwarzer, A. (Hg.) (1984), *Durch Dick und Dünn. Ein EMMA-Buch*, Reinbek: Rowohlt.
Silverstein, B. u. a. (1986), »Possible causes of the thin standard of bodily attractiveness for women«, in: *International Journal of Eating Disorders* 5, S. 895-905.
Smith, D. E. (1987), »Women's perspective as a radical critique of sociology«, in: S. Harding (Hg.), *Feminism and Methodology*, Bloomington: Indiana University Press, S. 84-96.
Squire, C. (1989), *Significant Differences. Feminism in psychology*, London: Routledge.
Tarr-Krüger, I. (1989), *Verhungern im Überfluß. Bulimie. ein neuer Ansatz zum Verständnis und zur Therapie*, Heidelberg: Asanger.
Thürmer-Rohr, Ch. (1986), »Die Gewohnheit des falschen Echos«, in: *Beiträge zur feministischen Theorie und Praxis* 17, S. 113-120.
– (Hg.) (1989), *Mittäterschaft und Entdeckungslust*, Berlin: Orlanda.

Turner, B. B. (1984), *The Body and society. Exploration in social theory*, Oxford: Blackwell.

Unger, R. K. (1983), »Through the looking glass: no wonderland yet! (The reciprocal relationship between methodology and models of reality)«, in: *Psychology of Women Quarterly*, Heft 8, S. 9-32.

– (1988), »Psychological, feminist, and personal epistemology: transcending contradiction«, in: M. Gergen (Hg.), *Feminist Thought and the Structure of Knowledge*, New York: New York City University Press.

Walkerdine, V. und H. Lucey (1989), *Democracy in the Kitchen: Regulating mothers and socializing daughters*, London: Virago.

Weißstein, N. (1968), *Kinder, Küche, Kirche as Scientific Law. Psychology constructs the female*, Boston.

Wilson, E. O. (1979), *Biologie als Schicksal. Die soziobiologischen Grundlagen menschlichen Verhaltens*, Frankfurt/Berlin/Wien: Ullstein.

Zoll, R., u. a. (1989), *Nicht so wie unsere Eltern*, Opladen: Westdeutscher Verlag.

Heinrich Berger
Konstruktivistische Perspektiven in der Sozialpsychologie
Schizophrenie als andere Seite der Normalität

> To the discoverer [...] the constructions of his imagination appear so necessary and so natural that he is apt to treat them not as the creations of his own thought but as given realities.
>
> Albert Einstein 1934

1. Vorwort

In diesem Beitrag versuche ich eine *Einführung in den (sozialen) Konstruktivismus,* der als wissenschafts- und erkenntnistheoretische Perspektive in verschiedenen Ländern und wissenschaftlichen Disziplinen immer mehr an Anhängerschaft gewinnt. Manche Autoren und Autorinnen (zum Beispiel Schmidt 1987) sehen darin gar ein *neues Paradigma* für die Human- und Sozialwissenschaften, welches die naiv-realistischen Grundgedanken des traditionellen Wissenschaftsbetriebes überwinden könnte. Während wir hier vielleicht die Morgenröte einer neuen wissenschaftlichen »Welt-anschauung« (ebd.) erleben, mehren sich die Zeichen dafür, daß ein für Theorie und Praxis von Psychiatrie und Psychologie äußerst zentrales Konzept, nämlich das der *Schizophrenie,* möglicherweise seiner Abenddämmerung entgegengeht. Ich werde einige Seiten dieses Diskussionsprozesses um die Schizophrenie darstellen und auf die konstruktivistischen Vorstellungen zu beziehen versuchen.

Mit »Abandoning the concept of ›schizophrenia‹« haben englische Psychologen (Bentall, Jackson und Pilgrim 1988) ihren Artikel überschrieben; »Gibt es überhaupt eine Schizophrenie?« fragt der Schweizer Psychiater Luc Ciompi (1984). Alexander und Selesnick (1969, zitiert nach Emrich 1990, S. 77) bezeichnen in ihrer »Geschichte der Psychiatrie« die Schizophrenie als »ein Rätsel ersten Ranges, das die größten Schwierigkeiten aufwirft«, aufgrund der »fast unergründlichen Natur der Krankheit«. Selbst prominente Vertreter der biologischen Psychiatrie wie Manfred Ackenheil, Hans Hippius und Norbert Matussek formulieren in ihrer Zusammenschau der »Ergebnisse der biochemischen Forschung auf dem Schizophrenie-Gebiet« skeptisch: »Man darf nicht davon ausgehen, daß es sich bei Untersuchungen an Gruppen von Schizophrenen hinsichtlich biologischer Befunde um homogene Gruppen handelt« (1978, S. 634). Das *Schizophrenie-Konzept scheint in einer Krise,* und es ist gleichzeitig von so großer Bedeutung für Psychiatrie und Psychologie, bestimmt unser Denken und Wahrnehmen auf eine so zentrale Weise, daß wir uns eine Alternative dazu kaum vorstellen können. Es ist also eine gleichermaßen reizvolle wie schwierige Herausforderung für mich, gerade an dem Thema Schizophrenie die Grundgedanken des Konstruktivismus zu explizieren und zu erproben.

Der Konstruktivismus versucht herauszuarbeiten, wie psycho-soziale Tatbestände individuell und gesellschaftlich, historisch und kulturell auf der Grundlage biologischer und gesellschaftlicher Strukturbedingungen und über die verschiedenen Diskursformen hergestellt und immer wieder reproduziert, weiterentwickelt werden. Darum ist es naheliegend, einen kurzen Blick darauf zu werfen, wie das Schizophreniekonzept historisch entstanden und wie es in der öffentlichen Meinung repräsentiert ist.

2. Das Schizophrenie-Konzept – gestern und heute

Das Wort Schizophrenie, das vor gut 80 Jahren als psychiatrischer Fachterminus eingeführt wurde, ist längst in die *Alltagssprache* eingegangen. Es wird als Adjektiv verwendet, wenn das Verhalten eines Menschen als besonders unsinnig, abweichend, in sich widersprüchlich und ganz und gar nicht nachvollziehbar angesehen wird. In den Klischeevorstellungen von Laien bedeutet der Begriff »schizophren« so etwas wie »geisteskrank«, »schwachsinnig«, »idiotisch« und »irr«, fungiert als Inbegriff einer Geisteskrankheit (vgl. Katschnig 1989). Mit dem Substantiv »der Schizophrene« wird ein Mensch bezeichnet, der an einer Schizophrenie akut »erkrankt« ist oder an einer chronifizierten Form leidet. Oft genug bleibt das diagnostische Etikett aber auch an Personen haften, die

die schizophrene Episode mehr oder weniger gut überwunden haben. Hier wird die Zuschreibung zum schlimmen Stigma, das die Betroffenen ihr Leben lang verfolgt in Form sozialer Abwertungen und persönlicher Verunsicherungen.

Schizophrenie setzt sich aus zwei griechischen Wörtern zusammen, die »spalten« und »Geist, Gemüt« bedeuten. Übersetzungsversuche wie zum Beispiel *»Spaltungsirresein«* konnten sich nicht durchsetzen, klingen absonderlich und lassen sich – was nicht unwesentlich ist – auch nicht adjektivisch verwenden. Das Wort selbst legt eine weitere Klischeevorstellung nahe, nämlich das der »gespaltenen Persönlichkeit«. In den Köpfen der Menschen haben besonders bekannte Romane und Filme (wie »Dr. Jekyll and Mr. Hyde« von Robert Louis Stevenson oder »Psycho« von Alfred Hitchcock) einen nachhaltigen Eindruck hinterlassen und formen ein – falsches – Bild der Schizophrenie, weil die darin dargestellten Phänomene mehr der »multiplen Persönlichkeitsstörung« entsprechen, die dem Bereich der hysterischen Neurosen bzw. der Dissoziativen Störungen (nach DSM-III-R) zuzurechnen sind.

Doch was ist das richtige Bild der Schizophrenie? Gibt es eigentlich *die* Schizophrenie? Konstruktivisten und Konstruktivistinnen würden diese Frage verneinen, weil für sie die Schizophrenie keine objektive, ahistorische Tatsache darstellt. Schizophrenie ist immer das, was im aktuellen Denken und Handeln jeweils konzipiert wird, was an vorläufigen konzeptuellen Übereinstimmungen kommunikativ von Professionellen erzielt wird. Schizophrenie ist also kein objektives Faktum, wie sich schon in der Rückschau auf die Anfänge zeigt, auf die Vorstellungen der Psychiater Kraepelin und Bleuler, die das Konzept und den Begriff der Schizophrenie *erfunden* – und nicht gefunden – haben.

2.1 Emil Kraepelin: Dementia praecox als psychische Entartung und geistiges Siechtum

Die originäre Leistung dieses deutschen Psychiaters der Jahrhundertwende, der »als Begründer der modernen, wissenschaftlich orientierten Psychiatrie gilt« (Katschnig 1989, S. 4), wird darin gesehen, daß er in seinem 1899 neu formulierten nosologischen System *zwei Hauptgruppen endogener Psychosen* unterschied: das manisch-depressive Irresein und die Dementia praecox. Die beiden Kategorien unterscheiden sich neben den zentralen Symptomen vor allem in der Prognose über ihren Verlauf: »Während ein manisch-depressiver Anfall sozusagen immer gut ausgeht« (Bleuler 1943, S. 290), verwies Emil Kraepelin schon in der Wahl des Terminus auf den progredienten Verlauf (Demenz als irreversible, voranschreitende »Verblödung«, praecox steht für vor- oder frühzeitigen Beginn). Er selbst formulierte es beispielsweise in seiner *Einführung in die Psychiatrische Klinik* (1905), zu der eine Reihe von Vorlesungen mit Fallvorstellungen zusammengefaßt wurden, folgendermaßen (S. 24):

»Es handelt sich um ein *geistiges und gemütliches Siechtum* eigener Art, das nur äußerlich noch an die früher besprochenen Depressionszustände erinnert. Dieses Siechtum ist der unheilbare Ausgangszustand eines überaus häufigen Krankheitsvorganges, den wir vorläufig mit dem Namen der *Dementia praecox* belegen.«

Dies klingt, als hätte er selbst schon geahnt, daß sein Begriff keinen Bestand haben würde.

2.2 Eugen Bleuler: Die Schizophrenien als Störungen der Assoziationen

1908 schlug der Schweizer Psychiater Eugen Bleuler den heute üblichen Terminus Schizophrenie vor. Er verblieb aber innerhalb des Kraepelinschen Klassifikationssystems und würdigte dessen Leistung in seinen einleitenden Sätzen zum Kapitel IX – »Die Schizophrenien (Dementia praecox)« – seines Lehrbuches. Weil dabei ein Stück Psychiatriegeschichte anklingt und auch deutlich wird, worin sich seine Vorstellungen von denen Kraepelins unterschieden, gebe ich eine längere Textpassage wieder (S. 290 f.):

»Nachdem aus den ›funktionellen Psychosen‹ die Paralyse ausgeschieden worden war und ihr ganz von selbst die anderen organischen Formen folgten, blieb die theoretische Psychiatrie 70 Jahre lang dem Chaos der häufigsten Krankheiten gegenüber vollständig hilflos. Erst Kraepelin fand, Ideen Kahlbaums folgend, zwischen den akuten Formen, die in ›sekundären Blödsinn‹ oder ›sekundäre Paranoia‹ übergingen (Dementia praecox), und den gutartigen (manisch-depressives Irresein) symptomatologische Unterschiede, und zwar in dem Sinne, daß bei den schlimmen Formen Symptomengruppen häufig vorkamen, die bei den anderen nur selten zu sehen waren (nicht aber umgekehrt). [...]

Da die Krankheit nicht zur Demenz fortzuschreiten braucht, und sie gar nicht immer präcociter, d. h. in der Pubertät oder bald nachher auftritt, paßt der Name Schizophrenie besser.«

Mit der Namensänderung wollte er ausdrücken, daß eine *»Assoziationslockerung«* das für ihn zentrale Kennzeichen ist und nicht die unaufhaltsam voranschreitende Verblödung; denn es waren sehr unterschiedliche Verläufe, auch »Stillstand« der Symptome, und später Erkrankungsbeginn beobachtet worden. Bleuler unterschied zwischen den *primären Symptomen* der vermuteten Grundstörung und den *sekundären Symptomen,* welche als psychologische Reaktionen auf das Erleben der Krankheit zu sehen sind. Wesentlich war ihm: »der Strukturzusammenhang der Persönlichkeit geht in der Krankheit verloren, Denken, Affekt, Erleben sind sowohl voneinander wie auch im Zusammenhang ihrer Komponenten gespalten« (*Lexikon der Psychiatrie* 1973, S. 440).
In dem obigen Zitat Bleulers klingt auch an, was der »Clou« an Kraepelins Vorschlag war, nämlich verschiedene Störungsbilder zu einer Krankheitseinheit zusammenzufassen, die ursprünglich unabhängig voneinander beschrieben und konzipiert worden waren: Dementia paranoides, Hebephrenie (Kahlbaum 1863), Katatonie (Kahlbaum 1874) und Dementia simplex (Pick 1891).[1] Diese

1 Die Untersuchung der Kraepelinschen Originalschriften zeigt, daß die Entwicklung seines Konzeptes keineswegs ein klarer zielgerichteter Erkenntnisvorgang der »zugrundeliegenden Wirklichkeitsphänomene« war, sondern als ein »Experimentieren« und »Konstruieren« interpretierbar ist. Was in der obigen Beschreibung der Übersichtlichkeit halber etwas verkürzt dargestellt wurde, soll in dieser Fußnote durch ein längeres Zitat von W. Janzarik aus seinem Artikel »Wandlungen des Schizophreniebegriffes« (1978) ergänzt werden:
»In der 4. Auflage seines Lehrbuches faßt Kraepelin [...] 1893 die von ihm weitgehend gleichbedeutend mit der Kahlbaum-Heckerschen Hebephrenie eingeführte Dementia praecox, die Katatonie und die Dementia paranoides als ›psychische Entartungsprozesse‹ zusammen. Als Krankheitsformen der traditionellen Psychiatrie im Gefolge Griesingers, die von ihm zunächst noch festgehalten werden, bilden der ›Wahnsinn‹, die ›Verrücktheit‹ und die akuten Erschöpfungszustände ein weiteres Reservat für die später schizophren genannten Psychosen. In der 5. Auflage von 1896 spricht Kraepelin von ›Verblödungsprozessen‹. Der Wahnsinn ist stillschweigend in der Dementia paranoides aufgegangen. Die berühmte 6. Auflage von 1899, auf der die noch heute in der

Störungsbilder bewahrten einen Rest von Unabhängigkeit dadurch, daß sie noch heute als Untertypen der Schizophrenie aufgeführt werden.

In der Folgezeit hat sich der Begriff Schizophrenie in Verbindung mit dem Kraepelinschen Klassifikationssystem mehr und mehr durchgesetzt, wiewohl es immer auch Kritik und Alternativkonzepte gab. Die ganze Geschichte des Schizophrenie-Konzeptes kann hier natürlich nicht erzählt werden; sehr unterschiedlich, widersprüchlich und spezifisch ist das, was von den verschiedenen Theoretikern in ihren jeweiligen Klassifikationssystemen unter Schizophrenie verstanden wurde. Eine genauere historische Analyse müßte sich auch auf die »Rahmenbedingungen« konzentrieren, die das Konzept ermöglichten, auf das von Bleuler erwähnte »Chaos« mit seinen Auswirkungen, auf die Reaktionen, die in der Öffentlichkeit und insbesondere in den Fachkreisen hervorgerufen wurden (zum Beispiel in den aktuellen Beiträgen in den Fachzeitschriften) usw. Nur eine Ergänzung soll die wechselvolle Geschichte noch illustrieren.

Schon Eugen Bleuler hatte mit seiner Bezeichnung »Gruppe der Schizophrenien« eine weitere Konzeption als Kraepelin vertreten. Sein starker Einfluß auf die amerikanische Auffassung der Schizophrenie führte dazu, daß beispielsweise im Jahre 1952 80 Prozent der Patienten und Patientinnen des New York State Psychia-

> Psychiatrie gültige Systematik beruht, erhebt die Dementia Praecox zum Oberbegriff. Eine »demence precoce« war schon um 1860 bei dem Entartungstheoretiker Morel erschienen, aber unbeachtet geblieben und im Dickicht der »folies hereditaires« untergegangen. Die für die Entartungs- und Verblödungsprozesse eintretende Dementia praecox im weiteren Sinne schließt hebephrenische, katatonische und paranoide Formen zusammen. Außerhalb bleibt vorerst noch die Paranoia (Verrücktheit). Nachdem E. Bleuler [...] in seinem Referat vor der Jahresversammlung des Deutschen Vereins für Psychiatrie 1908 für den Begriff Kraepelins den neuen treffenden Terminus eingeführt hat, beginnen die Wandlungen des Schizophreniebegriffes.« (S. 133)

Dieses Zitat zeigt auch deutlich, daß der Dementia praecox im Kraepelinschen Sinne als zentrales Charakteristikum das der Entartung/Verblödung zugrunde liegt, was dem Schizophreniebegriff heute noch anhaftet. Zubin (1985) nimmt an, daß die während des 19. Jahrhunderts vorherrschende »Degenerationstheorie« das Kraepelinsche Denken über die Ätiologie von Geisteskrankheiten und damit die schlechte Prognose der Dementia praecox beeinflußt hat.

tric Institute als schizophren bezeichnet wurden, während es 1930 nur 20 Prozent waren. Am Maudsley Hospital in London dagegen blieb der Prozentsatz von als schizophren diagnostizierten Patienten und Patientinnen 40 Jahre lang mit etwa 20 Prozent relativ konstant (Davison und Neale 1988, S. 431).
Von großem Gewicht sind heutzutage die Versuche, *internationale Klassifikationssysteme* zu formulieren und durchzusetzen, um damit zu einer Vereinheitlichung der diagnostischen Kategorien für die Forschung und die Praxis zu kommen. Neben dem Ansatz der Weltgesundheitsorganisation WHO mit ihrer »International Classification of Diseases« (ICD) hat das *Diagnostic and Statistical Manual of Mental Disorders* (DSM-III-R, deutsche Übersetzung 1989) der American Psychiatric Association (APA) besondere Bedeutung.

2.3 DSM-III-R: Schwierigkeiten eines Standardisierungsversuches

Das DSM-III-R versucht eine Klassifikation und Hierarchisierung psychischer Störungen, um zu einer internationalen Standardisierung psychiatrischer Diagnostik im praktischen wie wissenschaftlichen Bereich zu kommen. Grundsätzlich wurde »dieses ›*deskriptive*‹ Vorgehen als unbefriedigend erkannt« (S. XI), aber mangels Alternativen müsse dies als »notwendiges Vorstadium« (ebd.) konsequent durchlaufen werden, »um allmählich auf der Basis systematischer empirischer Studien geeignetere Konzepte und Definitionen zu entwickeln« (ebd.). Es erscheint mir sinnvoll, nach dem geschichtlichen Rekurs nun etwas ausführlicher auf dieses neue und im Forschungsbereich dominierende Klassifikationssystem einzugehen. Denn die Autoren der deutschen Übersetzung gehen auf einige zentrale *Probleme psychiatrischer Klassifizierung* ein, und zwar auf eine überraschend offene und selbstkritische Weise, die deutlich macht, daß es letztlich keine »objektive« Basis für ihr eigenes Unterfangen geben kann.
Maxime des DSM-III-R ist, »daß es sich um einen weitgehend atheoretischen, deskriptiven Ansatz zur Erfassung psychischer Störungen handeln soll« (S. XVI). Im Zentrum des Interesses stehen nicht administrative und therapeutische Aspekte klinisch-psychiatrischer Tätigkeiten, sondern es geht um eine Hilfestellung

für den Diagnostiker angesichts des immer komplexeren Forschungs- und Erkenntnisstands über psychische Störungen. Es handelt sich um einen Versuch der »Präzisierung und Technisierung« des diagnostischen Prozesses und der Gewinnung einer weltweiten klassifikatorischen Monopolstellung des DSM-III-R. Dies soll die Kommunikation in der internationalen Forschungsliteratur erleichtern.

Die *praktische Anwendung* des Klassifikationssystems erfolgt oft wenig sorgfältig und sachgerecht (S. x), da sie sehr komplex ist und Trainingsprogramme erfordern würde. Nur »wenige Benutzer von DSM-III-R [haben] die 400 Seiten Text der diagnostischen Kriterien auch wirklich gelesen« (S. XIII). Der einheitlichen Anwendung sind also grundsätzliche praktische Grenzen gesteckt. Daß psychiatrische Beschreibungen und Diagnosen aber niemals »objektiv« sein können, sondern immer subjekt- und kontextabhängig sind, zeigt sich schon bei den *Übersetzungsproblemen* (»ein oft weit über die normale Schmerzgrenze hinausgehender kritischer Vorgang«, S. xv): Durch einen komplizierten Übersetzungs- und Revisionsprozeß »wurde u. a. recht deutlich, in welchen Bereichen zwischen der europäischen und der amerikanischen Psychiatrie noch gravierende Unterschiede bestehen, die zum Teil auf der terminologischen Ebene, zum Teil aber auch auf der Konzeptebene oft nicht eindeutig zu lösen sind« (S. XVI).

In der Einführung zur deutschen Ausgabe des DSM-III-R ist die Rede davon, daß auch das Original keineswegs immer nur konsequent logischen Gesichtspunkten folgen würde, sondern *Kompromisse* einzugehen waren, die historisch oder durch Rücksichten auf Kräfteverhältnisse in der APA bedingt waren. Dazu kommen weitere Kompromisse bei der deutschsprachigen Fassung bezüglich der anderen Denkgewohnheiten, nosologischen Traditionen und Terminologie in der deutschsprachigen Psychiatrie. Als zentraler Problembereich wird dabei von den Verfassern bereits die Verwendung des Ausdrucks »Psychische Störungen« als Übersetzung für »Mental Disorders« genannt, wo herkömmlicherweise von Krankheiten und Krankheitseinheiten gesprochen wird. Das Original bemüht sich ja, das System von ätiopathogenetischen Theorien und speziellen Krankheitskonzepten freizuhalten. Daß Sprache nicht nur neutrales Informationsmittel ist und die Wirklichkeit lediglich abbildet, zeigt sich auch an den für schizophrene Störungen wichtigen Begriffen: »Phase« ist mit Vorstellungen einer vollständigen Remission wie nach manisch-depressiven Episoden verbunden; »Schub« ist mit Konnotationen eines gesetzmäßigen Überganges in einen Defekt besetzt; daher wurden die hinsichtlich des Verlaufes »neutralen« Begriffe »Phase« und »Episode« verwandt.

Bei diesen und weiteren in der Einführung genannten terminologischen und konzeptionellen Problemen erhebt sich die Frage, wieweit das Verständnis und die Vergleichbarkeit bei bisherigen Untersuchungen gewährleistet war, da zum Beispiel noch in den fünfziger Jahren weltweit über 38 verschiedene Klassifikationssysteme psychischer Störungen zu finden waren (S. xx). Die Autoren behaupten, daß der »Revisionsprozeß inzwischen allenthalben rationaler geworden« (ebd.) sei, daß die Veränderungen »nunmehr« (?) empirisch begründet und leichter nachvollziehbar seien. Auch hier drängt sich die Frage auf: Denunzieren die Autoren mit ihrer Begründung des DSM-III-R nicht letztlich alle vorhergehenden Konzepte, die ja als grundlegende Vorstellungen in jede historisch neue Konzeption, also auch ihre, eingehen?

Gegenüber traditionellen Psychopathologie-Vorstellungen, die auf ontologisierende Weise einen *endogenen Krankheitsprozeß* als das Primäre postulieren (vgl. Hoff 1988; Kraepelin 1920), kommen moderne nosologische Unternehmungen wie das DSM-III-R konstruktivistischen Grundgedanken schon recht nahe, wenn auch auf eine unbeabsichtigte und unreflektierte Weise, indem sie auf ätiologische Vorstellungen explizit verzichten zugunsten eines Standardisierungsversuches des »diagnostischen Blicks«, also des Konstruktionsprozesses. Mir scheint die Situation in der Psychiatrie bezüglich ihrer Krankheitskonzepte selbst »schizophren«: Auf der einen Seite gibt es die ontologisierende Vorstellung der Krankheitseinheit Schizophrenie, und auch in der Praxis geht diese auf selbstverständliche Weise ein, andererseits finden sich immer mehr Stimmen, die von einem lediglich beschreibenden, »nützlichen« Konstrukt sprechen (zum Beispiel der englische Sozialpsychiater Wing und der deutsche Universitätspsychiater Degkwitz mit Kollegen, siehe Keupp, 1987, S. 132). Eugen Bleulers Sohn Manfred, der des Vaters berühmtes Lehrbuch fortgeführt und einige Auflagen neu bearbeitet hat, schreibt in dem Geleitwort für das Buch *Schizophrene Menschen* von Christian Scharfetter (1986, S. VII):

»Jahrzehntelanger Forschung ist es nicht gelungen, eine einzige und spezifische Ursache schizophrener Störungen nachzuweisen. Heute sind wir für den Gedanken bereit, daß es eine solche vielleicht gar nicht gibt. Vielmehr ist deutlich geworden, wie mannigfache Dysharmonien, die sich bei der Persönlichkeitsentwicklung störend geltend machen, die Prädisposition zur schizophrenen Erkrankung bilden.«

Bevor ich die Diskussion des Schizophrenie-Konzeptes fortsetze, möchte ich nun genauer auf den Konstruktivismus, seine unterschiedlichen Formen und einige seiner Grundgedanken eingehen.

3. Was ist unter Konstruktivismus zu verstehen?

Der Konstruktivismus ist keine homogene Doktrin, sondern ein dynamischer interdisziplinärer Diskussionszusammenhang (Schmidt 1987), in dem versucht wird, eine fundierte Alternative zum neuzeitlichen Wissenschaftspositivismus zu entwickeln. Er nimmt Abschied von absoluten Wahrheits- und Wirklichkeitsbegriffen, denn alltägliches Erkennen wie auch Wissenschaft ist für ihn subjekt- und kontextabhängig. Nach Maturana und Varela (1987, S. 7) ist *Erkennen* nicht als eine »Repräsentation der ›Welt da draußen‹ [zu verstehen], sondern als ein andauerndes Hervorbringen *einer* Welt durch den Prozeß des Lebens selbst«. Wir erzeugen unsere Welt also immer wieder aufs neue, indem wir sie leben, und bei dieser fortlaufenden Konstruktion unserer sozialen Wirklichkeit hat unsere Sprache eine ganz besondere konstruktive Rolle.

Karin Knorr-Cetina (1989) unterscheidet für die Soziologie drei »Spielarten des Konstruktivismus«: den Sozialkonstruktivismus bei Berger und Luckmann, den kognitionstheoretischen (erkenntnistheoretischen) Konstruktivismus und das empirische Programm des Konstruktivismus. Für die Psychologie erscheint mir die Situation etwas komplizierter; ich werde drei analoge Unterformen ausführlicher besprechen, die sich meines Erachtens auf eine besondere Weise zu einem »Paradigma« zusammenfügen. Dabei gibt der Sozialkonstruktivismus quasi die Richtung vor, formuliert als Zielperspektive die Entmystifizierung und Entontologisierung der psychosozialen Realität. Der erkenntnistheoretische oder Radikale Konstruktivismus, wie er von seinen Vertretern und Vertreterinnen genannt wird, diskutiert die wis-

senschafts- und erkenntnistheoretischen Grundfragen, und die »Bewegung des sozialen Konstruktionismus« (Gergen 1985) hat sich in den angloamerikanischen Ländern bereits bei einer Reihe von empirischen Untersuchungen im Sinne einer sozialen und historischen Dekonstruktion bewährt. Bevor ich diese drei konstruktivistischen Perspektiven erläutere, um ihre besondere Relevanz durch ihr Zusammenwirken für die Psychologie und die Diskussion des Schizophreniekonzeptes zu zeigen, möchte ich weitere wichtige Strömungen des Konstruktivismus zumindest kurz ansprechen.
Konstruktivistische Vorstellungen wurden bislang besonders in der systemischen Familientherapie rezipiert und diskutiert, so daß sogar von einer »konstruktivistischen Wendung« gesprochen werden kann. Dabei wird der engere familiäre Rahmen überschritten, und menschliche Systeme werden nicht mehr primär unter strukturalen Merkmalen, sondern als »linguistische Systeme« (Goolishian und Anderson 1988) betrachtet. Die Adaptation konstruktivistischer Grundgedanken ist hier schon recht weit gediehen (vgl. zum Beispiel die Veröffentlichungen der »Heidelberger Schule« und die Diskussionen in den deutschsprachigen Zeitschriften *Familiendynamik* und *Zeitschrift für systemische Therapie*), so daß ich diesen Bereich hier nicht näher vorstellen muß.
Zu den Konstruktivisten, die ebenso ihren Ausgangspunkt im psychotherapeutischen und kommunikationstheoretischen Bereich nehmen, zählt Paul Watzlawick (1981, 1988a), der mit seinen leicht lesbaren Schriften wohl am weitesten ins öffentliche Bewußtsein vorgedrungen ist (zum Beispiel mit seinem Buch *Anleitung zum Unglücklichsein*, 1988b). Als Vordenker ist hier vor allem Gregory Bateson (1983) hervorzuheben. Er hat mit Kollegen die sehr populär gewordene »Double-bind«-Hypothese (Bateson u. a. 1969) formuliert, die auch den Beginn einer breiteren sozialwissenschaftlichen Forschung zur Schizophrenie markiert.
Als »Gründerväter« (Bardmann u. a. 1991) des Radikalen Konstruktivismus gelten Heinz von Foerster und Ernst von Glasersfeld, deren in kybernetischen bzw. sprach- und entwicklungspsychologischen Arbeiten formulierte Ideen mit den Konzepten der chilenischen Biologen und Neurokybernetiker Humberto Maturana und Francisco J. Varela (1987) konvergieren. Zusammen liefern sie die begriffliche Basis des Radikalen Konstruktivismus,

der auch insofern radikal zu nennen ist, als er besonders radikal mit herkömmlichen Vorstellungen von Wahrnehmung und (wissenschaftlicher) Erkenntnis bricht, wie sie im impliziten Alltagsverständnis und in traditionellen Wissenschaftsauffassungen vorherrschen. Besondere Popularität genießt momentan das Konzept der »autopoietischen Systeme«, also der sich selbst organisierenden und entwickelnden Systeme (Maturana 1982; siehe zum Beispiel in Anwendung auf die Identitätsentwicklung Schimank 1988 und auf die Soziologie allgemein Luhmann 1990, 1985).
Insgesamt erscheint mir dieser interdisziplinäre Diskussionszusammenhang als hochkomplexes, keinesfalls einheitliches Geflecht von Personen, Begriffen und Konzepten, die miteinander verwoben sind und sich gegenseitig befruchten. Eher in Abgrenzung als im wechselseitigen Austausch zum erkenntnistheoretischen Konstruktivismus wurde von amerikanischen und englischen Sozialpsychologen und -psychologinnen der »social constructionism« entwickelt, den ich unter 3.3 erläutern werde. Das angesprochene Geflecht ist nun selbst wiederum in die umfassendere Wissenschafts- und Geistesgeschichte eingebunden, verschiedene »Vordenker und Ahnherren« werden erwähnt, und es ergeben sich verschiedene Überschneidungsbereiche, so zum Beispiel mit dem französischen Poststrukturalismus (vgl. die Schriften von Foucault, Lyotard und Derrida) und mit den sogenannten interpretativen Paradigmas in den Sozialwissenschaften (siehe unten).
Weil die (Wissens-)Soziologen Peter Berger und Thomas Luckmann meines Wissens als erste den Begriff der sozialen Konstruktion in die sozialwissenschaftliche Debatte geworfen und quasi das Programm aller konstruktivistischer Varianten vorgegeben haben, werde ich die ausführlichere Darstellung konstruktivistischer Konzepte mit ihnen beginnen.

3.1 Der Sozialkonstruktivismus bei Berger und Luckmann

In ihrer bekannten wissenssoziologischen Arbeit *Die gesellschaftliche Konstruktion der Wirklichkeit* (1966) gehen sie vor allem der Frage nach, wie es dazu kommt, »daß die selbstproduzierte Sozialordnung von deren Teilnehmern gleichzeitig als ›objektive‹,

›äußerliche‹ und quasi ›naturgegebene‹ erfahren wird« (Knorr-Cetina 1989, S. 87). Jede Sozialordnung wird im Kollektiv gemeinsam hergestellt und immer wieder reproduziert, tritt aber den Gesellschaftsmitgliedern als vorgegebene und unveränderlich scheinende Realität gegenüber. Mit Begriffen wie Institutionalisierung, Typisierung, Objektivierung, Legitimation und anderen versuchen Berger und Luckmann das Verhältnis der einzelnen Gesellschaftsmitglieder zu den sozialen Rollen und Institutionen zu bestimmen, die Beziehung zwischen dem individuellen Bewußtsein und dem allgemeinen gesellschaftlichen Wissensvorrat darzulegen. Die *Analyse der Verdinglichung der sozialen Wirklichkeit* fordern sie als beständiges Korrektiv für die reifizierenden Tendenzen im allgemeinen wie wissenschaftlichen Denken.

»Verdinglichung bedeutet, menschliche Phänomene aufzufassen, als ob sie Dinge wären, das heißt als außer- oder übermenschlich. Man kann das auch so umschreiben: Verdinglichung ist die Auffassung von menschlichen Produkten, als wären sie etwas anderes als menschliche Produkte: Naturgegebenheiten, Folgen kosmischer Gesetze oder Offenbarungen eines göttlichen Willens. Verdinglichung impliziert, daß der Mensch fähig ist, seine eigene Urheberschaft der humanen Welt zu vergessen, und weiter, daß die Dialektik zwischen dem menschlichen Produzenten und seinen Produkten für das Bewußtsein verloren ist. Eine verdinglichte Welt ist per definitionem eine enthumanisierte Welt. Der Mensch erlebt sie als fremde Faktizität, ein opus alienum, über das er keine Kontrolle hat, nicht als das opus proprium seiner eigenen produktiven Leistung« (Berger und Luckmann 1966, S. 94 f.).

Damit ist auch für meine Untersuchung hier das Programm vorgegeben. Denn die nimmermüde Jagd von Wissenschaftlern und Praktikerinnen nach »Schizokokken« (Herzog und Schweitzer 1992), nach klar dingfest zu machenden physiologischen Mechanismen und einem oder mehreren verantwortlichen Genen, sind als Versuch zu interpretieren, nicht anerkennen zu wollen oder zu können, daß die schizophren genannten Verhaltensweisen eine besondere Form zwischenmenschlicher Beziehungen darstellen, also etwas, das wir im sozialen Austausch im Rahmen unserer historisch-gesellschaftlichen Bedingungen »herstellen«. Viele psychiatrische wie alltägliche Erklärungsversuche reduzieren das Phänomen Schizophrenie auf einen intraindividuellen, speziell hirnphysiologischen Störungszustand.

Ausgehend von wahrnehmungspsychologischen Experimenten, neueren Ergebnissen der Hirnforschung und kognitionstheoretischen Überlegungen kritisiert der Radikale Konstruktivismus repräsentationistische Vorstellungen von Wahrnehmung und Erkenntnis, wie sie für den »gesunden Menschenverstand« und gleichermaßen für herkömmliche wissenschaftliche Theorien typisch sind. Solche Abbildungshypothesen gehen von der Annahme aus, daß beobachterunabhängige Dinge existieren, die zuverlässig erkannt werden können (»Weg der absoluten Objektivität«: Riegas und Vetter 1990, S. 77). Konstruktivistische Vorstellungen im Sinne von Maturana beschreiten einen Weg der *»relativen Objektivität«:* »jede ›Wirklichkeit‹ [wird] stets durch das Handeln oder besser das aktive Erkennen eines Beobachters konstituiert [...] ›Wirklichkeit‹ ist, so gesehen, das Resultat sehr subjektiver Beobachtungs- und Konstruktionsprozesse« (Riegas 1990, S. 334). Denn unsere Sinnesorgane liefern kein getreues Abbild einer unabhängigen Realität, unser Wahrnehmungssystem steht in keinem direkten Kontakt zu unserer Umwelt.

»So sehen wir nicht mit dem Auge, sondern mit, oder besser in den visuellen Zentren des Gehirns [...] Wahrnehmung ist demnach Bedeutungszuweisung zu an sich bedeutungsfreien neuronalen Prozessen, ist Konstruktion und Interpretation« (Roth, zitiert nach Schmidt 1987, S. 14).

Das Gehirn ist kein umweltoffenes Reflexsystem, sondern ein *funktional geschlossenes System,* das nur seine eigene »Sprache« versteht und in sich zirkulär mit seinen eigenen Zuständen umgeht. Wahrnehmungsreize werden von Maturana und Varela (1987) lediglich als Perturbationen, als Störungen und Anregungen, für diese internen Systemzustände gesehen. Im Gehirn ist der signalverarbeitende und der bedeutungserzeugende Teil eins, die Signale des sensorischen Nervensystems sind bedeutungsneutral, die Bedeutung wird ihnen auf der Grundlage der Lern- und Lebensgeschichte des Individuums von den entsprechenden Gehirnteilen zugewiesen.

Wieso haben wir dann aber doch alle dasselbe Bild der Welt, wird häufig gegen solche »kontra-intuitiven« konstruktivistischen Vorstellungen eingewandt? Wieso können wir überhaupt miteinander kommunizieren und uns verstehen? Maturana und Varela (1987

S. 20) sprechen von einer »Versuchung der Gewißheit«, der wir normalerweise erliegen: »Wir neigen dazu, in einer Welt von Gewißheit, von unbestreitbarer Stichhaltigkeit der Wahrnehmung zu leben, in der unsere Überzeugungen beweisen, daß die Dinge nur so sind, wie wir sie sehen.« Und wir sind der Überzeugung, andere Menschen müßten sie genauso wahrnehmen. Für unser *intuitives Alltagsverständnis* scheint es eine psychologisch notwendige Bedingung zu sein, von dieser Vorstellung einer gemeinsamen, objektiven Welt auszugehen. Routinehaftes alltägliches Handeln wird durch diese »Gleichheitsannahme« erst möglich. Daß es sich aber um eine Unterstellung handelt, kann uns besonders dann bewußt werden, wenn sie von jemandem gröblich verletzt wird, wenn jemand gegen unsere Normalitätserwartungen verstößt[2] und beispielsweise Stimmen hört, die wir nicht hören (können). Zur Rettung unserer »Wahrnehmungsgewißheit« sprechen wir dem Gegenüber dann oft genug ab, daß es damit recht habe, erklären es für verrückt usw. Für die verschiedensten psychologischen Bereiche sehe ich es als eine besonders interessante, ja notwendige Ausgangssituation an, eben nicht von dieser einen, gleichen Weltsicht auszugehen, sondern von der Unterschiedlichkeit. Damit kommen noch besser die Bedingungen in den Blick, unter denen Übereinstimmung in der Wahrnehmung, kommuni-

2 Zur Erforschung der Regeln, die unseren Alltag strukturieren, wurden von Harold Garfinkel die sogenannten »Krisenexperimente« (1967) entwickelt, die auf drastische Weise zeigen, wie sehr wir in unserem alltäglichen zwischenmenschlichen Handeln die Wahrnehmung einer »gemeinsamen Realität« unterstellen. Studierende waren angewiesen worden, sich in ihren Familien wie Fremde zu verhalten, Unwissenheit über alltägliche Ausdrücke und Routinen vorzugeben und ähnliches. Die Versuchspersonen wurden dadurch zumeist sehr verunsichert, ja in »Krisen« gestürzt; die Überforderung, die durch die absichtsvolle Verletzung der Alltagsregeln entstand, führte oft genug zu Reaktionen, die »psychopathologische Qualitäten« aufwiesen. Ein Beispiel:
»Das Opfer winkte freundlich.«
(VP) »Wie steht's?«
(E) »Wie steht es mit was? Meiner Gesundheit, meinen Geldangelegenheiten, meinen Aufgaben für die Hochschule, meinem Seelenfrieden, meinem ...«
(VP) (rot im Gesicht und plötzlich außer Kontrolle) »Hör zu! Ich unternahm gerade den Versuch, höflich zu sein. Offen gesprochen, kümmert es mich einen Dreck, wie es mit dir steht« (Bamme 1983, S. 193).

kativer Austausch, Verstehen, Normalität etc. hergestellt wird bzw. eben nicht zustande kommt.

Das *radikalkonstruktivistische Postulat der kognitiven Abschließung des Nervensystems* bezieht sich auf seine operationale Arbeitsweise. Damit allein kann aber nicht die Generierung von Bedeutungen erklärt werden. Denn diese entstehen im sozialen Interaktionsprozeß, durch die alltäglichen Erfahrungen, die das Individuum mit anderen macht, die seine Hypothesen über »die« Welt bestätigen oder unpassend erscheinen lassen. Bei der *Bedeutungszuweisung* operiert das Gehirn auf der Grundlage früherer Erfahrungen und stammesgeschichtlicher Festlegungen. Alle Bewertungs- und Deutungskriterien muß das Gehirn zwar aus sich selbst entwickeln; die (über-)lebensnotwendigen lernabhängigen Leistungen – zum Beispiel Invariantenbildung, Komplexitätsreduktion nach Luhmann (1971), aber auch die Lerntheorien kommen hier zur Anwendung – entwickeln sich erst im fortlaufenden Lebensprozeß unter spezifischen sozialen Bedingungen. Jede individuelle Realitätskonstruktion ist notwendigerweise bestimmt und begrenzt durch die bestehenden sozialen Deutungsmuster und gesellschaftlichen Verhältnisse. »In diesem Sinne ist die von unserem Gehirn konstituierte Wirklichkeit eine soziale Wirklichkeit und keine Monade im Leibnizschen Sinne, obwohl sie in der Tat kein Fenster nach draußen hat« (Maturana und Varela 1987, S. 107).

Der Konstruktivismus schließt hier an die sozialwissenschaftlichen Denktraditionen des Symbolischen Interaktionismus (Mead 1973) und der Ethnomethodologie (zum Beispiel Weingarten u. a. 1976) an und erweitert sie um biologische Aspekte des kognitiven Apparates und der menschlichen Evolutionsgeschichte. Gemeinsam ist ihnen als Perspektive die Dekonstruktion des alltäglichen Verhaltens und der Regeln und Normen, die dieses bestimmen.

Beobachtung, Wahrnehmung, auch wissenschaftliche Erkenntnisgewinnung wird bestimmt durch das beobachtende Subjekt (mit seinen Vorerfahrungen und Zielsetzungen), den Beobachtungskontext (wo, unter welchen spezifischen äußeren, historischen Umständen), den Beobachtungs»gegenstand« und die zur Beschreibung und zum kommunikativen Austausch verwendete Sprache. Von keinem dieser interagierenden Bestandteile läßt sich abstrahieren, um zu einer »absoluten« Beobachtung, zu »reinen« wissenschaftlichen Daten zu kommen. Damit wird die gängige

Forderung nach Wiederholbarkeit/Nachvollziehbarkeit von wissenschaftlicher Beobachtung und von Experimenten zum zwar verständlichen, aber utopischen Ziel. Und der Streit um die »richtige« Methode entschärft sich durch Fragen wie: Wie wird die wissenschaftliche Untersuchung durch die jeweils verwendete Methode vorstrukturiert, was wird – gestalttheoretisch gedacht – als Figur aus dem Wahrnehmungsfeld/Untersuchungsbereich hervorgehoben und was wird als Hintergrund vernachlässigt, »übersehen«?

Wichtig ist für unser Thema auch die Unterscheidung zwischen *internem Beobachter* (mit der unbezweifelbaren Gewißheit, zu existieren und Subjekt von Wahrnehmungs- und Denkakten zu sein) und *externem Beobachter,* welcher Organismen und deren Umwelt beobachtet und deren Interaktion als »Verhalten« bezeichnet (vgl. Schmidt 1987, S. 19). Die Bereiche des internen und des externen Beobachters sind überschneidungsfrei. Aus den Beobachtungen physiologischer Vorgänge beispielsweise lassen sich keine Aussagen darüber machen, wie Gefühle empfunden werden.

Der Radikale Konstruktivismus hat seine wesentlichen Wurzeln in *Systemtheorie und Kybernetik,* welche sich um die Erforschung von Steuerungsvorgängen und Systemzusammenhängen bemühen. In der Abarbeitung an der Kybernetik und Überwindung ihrer ursprünglichen Einseitigkeiten gewann der Radikale Konstruktivismus sein Profil: War die Kybernetik in ihrer anfänglichen physikalischen Orientierung auf einem Modell von Informationsverarbeitung errichtet, das an Input-Output- und damit an Ursache-Wirkungs-Vorstellungen gebunden war, so gelang mit der *Theorie sich selbstorganisierender (autopoietischer) Systeme* auch die Beschreibung selbstbezüglicher lebender Systeme, der »Übergang von einer physikalischen zu einer biologischen Weltsicht« (Varela 1982, S. 84), was die Kybernetik zu einem metadisziplinären Forschungsansatz machte. Entsprechend dieser alternativen Sichtweise der Kybernetik ist Realität ein *interaktives Phänomen,* denn Beobachter und Beobachtetes sind wechselseitig voneinander abhängig. Objektivität ist die Wahnvorstellung eines Subjektes, daß Beobachtung ohne dieses selbst stattfinden könne (sinngemäß aus der Declaration of the American Society for Cybernetics 1983, zitiert nach Schmidt 1987).

3.3 Zum sozialen Konstruktionismus

Der »soziale Konstruk*tionis*mus«, den Kenneth J. Gergen vom besprochenen erkenntnistheoretischen Konstruktivismus abgrenzt (1985), hat in den angloamerikanischen Ländern bereits weite Verbreitung gefunden. Er beschäftigt sich mit der gesellschaftlichen Herstellung von verschiedenen (sozial-)psychologischen »Gegenständen«: Gefühle (Harré 1984, 1986), Wut/Aggression und Liebe (Averill 1982, 1985), Person und Persönlichkeit (Gergen und Davis 1985; Semin 1990), Geschlechtsrollen (Hare-Mustin und Marecek 1990), »Geisteskrankheit« (Eisenberg 1988) und anderes mehr.

Averill (1982, 1985) beispielsweise stellt in Frage, daß Wut primär als biologischer Zustand oder als authentischer Ausdruck des »wahren Selbst« eines Menschen zu verstehen sei. *Emotionen* sind ganz fundamental durch die Kultur und die zwischenmenschlichen Beziehungen geformt. Liebe zum Beispiel ist ein vielschichtiges Syndrom, das von vielen biologischen, psychologischen und sozialen Faktoren bestimmt wird, die in einem komplexen Prozeß zusammenwirken. Die Begriffe, mit denen die Gefühle bezeichnet werden, fungieren nicht als überzeitliche Bezeichnungen, sondern erhalten ihre Bedeutung aus dem jeweiligen spezifischen Kontext ihres Gebrauchs (Sarbin 1984).

Gergen (1985) beschreibt in seinem programmatischen Artikel »The Social Constructionist Movement in Modern Psychology« *zentrale Anliegen und Inhalte des sozialen Konstruktionismus.* Primäres Ziel ist es, die traditionelle Subjekt-Objekt-Dichotomie in den Wissenschaften, den Dualismus von Empirismus und Rationalismus zu überwinden. Die Begriffe, mit denen die Wirklichkeit untersucht und beschrieben wird, begreift er als soziale und historische Produkte des Austausches zwischen den Menschen. Deshalb sind die historischen und kulturellen Grundlagen zu untersuchen, auf denen jeweils unsere Weltbilder, unsere Vorstellungen von Wahrheit und Wissenschaft etc. aufbauen. Eine wichtige Rolle spielt dabei die Sprache, die gleichzeitig Gegenstand und Mittel der Untersuchung ist, so daß die Gefahr einer Zirkularität besteht, die von traditionellen empirischen Wissenschaftsauffassungen zu wenig beachtet wird. Denn wie können theoretische Kategorien mit Hilfe von Beobachtungen an einer unabhängig postulierten Wirklichkeit verifiziert werden, wenn der Prozeß, in dem die Beobachtungsattribute identifiziert werden sollen, selbst auf den Kategorien aufbaut, die man besitzt und zu verifizieren versucht, fragt Gergen (1985, S. 266). Eine sprach- und kategorienunabhängige Beobachtung der Wirklichkeit ist nicht möglich.

Da Sprache ihre Bedeutung durch den alltäglichen Gebrauch und den jeweiligen Kontext gewinnt, ist die wissenschaftliche Sprache auch nicht derjenigen von Laien überlegen, behaupten Gergen und Gün R. Semin (1990, S. 15).[3] Die Sozialen Konstruktionisten berufen sich hierbei auch auf Wittgenstein (1984), der in seinem Spätwerk gezeigt hat, wie sehr Sprache und sprachliche Handlungen an die soziokulturellen Konventionen gebunden sind.

Methodisch gesehen ist der Soziale Konstruktionismus im wesentlichen eine *Sprach- und Diskursanalyse.* Er untersucht alle möglichen Formen von mündlichen und schriftlichen »Texten«, also alltägliche Konversation, Zeitungsartikel, Erzählungen, Transkripte von Forschungsinterviews etc. Hauptziel ist es zu zeigen, wie die Sprache benutzt wird, um soziale Interaktionen und die diversen sozialen Welten zu erschaffen und zu gestalten (Potter und Wetherell 1987; Parker 1991).

Besonders interessant erscheinen mir gerade die Untersuchungen, die gegenüber der Psychologie, ihrem methodischen Vorgehen und ihrem »Gegenstand« eine *Metaperspektive* einnehmen (zum Beispiel Stam, Rogers und Gergen 1987 oder Sampson 1983). Edward E. Sampson, der sich selber als »critical constructionist« (1987) bezeichnet, zeigt, daß der »Gegenstand« der psychologischen Forschung, *das Individuum, als soziales, kulturelles und historisches Produkt* gesehen werden muß. Ganz selbstverständlich und unhinterfragt ist aber für die Mehrheit der Forscher und

3 »The scientists' terms are not more rigorously tied to the world as it is, nor are they more predictive of events in the world (for language itself carries no information as to how it is linked to a world of particulars). Rather, lay language and scientific language are used by the two cultures to carry out certain patterns of social interchange. They both gain their utility from the respective social milieus. To be sure, the scientific community may be more engaged in the process of systematic prediction; and a scientific language may be essential to co-ordinate their activities as a scientific community. However, this is not to privilege the language of the scientific culture as somehow being more accurate or objectively true than that of the lay culture« (Gergen und Semin 1990, S. 15).

Forscherinnen der einzelne Mensch, die von dem sozialen Kontext abgetrennte individuelle Person, das Verhalten des Organismus das Objekt psychologischer Forschung. Die transkulturelle Perspektive zeigt auf besonders eindrucksvolle Weise – indem sie Distanz zu unseren alltäglichen Selbstverständlichkeiten schafft –, welche Variationen des Persönlichkeitskonzeptes in anderen Kulturen gegeben sind. Auf diesem Hintergrund charakterisiert Sampson das *westliche Personkonzept* als eine einzigartige, abgetrennte, in sich geschlossene Ganzheit, die ein dynamisches Zentrum des Urteilens und Handelns darzustellen hat und die in Gegensatz steht zu den anderen Individuen und zu dem sozialen und naturhaften Hintergrund, dem sie entstammt.
Diese Dekonstruktionsprozesse des psychologischen Gegenstandes sind neben der kulturanthropologischen Forschung ganz wesentlich auch durch Veröffentlichungen aus dem *Frauenforschungsbereich* vorangetrieben worden. So kritisieren Rachel T. Hare-Mustin und Jeanne Marecek (1990) die traditionelle Psychologie als »androzentrisch« und mehr oder weniger »frauenlos«. Sowohl als Forscherinnen als auch als Untersuchungsobjekte seien Frauen sehr unterrepräsentiert, geradezu unsichtbar gewesen. Dies führte dazu, daß das Männliche zum universell Menschlichen generalisiert wurde. So wurden auch die kulturspezifischen Stereotypen der Geschlechterrollen – und damit die vermeintliche männliche Dominanz – zu naturhaften Gesetzmäßigkeiten stilisiert. Die beiden Autorinnen greifen insbesondere die Idee und die Untersuchungen der Geschlechtsunterschiede an, da darin auf eine falsche, universalisierende Weise die *Dichotomisierung der Geschlechter* betrieben werde. Die Variabilität innerhalb der Geschlechter ist dagegen viel bedeutsamer, als es die Unterschiede zwischen den Geschlechtern sind.
Nicht nur das Geschlechterverhältnis, sondern das gesamte westliche Denken der Vergangenheit bis zur Gegenwart baut auf Dualitäten und Dichotomien auf. In den sozialen Beziehungen gilt zumeist das Ich oder Du, die Aussagenlogik trennt in wahre und falsche Sätze auf und schließt jede dritte Möglichkeit aus, die herkömmliche Computerwelt, die Rechtsprechung und vieles andere mehr basiert auf einem Entweder-Oder. Die Psychologie ist Teil dieser Tradition und betreibt im wesentlichen Operationen des Vergleichens und Kontrastierens. Doch es gibt immer mehr als zwei Seiten eines Problems (vgl. Hare-Mustin und Marecek 1990,

S. 1). Für psychische Störungen bedeutet dies, daß es nicht nur zwei klar unterscheidbare Zustände gesund–krank, normal–abweichend, Vorhandensein oder Abwesenheit einer Schizophrenie usw. gibt. Es ist damit ein weiteres Ziel des Konstruktivismus, aufzuzeigen, wie komplex, widersprüchlich, verwoben, mehr als dualistisch die internen psychischen Mechanismen und die sozialen Realitäten sind. Es geht also um die *Aufhebung der grundlegenden Subjekt-Objekt-Spaltung*, die unser gesamtes westliches Denken und Forschen durchzieht, die auf Descartes' Aufteilung der Welt und des Individuums in eine »res cogitans« und eine »res extensa« zurückzuführen ist (vgl. Simon 1991).

3.4 Integration zu einem dialektischen Programm des Sozialen Konstruktivismus

Um zu einer adäquaten dialektischen Sichtweise zu gelangen, erscheint es mir sinnvoll, die drei skizzierten konstruktivistischen Ansätze zusammenzuführen. Damit entsteht ein *Spannungsfeld*, das für die (Sozial-)Psychologie äußerst fruchtbar sein kann. Diese Integration ist gar nicht so naheliegend, weil die dargelegten Richtungen auf den ersten Blick nicht so viele Gemeinsamkeiten aufzuweisen haben, da Radikale Konstruktivisten und Konstruktivistinnen »sich für intrapsychische Prozesse (Kognitionen im weitesten Sinne) interessieren und dort den Ursprung von Wirklichkeitskonstruktionen sehen, wogegen social constructionists sich nur für interpsychische Prozesse, d. h. für Formen und Inhalte des Diskurses zwischen den Individuen interessieren« (Baecker u. a. 1992, S. 3).

Eine Sozialpsychologie, wie sie von uns für sinnvoll erachtet und entwickelt wird, spannt sich immer schon vermittelnd als »Brücke« zwischen Soziologie und Psychologie. Sie versucht, den Einseitigkeiten und Reduktionismen, wie sie – je spezifisch – in beiden akademischen Disziplinen vorkommen, zu entgehen und ihren »Gegenstand« so zu konzipieren, ein Subjektmodell so zu entwerfen, daß das Individuum nicht isoliert-atomistisch agiert, sondern immer schon in soziale Zusammenhänge (personales Netzwerk, Rollen, Institutionen, gesellschaftlich-historische Verhältnisse ...) eingebettet ist, die es formen und seine Lebensgrundlagen darstellen. Diese sozialen »Gebilde« erhalten aber keinen ontologischen, »übermenschlichen« Status, sondern werden durch das Handeln und Kommunizieren der Menschen hergestellt, immer wieder reproduziert und verändert (im Sinne des Berger-Luckmannschen Sozialkonstruktivismus). Das Individuum ist mehr als eine unfreie, reflexhafte und konditionierte »black box«, nämlich ein sich selbst *im Rahmen der sozialen Möglichkeiten steuerndes, selbstorganisierendes System.*

Hier ist allerdings nicht der Raum, die Grundlagen und Möglichkeiten eines Sozialen Konstruktivismus gänzlich zu entfalten. Im weiteren möchte ich aber versuchen, einige Grundgedanken zu explizieren und die jeweiligen Folgerungen für eine kritische Diskussion des Schizophreniekonzeptes zu zeigen.

4. Sozialer Konstruktivismus und Schizophrenie

Welches Verständnis des Phänomens Schizophrenie ist nun auf der Basis des Sozialen Konstruktivismus möglich? Ich versuche nun zu zeigen, wie es mir persönlich möglich wurde, mit den Problemen und Widersprüchlichkeiten, die ich in diesem Bereich praktisch und theoretisch erfahren habe, besser umzugehen. Wenn ich Schizophrenie als sozial konstruierten Tatbestand betrachte, so kann ich die diversen, zum Teil widersprüchlichen Vorstellungen und Definitionen zur Schizophrenie (siehe Abschnitt 4.1) vereinbaren, indem ich sie auf ihre Subjektabhängigkeit und Kontextgebundenheit beziehe. Hierbei – und bei diagnostischen Fragen allgemein – leistet das »Beobachterkonzept« von Maturana gute Dienste (4.2). Mit Hilfe der kognitionstheoretischen Auffassung des Radikalen Konstruktivismus gelingt mir ein besseres Verständnis der schizophrenen Symptome (4.3, 4.4), das diese »normalisiert« und in den Kontext allgemein-menschlicher Lebensmöglichkeiten zurückholt, aber gleichzeitig nicht Gefahr läuft, diese zu »romantisieren« und ihre Besonderheit und das mit ihnen verbundene Leiden zu übergehen. Abschließend möchte ich zeigen, daß die Schizophrenie Züge eines Gegenbildes zu den bei uns vorherrschenden Identitätsvorstellungen trägt und somit als »die andere Seite unserer Normalität« erscheint (4.5).

4.1 Dialektisches Wechselwirkungskonzept von Individuum und Umwelt: Schizophrenie als Störung des Individuums und des sozialen Kontextes

Mit dem Sozialen Konstruktivismus bleibt die Spannung zwischen intrapsychischem Erleben und Denken und zwischenmenschlichem Handeln erhalten. Er erfaßt die beiden Aspekte desselben Prozesses, quasi die Innen- und die Außenperspektive, die aber nicht einfach wechselseitig übersetzbar sind, sich nicht aufeinander reduzieren lassen. Dies erscheint mir für die Diskussion von Schizophrenie-Theorien ganz zentral. Denn diese waren über Jahre hinweg auf die eine oder andere Weise von vereinfachenden Vorstellungen bestimmt und haben sich in ihren Unvereinbarkeiten zum Teil erbittert bekämpft oder – was noch schlimmer ist – keinerlei Notiz voneinander genommen. *Integrative und multifaktorielle Ansätze* stehen zwar hoch im Kurs (z. B. Ciompi 1982; Scheflen 1981; Arieti 1979) und werden von fast allen Theoretikern und Praktikern beiderlei Geschlechts immer wieder »beschworen«, aber nur selten verwirklicht.

Die Suche nach einem bio-psycho-sozialen Modell (Engel 1979), welches all die verschiedenen Theorieansätze und Sichtweisen zu integrieren und die vorhandenen Widersprüchlichkeiten zu überwinden vermag, dauert an. Ob es dieses Modell in praktikabler Form geben wird, kann nur die Zukunft erweisen. Hier möchte ich nur zeigen, daß die bestehenden Unterschiede vereinbar sind, wenn sie auf ihre jeweilige Perspektivität bezogen werden. Denn es geht nicht um wahr oder falsch bei den folgenden Beispielen für Definitionen und (Selbst-)Beschreibungen der Schizophrenie; sie sind in ihrer Unterschiedlichkeit aber als Ausdruck spezifischer Ausgangspunkte und Blickwinkel (von Betroffenen und Professionellen) zu verstehen.

Definitionen und Beschreibungen der Schizophrenie

(a) »Das schizophrene Leben ist weiter gekennzeichnet durch *Mangel an Einheitlichkeit und Ordnung* aller psychischen Vorgänge. Widerstrebende Vorstellungen und Emotionen werden ungenügend aneinander angepaßt und laufen widersprüchlich nebeneinander. Wie im Traum, im autistischen und im archaischen Denken des Gesunden überwiegt im Schizophrenen die Tendenz, sich – unbekümmert um die Realität – ein Bild der Welt nach dem eigenen widersprüchlichen Wesen und den eigenen widersprüchlichen Wünschen und Ängsten zu schaffen. Es resultieren die *Zerfahrenheit des Denkens* und des Gefühllebens und die *Unmöglichkeit, sich als einheitliche Person zu empfinden* (Depersonalisation)« (Bleuler 1948, S. 408).

(b) Die Erfahrungen und Verhaltensweisen, die mit der Bezeichnung Schizophrenie versehen werden, sind eine bestimmte Art von Strategie, die eine Person erfindet, um in einer Situation zu leben, in der man nicht leben kann. [...] Die Person wurde in eine unhaltbare Situation manövriert [...] als auch einem externen, von den Personen um sie herum stammenden, widersprüchlichen Druck ausgesetzt [...] Sie befindet sich gewissermaßen in einer Position des Schachmatts« (Laing 1964, S. 186).

(c) Die Theorie, daß die Schizophrenie auf eine übermäßige Aktivität des Neurotransmitters Dopamin zurückgeht, basiert im Prinzip auf dem Wissen über die Wirkungsweise von Medikamenten, mit denen man bei der Behandlung der Schizophrenie gewisse Erfolge erzielt. [...] Die *Phenothiazine* [...] lindern einerseits bestimmte Symptome der Schizophrenie, haben aber Nebenwirkungen, die der Parkinsonschen Krankheit ähneln« (Davison und Neale 1988, S. 457).

(d) »Ich habe zeit meines Lebens nach Identität mit mir gesucht, mit dem, wo ich mich auf mich selber verlassen kann, selbst vertrauen. Wo ich weiß, so ist es einfach, da kann mir niemand reinreden und so« (Herr T., mehr als 20 Jahre Psychiatrie-Erfahrung, Diagnose zumeist Schizophrenie, jahrelange Depot-Neuroleptika-Behandlung).

(e) »Schizophrenie als zu bewältigendes, krisenhaftes Lebensereignis mit Chronifizierungsrisiko stellt keinen homogenen Bewältigungsgegenstand dar, sondern ist hinsichtlich der Vielfalt der im Lebensumfeld sich ergebenden Anforderungs- und Belastungssituationen und deren Veränderungen in der Zeit zu differenzieren. Theoretisch bedeutet dies den Übergang von einem symptomzentrierten zu einem eher ganzheitlichen, die Transaktionen zwischen Individuum und Lebenswelt sowie deren biographische Entwicklung einschließenden Krankheitsbegriff« (Wiedl und Schöttner 1989).

(f) »Ich erlebe mich in einer grenzenlosen Einsamkeit, so daß ich dann die Gedanken und all die anderen Dinge brauche, schon fast Stimmen höre wie von einem anderen Menschen« (Frau W., als chronisch schizophren Diagnostizierte).

(g) »Das klassische Bild eines Schizophrenen ist das eines Menschen, der sich auf eine ganz fundamentale Weise vom Rest der Menschheit abgeschnitten fühlt. Unfähig, Emotionen auszudrücken, normal mit anderen umzugehen oder sich verbal in einer für andere verständlichen Art und Weise auszudrücken, wirken Schizophrene ausdruckslos, apathisch und stumpf. [...] Einige Psychiater bezweifeln, daß Schizophrenie eine ein-

heitliche Störung ist. Andere sprechen von einer Kernschizophrenie und einem größeren Bereich schizophrenieähnlicher Symptome. [...]
Trotzdem war dieses Denken [des reduktionistischen biologischen Determinismus, H. B.] in mehr als 30 Jahren Forschung über die Biochemie der Schizophrenie vorherrschend. Es hat Forschungsberichte ohne Ende hervorgebracht, zu wissenschaftlichem und medizinischem Ansehen verholfen und nebenbei den großen Pharmafirmen beträchtliche Profite gebracht. Die Geschichte der Auffassungen über Schizophrenie bei Biochemikern ist während dieser Periode unauflöslich mit denen der pharmazeutischen Industrie verknüpft« (Lewontin, Rose und Kamin 1988, S. 163 ff.).

(h) »Unter Todeslandschaften verstehe ich Leerräume, in denen gewisse menschliche Fähigkeiten nicht zur Entwicklung gelangen und existentiell unentbehrliche Grundmuster sich nicht konfigurieren können; überdies mangelt es an elementaren Urerfahrungen, die das amorphe Ich sukzessive strukturieren sollten. So fehlt es an Verdrängungsmechanismen [...] Hingegen zeichnen sich im Unbewußten ›stumme Zonen‹ ab, eine fehlende psychische Strukturierung, die man [...] ›schwarze Löcher‹ nennen könnte.
Das Tragische beginnt, wenn solche – sonst abgewehrten – innerfamiliären Todeslandschaften von den Patienten völlig introjiziert und internalisiert werden, wie dies bei Konflikten oder interpersonalen Verzerrungen manchmal der Fall ist. Von diesem Augenblick an breiten sich die Todeslandschaften nicht mehr zwischen den einzelnen Familienmitgliedern aus, die sie begrenzen, sondern im innersten, vitalsten psychischen Zentrum des einen psychotisch gewordenen Individuums und stehen hier für die versiegte Quelle seiner psychischen Abwehr.
Seine psychische Landschaft ist dann von Todeslöchern übersät, wird von ihnen zerrissen und aufgelöst. Das ist ein unverwechselbares Merkmal der Psychose« (Benedetti 1983, S. 51).

(i) »Wie einer am Flugzeug dranhängt und der stürzt ab. Er hat vielleicht noch nicht mal einen Fallschirm und zerschmettert. Das habe ich mir alles mal entworfen, solche Symboliken, da klebe ich fest wie ein Wahnsinniger! Weil eine Unsicherheit in mir ist, wie weit hat das wirkliche Bedeutung und wie weit – ich kann davon einfach nicht loslassen. Das hat ja auch mein Vater gemeint, mit dem Loslassen. [...]
Dann heißt es endlich, damit Schluß zu machen. Wenn ich nicht endlich loslasse, dann wird mich das so fertig machen, daß es dann Realität gewinnt. Bei dem Begriff des Loslassens habe ich immer die Vorstellung, als ob man eine Hand losläßt. Bei mir ist das nicht wie bei einem Kind, das die Hand der Mutter losläßt und ein paar Schritte allein geht, sondern bei mir bedeutet loslassen, daß ich an einer Hand hänge wie in so einem Film, ich lasse los, kann mich nicht mehr halten und falle in die Tiefen, wo sich der

andere gewünscht hat, der zieht sich an mir hoch« (aus einem Interview mit einem als schizophren diagnostizierten Menschen).

Die verschiedenen Bestimmungen beschreiben mal mehr die Innenperspektive, mal mehr äußere Bedingungen, und die Vermittlung beider Seiten gelingt ihnen unterschiedlich gut. Manchmal ergeht es mir wie bei einer wahrnehmungspsychologischen Kippfigur, mal nehme ich die Schizophrenie als intrapsychische Störung wahr, mal als Ergebnis »äußerer« familiärer und sozialer Bedingungen. Schizophrenie ist aber beides, unhaltbare soziale Situation und problematische psychische Strukturierung. Erkenntnisgewinne stellen sich besonders dort ein, wo es gelingt, der Dichotomisierung zwischen »Innen« und »Außen« zu entkommen, die beiden Seiten dialektisch ineinanderzufügen. Von sozial-konstruktivistischer Warte aus sind diese verschiedenen Definitionen und Theorieansätze auch danach zu bewerten, welchen Beitrag sie leisten, um den Dualismus von »Innen« und »Außen« aufheben und ein dialektisches Wechselverhältnis von Individuum und sozialer Umwelt gewinnen zu können.

4.2 Zum Konzept des Beobachters: Funktionen und Grenzen der Diagnostik

Zur Klärung erkenntnis- und kognitionstheoretischer Fragen hat Maturana (vgl. 1982) das Konzept des Beobachters entwickelt, das der Unterscheidung zwischen System und Beobachter dient. Ein System, das in der Lage ist, mit seinen internen Zuständen zu interagieren und von diesen Interaktionen Repräsentationen (sogenannte Beschreibungen) zu erzeugen, operiert als Beobachter. Erst für den Beobachter wird etwas zu einem Gegenstand, wenn er ihn von anderen *unterscheiden* und beschreiben kann. Jede Beschreibung schließt notwendig den Beobachter ein. Ein Beobachter ist ein »Lebewesen-in-der-Sprache« und wird von Maturana und Varela (1987, S. 13) in den Mittelpunkt jeden Verstehens und jeder Realitätsauffassung gestellt.
Bei der Diagnostik psychischer Störungen ist die Unterscheidung zwischen internem und externem Beobachter von zentraler Bedeutung; sie besagt, daß die Wahrnehmung des betroffenen Menschen mit der einer anderen, ihn beschreibenden und diagnostizie-

renden Person nie völlig in Übereinstimmung gebracht werden kann. Wie sich Patienten oder Patientinnen wahrnehmen und was die Professionellen einer Versorgungseinrichtung an ihnen beobachten, muß sich also grundsätzlich unterscheiden. Eine Diagnose geschieht – im Rahmen des jeweiligen konzeptuellen, nosologischen Systems – immer auf der Basis von Beobachtungen und Beschreibungen von außen her und bildet keineswegs die »innere Realität« eines Menschen ab.

Priebe (1989) schreibt »über die Subjektivität der psychiatrischen Diagnose« und charakterisiert die Diagnose als Interaktion zwischen den beteiligten Personen. Der Psychiater befindet sich in einer »rückbezüglichen Doppelrolle: Er ist selbst aktiv an der Interaktion beteiligt, deren Merkmale er mit der Diagnose kennzeichnet. Er ist Beobachter und Teil des beobachteten Objekts zugleich« (S. 88). Schizophrenie wird damit zu einem Konstrukt, mit dem Psychiater ihren Eindruck von einer spezifischen Interaktion mit einem anderen Menschen beschreiben und in das vorherrschende nosologische System einordnen, um zu bestimmten handlungsrelevanten Entscheidungen zu kommen und ihre gesellschaftlichen Aufträge zu erfüllen. Auch eine übereinstimmende Diagnose bedeutet keine »objektive« Feststellung, keine »Wahrheit« über einen anderen Menschen, sondern beschreibt die Situation nur ausschnittsweise aus einem bestimmten Blickwinkel. Wichtig erscheint mir die Ergänzung lediglich zuschreibender, individuumsbezogener Syndrombegriffe durch Beschreibungen der Interaktion und der wahrgenommenen Gegenübertragungstendenzen. Die *Sozialpsychiatrie* versucht, ihre Perspektive auf psychische Störungen diesbezüglich zu erweitern (Berger und Schirmer 1992). Damit einher geht die Forderung nach größerer Toleranz und Akzeptanz den psychisch Abweichenden gegenüber, die anderes bedeuten müssen als die traditionellen Vorstellungen von »Krankheitseinsicht« und »compliance«. In diesem Sinne beschreibt Böker (1991) »die Entwicklung eines partnerschaftlichen Therapieverständnisses der Schizophrenie als Folge neuer Ätiologiekonzepte und Wandlungen des psychiatrischen Zeitgeistes«.

4.3 Erkennen und Handeln: Schizophrenie als Krankheit oder als »andere Seite der Normalität«

Viele konstruktivistische Fragestellungen kreisen um die spezifischen Erkenntnismöglichkeiten des menschlichen Wesens. In Abkehr von dualistischen Auffassungen (die Welt da draußen, die Kognitionen intern im physiologischen Apparat) werden Konzepte und Begrifflichkeiten entwickelt, die der Rückbezüglichkeit unserer Kognitionen Rechnung tragen. *Reflexion* nennen Maturana und Varela (1987, S. 29) den »Prozeß, in dem wir erkennen, wie wir erkennen, das heißt eine Handlung, bei der wir auf uns selbst zurückgreifen«. Doch im alltäglichen Funktionieren sind wir für diese Tatsache der Rekursivität »blind«. Reflexion wird dabei als Störung empfunden: Eine Metapher dafür ist die Geschichte des Tausendfüßlers, der über seine eigenen Beine zu stolpern beginnt, wenn er bewußt zu gehen versucht.
Mit *Zirkularität* wird die Verkettung von Handlung und Erkenntnis bezeichnet: »diese Untrennbarkeit einer bestimmten Art zu sein von der Art, wie die Welt uns erscheint, sagt uns, daß jeder Akt des Erkennens eine Welt hervorbringt« (S. 31). Einer der beiden »Kernaphorismen« des *Baumes der Erkenntnis* bringt diese Kreisläufigkeit zum Ausdruck: »Jedes Tun ist Erkennen, und jedes Erkennen ist Tun« (S. 32).
Daß wir *in unserem Erkennen eine Welt hervorbringen* und nicht nur repräsentieren, ist für Maturana und Varela der Schlüssel zur Erkenntnis des Erkennens. Gerade die Phänomene, die in der Wahrnehmungspsychologie üblicheweise als *»optische Täuschungen«* bezeichnet werden, enthüllen die Erkenntnisvorgänge besonders gut; sie erscheinen nur vordergründig-physikalistisch als Fehler. Wenn nun diese sogenannten »optischen Täuschungen«[4]

4 Beispiele für die sogenannten optischen Täuschungen sind:
(a) Unser Gehirn, insbesondere die »Sehrinde«, konstituiert einen geschlossenen Raum, obwohl sich an der Stelle, an der der Sehnerv durch die Retina hindurchtritt, an dem sogenannten blinden Fleck, keine Sinneszellen befinden. Rein abbildungstheoretisch wäre ein Wahrnehmungsloch zu erwarten.
(b) Die künstlich geschaffenen »Kippfiguren« aus dem Bereich der »optischen Täuschungen« zeigen vor allen Dingen, wie wir Wahrnehmungsbilder auf dem Hintergrund bisheriger Erfahrungen konstruieren und daß sich »das Gehirn« einmal für die eine, dann für die andere

mehr sind als Fehlwahrnehmungen, nämlich gerade die Wahrnehmungsweisen unseres Gehirns enthüllen, könnten dann nicht die formalen, aber auch die inhaltlichen Denkstörungen, die Halluzinationen und sonstigen Symptome der Schizophrenie die Wirkungsweisen von komplexen Wahrnehmungs- und Kognitionsprozessen, von unseren Sozialisations- und Lebensformen aufzeigen? Mit dieser Sichtweise geraten wir in einen fundamentalen Widerspruch zum *Krankheitsbegriff* der klassischen Psychopathologie, der keinen Übergang, sondern einen klaren Trennungsstrich zwischen dem normalen und dem pathologischen menschlichen Funktionieren zieht. Für Kurt Schneider, einen prominenten Vertreter der traditionellen Psychiatrie, ist das Festhalten am Krankheitsbegriff von zentraler Bedeutung: Die psychopathologischen Symptome sind nach seinen Vorstellungen als krankhaft zu qualifizieren, das heißt, sie haben keine Entsprechung, keinen Übergang zum »normalen Seelenleben«.

»Diese Psychosen [gemeint sind die sogenannten endogenen Psychosen Zyklothymie und Schizophrenie; H. B.] schließen sich in erdrückender Mehrzahl nicht an Erlebnisse an, sind keinesfalls von solchen motiviert im Sinne der Erlebnisreaktion. Vor allem aber zerreißen sie die Geschlossenheit, die Sinngesetzlichkeit, die Sinnkontinuität der Lebensentwicklung« (1967, S. 8 f.).

Das psychisch Abweichende hat gemäß der traditionellen medizinischen Vorstellung keine Entsprechung im Normalen. Mit der zu vollziehenden konstruktivistischen Wendung würde nun aber aus dem Krankhaften, aus der Schizophrenie, *eine Seite unserer menschlichen, gesellschaftlichen Realität.*

Das Hervorbringen einer – egal ob von außen als normal oder abweichend, krankhaft bezeichneten – Welt manifestiert sich in allen unseren Handlungen und in unserem ganzen Sein. »Es besteht keine Diskontinuität zwischen dem Sozialen und dem Menschlichen sowie deren biologischen Wurzeln. Das Phänomen der Erkenntnis ist eine Ganzheit, es ist in allen Aspekten in der

angebotene Variante (zum Beispiel was vorne und was hinten zu liegen scheint) »entscheidet«. Denn den zweidimensionalen Vorlagen muß eine Bedeutung, ein »Wahrnehmungsergebnis« im dreidimensionalen Raum, in dem wir nunmal leben, verliehen werden. Escher (vgl. Ernst 1978) arbeitet in seinen berühmten Zeichnungen genau mit diesem Dimensionswechsel und erzielt dabei verwirrend schöne Bilder und Konstruktionen.

gleichen Weise begründet« (Maturana und Varela 1987, S. 33). Diese Aussage ergibt für mich die zentrale Herausforderung: Ausgehend von der Hypothese, daß keine Diskontinuität zwischen dem »normalen Funktionieren« und den »Störungsformen der Schizophrenie« besteht, sind die Sinnhaftigkeit und Funktionalität des vordergründig uneinfühlbaren, symptomatischen Verhaltens zu untersuchen, Verbindungen herzustellen zu zentralen Konfliktbereichen, Familienproblemen, zum gesamten Lebensprozeß. Eine schizophrene Episode wird dann zum (von außen als fehlgeschlagen beschreibbaren) Bewältigungsversuch einer Krisensituation, die vor allem auch in schwierigen Übergangssituationen, zum Beispiel Adoleszenz, Ablösung vom Elternhaus, Aufbau einer eigenständigen beruflichen Existenz, auftreten kann. Nur so läßt sich die Einheit von Erkennen und Handeln auch im Bereich psychischer Störungen wahren und sinnvoll psychotherapeutisch arbeiten. Es ist klar, daß die postulierte Kontinuität jeweils nur an spezifischen Einzelfallgeschichten aufgezeigt werden kann (vgl. Berger 1989). Was ich hier aber noch zeigen möchte, ist, wie ein konstruktivistisches Verständnis der üblicherweise beschriebenen Symptome der Schizophrenie aussehen könnte.

4.4 Dekonstruktion der Schizophrenie-Symptome

Wie sind nun die hauptsächlichen Symptome der Schizophrenie im konstruktivistischen Sinne zu verstehen? Diese wird ja zumeist als Störung des Ichs, als Verlust seiner Grenzen nach außen verstanden (vgl. zum Beispiel Benedetti 1983), wodurch insbesondere die kognitiven Funktionen beeinträchtigt würden. Die konstruktivistischen Konzepte der informationellen Abgeschlossenheit des Gehirns/Nervensystems und der konsensuellen Realität erscheinen mir sehr hilfreich für das Verständnis der bei der Schizophrenie »gestörten« Prozesse. Die Parenthese erklärt sich damit, daß es sich um Prozesse handelt, die bei uns allen alltäglich ablaufen, also auch das »normale« psychische Funktionieren ausmachen. Diese Störungen haben keinen ontologischen Charakter, sondern sind relationale Begriffe, verweisen auf den sozialen Lebenszusammenhang und auf die phylogenetisch erworbenen psychischen Funktionsmechanismen, die jedoch in ihrer physiologischen Beschreibung nicht aufgehen.

(1) Daß bei der Darstellung des charakteristischen Symptombildes der Schizophrenie im DSM-III-R der *Leistungsabfall* an die erste Stelle gerückt ist, belegt diesen relationalen Charakter der Symptome, verweist auf den biographischen Kontext und den sozialen Zusammenhang: »das Leistungsniveau [liegt] in Bereichen wie Arbeit, soziale Beziehungen und Selbständigkeit deutlich unter dem höchsten Niveau, das vor der Störung erreicht wurde« (ebd., S. 238).

(2) Charakteristische Beeinträchtigungen betreffen – wie allgemein bekannt – vor allem das Denken und die Wahrnehmung. Es werden auf sehr oberflächliche Weise die Störungen des inhaltlichen und des formalen Denkens unterschieden. Unter ersteres fallen all die *Wahnphänomene,* und auch hier wird die Kulturspezifität deutlich ausgesprochen, da Wahnvorstellungen »im Kulturkreis des Betroffenen als vollkommen abwegig angesehen würden« (ebd.).

(3) Die Phänomene der Gedankenausbreitung, der Gedankeneingebung, des Gedankenentzugs und ähnliches sind als *Störungen des dialektischen Verhältnisses von »innen« und »außen«* interpretierbar. Die subjektiven gedanklichen Konstruktionen werden als solche nicht mehr erkannt und damit nicht mehr steuerbar, sind übergeneralisiert; die »inneren« Konstruktionen, Wünsche, Emotionen, Konflikte etc. sind nach »außen« verlagert. Vor allem elaborierte Wahnsysteme sind »abgedichtet« gegen äußere Beeinflussungen, Erklärungen, Richtigstellungen, die betroffenen Personen halten mit immenser (verzweifelter) Kraft fest an ihren Vorstellungen, und es findet kein Austausch, kein Aushandeln von zumindest partiell gemeinsamer Realitätssicht mehr statt; dieses rigide Festhalten an bestimmten Überzeugungen soll das bedrohte, krisenhafte (Über-)Leben sichern.[5]

5 R. Schleiffer unternimmt in seinen »systemtheoretischen Überlegungen zum Wahnproblem« (1981) eine vergleichbare Uminterpretation. Statt nach dem »Wesen« des Wahns zu suchen, fragt er nach dessen *Funktion.* Zumindest in dem Inititialstadium einer Wahnerkrankung, die oft als »Wahnstimmung« bezeichnet wird, fungiert die Entwicklung eines Wahns als »angstmindernder Mechanismus [...], mit dessen Hilfe der Kranke eine als zu komplex erlebte Welt zu bewältigen versucht« (S. 516). Die nicht mehr eindeutig gelingende Unterscheidung von Selbst- und Fremdwahrnehmung verweist neben anderem auf die »defekten Ichgrenzen« (Federn 1978). Das elaborierte Wahnsystem, das

(4) Bei den sogenannten *formalen Denkstörungen* werden die Lockerung der Assoziationen (wobei zwischen den Gedanken keine sinnvolle Beziehung mehr erscheint) und eine Verarmung im Inhalt der Sprache beschrieben. Diese Symptome werden, wie alle anderen auch, von einem Beobachter von außen festgestellt. Diese äußere Beschreibung ergibt keinen Hinweis darauf, welche »innere Logik« von den Betroffenen selbst erlebt wird, welche gegenüber dem »normalen« Konsens »verrückten« Zusammenhänge in dem bestehen, was von außen als wirr, unzusammenhängend, sprunghaft etc. wahrgenommen wird.
(5) Bei den Störungen der Wahrnehmung sind es besonders die *Halluzinationen,* die dem äußeren Beobachter als Indiz für die Diagnose Schizophrenie dienen, sofern organische Ursachen ausscheiden. Es herrschen akustische Halluzinationen vor, was vom konstruktivistischen Standpunkt her nicht verwunderlich ist, da sich unsere »innere« Welt vor allem auf die Sprache, auf Hören und Reden aufbaut. Auch Halluzinationen lassen sich als nach außen verschobene interne Konstruktionen verstehen.
(6) »*Selbstgefühl (Ichbewußtsein).* Das Selbstgefühl, das der gesunden Person ein Gefühl der Individualität, Einzigartigkeit und Selbstbestimmung gibt, ist bei Schizophrenie häufig gestört. Dies wird vielfach als Verlust der Ichgrenzen bezeichnet und zeigt sich oft in starker Unsicherheit bezüglich der eigenen Identität und der Bedeutung seiner Existenz« (ebd., S. 239). Dieses zentrale Merkmal ist als Reflex auf die eigene Lage sehr nachvollziehbar und verweist – wie die anderen Symptome auch – auf die Anforderungsstruktur für eine »gesunde Person«; siehe unten.
(7) Die Symptomgruppe »Beeinträchtigung der Fähigkeit zur Aufrechterhaltung zwischenmenschlicher Beziehungen und zur *Interaktion* mit der Außenwelt« stellt ein zentrales Charakteristikum dar, denn all die oben genannten Funktionsstörungen kommen der Außenwelt (der Familie, am Arbeitsplatz, dem Psychiater) ja erst dadurch zu Bewußtsein. Ein »verborgenes« Wahnsystem äußert sich ja nicht als Problem bzw. es ließe sich auf extreme Weise formulieren, daß wir alle mit unseren subjektiven Konstruktionen so etwas wie Wahngebilde in uns tragen, doch

sich durch die »Wahngewißheit« und »Unkorrigierbarkeit« auszeichnet, hat die Aufgabe, diese Lücken zu schließen und die damit verbundenen Gefährdungsmöglichkeiten zu reduzieren.

ohne unser alltägliches Funktionieren und Herstellen eines lebensnotwendigen Konsenses (allzusehr) zu stören. Subjektive »Störungen« werden erst dadurch zu Störungen, daß keine *konsensuelle Realität* hergestellt werden kann und damit alltägliche Lebensabläufe gestört werden.

4.5 Schizophrenie als andere Seite unserer Realität

In dieser allgemeinen Erörterung läßt sich weiter folgern, daß in den beschriebenen, konstruktivistisch aufgefaßten Symptomen die Vorstellung eines *gleichermaßen autonomen wie sozialen Individuums* außer Kraft gesetzt ist. Der Phänomenbereich, der mit der Diagnose Schizophrenie belegt wird, steht also für einen besonderen Verstoß gegen gesellschaftliche Forderungen bezüglich der Identität der Gesellschaftsmitglieder: Diese sind einerseits zur Autonomie verpflichtet, zur »Selbständigkeit« und Selbstverantwortung, aber sie müssen andererseits in ihrer Abgetrenntheit doch zugänglich bleiben für die soziale Umwelt, beeinflußbar und veränderbar, sich anpassen können. Die Bereitschaft zur »Interaktion mit der Außenwelt« und die Fähigkeit zur Herstellung einer »gemeinsamen Realität« muß gegeben sein. Die Leiden der betroffenen, schizophren genannten Menschen, ihre Ängste, Unsicherheit und Verzweiflung, erklären sich meines Erachtens wesentlich auch aus der Bedrohung, die soziale Zugehörigkeit und den bisherigen Lebensort zu verlieren, aus dem sozialen Netzwerk herauszufallen, Lebensperspektive und Identität in Frage gestellt zu sehen. Theodore S. Sarbin und James C. Mancuso (1982, S. 240) schreiben in ihrer kritischen Abhandlung zur Schizophrenie, daß »die Abwertung der sozialen Identität ein wesentlicher Bestandteil des Kontexts ist, der das Labelling, die Isolierung und die Absonderung« von als schizophren bezeichneten Menschen ausmacht. Auch andere »psychopathologischen Störungsformen« negieren bestimmte soziale Normalitätsvorstellungen und Funktionsweisen; die Schizophrenie scheint mir aber einen besonderen Stellenwert einzunehmen: von allen Beteiligten wird sie als schlimmstes, bedrohlichstes Etikett empfunden, auch weil die prognostischen Einschätzungen immer noch sehr negativ klingen und weil äußerst bedrohliche Gefühle der Fremdheit, der

Nichtverstehbarkeit und der »A-Sozialität« hervorgerufen werden.
Über die Hauptsymptome der Schizophrenie läßt sich also das Bild von Identitätsvorstellungen und -forderungen entwerfen, wie sie für bürgerlich-industrielle Gesellschaften typisch sind. Dies will ich hier ansatzweise mit der eben diskutierten Symptombeschreibung des DSM-III-R versuchen:
An erster Stelle steht das Kriterium der *Leistungsfähigkeit:* vor allem die erbrachte (Arbeits-)Leistung muß berechenbar sein, es darf keinen längerfristigen gravierenden Abfall geben. »Soziale Beziehungen und Selbständigkeit« müssen gleichermaßen gewahrt werden. Die *kognitiven Funktionen* sind für diese sozialen Leistungen von ganz enormer Bedeutung. Gedanken sind privat und autonom, doch dürfen sie nicht rein privatistisch und unveränderbar wie in einem »Wahn«, sondern müssen offen für »reale« Beeinflussung und Korrektur von außen sein. Gelockerte, eigenwillige Assoziationen stören; Gedankengänge müssen nachvollziehbar sein und der allgemeinen sozialen Logik des »Kulturkreises« folgen.
Halluzinationen sind Wahrnehmungen, die von anderen nicht nachvollzogen werden können, weil ihnen ein äußerer Gegenstand fehlt. Hier läßt sich durch sozialen Austausch kein Konsens mehr erzielen, Halluzinationen bedeuten einen groben Verstoß gegen die Annahme einer gemeinsamen geteilten Welt.
Werden solche Grundregeln des alltäglichen Miteinanders gestört, sind die *sozialen Interaktionen* des betreffenden Individuums mit seiner sozialen Außenwelt äußerst gefährdet. Isolation, Rückzug und die weiteren psychosozialen Folgeerscheinungen einer »chronischen Schizophrenie« sind eine naheliegende Konsequenz.
Die Symptombeschreibung des DSM-III-R drückt es deutlich genug aus, daß zu einer gesunden Person ein *Selbstgefühl* von »Individualität, Einzigartigkeit und Selbstbestimmung« gehört. Hier schließt sich der Kreis, den soziale Konstruktionisten und Konstruktionistinnen in ihrer kritischen Beschreibung der gesellschaftlich vorherrschenden und wissenschaftlich reproduzierten Identitätsvorstellungen begonnen haben.

4.6 Fazit

Mit Hilfe des sozialen Konstruktionismus läßt sich die gesellschaftlich wie wissenschaftlich erfolgte Ausgrenzung der Unvernunft rückgängig machen, kann der historisch abgebrochene Dialog zwischen Wahnsinn und Vernunft (Foucault 1969) wieder aufgenommen werden. Wenn ich davon ausgehe, daß die in schizophrenen Episoden beobachtbaren Erscheinungen eine Entsprechung zum normalen Funktionieren haben, und wenn kein Krankheitsbegriff zwischen die interagierenden Personen geschoben wird, dann wird die Einfühlbarkeit und Nachvollziehbarkeit (wieder) möglich. Über die kommunikative Auseinandersetzung mit dem »schizophrenen Menschen«, mit seinen Krankheitssymptomen und seinem gesamten Lebensprozeß, erschließen sich die Funktionen und die Sinnhaftigkeit der schizophrenen Erscheinungen, und zwar um so besser, je mehr ich sie mit konstruktivistischen Postulaten und Begrifflichkeiten zu verstehen versuche. Dieser subjektiv-partnerschaftliche Zugang ist – wie schwierig er auch immer im Einzelfall sein mag – ein notwendiges Korrektiv für die objektivistischen Tendenzen in der Psychiatrie, die auch in systemtheoretischen Varianten durchaus vorkommen.

Meines Erachtens handelt es sich bei der Schizophrenie um einen komplexen und vielfältigen Bereich, bei dem die Vorstellung einer Krankheitseinheit im organmedizinischen Sinne keinesfalls gerechtfertigt ist. Die Suche nach der einen, zentralen Kausalursache für Schizophrenie ist ergebnislos geblieben, befindet sich in einer Sackgasse (Schiepek und Schoppek 1991). Schizophrene Episoden können sehr verschiedenartige Ursachen haben, die Prognosen und Vergleiche der Verläufe sind sehr problematisch, da es sich um einen »offenen Entwicklungsprozeß« (Ciompi 1982) handelt, für dessen Verlauf der gesamte Kontext von äußeren Lebensbedingungen und inneren Ressourcen verantwortlich ist. Aus der Kybernetik ist der Gedanke der »gemeinsamen Endstrecke« (ebd.) von besonderer Bedeutung; damit ist gemeint, daß ein vergleichbares Erscheinungsbild durch recht unterschiedliche Ausgangszustände und Randbedingungen zustande kommen kann.

Abschließend ist nochmals festzustellen, daß es *die* Schizophrenie – im ontologischen Sinne – nicht gibt und auch nicht geben kann. Schizophrenie ist ein Konstrukt, ein Begriff, auf den sich die Fachwelt geeinigt hat, um einen besonders verwirrenden, ängstigenden Bereich von komplexen und schwer nachvollziehbaren Lebensproblemen und Leidenszuständen nosologisch aus dem gesamten Bereich psychischen Leidens und sozialer Krisen auszugliedern (bzw. historisch gesehen wurden verschiedene Phänomene zusammengefaßt). Die Bedeutung des Begriffs unterliegt historischen und kulturellen Wandlungen, wobei er meines Erachtens eine besondere Last an negativen Konnotationen mitträgt, die in Zusammenhang mit den ursprünglichen negativen Verlaufserwartungen und den dunklen Seiten der Psychiatriegeschichte stehen.

Das Schlußwort erhält eine Ärztin, die als »Aufnahmeärztin« in einem großen Krankenhaus arbeitet und schon viele Hunderte von Personen gesehen und gesprochen hat, die als schizophren diagnostiziert wurden. Im Rahmen meiner Forschungsarbeiten zur subjektiven Repräsentation des Schizophrenie-Konzeptes habe ich ein Interview mit ihr durchgeführt, und sie hat durch ihre Aussagen meine Vorbehalte in vielen Punkten bestätigt.

Ärztin: »Schizophrenie ist keine Krankheit für mich, damit ist es nicht alleine bezeichnet, Schizophrenie ist keine Störung alleine, Schizophrenie ist für mich auch nicht Ausdruck für eine irgendwie geartete Genialität – es ist einfach ein Bestandteil menschlicher Vielfältigkeit, eine Nuance oder eine Form menschlichen Seins, wie auch immer, weil ich's nicht werten will.«
Interviewer: »Weil du selber gesagt hast, man kann nicht alle Schizophrenen in einen Topf werfen: hältst du das Schizophreniekonzept als solches für ein wichtiges und richtiges?«
Ä.: »Nee, ich halte es für ein falsches. Ich denke, es würde anstehen (aber wem würde es anstehen?), dieses Schizophreniemodell über Bord zu werfen. Das, was wir alles so als Schizophrenie bezeichnen, sind – ätiologisch – bestimmt ganz verschiedene Dinge.«

Literatur

Ackenheil, M., H. Hippius und N. Matussek (1978), »Ergebnisse der biochemischen Forschung auf dem Schizophrenie-Gebiet«, in: *Der Nervenarzt* 49, S. 634-649.

American Psychiatric Association (Hg.) (1991), *Diagnostic and Statistical Manual of Mental Disorders (DSM-III-R)*; deutsche Bearbeitung H. U. Wittchen u. a., Weinheim/Basel: Beltz, 3. Auflage.

Arieti, S. (1979), *Schizophrenie. Ursachen, Verlauf, Therapie, Hilfen für Betroffene,* München: Piper.

Averill, J. R. (1982), *Anger and Aggression. An Essay on Emotion*, New York: Springer.

– (1985), »The social construction of emotion: with special reference to love«, in: K. J. Gergen und K. E. Davis (Hg.), *The Social Construction of the Person*, New York: Springer.

Baecker, J. u. a. (1992), »Sozialer Konstruktivismus – eine neue Perspektive in der Psychologie«, in: S. J. Schmidt (Hg.), *Kognition und Gesellschaft*, Frankfurt am Main: Suhrkamp.

Bamme, A. u. a. (1983), *Maschinen–Menschen, Mensch–Maschinen. Grundrisse einer sozialen Beziehung*, Reinbek: Rowohlt.

Bardmann, T. M. u. a. (Hg.) (1991), *Das gepfefferte Ferkel*, Aachen: Kersting.

Bateson, G. (1981), *Ökologie des Geistes. Anthropologische, psychologische, biologische und epistemologische Perspektiven*, Frankfurt am Main: Suhrkamp.

– u. a. (1969), »Auf dem Weg zu einer Schizophrenie-Theorie«, in: ders. u. a. (Hg.), *Schizophrenie und Familie*, Frankfurt am Main: Suhrkamp.

Benedetti, G. (1983), *Todeslandschaften der Seele. Psychopathologie, Psychodynamik und Psychotherapie der Schizophrenie*, Göttingen: Verlag für Medizinische Psychologie.

Bentall, R. P., H. F. Jackson und D. Pilgrim (1988), »Abandoning the concept of ›schizophrenia‹: Some implications of validity arguments for psychological research into psychotic phenomena«, in: *British Journal of Clinical Psychology* 27, S. 303-324.

Berger, H. (1989), *Wieder rauf ans Licht! Aus der Praxis Therapeutischer Wohngemeinschaften*, Bonn: Psychiatrie-Verlag.

– und U. Schirmer (Hg.) (1992), *Sozialpsychiatrische Dienste. Entwicklung, Konzepte, Praxis*, Freiburg: Lambertus.

Berger, P. L. und T. Luckmann (1969), *Die gesellschaftliche Konstruktion der Wirklichkeit*, Frankfurt am Main: Fischer.

Bleuler, E. (1943), *Lehrbuch der Psychiatrie*, Berlin: Springer, 7. Auflage.

Bleuler, M. (1986), »Geleitwort«, in: C. Scharfetter, *Schizophrene Menschen*, München: Urban & Schwarzenberg, 2. Auflage.

Böker, W. (1991), »Die Entwicklung eines partnerschaftlichen Therapieverständnisses der Schizophrenie als Folge neuer Ätiologiekonzepte und Wandlungen des psychiatrischen Zeitgeistes«, in: *Psychiatrische Praxis* 18, S. 189-195.

Ciompi, L. (1984), »Gibt es überhaupt eine Schizophrenie?«, in: R. Lempp (Hg.), *Psychische Entwicklung und Schizophrenie*, Bern: Hans Huber.

– (1982), *Affektlogik. Über die Struktur der Psyche und ihre Entwicklung. Ein Beitrag zur Schizophrenieforschung*, Stuttgart: Klett-Cotta.

Davison, G. C. und J. M. Neale (1988), *Klinische Psychologie*, München/Weinheim: Psychologie Verlags Union, 3. Auflage.

Einstein, A. (1934), »On the method of theoretical physics«, in: *Philosophy of Science* 1, S. 162.
Eisenberg, L. (1988), »The social construction of mental illness«, in: *Psychological Medicine* 18, S. 1-9.
Emrich, H. E. (1990), *Psychiatrische Anthropologie. Therapeutische Bedeutung von Phantasiesystemen*, München: Pfeiffer.
Engel, G. L. (1979), »Die Notwendigkeit eines neuen medizinischen Modells: Eine Herausforderung der Biomedizin«, in: H. Keupp (Hg.), *Normalität und Abweichung*, München: Urban & Schwarzenberg.
Ernst, B. (1978), *Der Zauberspiegel des M. C. Escher*, Berlin: Taco.
Federn, P. (1978), *Ichpsychologie und die Psychosen*, Frankfurt am Main: Suhrkamp.
Foucault, M. (1969), *Wahnsinn und Gesellschaft. Eine Geschichte des Wahns im Zeitalter der Vernunft*, Frankfurt am Main: Suhrkamp.
Garfinkel, H. (1967), *Studies in Ethnomethodology*, Englewood Cliffs, New Jersey: Prentice-Hall.
Gergen, K. J. (1985), »The Social Constructionist Movement in Modern Psychology«, in: *American Psychologist* 40, S. 266-275.
– und K. E. Davis (Hg.) (1985), *The Social Construction of the Person*, New York: Springer.
– und G. R. Semin (1990), »Everyday understanding in science and daily life«, in: G. R. Semin und K. J. Gergen (Hg.), *Everyday Understanding*, London: Sage.
Goolishian, H. A. und H. Anderson (1988), »Menschliche Systeme. Vor welche Probleme sie uns stellen und wie wir mit ihnen arbeiten«, in: L. Reiter u. a. (Hg.), *Von der Familientherapie zur systemischen Perspektive*, Berlin: Springer.
Hare-Mustin, R. T. und J. Marecek (Hg.) (1990), *Making a Difference. Psychology and the Construction of Gender*, New Haven/London: Yale University Press.
Harré, R. (1986), *The Social Construction of Emotions*, Oxford: Basil Blackwell.
Herzog, W. und J. Schweitzer (1992), »Der Schizokokkus. Resultate und mögliche Konsequenzen der biologischen Schizophrenieförschung«, in: *Familiendynamik* 17, S. 186-195.
Hoff, P. (1988), »Nosologische Grundpostulate bei Kraepelin. Versuch einer kritischen Würdigung des Kraepelinschen Spätwerkes«, in: *Zeitschrift für Klinische Psychologie, Psychopathologie und Psychotherapie* 36, S. 328-336.
Janzarik, W. (1978), »Wandlungen des Schizophreniebegriffes«, in: *Der Nervenarzt* 49, S. 133-139.
Katschnig, H. (1989), »Die vielen Seiten der Schizophrenie«, in: H. Katschnig (Hg.), *Die andere Seite der Schizophrenie. Patienten zu Hause*, München: Psychologie Verlags Union, 3. Auflage.

Keupp, H. (1987), *Psychosoziale Praxis im gesellschaftlichen Umbruch*, Bonn: Psychiatrie-Verlag.
Knorr-Cetina, K. (1989), »Spielarten des Konstruktivismus. Einige Notizen und Anmerkungen«, in: *Soziale Welt* 40, S. 86-96.
Kraepelin, E. (1905), *Einführung in die Psychiatrische Klinik*, Leipzig: Johann Ambrosius Barth, 2. Auflage.
– (1920), »Die Erscheinungsformen des Irreseins«, in: *Zeitschrift für die gesamte Neurologie und Psychiatrie* 51, S. 224–246.
Lewontin, R. C., S. Rose und L. J. Kamin (1988), *Die Gene sind es nicht ... Biologie, Ideologie und menschliche Natur*, München/Weinheim: Psychologie Verlags Union.
Luhmann, N. (1971), »Sinn als Grundbegriff der Soziologie«, in: J. Habermas und N. Luhmann, *Theorie der Gesellschaft oder Sozialtechnologie*, Frankfurt am Main: Suhrkamp.
Maturana, H. R. (1982), *Erkennen. Die Organisation und Verkörperung von Wirklichkeit*, Braunschweig: Vieweg.
– und F. J. Varela (1987), *Der Baum der Erkenntnis. Die biologischen Wurzeln des menschlichen Erkennens*, Bern: Scherz.
Mead, G. H. (1973), *Geist, Identität und Gesellschaft*, Frankfurt am Main: Suhrkamp.
Müller, C. (Hg.) (1973), *Lexikon der Psychiatrie*, Berlin: Springer.
Potter, J. und M. Wetherell (1987), *Discourse and Social Psychology*, London: Sage.
Priebe, S. (1989), »Über die Subjektivität der psychiatrischen Diagnose«, in: *Psychiatrische Praxis* 16, S. 86-89.
Riegas, V. (1990), »Glossar«, in: ders. und C. Vetter (Hg.), *Zur Biologie der Kognition*, Frankfurt am Main: Suhrkamp.
– und C. Vetter (1990), »Gespräch mit Humberto R. Maturana«, in: dies. (Hg.), *Zur Biologie der Kognition*, Frankfurt am Main: Suhrkamp.
Sampson, E. E. (1983), »Deconstructing Psychology's Subject«, in: *The Journal of Mind and Behavior* 4, S. 135-164.
– (1987), »A critical constructionist view of psychology and personhood«, in: H. J. Stam, T. B. Rogers und K. J. Gergen (Hg.), *The Analysis of Psychological Theory. Metapsychological Perspectives*, New York: Harper & Row.
Sarbin, T. S. und J. C. Mancuso (1982), *Schizophrenie. Medizinische Diagnose oder moralisches Urteil?*, München: Urban & Schwarzenberg.
Scheflen, A. E. (1981), *Levels of Schizophrenia*, New York: Brunner & Mazel.
Schiepek, G. und W. Schoppek (1991), »Synergetik in der Psychiatrie: Simulation schizophrener Verläufe auf der Grundlage nicht-linearer Differenzengleichungen«, unveröffentlichtes Manuskript, Bayreuth.
Schimank, U. (1988), »Biographie als Autopoiesis. Eine systemtheoretische Rekonstruktion von Individualität«, in: H. G. Brose und B. Hil-

denbrand (Hg.), *Vom Ende des Individuums zur Individualität ohne Ende*, Opladen: Leske und Budrich.
Schleiffer, R. (1981), »Wahn und Sinn. Systemtheoretische Überlegungen zum Wahnproblem«, in: *Der Nervenarzt* 52, S. 516-521.
Schmidt, S. J. (1987), »Der Radikale Konstruktivismus. Ein neues Paradigma im interdisziplinären Diskurs«, in: S. J. Schmidt (Hg.), *Der Diskurs des Radikalen Konstruktivismus*, Frankfurt am Main: Suhrkamp.
Schneider, K. (1967), *Klinische Psychopathologie*, Stuttgart: Thieme, 3. Auflage.
Semin, G. R. (1990), »Everyday assumptions, language and personality«, in: G. R. Semin und K. J. Gergen (Hg.), *Everyday Understanding. Social and Scientific Implications*, London: Sage.
Simon, F. (1990), *Meine Psychose, mein Fahrrad und ich. Zur Selbstorganisation der Verrücktheit*, Heidelberg: Carl Auer.
Stam, H. J., T. B. Rogers und K. J. Gergen (Hg.) (1987), *The Analysis of Psychological Theory. Metapsychological Perspectives*, New York: Harper & Row.
Watzlawick, P. (Hg.) (1981), *Die erfundene Wirklichkeit*, München: Piper.
– (1988a), *Münchhausens Zopf oder: Psychotherapie und »Wirklichkeit«*, Bern: Hans Huber.
– (1988b), *Anleitung zum Unglücklichsein*, München: Piper.
Weingarten, E. u. a. (1976), *Ethnomethodologie. Beiträge zu einer Soziologie des Alltagshandelns*, Frankfurt am Main: Suhrkamp.
Wiedl, K. H. und B. Schöttner (1989), »Die Bewältigung von Schizophrenie (I): theoretische Perspektiven und empirische Befunde«, in: *Zeitschrift für Klinische Psychologie, Psychopathologie und Psychotherapie* 37, S. 176-194.
Wittgenstein, L. (1984), *Werkausgabe*, Bd. 1: *Tractatus logico-philosophicus. Philosophische Untersuchungen*, Frankfurt am Main: Suhrkamp.

Heiner Keupp
Grundzüge einer reflexiven Sozialpsychologie
Postmoderne Perspektiven

Für eine Wiedergewinnung kritischer Reflexivität in der Psychologie

Wenn als minimale Definition von Sozialpsychologie das Erleben und Handeln der Subjekte im gesellschaftlichen Lebenszusammenhang gelten kann, dann ergibt sich sehr schnell die Anschlußfrage, in welcher Weise die aktuellen tiefgreifenden gesellschaftlichen Veränderungsprozesse Subjektivitätsformen verändern. Warum findet diese Frage in den Medien der akademischen Psychologie und Sozialpsychologie so wenig Resonanz? In den Diskussionszusammenhängen von Philosophie und Soziologie laufen dazu intensive Auseinandersetzungen. Und die Psychologie als Subjektwissenschaft steht – scheinbar unberührt – abseits und perfektioniert ihre abstrakten Modelle.

Aus der Geschichte der Psychologie heraus wirkt dieser Zustand befremdlich. Denn die Psychologie ist ein Kind der entstehenden bürgerlichen Gesellschaft. Das sich selbst entdeckende bürgerliche Individuum hat sich die Psychologie als Medium der Reflexion geschaffen. Die Psychologie ist also ein Unternehmen der reflexiven Selbstverständigung der Subjekte bezogen auf epochale Veränderungen, bezogen auf den krisenhaften Verlust bislang leitender Sinnkonstrukte und Leitseile jeweils möglicher oder geforderter Lebensführung. Sie ist ein Produkt der Moderne und hat dem Menschen der Neuzeit einen disziplinären Ort der rationalen Selbstvergewisserung geschaffen. Warum sollte sie sich gerade dieser Aufgabe in einer Zeit verweigern, in der die allseits erlebte und beklagte existentielle oder ontologische Bodenlosigkeit geradezu nach einem reflexiven Modus der Selbstvergewisserung dieser unaufhebbaren Bodenlosigkeit verlangt?

Gerade in einem soziokulturellen Kontext, in dem die Subjekte die Erfahrung machen, daß ihre Lebenskonzepte immer weniger aus scheinbar bewährten Traditionsbeständen bezogen werden können, daß alles disponibel und daß die Lebensführung unhintergehbar reflexiv geworden ist, wäre von der Psychologie ein fachwissenschaftlicher Rahmen zu erwarten, in dem der Prozeß der aktuellen Umbrüche in seinen subjektwissenschaftlichen Konsequenzen aufgearbeitet werden könnte. Noch einmal gefragt: Warum macht sie dieses Angebot nicht? Vielleicht gerade deshalb, weil die Psychologie ein Kind der Moderne ist. Sie wäre gar nicht möglich gewesen, wenn sich nicht das »bürgerliche Subjekt« aus den feudalem Abhängigkeiten und Weltbildern befreit hätte. Das war ein ungeheuerer Reflexionsschub, aber zugleich hat die Psychologie den eigenen Reflexionsprozeß auf einem Niveau abgebrochen, das Rationalität im Sinne der modernen Naturwissenschaften versprach. Sie begab sich auf den Weg der »Entdeckung« kultur- und kontextfreier universeller Gesetze des Psychischen. Das war der Weg der Moderne, dessen geistiges Baugerüst Descartes errichtet hat (vgl. Toulmin 1991). Gestützt durch dieses geistige Baugerüst hat sich die Psychologie erfolgreich institutionalisiert und professionalisiert. Aber sie hat damit auch Anteil an jenem Prozeß der Selbstdogmatisierung, in dessen Gefolge Vernunft und wissenschaftliche Rationalität mit den instrumentellen Rationalitätskriterien der Naturwissenschaften gleichgesetzt wurden. Das »Projekt der Moderne« hat sich in seinen reflexiven Möglichkeiten »halbiert«. Spürbar wird dies vor allem im Bereich der Ökologie: Die Technologien der Moderne gefährden heute zunehmend die Lebensgrundlagen der gesamten Gattung. Dies wird heute in allen Sozialwissenschaften und in der Philosophie diskutiert, und das ist der systematische Ort der »postmodernen Kritik«. Sie artikuliert sich als Zweifel an den Segnungen der Moderne, vor allem kritisiert sie deren »Verengungen und Verkrustungen« (Welsch 1988, S. 445), also den Verlust an Reflexivität auf ihre eigenen Grundlagen. Sie nährt systematisch den Zweifel an der »modernen Glaubensgewißheit«, man könne die Welt oder auch das Subjekt aus einem universellen Rationalitätsmodell begreifen.

Wenn die Psychologie wieder als Subjektwissenschaft, als professionelles Handlungssystem und als Ort reflexiver Selbstverständigung der Subjekte im soziokulturellen Raum Kompetenz gewinnen will, wird sie als Disziplin ihre hermetische Abwehr solcher Gedanken überwinden müssen. Mein Verständnis einer reflexiven Sozialpsychologie soll dazu beitragen, diese Hermetik zu überwinden.

Müssen wir wirklich gleich postmodern werden?

Meine Beschäftigung mit postmoderner Kritik erfolgte weniger aus Neigung denn eher aus der Einsicht in die Notwendigkeit. Die allseits beschworene und erlebte Krise der Moderne will begriffen werden, und am radikalsten wird diese Moderne aus dem Lager der postmodernen Kritik durchleuchtet. Meine Neigungen ziehen mich noch immer eher dorthin, wo ich eine Chance wittere, etwas darüber herauszufinden, »was die Welt im Innersten zusammenhält«; gleichzeitig sind mir aber die Kosten eines solchen fundamentalistischen Erklärungswunsches zunehmend bewußt geworden. Also begebe ich mich auf den Weg, Diskontinuitäten, Differenzen, Ambivalenzen, Brüche und Verunsicherungen und ihre Potentiale zu erkunden. Selbst wenn sich meine Sehnsüchte noch immer am Einheits- und Ganzheitsdenken festhaken, ist mir bewußt, daß es diesen Weg nicht mehr gibt. Ich will mit diesem Einstiegsbekenntnis deutlich machen, daß für mich das Vertrautwerden mit dem Ideengebäude, das als »Postmoderne« zusammengefaßt wird, zu keiner spontanen Begeisterung geführt hat. Es hat mich mit ihm kein gedankliches Angebot erreicht, das von meinem Lebensgefühl mit einem Aha-Erlebnis beantwortet worden wäre. Ich habe es erst einmal weit von mir gewiesen. Es schien mir modischer Schnickschnack, dem ich keine theoretische Ernsthaftigkeit zubilligen wollte. Manches, was unter dem Etikett »postmodern« daher kommt, kann ich auch heute noch nicht ernst nehmen.

Wenn ich heute mit Kopfnicken und innerer Zustimmung Texte sich postmodern nennender Autoren lese, dann läuft bei mir gleichzeitig ein Erinnerungsfilm mit, in dem meine Skepsis und Ablehnung festgehalten sind, die gar nicht so weit zurückliegen und die bis heute als Widerhaken in meinem Denken vorhanden sind. So lese ich in einem gerade erschienenen Text von Wolfgang Welsch: »Wenn die Postmoderne sich gravierend von der Moderne unterscheidet, dann eben dadurch, daß sie die Pluralität nicht bloß zähneknirschend als ungeliebte, aber unumgängliche Realität hinnimmt, sondern ihre befreienden Aspekte erkennt und dieser Pluralität aus Überzeugung zustimmt. Es gilt sich von den alten Obsessionen zu lösen, sie als gefährliche Phantasmen zu durchschauen. Der Einheits- und Ganzheitsdruck, der abendländisches Denken durchzieht, ist eminent; in deutschen Gemütern ist er besonders stark« (1990, S. 196). Ich kann das zustimmend lesen und gleichzeitig nicht vergessen, daß ich das Hochfeiern von Pluralismus immer als liberalistischen Opportunismus empfunden habe, der immer das gerade gut findet, was der Markt angenommen hat und Rendite abwirft. Ist da nicht auch ›was dran‹? Trotzdem bleibt ein Sachverhalt, an dem wir einfach nicht vorbei können: Die gesellschaftlichen Lebensformen sprengen alle traditionellen Formationen, und diese »einschneidende Pluralisierung der Gesellschaft betrifft seit langem und betrifft heute allgemein auch die Individuen. Identität ist immer weniger monolithisch, sondern nur noch plural möglich. Leben unter heutigen Bedingungen ist Leben im Plural, will sagen: Leben im Übergang zwischen unterschiedlichen Lebensformen« (ebd., S. 171). Und damit will ich mich im weiteren beschäftigen.

Ein erster postmoderner Hauch weht über die Psychologie: Gergens gut gemeinter Anlauf

Die Lektüre der *Psychologischen Rundschau* bietet wenig interessanten Lesestoff, eher als Pflichtübung blättere ich sie durch. Im Oktober 1990 erlebte ich dabei eine echte Überraschung. Der von mir sehr geschätzte amerikanische Sozialpsychologe Kenneth Gergen ist mit einem Aufsatz zum Thema »Die Konstruktion des Selbst im Zeitalter der Postmoderne« vertreten. Es schließt eine Diskussionsrunde mit Anmerkungen von Mitchell Ash, Thomas Luckmann und Jerome Bruner an. Nun ist also das Stichwort »Postmoderne« auch im Kontext der akademischen Psychologie angekommen. Mit großem Interesse stürze ich mich auf Gergens Papier.

Am greifbarsten werden seine Überlegungen dort, wo er am eigenen Beispiel das typische postmoderne Webmuster zeitgenössischer Lebensformen vorführt. Zunächst blickt er zurück auf seine Kindheit und Jugend in einer Kleinstadt in North Carolina:

»In meiner Jugend waren die meisten sozialen Kontakte auf die unmittelbare Umgebung begrenzt, auf die Familie und die Freunde. Zog jemand aus der Gemeinde fort, so ging die Beziehung zu ihm ein. Es gab gelegentlich Besuche aus Nachbargemeinden, die aber kaum weiter als ein paar hundert Kilometer entfernt lagen. Besucher von der Westküste der Vereinigten Staaten waren eine Seltenheit, Besucher aus dem Ausland eine

Sensation. Ferngespräche waren ebenso teuer wie selten; Anrufe nach Übersee so gut wie unmöglich. Zeitungen und Rundfunk konzentrierten sich vornehmlich auf lokale Ereignisse, und indirekte soziale Erfahrungen via Bücher und Radio waren auf wenige kostbare Stunden in der Woche beschränkt.«

Durch den Vergleich zu seiner heutigen Lebensform versucht Gergen Merkmale zu benennen, die die Grundlage für die »sogenannte postmoderne Wende« (ebd., S. 192) bilden. Er nimmt einen exemplarischen Tag aus seinem emsigen Wissenschaftlerleben:

»An einem Maitag letzten Jahres kehrte ich in meinen kleinen Wohnort zurück von einer Tagung in Washington, wo sich für nur zwei Tage etwa 50 Psychologen aus dem ganzen Land zusammengefunden hatten. Auf meinem Schreibtisch lag ein Eilbrief aus Spanien, in dem wegen eines Manuskriptes nachgefragt wurde, das ich bereits Wochen vorher für eine internationale Konferenz in Barcelona hätte abliefern sollen. Von der Beantwortung des Briefes hielten mich zwei Anrufe aus London ab: der eine betraf eine Tagung in der Bundesrepublik, der andere kam von einem Verleger, der sich für die Veröffentlichung über interdisziplinäre und internationale Themen interessierte. Dann kamen noch weitere Anrufe, einer von einer alten Freundin aus Chicago, die gerade fürs Wochenende nach Oslo unterwegs war, ein anderer von einem früheren Kollegen, der jetzt in Kalifornien lebt und mit mir ein Treffen in Holland verabreden wollte. Den ganzen Vormittag verbrachte ich damit, soziale Beziehungen aufrechtzuerhalten – nicht in meiner unmittelbaren Umgebung, sondern überall [...] in der westlichen Welt und aus verschiedenen Abschnitten meines Lebens stammend. Hinzu kam noch mein Autoradio, das mich auf dem Heimweg mit Informationen aus aller Welt auf dem laufenden hielt, die Post, die sich inzwischen angesammelt hatte, die Zeitungen und Zeitschriften, die Nachrichten auf dem automatischen Anrufbeantworter, die elektronische Post auf dem PC, vom allgegenwärtigen Fernseher – jetzt mit 18 Programmen – ganz zu schweigen« (ebd., S. 194f.)

Solche Veränderungen – mit eher etwas weniger hektischer Internationalisierung der professionellen Kommunikation – und ihre Spuren in der eigenen Biographie können wahrscheinlich viel in unserer Generation für sich rekonstruieren. Welches aber sind die paradigmatischen Veränderungen? Wie lauten Gergens Zentralaussagen?

(1) Am Anfang steht seine These, »daß die abendländische Kultur gegenwärtig einen grundlegenden Wandel ihrer Konzeptionen des Selbst vollzieht. [...] Das Selbst als Träger von Eigenschaften wie

Tiefgründigkeit, Engagement und Charakterstärke, Eigenschaften, die vorhersagbar, authentisch und berechenbar sind, gerät zunehmend unter Beschuß« (ebd., S. 192).

(2) An diese These schließt das Argument an, »daß unser technologisches Zeitalter eine Entwicklung zu einem extremen Perspektivismus in Gang setzt; und eben diese Vielfalt der Perspektiven ist es, die die Grundlage für die sogenannte postmoderne Wende bildet« (ebd.).

(3) Der gesellschaftliche Motor, den Gergen hinter dieser Entwicklung am Werke sieht, ist ein merkwürdig vage benannter globaler gesellschaftlicher Prozeß: »Meiner Meinung bewegen wir uns in diesem Jahrhundert stetig auf einen Zustand der *sozialen Sättigung* hin. Dieser Prozeß ist durch die immer häufigeren Konfrontationen der Menschen miteinander gekennzeichnet: durch die Anzahl der Menschen, zu denen eine Beziehung bestehen kann, durch die Zeit, die für direkte oder indirekte soziale Aktivitäten aufgewendet wird – generell die zunehmende Häufigkeit von Kontakten, die Intensität der Beziehungen und die räumliche wie zeitliche Spanne, über die diese Beziehungen aufrechterhalten werden können« (ebd., S. 194).

(4) Durch diese Vervielfachung von Beziehungskonfigurationen kommt es zu einer *besonderen »Besetzung des Selbst«*: »in dem Maße, wie wir mit anderen Menschen konfrontiert werden, lernen wir auch ihre Einstellungen, Wertvorstellungen, Ideologien und ihre Lebensweise kennen. Wir werden hierdurch in die Lage versetzt, die Welt mit ihren Augen zu sehen. Mit zunehmendem sozialen Kontakt nehmen wir die anderen sozusagen in uns auf: wir nehmen einzelne Abschnitte und Teile ihres Lebens mit uns mit. Tatsächlich werden wir in zunehmendem Maße mit anderen Menschen ›besetzt‹. Jeder von uns wird zunehmend eine bunte Mischung von Potentialen, wobei jedes Potential eine oder mehrere der Beziehungen, in die wir uns einlassen, darstellt« (ebd., S. 195).

(5) Georg Simmel hat einst Individualität im je spezifischen Überschneidungsfeld der sozialen Kreise angesiedelt, zu denen eine Person gehört. Ähnlich sieht es Gergen: »Das Selbst ist nunmehr nichts als ein Knotenpunkt in der Verkettung von Beziehungen. Jeder Mensch lebt in einem Netzwerk von Beziehungen und wird in jeder von ihnen jeweils unterschiedlich definiert«. Identität kann nicht mehr als mein »persönlicher Besitz« betrachtet wer-

den, sondern wird in meinem jeweiligen Beziehungsgefüge definiert. »Mit der Postmoderne [hört] das Individuum als selbständige, unabhängige Einheit zu existieren auf« (ebd., S. 197). Natürlich müßte er im Sinne seiner eigenen Theorie des »sozialen Konstruktivismus« sagen, daß das Konstrukt oder die Idee eines solchen Individuums aufgelöst oder »dekonstruiert« wird.

Den Aufsatz von Gergen lege ich enttäuscht zur Seite. Er greift zwar einige zentrale Fragestellungen postmodernen Denkens auf, aber sie werden in einer gefällig-opportunistisch anmutenden Form verflacht. Zwar finde ich seine Erfahrung gut nachvollziehbar, »wenn man einmal den Weg zum postmodernen Denken eingeschlagen hat, gibt es keine Umkehr zu den ›harten Tatsachen‹ und den ›Dingen an sich‹« (ebd., S. 198), und gleichzeitig finde ich es opportunistisch-abstoßend, wenn kurz danach der Satz kommt: »[...] die Postmoderne [lädt uns] dazu ein, mit unserer Vergangenheit so umzugehen, wie es uns beliebt« (ebd.). Das ist genau jene Variante des »zynischen Eklektizismus des ›Alles ist erlaubt‹«, dieser »Postmodernismus der Abschlaffung«, von dem sich Jean-François Lyotard, einer der wichtigsten Denker der Postmoderne, so angewidert abgrenzt (1985, S. 38). Ihm geht es um eine radikale Streitkultur, um eine philosophische Haltung des »Widerstreits« (so der programmatische Titel seines Spätwerkes von 1989). Gergen verfehlt vor allem mit seiner harmlosen Vermutung einer zunehmenden »sozialen Sättigung«, die auch im Titel und in der Gedankenführung seines neueren und zugleich differenzierter argumentierenden Buches *The Saturated Self* (1991) eine zentrale Bedeutung hat, und mit seinem eigenen wissenschaftlichen Jet-set-Paradigma die Dynamik gesellschaftlicher Veränderungen, die die Bedingungen der Möglichkeit der Postmoderne bilden.

Wir müssen also nachbessern! Notwendig ist eine präzisere Vorstellung postmodernen Denkens und der gesellschaftlichen Bedingungen, deren theoretisch-kulturelles Korrelat dieses Denken bildet.

»Postmoderne« als Reflexion der »Krise der Moderne«

Was also ist die »Postmoderne«? Terry Eagleton (1987), der in Oxford eine Professur für Kritische Theorie innehat, hat das postmoderne Lebensgefühl so beschrieben: »Wir befinden uns in einem Prozeß des Erwachens aus dem Alptraum der Moderne mit ihrer manipulativen Vernunft und ihrem Fetisch der Totalität – des Erwachsens aus der Moderne in den lässigen Pluralismus der Postmoderne, jenes heterogene Sortiment von Lebens-Stilen und Sprachspielen, das auf den nostalgischen Drang verzichtet, zu totalisieren und sich selbst zu legitimieren.« In diesem Text bleibt meine Aufmerksamkeit bei der Formulierung »lässiger Pluralismus« hängen. Es geht also um einen spezifischen Habitus.

Bei Norbert Bolz reduziert sich der Postmodernismus auf der Basis seiner geschichtsphilosophischen Deutung auf einen Habitus: »Die Idee der Postmoderne ist die ästhetische Aufheiterung über der Landschaft der westlichen Welt nach dem Ende der Geschichte im emphatischen Sinn. Sie nimmt nämlich nicht nur Abschied vom Avantgardismuszwang der Moderne, sondern leistet zugleich eine ästhetische Umwertung der bedrückenden Diagnosen, die Soziologen und Anthropologen unter dem Titel Posthistoire gestellt haben« (1992, S. 106). Unter »Posthistoire« versteht Bolz den »Augenblick, in dem sich die Moderne als ausweglos neuzeitig erscheint – das läßt sie zum Kaleidoskop, einer bunten bewegten Statik, greifen« (ebd., S. 108).

Für Nobert Bolz ist das Ende der Geschichte identisch mit dem endgültigen Sieg des *american way of life*; es gebe keine Alternative. Warum sollten wir Herz und Kopf mit apokalyptischen Visionen oder Analysen beschweren? Laßt uns dem Augenblick seine lustvollen Seiten abgewinnen. Laßt uns die totalisierte Warenästhetik nicht beklagen, sondern als Spielfeld einer neuen Artistik des Lebensstils nutzen. Die Devise heißt dann wirklich: »Postmoderne als ästhetische Aufheiterung«. Die Analyse des Herbert Marcuse (1964) der sechziger Jahre von der »eindimensionalen Gesellschaft« und der ohne Rest in diese integrierten »eindimensionalen Menschen« wird hier in lässiger Haltung geteilt, aber ohne dessen kulturkritischen Impetus und ohne dessen ungebrochene Hoffnung, daß es doch Alternativen und Befreiungspotentiale geben könnte.

Mit der Bolzschen Sichtweise ist offensichtlich nur eine Variante der philosophischen Grunderfahrung der Postmoderne getroffen. Es gibt andere Stimmen. Ich vernehme vor allem die Stimme, die mit »Postmoderne« keine spezifische abgrenzbare Zeitepoche oder gar das Ende der Geschichte bezeichnet, sondern in allererster Linie den sich zunehmend radikalisierenden Zweifel an der zukunftsgarantierenden Tragfähigkeit des Projektes der Moderne. Der Philosoph Manfred Frank drückt es so aus: »Der Prädikator ›postmodern‹ scheint für ein dumpfes, wenn auch verbreitetes Gefühl zu stehen, wonach die Deutungspotentiale und Sinnstiftungsreserven des letzten Ausläufers abendländischer Kultur, eben der Neuzeit, sich erschöpft haben oder wonach deren Selbstverständnis unglaubwürdig geworden sei« (Frank 1988, S. 7). Postmoderne ist also der sich verbreitende Zweifel an den Segnungen der Moderne, vor allem kritisiert sie deren »Verengungen und Verkrustungen« (Welsch 1988, S. 445). Es sind vor allem Theodor Adorno und Michel Foucault gewesen, die uns eine kritische Lesart der Moderne eröffnet haben. Bei aller Unterschiedlichkeit ihrer Vorgehensweisen eint sie eine Sichtweise, »die den Zivilisationsprozeß als einen Vorgang der technischen oder instrumentellen Rationalisierung begreift. [...] Der Preis dieses epocheübergreifenden Rationalisierungsvorgangs wird deutlich, sobald das betrachtet wird, was Foucault ›dunkle Kehrseite‹, Adorno und Horkheimer die ›unterirdische Geschichte‹ der europäischen Modernisierung nennen: es ist die durch den rechtlichen Überbau bloß verdeckte Leidensgeschichte der fortschreitenden Disziplinierung und Unterwerfung lebendiger Subjektivität« (Honneth 1988, S. 135). Das zentrale Problem dieser Moderne besteht gerade darin, daß in eine Welt scheinbar gesicherter zivilisierter Rationalität das »Dämonische«, das völlig Irrationale, einbricht, »daß die Zivilisation ihrerseits das Antizivilisatorische hervorbringt und es zunehmend verstärkt«, wie es Adorno so einprägsam formuliert hat (Adorno 1969, S. 85).

Aber Postmoderne ist nicht nur die kritische Reflexion auf die »blinden Flecke« der Moderne, sondern sie ist auch die Aufkündigung ihres Absolutheits- und Einheitszwangs, sie ist das »Bewußtsein eines Bruchs« (Georg-Lauer 1988, S. 191). Sie stellt die Legitimation der großen Theorien in Frage, die für sich die richtige Lösung des Problems, was denn nun die Welt im Innersten zusammenhält, beanspruchen. Die Möglichkeit eines solchen »Metadiskurses«, der die Pluralität von Sichtweisen »zur Einheit bündelt« (Frank 1988, S. 14), wird radikal bezweifelt. Manfred Frank faßt diesen Punkt so zusammen: »Die Brüchigkeit eines unsere nur im Plural greifbaren Verständigungssysteme überwölbenden Meta-Diskurs läutet jenem Weltdeutungszusammenhang die Sterbeglocke, den man Neuzeit oder (insofern die Neuzeit dessen letzter Ausläufer ist) Abendland genannt hat« (ebd., S. 35). Lyotard, einer der wichtigsten Vertreter postmodernen Denkens hat es für sich so gefaßt: »In äußerster Vereinfachung kann man sagen: ›Postmoderne‹ bedeutet, daß man den Meta-Erzählungen keinen Glauben mehr schenkt« (1982, S. 131).

Lyotard formuliert sein postmodernes Denken auf einem politischen Hintergrund. Er sagt: »Wir haben die Sehnsucht nach dem Ganzen und Einen, nach der Versöhnung von Begriff und Sinnlichkeit, nach transparenter und kommunikativer Erfahrung teuer bezahlt. Hinter dem allgemeinen Verlangen nach Entspannung und Beruhigung vernehmen wir nur allzu deutlich das Raunen des Wunsches, den Terror ein weiteres Mal zu beginnen. Die Antwort darauf lautet: Krieg dem Ganzen, zeugen wir für das Nicht-Darstellbare, aktivieren wir die Differenzen [...], widerstehen wir der ›kommunikativen‹ Verflachung und Vereinheitlichung‹« (1985, S. 49).

Die aggressive Absetzung von den universalistischen oder totalitären Ansprüchen der Moderne, die in dieser militanten Sprache zum Ausdruck kommt, formuliert auch Albrecht Wellmer in seinem bemerkenswerten Buch *Zur Dialektik von Moderne und Postmoderne*: »Der Augenblick der Postmoderne ist eine Art Explosion der modernen episteme, bei der die Vernunft und ihr Subjekt – als Platzhalter der ›Einheit‹ und des ›Ganzen‹ – in Stücke fliegen« (1985, S. 48). Das Ende der Eindeutigkeit und die Notwendigkeit der Anerkennung der damit verbundenen Ambivalenzen rückt Zygmunt Bauman (1990, 1992a) in den Mittelpunkt seiner Analyse der Moderne und der Postmoderne als Habitus kritischer Reflexion der Moderne: »Das ist es letztlich, wofür die Idee *Postmoderne* steht: eine Existenz, die völlig durch die Tatsache bestimmt und definiert ist, daß sie *post* ist (*hinterher* kommt) und überwältigt ist vom Bewußtsein, sich in einer solchen Lage zu befinden. Postmoderne bedeutet nicht notwendig das Ende, die Diskreditierung oder Verwerfung der Moderne. Postmoderne ist nicht mehr (aber auch nicht weniger) als der moderne Geist, der einen langen, aufmerksamen und nüchternen

Blick auf sich selbst wirft, auf seine Lage und seine vergangenen Werke, nicht ganz überzeugt von dem, was er sieht, und den Drang zur Veränderung verspürt. Postmoderne ist die Moderne, die volljährig wird: die Moderne, die sich selbst aus der Distanz betrachtet statt von innen, die ein vollständiges Inventar von Verlust und Gewinn erstellt, sich selbst psychoanalysiert, die Absichten entdeckt, die sie niemals zuvor gründlich analysiert hat, und findet, daß sie sich gegenseitig ausschließen und widersinnig sind. Postmodern ist die Moderne, die sich mit ihrer eigenen Unmöglichkeit abfindet; eine sich selbst kontrollierende Moderne, eine, die bewußt aufgibt, was sie einstmals unbewußt getan hat« (1992a, S. 333).

Die Krise der *Denkformen* »aus einem Guß« weist über den Bereich des Denkens und Bewußtseins hinaus auf die gesellschaftlichen *Lebensformen*, die ein Leben im Plural erfordern. Ein Leben »aus einem Guß« scheint nicht mehr möglich.

Die gesellschaftliche Basis postmodernen Denkens

Manche Rezeptionen des postmodernen Diskurses geben sich so, als sei es eine Frage des Geschmacks oder einer modischen Attitüde, ob man sich auf ihn einlassen soll oder nicht. Dagegen steht eine andere Position, die davon ausgeht, daß die Gesellschaft selbst sich aus jener Formation herausentwickelt hat, die im Rahmen moderner Konzepte begriffen werden könnte. Insofern sei es keine Geschmacksfrage, ob man sich einer Auseinandersetzung mit dem Postmodernismus stellen will oder es lieber lassen mag.

Für diese These läßt sich mit dem marxistischen amerikanischen Literaturwissenschaftler Fredric Jameson (1986a, b, 1990, 1991) eine kapitalismuskritische Begründung geben. Er geht von einer dritten Entwicklungsetappe des Kapitalismus aus, deren kulturell ideologischer Reflex der Postmodernismus sei, »Postmoderne als Dominante in der Logik der Kultur im Spätkapitalismus« (Jameson 1986a, S. 91). Insofern könnten wir es uns gar nicht aussuchen, ob wir mit dem Phänomen der Postmoderne etwas zu tun haben wollten oder nicht. Jede zeitgenössische gesellschaftskritische Analyse hat sich notwendigerweise auf die kritische Auseinandersetzung mit der Postmoderne und ihrem gesellschaftlichen

Fundament einzulassen. Jameson bezieht sich auf die von Marx formulierte »Notwendigkeit, das Unmögliche zu tun, nämlich diese [postmoderne, H. K.] Entwicklung positiv *und* negativ zugleich zu denken, zu einem Denken zu gelangen, das gleichzeitig die nachweisbar unheilvollen Elemente des Kapitalismus *und* seine außerordentliche und befreiende Dynamik erfaßt«; es geht also um das Erfassen der radikalen Ambivalenz der »kulturellen Entwicklung im Spätkapitalismus«: »als Katastrophe *und* als Fortschritt« (ebd., S. 92). Ähnlich sieht es Bauman: »Die Postmoderne ist ein Ort der Gelegenheit und ein Ort der Gefahr; und ist sie beides aus denselben Gründen« (1992a, S. 320).

In den postmodernen Diskursen reflektieren sich jene gesellschaftlichen Veränderungen, die Jameson als neue Phase kapitalistischer Gesellschaftsentwicklung charakterisierte: In diesen Diskursen »werden Erfahrungsprozesse verarbeitet, die zwar in den ökonomischen und sozialen Veränderungen des Nachkriegskapitalismus ihre Wurzeln haben, aber erst in den kulturellen Umbrüchen der achtziger Jahre zutage getreten sind; diese Erfahrungen spiegeln Entwicklungstendenzen, die auf eine Desintegration der sozialen Lebenswelt hinauslaufen und eine neue, riskante Schwelle der Individualisierung der Gesellschaftsmitglieder markieren« (Honneth 1990, S. 669).

Die uns angebotenen Interpretationen für eine qualitativ neue Phase kapitalistischer Vergesellschaftung, ob sie unter dem Etikett »Spätkapitalismus« (so Jameson in Anlehnung an Mandel), »Postfordismus« (Hirsch 1990), »semiotische Gesellschaft« (Wexler 1990; Lash 1990) oder »Risikogesellschaft« (Beck 1986) präsentiert werden, beziehen sich vor allem auf die prägende Rolle neuer Informations- und Kommunikationstechnologien.

Es sind »drei relevante Erfahrungskomplexe«, die sich nach Axel Honneth (1990, S. 669 f.) im postmodernen Denken widerspiegeln bzw. verarbeitet werden:

»a) Die technologischen Neuerungen der letzten Jahrhunderthälfte haben, nicht zuletzt unter dem Druck der Internationalisierung des Kapitals, zur Entstehung einer Medien- und Werbeindustrie geführt, die inzwischen beinah die ganze Welt mit einem Netz elektronisch produzierter Informationseinflüsse überzieht; dieses System medial gesteuerter Kommunikation, deren prägnanteste Ausdrucksgestalten heute der Computer und das Fernsehen sind, macht sich zunehmend die kulturellen Leistungen ästhetischer Avantgarden zu eigen und baut sie gewinnbringend in die Reproduktionsvollzüge ein. Indem die Kultur damit aber in wachsendem Maße zugleich zur Produktionskraft und zur Ideologie des kapitalistischen Wachstumsprozesses wird, verliert sie endgültig ihren sozialen Rückhalt in der alltäglichen Lebenswelt.«

»b) Mit der Gefahr einer Auflösung des ästhetisch-kulturellen Interaktionsmediums der Lebenswelt geht heute zugleich ein Prozeß der Erosion ihrer normativen Bindekraft einher. Was Lytoard als das ›Ende der Metaerzählungen‹ beschreibt, ist, nüchtern betrachtet, nichts anderes als der beschleunigte Vorgang einer Zerstörung von solchen narrativ verfaßten Überlieferungen, in denen sich die Mitglieder eines Gemeinwesens in ihrer Gegenwart noch kommunikativ auf eine gemeinsame Vergangenheit und eine entsprechend konstruierte Zukunft hin verständigen konnten. Kulturelle Überlieferungen dieser Art, also narrativ verfaßte, kontextübergreifende Darstellungen der gesellschaftlichen Entwicklung, scheinen einerseits mit dem endgültigen Zerbrechen metaphysischer Hintergrundgewißheiten ihre geschichtsphilosophische Legitimationsbasis zu verlieren; andererseits aber fehlt für die identitätssichernden und kommunikationsstiftenden Funktionen der zerfallenden Metaerzählungen noch jedes Äquivalent postmetaphysischen Zuschnitts.«

»c) Schließlich geht mit der Auflösung des ästhetischen und des normativen Interaktionsmediums der sozialen Lebenswelt auch eine Schwächung der Kommunikationsfähigkeit der Subjekte selbst einher. Zum einen läßt nämlich der Verlust der kulturellen Bindungskräfte, die bislang die Identitäten der sozialen Gruppen expressiv und normativ aufrechterhalten hatten, die Subjekte einander zu atomisierten Einzelnen werden; darüber hinaus aber ist mit dem biographischen Bedeutungsschwund der industriellen Arbeit auch die Auflösung jenes traditionellen Pfades der individuellen Selbstverwirklichung verknüpft, auf dem die Individuen sich im Zuge ihres Arbeitsengagements zugleich auch als produktive Kooperationspartner in einem gesellschaftlich nützlichen Aufgabenfeld wahrzunehmen und wertzuschätzen lernten. Beide Tendenzen zusammengenommen führen zu einem Zustand wachsender Orientierungslosigkeit, ja Fragmentierung des einzelnen Subjekts; aus den kommunikativen Bindungen traditionsgestützter Lebensstile herausgelöst, sieht Baudrillard daher heute das vereinzelte, innerlich verflachte Subjekt dem Einfluß der elektronisch fabrizierten Medienwirklichkeit so stark ausgesetzt, daß es allmählich die kognitive Fähigkeit zur Unterscheidung von Realität und Fiktion zu verlieren beginnt: innerhalb der sozialen Lebenswelt findet ein *Prozeß der Fiktionalisierung* von Wirklichkeit statt, der das atomisierte Individuum zu einem Imitator medial vorgefertigter Existenzstile werden läßt und dementsprechend im großen zu einer artifiziellen Pluralisierung ästhetisch geprägter Lebenswelten führt. Weil der Einzelne den kommunikativen Rückhalt einer gemeinsam geteilten kulturellen und narrativen Praxis verloren hat, unterliegt er der Übermacht jener sekundären Bilder-

flut, die ihn ununterbrochen zur Simulierung fremder Lebensstile anhält; insofern tritt heute an die Stelle innerlich motivierter Selbstverwirklichungsweisen zunehmend das Muster einer medial erzeugten, ästhetisch organisierten Biographie [...].
Die Folge des beschleunigten Zerfalls sozialer Bindungskräfte ist eine Tendenz der motivationalen Entleerung von Subjektivität, in die die elektronische Medienwelt dann mit ihren Simulationsangeboten kompensatorisch eingreifen kann. Das Spezifische der postmodernen Sozialtheorien ergibt sich nun aber überhaupt erst daraus, daß sie dem zeitdiagnostischen Zusammenhang von kultureller Erosion und individuellem Authentizitätsverlust eine Deutung zu geben versuchen, die ihm jeden negativen oder problematischen Charakter nimmt.«

Was eigentlich das »Soziale« ausmacht, verschwimmt in diesem Prozeß der Fragmentierung und Differenzierung immer mehr: Kollektive Lebenslagen und Klassen erodieren und sind fast nur noch durch abstraktive Anstrengungen der Soziologie zusammenzuhalten, und auch die Soziologie hat schon fast kapituliert. Familie und Nachbarschaft sind längst nicht mehr das, was sie einmal waren. Die Klarheit einer unhinterfragt akzeptierten geschlechtsspezifischen Arbeitsteilung und ihre institutionellen Arrangements sind uns auch fast vollständig abhanden gekommen. Die über mehrere Generationen wirksame Aufteilung der Welt in das Reich des bedrohlichen Kommunismus und das Reich der Freiheit ist kollabiert.
Es besteht besonderer Anlaß, gerade jetzt nach dem Stellenwert des »Sozialen« radikal zu fragen. Wir sind damit konfrontiert, daß die letzten Bestände scheinbar selbstverständlich gegebener gesellschaftlicher Formationen in einem sich beschleunigenden gesellschaftlichen Veränderungsprozeß aufgerieben werden.
In diesem Veränderungsprozeß bleiben auch die individuellen Lebenschancen nicht unberührt. Für Ralf Dahrendorf (1979) sind sie die Funktion von zwei zusammenhängenden Grundelementen, die er Optionen und Ligaturen nennt. *Optionen* sind die durch einen gesellschaftlichen Ort gegebenen Wahlmöglichkeiten oder Handlungsalternativen einer Person. *Ligaturen* bezeichnen gesicherte Bezüge, Verankerungen, Einbindungen und Bindungen. Sie benennen Sinn-, Sozial- und Ortsbezüge einer Person. Sie stellen die fixen Handlungskoordinaten dar, während die Optionen Situationen thematisieren, in denen Entscheidungen möglich und notwendig sind. Vormoderne Gesellschaften mit ihren statisch-

hierarchisch geordneten Sozialstrukturen, die zugleich die religiöse »Weihe« von Gott gewollter und gestifteter Ordnungen für sich in Anspruch nehmen konnten, hatten keinen Spielraum für selbstbestimmte Optionen des Subjekts. Die Ordnung der Dinge bestand in einem Korsett von Ligaturen. Der Prozeß der Modernisierung, der im Zuge der Durchsetzung der kapitalistisch verfaßten industriellen Gesellschaften in Gang kam, setzte eine dramatische Entwicklung der »Freisetzung« aus orts- und sozialstabilen Bindungen in Bewegung und schuf damit letztlich auch die moderne »soziale Frage«. Die im entstehenden Proletariat gemeinsame Erfahrung, daß die eigene Lebensexistenz in elementarster Weise bedroht ist, führte zu »Notgemeinschaften« und schließlich auch zu kollektiven Kampforganisationen, die für eine Minderung der Lebensnot zu streiten hatten. In diesem Prozeß der kollektiven Interessenorganisation sind neuartige Ligaturen entstanden, Strukturen engmaschiger solidarischer Netzwerke, Formen der Absicherung von Lebensrisiken.

In dieser historischen Tradition stehen auch die aktuellen Freisetzungs- und Individualisierungsprozesse. Allerdings kommt ein wesentlicher neuer Faktor hinzu. In den fortgeschrittenen kapitalistischen Gesellschaften des Westens haben die durchschnittlich erreichten Formen der materiellen Existenzsicherung ein Niveau erreicht, auf dem der alltägliche Kampf gegen eine existenitelle Lebensnot nicht mehr erste Priorität hat. Die Folge davon ist eine zunehmende Auflösung kollektiver Formen der solidarischen gegenseitigen Unterstützung. Das bedeutet notwendigerweise auch eine Erosion spezifischer Ligaturen. Die Erosion stabiler sozialer Zusammenhänge wird durch weitere Faktoren gefördert: ein kaum überschätzbarer technologischer Veränderungsschub unter der symbolischen Flagge des Mikrochips; die Dynamik eines sich strukturell verändernden Arbeitsmarktes, der zu einem stetigen Anstieg von geographischer und sozialer Mobilität führt; die Durchkapitalisierung aller Lebensbereiche; Zerstörung gewachsener städtischer Wohnquartiere; die ökologische Krise. Und besonders wichtig: die Aufkündigung der vorherrschenden geschlechtsspezifischen Arbeitsteilung, die die alltäglichen Beziehungen zwischen den Geschlechtern und im Mikrokosmos der Familien radikal verändert. Ganz sicher wird die Entwicklung in Osteuropa und vor allem die destruktive Dynamik des Vereinheitlichungsprozesses in Deutschland nachhaltige Wirkungen zeitigen.

In diesen grundlegenden gesellschaftlichen Veränderungsprozessen entsteht eine neue Konstellation von Chancen und Risiken: »Freisetzung der Individuen aus den selbst schon wieder zur Tradition der kapitalistischen Gesellschaft gewordenen sozialen Bezügen, wie sie durch Klassen, Familienformen und Berufsbindungen, durch regionale und soziale Milieus [...] bereitgestellt worden sind« (Neckel 1989, S. 52), erzeugt diese Konstellation riskanter Chancen, also nicht nur den Gewinn an Spielraum für die Ausgestaltung eines persönlichen Lebensstils, sondern auch den Verlust kollektiver Sicherheit und Zugehörigkeit. »Individualisierung ist [...] ein äußerst prekäres Verhältnis, das man zu sich und den gesellschaftlichen Bedingungen haben kann, denen man seine Existenz verdankt« (ebd., S. 54). Das wird vor allem in Zeiten wachsender Krisenhaftigkeit spürbar: »In den achtziger Jahren [...] greifen zwei Bewegungen ineinander: die Verschärfung sozialer Ungleichheit geht mit ihrer Individualisierung einher, weil die Risiken der kapitalistischen Modernisierung durch Klassenkulturen und Klassensolidarität weder hinlänglich bekämpft noch gemildert werden können. Über die Fährnisse des Arbeitsmarktes und der sozialen Konkurrenz auf die Wahrnehmung seiner je eigenen Chancen konditioniert, wird das Fehlen von Bindungen und Traditionen in dem Moment schmerzhaft bewußt, wo diese Rückschläge, Niederlagen, Kränkungen und Not hätten abfedern können« (ebd.). Diese realen gesellschaftlichen Veränderungsprozesse haben aber nicht nur die sozialen Lebensformen radikal enttraditionalisiert, sondern sie führen auch zu Konsequenzen für die »Innenseite« des Subjekts und vor allem auch für unsere Vorstellungen von dieser.

Fassen wir vor dem nächsten Schritt noch einmal das Bedeutungsspektrum der Rede von der »Postmoderne« zusammen:

(1) Ihr erster Sinn meint die kritische Reflexion der realen Grenzerfahrungen mit den Ansprüchen bzw. den nicht eingelösten Ansprüchen der Moderne. Das Konzept der »Risikogesellschaft« formuliert ein unaufhebbar reflexives Verhältnis zur Moderne und leitet die »reflexive Modernisierung« ein (Beck 1991; Krüger 1991; Giddens 1990, 1991, 1992).

(2) Daneben ist es die Erfahrung einer Veränderung unserer realen alltäglichen Lebensformen, die immer weniger in ein einheitliches Lebensmodell gepackt werden können. Statt dessen sind unsere Lebenswelten geprägt von einer unaufhaltsam fort-

schreitenden Individualisierung und Pluralisierung, die nicht mehr widerspruchs- und ambivalenzfrei gelebt werden können. Das ist die Realerfahrung in postmodern geprägten Lebenswelten.

(3) Die dritte Bedeutung von Postmoderne sehe ich in der philosophischen Reflexion dieser Realerfahrungen und der Dekonstruktion unserer Konzepte vom Subjekt und seiner Welt, mit denen sich die Moderne in unserem Denken eingenistet hat.

Gerade unter dieser dritten Perspektive werde ich mich im weiteren auf unsere Vorstellungen vom Subjekt konzentrieren.

Das Ende des Subjekts? – Von der Dekonstruktion zur Transformation des Subjekts im postmodernen philosophischen Diskurs

In Philosophie und Psychologie wird über das Subjekt noch immer sehr stark substanzontologisch gedacht, in Kategorien von Mittelpunkten, von Geordnetheit, eben von Identität im Sinne eines hierarchisch-zentralisierten Modells. Vertreter des postmodernen Denkens halten dieses Modell für theoretisch und empirisch unhaltbar.

Der Psychoanalytiker Norman Holland betont, daß die frühere Auffassung von einer soliden Identität einem neuen Identitätskonzept gewichen ist, einem Konzept, das auf Interaktion beruht: »Dieser Identitätsbegriff [...] dezentriert das Individuum auf eine eindeutig postmoderne [...] Weise. [...] Das Persönlichste und Wichtigste, was ich habe, meine Identität, liegt nicht in mir, sondern in deiner Interaktion mit mir oder in einem gespaltenen Ich« (Holland 1983, S. 304).

»Das postmoderne Selbst ist keine zusammenhängende Entität mehr, die die Macht hat, ihrer Umgebung eine (gewiß subjektive) Ordnung aufzuzwingen. Um Hollands Wendung aufzunehmen, es ist dezentriert worden. Das radikal Unbestimmte des Postmodernismus ist ins individuelle Ego eingezogen und hat seine frühere (unterstellte) Stabilität drastisch beeinträchtigt. Identität ist etwas ebenso Unsicheres geworden wie alles andere« (Bertens 1987, S. 93 f.).

In der Subjektphilosophie wird diese realgesellschaftlich produzierte Veränderung von Subjektstrukturen wie eine Todesanzeige des Subjekts gelesen, die dann als voreilig zurückgewiesen und mit einem trotzigen Bekenntnis zum Subjekt gekontert wird. Wolfgang Welsch merkt zu diesem »schiefen Spiel von Subjektkritik versus Subjektbejahung« an: »Ich halte es für einen Irrtum, daß es darum gehe, *für* oder *gegen* das Subjekt zu sein. Entscheidend ist vielmehr, für oder gegen *welches* Subjekt man ist« (1991, S. 351). Und die Frage zielt heute darauf, ob gegenüber der objektiven Pluralisierung der Ambivalenzen und Widersprüche der Lebensformen ein monolithisches Subjektverständnis oder »monomanische Identitätsschwüre« angemessen sind oder ob subjektphilosophische Überlegungen den »Übergang zu einem vielheitsfähigen Subjekt« vollziehen sollten. Wolfgang Welsch, der offensiv für Nachdenken über »innere Pluralitätskompetenz« eintritt, zeigt in überzeugender Weise, daß in der Philosophiegeschichte dezentrierte Subjektvorstellungen immer wieder formuliert wurden. Montaigne hat beispielsweise schon vor etwa vierhundert Jahren ein Selbstverständnis artikuliert, über das heute die Überschrift »Patchwork-Identität« zu setzen wäre: »Ich habe von mir selbst nichts Ganzes, Einheitliches und Festes, ohne Verworrenheit und in einem Gusse auszusagen. [...] Wir sind alle aus lauter Flicken und Fetzen uns so kunterbunt unförmlich zusammengestückt, daß jeder Lappen jeden Augenblick sein eigenes Spiel treibt. Und es findet sich ebensoviel Verschiedenheit zwischen uns und uns selber wie zwischen uns und anderen« (de Montaigne 1953, S. 324). Dreihundert Jahre später hat sich vor allem Friedrich Nietzsche durch seine – von ihm selbst als »Hypothese« bezeichnete – Vorstellung vom »Subjekt als Vielheit« (Nietzsche 1980, Bd. XI, S. 650) in diese Tradition gestellt. »Das ›Subjekt‹ ist ja nur eine Fiktion«, sagt er an anderer Stelle und präzisiert diese Behauptung so: »Die Annahme des *Einen Subjekts* ist vielleicht nicht nothwendig; vielleicht ist es ebensogut erlaubt, eine Vielheit von Subjekten anzunehmen, deren Zusammenspiel und Kampf unserem Denken und überhaupt unserem Bewußtsein zu Grunde liegt« (Bd. XII, S. 398). In *Menschliches, Allzumenschliches* sagt er über sich, daß er »im Gegensatz zu den Metaphysikern, glücklich darüber ist, nicht ›Eine unsterbliche Seele‹, sondern *viele sterbliche Seelen* in sich zu beherbergen« (Bd. II, S. 386). Hier klingt das an, was wir heute »multiple Identitäten« nennen würden. Am Beispiel Nietzsches läßt sich auch sehen, daß ein solches Konzept noch nicht normalitätsfähig war und sein Versuch, es zu leben, zum Scheitern verurteilt war bzw. ihn in die Psychiatrie gebracht hat.

In der Philosophie (und der Persönlichkeitspsychologie) kam in der ersten Hälfte dieses Jahrhunderts erst einmal eine Hochkonjunktur zentristischer und monolithischer Subjektvorstellungen, meist mit offenem normativen Anspruch, an einem festen und unverrückbaren Charakter zu arbeiten, ihn in diesem Sinne zu »veredeln«. Bei Otto Mock, einem präfaschistischen Popularphilosophen, habe ich dazu folgende Formulierung entdeckt: »Das Ich ist so etwas wie eine fest umschlossene Nuß, ein kleines hartschaliges Ding, der tief verborgene Cristallisationspunkt unseres Wesens« (1933, S. 191). Der Charakter ist »der Sitz, der Konzentrationspunkt« des »inneren Gesetzes« (ebd., S. 229). Richard Müller-Freienfels hat in seiner *Lebensnahen Charakterkunde* den Charakter als »einheitliche, dauernde Struktur seines Wesens« definiert (1935, S. 13). Zu dieser Strukturfestigkeit des modernen Subjekts haben Horkheimer und Adorno in der *Dialektik der Aufklärung* die passende Analyse gefunden: »Furchtbares hat die Menschheit sich antun müssen, bis das Selbst, der identische, zweckgerichtete, männliche Charakter des Menschen geschaffen war« (1969, S. 33). Für Adorno war die Überwindung der Zwangsstruktur, die in diesem Modell der identitätszentrierten Subjektivität liegt, das zentrale Anliegen. Aus diesem leitet Wolfgang Welsch zwei Desiderate ab: »Erstens ist die Transformation des Subjekts nötig, weil das alte Subjekt von Grund auf mit einer Art von *Herrschaft* fusioniert war, die sich letztlich gegen es selbst richtete; Autonomie der alten Art war ein Bumerang. Zweitens müßte das neue Subjekt essentiell *vielheitsbezogen* sein, so sehr, daß es ›dem Heterogenen Gerechtigkeit widerfahren‹ lassen und selbst – wie Adorno in den *Minima Moralia* einmal den ›besseren Zustand‹ beschrieben hatte – ›ohne Angst verschieden sein kann‹« (1990, S. 358 f.).

»Geboten ist«, wie Welsch an anderer Stelle (1990, S. 196) schreibt, »die Überschreitung der traditionellen Rasterung, zumindest ihre Abschwächung und Umschichtung, eigentlich ihre Überwindung in Übergängen«. Mit seinen nächsten Bemerkungen gerät er mitten ins Revier der Psychologie. Personenausstattungen, die in der Tradition des »autoritären Charakters« ausgebildet wurden, schaffen es kaum, »ohne Angst verschieden sein« zu können. Und an dieser Barriere bricht sich deshalb auch die

Identitätsforderung des postmodernen Philosophen: »Es kommt [...] darauf an, dieses Ich seinerseits nicht zu arretieren, sondern zu öffnen. Es gilt, seine Identität so auszubilden, daß sie der aktuellen Pluralität gewachsen, Identität in Übergängen ist« (ebd., S. 197).

Die überzeugendsten und radikalsten Beiträge zur Dekonstruktion von universalistischen Menschen- und Weltbildern kommen aus dem Überschneidungsfeld von Feminismus und Postmodernismus. Unter Bezug auf Donna Haraway formuliert Sandra Harding in ihrem äußerst lesenswerten Buch *Feministische Wissenschaftstheorie* (1990) etwa folgenden Gedanken: »Wenn das archimedische, transhistorische Erkenntnissubjekt dekonstruiert worden ist und an seine Stelle historische Gruppierungen getreten sind, die sich fortwährend verändern, oszillieren, sich neu zusammensetzen, dann verschwindet auch eine Welt, die nur mit Hilfe der archimedischen Landkarte und ihrer vollkommenen Perspektive begriffen und erfahren werden könnte« (S. 209).

Wenn einige Sozialtheoretiker und -theoretikerinnen als Grunderfahrung der Postmoderne als Pendant der Pluralisierung die grundlegende »Ambivalenz« aller Erfahrungen und Situationen herausarbeiten (vor allem Bauman 1990, 1992a, b und Schmidt 1990) und ihren irreversiblen Charakter betonen (Schmidt 1990, S. 683), dann sind wir wieder am »Eingemachten« der Psychologie: Welche psychische Grundausstattung benötigen Subjekte, um ambivalente Erfahrungen positiv verarbeiten zu können, ohne dem Zwang zu ihrer Homogenisierung und Vereinheitlichung zu unterliegen? Gerade das Konzept der Ambivalenz gibt die Möglichkeit, den Prozeß der Moderne in seiner Widersprüchlichkeit weiter zu untersuchen.

Die Moderne als Kampf gegen die Ambivalenz

Zygmunt Bauman, der Ende der sechziger Jahre seine polnische Heimat in Reaktion auf massive antisemitische Ausfälle verlassen hat und seit dieser Zeit in England lebt, hat in verschiedenen Büchern seine Diagnose der Moderne entwickelt. Bauman sieht die Moderne im »Krieg gegen Ungewißheit und Ambiguität des Beweismaterials«. Sie sucht und schafft Ordnung, die sich ihren eigenen Prinzipien fügt: »Eine ordentliche Welt ist eine Welt, in der man ›weiter weiß‹ (oder, was auf das gleiche hinausläuft, in der man herauszufinden vermag – und zwar *mit Sicherheit* –, wie es weiter geht), in der man die Wahrscheinlichkeit eines Ereignisses berechnen und diese Wahrscheinlichkeit erhöhen oder verringern kann« (1992a, S. 14). Die Moderne will »aufklären«, Licht ins Dunkel bringen, das Chaos des Unverstandenen und Unberechenbaren überwinden. Sie führt einen »Kampf der Bestimmung gegen die Mehrdeutigkeit, der semantischen Präzision gegen Ambivalenz, der Durchsichtigkeit gegen Dunkelheit, der Klarheit gegen Verschwommenheit« (ebd., S. 19). Auch wenn die Denker der Moderne von der Annahme ausgingen, daß sie ein zunehmend vollständigeres Netz des gesicherten Wissens über die Welt legen könnten, sieht Bauman bei ihnen zugleich die ängstliche Überzeugung, daß dieser Kampf nie endgültig gewonnen sei, es gebe allenfalls befestigte Linien, die eine relative Ruhe an der »Front« ermöglichen. Aber das »Andere der Ordnung« lauert: Es ist »das Miasma des Unbestimmten und Unvorhersagbaren. Das Andere ist die Ungewißheit, jener Ursprung und Archetyp aller Furcht [...], Undefinierbarkeit, Inkohärenz, Widersinnigkeit, Unvereinbarkeit, Unlogik, Irrationalität, Mehrdeutigkeit, Verwirrung, Unentscheidbarkeit, Ambivalenz« (ebd.). Ambivalenz ist der Skandal, den es zu vermeiden gilt.

Die Moderne ist aber nicht nur eine kognitive Haltung zur Welt, sondern ein interventionistisches Projekt: die Gestaltung der Welt, nach eigenen Vorstellungen; das ungeordnete bloße Dasein soll unter Kontrolle, in Schranken gehalten und gezügelt, aus Gestaltlosigkeit in eine absichtsvolle Form überführt werden. Baumans immer wieder aufgegriffene Metapher für die Moderne ist die des Gärtners, der der Natur seine künstliche Ordnung abringt. Er zitiert Friedrich den Großen als leidenschaftlichen Anhänger des modernen Projektes, der den Menschen in den Mittelpunkt seines gärtnerischen Ehrgeizes rückt: »Er ist die Pflanze, die man züchten muß, die alle unsere Mühe und Sorgfalt verdient« (zitiert nach Bauman 1992a, S. 43). Die Gärtnermetapher, zeigt Bauman auf, taucht in den verschiedensten modernen Gesellschaftskonzeptionen auf. Nach H. G. Wells sucht der Sozialist wie der Wissenschaftler »einen Plan zu machen, wie man einen Garten entwirft und anlegt, damit süße und angenehme Dinge wachsen können, sich weite und schöne Aussichten eröffnen und Unkraut und Fäulnis verschwinden« (ebd., S. 51). Und der spätere deutsche Reichsernährungsminister Darré schrieb 1930 im Hinblick auf den zu schaffenden neuen Staat: »Wer in einem Garten die Pflanzen sich selbst überläßt, wird zu seiner Überraschung feststellen müssen, daß in kurzer Zeit alle Pflanzungen vom Unkraut überwuchert sind. Soll daher der Garten die Stätte pflanzlicher Vererbung bleiben, d.h. sich über das rauhe Walten der Naturkräfte emporheben, dann gehört dazu der gestaltende Wille des Gärtners, der mit hegender Hand das fördert, was gefördert werden soll, und mit merzender Hand das ausjätet, was den höher gearteten Pflanzen den Ernährungsraum beengt. [...] Wir stehen so bereits vor der Erkenntnis, daß die Zuchtfragen nicht Nebensache staatlichen Denkens sind, sondern daß sie im Mittelpunkt aller Betrachtungen zu stehen haben« (ebd., S. 43).

Baumans zentrale These in seinem Holocaust-Buch lautet: die oft als »Zivilisationsbruch« beschriebene Ideologie und Praxis des Nationalsozialismus bis hin zu seiner genozidalen Konsequenz war kein Rückfall in vormoderne Barbarei, sondern der Holocaust »trägt die Signatur des zivilisatorischen Fortschritts« (Richard L. Rubenstein; zitiert nach Bauman 1992b, S. 23). Ein Staat hat sich in radikaler Konsequenz seine Vorstellungen vom »Gartenstaat« verwirklicht. Er hat die Gesellschaft auf dem damals höchsten technischen Niveau »als Feld der Planung, Veredelung und Unkrautvergiftung« gestaltet. Es war ein »gesellschaftssanitäres Projekt«, das von einer Konstruktion von (Rasse-) Reinheit ausgegangen war und alles eliminiert hat, was als Verunreinigung, als wesensfremd, als ambivalent wahrgenommen wurde. Juden verkörperten diesen »Gegentypus«: »Der typisierte Jude erfüllte einen wichtigen Zweck. Er symbolisierte die grauenhaften Folgen der Grenzüberschreitung, die jedem drohten, der nicht an seinem Platz blieb und versuchte, bedingungsloser Loyalität oder eindeutiger Entscheidung auszuweichen; der Jude war Prototyp und Urbild von Nonkonformismus, Heterodoxie, Anomalität und Verirrung. Der typisierte Jude galt als sichtbarer Beweis für die wahnwitzige, unheimliche Vernunft das Abweichlerischen und diskreditierte von vornherein jeden Gegenentwurf zur kirchlich definierten, tradierten und praktizierten Ordnung. Der Jude war aus diesem Grunde der zuverlässigste Wächter dieser Ordnung. *Der typisierte Jude trug eine Botschaft; jeder Versuch einer anderen Ordnung im Hier und Jetzt muß scheitern und wird nur Chaos und Untergang verursachen*« (Bauman 1992b,

S. 53 f.). Die Konstruktion »des Juden« entstand im Zusammenhang mit dem »intensiven Ringen der Moderne um Grenzziehung und Grenzerhaltung« (ebd., S. 54 f.). Eigene kollektive Identitäten konnten am imaginierten Gegenbild all dessen, was man nicht sein wollte, konstruiert werden.

Der Jude wird zum Symbol des »Fremden«. Er steht für all das, was in den binären Schemata modernen Ordnens nicht unterzubringen ist. Ein Fremder ist weder Freund noch Feind, kann vielleicht dazu werden, aber ein Rest von Unverträglichkeit mit eingeschliffenen Ordnungsmustern kann bleiben. Denn fremd bleiben jene Personen, Phänomene, Ereignisse und Gefühle, die nicht assimilierbar sind, an etwa Vertrautes angenähert, verwandelt oder eingemeindet werden können. Dieses Fremde ist gefährlich, weil es die Grenzen nach Außen wie nach Innen gefährdet, die jeder auf Eindeutigkeit zielende Ordnungsversuch braucht. Als Beispiel für die Abwehr des Fremden mag Johanna Harrer dienen, deren Buch *Die deutsche Mutter und ihr erstes Kind* in den dreißiger und vierziger Jahren eine millionenfache Auflage erlebte. Sie setzt sich von einer psychoanalytisch orientierten Entwicklungslehre ab, die die Fassade von Alltagsnormalitäten durchbricht und den Menschen »fremd« gewordene, ambivalente Prozesse zu entschlüsseln versucht: »Eine uns art- und wesensfremde Seelenkunde verzerrte und entstellte die natürlichsten Zusammenhänge zwischen Eltern und Kindern, bauschte belanglose Nichtigkeiten der kindlichen Entwicklung zu schweren Gefahren auf, rassefremde Forscher zerrten Dinge ins Licht des Bewußtseins und der gedanklichen Zergliederung, die im Urgrund der Seele schlummern und in Ruhe gelassen werden sollten. Dabei schreckten sie in ihrer Deutung vor keiner Ungeheuerlichkeit zurück« (Harrer 1936, S. 118). Hier klingt zumindest eine Ahnung davon an, daß dieser »Urgrund der Seele« etwas Bedrohliches und Fremdes enthalten könnte, das womöglich die gezogenen Grenzmarkierungen gefährdet. Freud, der sich zur Erkundung dieses »inneren Auslandes« aufgemacht hatte und dabei dessen dynamische Handlungsbedeutsamkeit entdeckt und »das Wissen von der *Ambivalenz*« erworben hat, wurde nicht nur als Jude, sondern auch als Repräsentant dieses Wissens zum Symbol des »Art- und Wesensfremden«.

Der Kampf der Moderne gegen die Ambivalenz hat diese nicht aufgehoben, sondern immer wieder freigesetzt. Ja, die Moderne mit ihrer spezifischen Marktdynamik hat die eigenen Gewißheitskoordinaten und Einheitsvorstellungen aufgelöst und einen ungeplanten, aber realen Pluralismus von Denk- und Lebensformen erzeugt. Dieser hat zementierte Mauern und Grenzziehungen aufgelöst. Es ist eine »unauslöschliche Pluralität« entstanden, die nach Bauman zur Anerkennung ansteht, auch wenn sich das moderne Bewußtsein noch dagegen sträubt: »Die Welt ist ambivalent, obwohl ihre Eroberer und Herrscher nicht gerne sehen, daß es so ist, und auf Biegen und Brechen versuchen, sie als eine Welt auszugeben, die sie nicht ist. Gewißheiten sind nicht mehr als Hypothesen. Geschichten nicht mehr als Konstruktionen, Wahrheiten nicht mehr als zeitweilige Stationen auf einem Weg, der immer nach vorne drängt, aber niemals endet. Nicht mehr? Es mußte erst viel Scharfsinn entwickelt und viel Gift auf die Ambivalenz – jene Geißel aller Intoleranz und aller monopolistischen Ansprüche – verspritzt werden, ehe von Hypothesen, Konstruktionen oder zeitweiligen Stationen so gesprochen werden konnte, als wären sie ›nicht mehr als ...‹ Ambivalenz ist nicht zu beklagen. Sie muß gefeiert werden. Ambivalenz stellt die Grenze der Macht der Mächtigen dar. Aus demselben Grunde ist sie die Freiheit der Machtlosen« (Bauman 1992a, S. 220f.).

Für eine Dekonstruktion von Identitätskonstruktionen

An den psychologischen Identitätskonstruktionen läßt sich in exemplarischer Weise das bürgerliche Modernitätserbe der Psychologie aufzeigen. Das Identitätsverständnis von Erikson bringt beispielsweise in klassischer Weise ein Subjektverständnis zum Ausdruck, das ich – in Anschluß an Macpherson (1967) – »Besitzindividualismus« nennen möchte. In seinem Zentrum steht die individuelle Akkumulation »innerer Besitzstände«, die durch ein steuerndes und zentralistisch gedachtes Ich zusammenzuhalten sind. Je nach dem Potential an Ressourcen, die diesem Ich zur Verfügung stehen, wird es diese Aufgabe eher souverän oder eher als müheseligen, anstrengenden Prozeß bewältigen, der auch oft genug nicht ohne massive neurotische Kompromisse oder gar psychotische Dekompensationen abläuft. In diesem Modell drückt sich das Selbst- und Weltverständnis der bürgerlichen Gesellschaften des Westens aus, dessen typische Merkmale sich in scharfer Absetzung zu vormodernen, feudalistischen Strukturen herausgebildet haben: »Individuen sind freizusetzen von all den Bezügen und Abhängigkeiten, die sie früher bestimmt haben. Individuen, die sich als sich selbstbestimmende, autonome Souveräne, für sich selbst verantwortliche Verfasser ihrer eigenen Lebenswerke verstanden, wurden die zentralen Akteure auf der sozialen Bühne« (Sampson 1989b, S. 915). Die »Freisetzung« aus den feudalen Formen des Fremdbesitzes ist Voraussetzung für die neue Besitzordnung: »Es [das Subjekt, H. K.] ist wesenhaft der Eigentümer seiner eigenen Person oder seiner eigenen Fähigkeiten, für die es nichts der Gesellschaft schuldet. Das Individuum wurde weder als ein sittliches Ganzes noch als ein Teil einer größeren gesellschaftlichen Ganzheit aufgefaßt, sondern als Eigentümer seiner selbst. Die Beziehung zum Besitzen, die für immer mehr Menschen die fundamental wichtige Beziehung geworden war, welche ihre konkrete Freiheit und ihre konkrete Chance, all ihre Möglichkeiten zu entfalten, bestimmte, wurde in die Natur des Individuums zurückinterpretiert« (Macpherson 1967, S. 15). Historisch betrachtet ist dieser neue »zentrale Akteur« ja noch nicht besonders lange auf der Bühne: »Die Vorstellung von einem eigentlichen, unveräußerlichen, in den verschiedenen Lebenslagen sich durchhaltenden ›Ich‹ ist – obwohl kulturell keineswegs universal und auch in Europa geschichtlich reichlich jung – und gleichsam ›natürlich‹ geworden« (Gebhardt 1988, S. 294). Den sich herausbildenden ego-zentrierten Individualismus der bürgerlichen Subjekte charakterisiert der englische Sozialphilosoph MacIntyre (1988, S. 210) so: Sie besitzen »ihre Identität und ihre wesentlichen humanen Eigenschaften getrennt von und vor ihrer Mitgliedschaft in irgendeiner besonderen sozialen und politischen Ordnung«. Die Herausbildung der modernen Psychologie ist ohne die Basis eines solchen Menschenbildes gar nicht vorstellbar. Der »possessive Individualismus« durchzieht die Geschichte der Psychologie von der frühen »Vermögenspsychologie« (in diesem Begriff werden ja die »inneren Besitzstände« direkt thematisiert) bis zu ihrem Höhepunkt, dem *Aufbau der Person* (Philipp Lersch) oder ähnlichen Charakterkunden, und ist auch im modernen Kognitivismus, jenem zeitgenössischen »autoritären Universalismus«, relativ ungebrochen (vgl. Schmidt 1990). Die Freudsche Provokation, nämlich der von ihm angemeldete Zweifel, daß das moderne Subjekt wirklich »Herr im eigenen Haus sei«, blieb zwar keineswegs wirkungslos, hat sich aber durch seine therapeutische und auch kulturtheoretische Perspektive der Ich-Stärkung durchaus noch im Rahmen des »possessiven Individualismus« gehalten. Freuds zentralen Beitrag zur Psychologie sehe ich vor allem darin, daß er die »Kostenseite« der bürgerlichen Subjektkonstitution aufgezeigt hat, also die Verbannung wichtiger Personanteile »hinter die Kulissen«, ohne daß sie dadurch an dynamischer Virulenz verlieren würden.

Der »Stachel Freud« hat allerdings gesessen und den Zweifel an dem »heroischen Subjekt« genähert, das sich als souveräner Unternehmer seines eigenen Identitätsprojektes versteht. Das gesamtkulturelle Klima der bürgerlichen und spätbürgerlichen Gesellschaft hat jedoch das Menschenbild eines »possessiven Individualismus« hochgehalten. Selbst die Vertreter der kritischen Theorie, die ja die kulturkritische Strömung der Psychoanalyse am konsequentesten fortgeführt und sozialphilosophisch ausgebaut haben, haben an dem Maßstab des souveränen und autonomen Subjektes festgehalten, auch wenn ihnen zunehmend die Zuversicht abhanden kam, daß dieses noch zu retten sei. Vor allem die feministischen Sozialwissenschaftlerinnen (ich denke hier vor allem an Jessica Benjamin 1982), die sich selbst in der Tradition der kritischen Theorie sehen, haben aufgezeigt, daß sich die sozialpsychologischen Analysen von Adorno und Horkheimer ausschließlich an dem männlichen Sozialisationsmodell orientieren, in dem sich der Kampf um individuelle Autonomie notwendigerweise im Spannungsfeld von Rivalität und Unterwerfung vollzieht. Andere Menschen und die gesamte umgebende Welt werden zu Gegnern, die es zu besiegen gilt, wenn Autonomie erworben werden soll. Jessica Benjamin sieht die Herausbildung des »possessiven Individualismus« als Korrelat zu einer patriarchalisch bestimmten bürgerlichen Konkurrenzgesellschaft. Sie formuliert es so: »Der monadische Individualismus und die instrumentelle Rationalität sind die kulturellen Korrelate der männlichen Differenzierungserfahrung« (1982, S. 445). Und Jane Flax, die Psychoanalytikerin, die postmoderne Philosophie und Feminismus zu verbinden sucht, schreibt: »Vielleicht besitzt ›die Realität‹ nur in der fälschlicherweise universalisierenden Perspektive des Herren ›eine‹ Struktur. Das heißt nur in dem Maße, in dem eine Person oder Gruppe das Ganze beherrscht, scheint ›die Realität‹ einer bestimmten regulativen Ordnung zu gehorchen oder ein privilegiertes System gesellschaftlicher Beziehungen konstituiert zu werden« (zitiert nach Harding 1990, S. 25). Eine weitere Feministin, Sandra Harding, bringt das vorherrschende Menschenbild in Psychologie und Gesellschaft mit dem patriarchal geprägten Gesellschaftssystem in Verbindung:

»Die europäische und die männliche Weltanschauung entwerfen gleichermaßen ein autonomes, individualistisches und selbstbezogenes Ich, das von anderen Menschen und von der Natur isoliert ist und das von diesen anderen bedroht wird, sobald es sie nicht mehr beherrscht. Beiden Weltanschauungen gilt die Gemeinschaft als Ansammlung autonomer, isolierter, selbstbezogener Individuen, die durch keinerlei binnenstrukturierende Beziehungen miteinander verbunden sind. Auch ist in beiden Fällen die Natur ein autonomes System, von dem das Ich abgespalten ist, und das beherrscht werden muß, weil sonst das Ich seinerseits von der Kontrolle durch die Natur bedroht ist« (ebd., S. 184).

Im gängigen gesellschaftlichen Selbstverständnis, in der Psychologie und ebenso in der Psychopathologie ist dieses »ego-zentrierte« Menschenbild zur vorherrschenden gesellschaftlichen Konstruktion der Moderne geworden, das mit deren Krise jedoch zunehmend problematisch geworden ist. Es wird uns immer mehr bewußt, daß das Fortschrittsprogramm des Industrialismus seinen »selbstgewährten Überziehungskredit« vollständig ausgeschöpft hat. Die Mehrheit der Menschen in der Bundesrepublik (und in allen westlichen Industriegesellschaften) sieht in der Zerstörung unserer natürlichen Lebensgrundlagen die größte gegenwärtige und zukünftige Bedrohung. Die Krise der Moderne in diesem globalen Sinne macht auch vor unserem Subjektverständnis nicht halt, was auch der wissenschaftliche Diskurs in den Sozialwissenschaften zeigt. Die wichtigsten kritischen Strömungen sind wohl die folgenden (im Anschluß an Sampson, 1989a, S. 1 ff.):

(1) Die kulturvergleichende Forschung hat deutlich aufzeigen können, daß unser egozentriertes Subjektverständnis im Weltmaßstab eher eine Besonderheit als ein verallgemeinerbares Konstrukt darstellt. Clifford Geertz hat das sehr klar formuliert: »Die westliche Personvorstellung als die eines abgegrenzten, einmaligen, mehr oder weniger integrierten motivalen und kognitiven Universiums, eines dynamischen Zentrums von Bewußtsein, Emotion, Urteilsvermögen und Handlung, das sich in einem cha-

rakteristischen Ganzen und sich kontrastiv von anderen in sich geschlossenen Einheiten und von seinem sozialen und natürlichen Hintergrund abhebt, ist, so unveränderlich sie uns erscheinen mag, eine ziemlich eigentümliche Vorstellung im Kontext der Weltkulturen« (1979, S. 229).

(2) Die feministischen Sozialwissenschaften haben die patriarchalischen Züge des dominanten Personmodells in Frage gestellt und als basale Persönlichkeitsstruktur neben das Autonomiestreben auch die grundlegende Dimension der psychosozialen Verknüpfung mit anderen Menschen gestellt, die allerdings in der männlichen Sozialisiation eher unterentwickelt bleibt. Jessica Benjamin dazu: »Es scheint [...] sinnvoll, von zwei fundamentalen Fähigkeiten auszugehen, die zumindest in unserer Kultur die menschliche Entwicklung gestalten: Das Streben zum Anderen, nach persönlicher Beziehung, Bindung, Nähe, und das Streben nach Selbstbehauptung, nach Aktivität, Bewältigung und Erforschung« (1982, S. 438).

(3) Die systemtheoretischen Positionen haben bei der Überwindung monadologischer Sichtweisen von Subjekten sicherlich dadurch einen bedeutsamen Stellenwert, daß die Beziehungen den ontologischen Vorrang vor individuellen Einheiten geben.

(4) Die kritische Theorie hat einen entscheidenden Anteil an dem Nachweis, daß unser Subjektverständnis nicht Ausdruck der unveränderlichen »eigentlichen« Grundbefindlichkeiten des individuellen Seins ist, sondern die ideologische Reproduktion einer Gesellschaft, die von den Gesetzen des Marktes und seiner Warenproduktion bis in die innersten Zellen des Subjekts bestimmt ist.

(5) Die zivilisationsgeschichtlichen Analysen von Norbert Elias sind vor allem dadurch bedeutsam, daß sie das vorherrschende »Homo-clausus«-Selbstverständnis des modernen Menschen, sein Gefühl des In-sich-verschlossen-Seins und Von-anderen-Menschen-getrennt-Seins nicht als Wesen des Menschseins ontologisch verdoppeln, sondern es als sozialgeschichtlich rekonstruierbaren Prozeß soziogenetisch induzierter Verinnerlichung von sozialen Kontrollen nachweisen.

(6) Schließlich ist noch die Strömung des poststrukturalistischen Dekonstruktionismus zu nennen, die mit dem Modell des subjektbestimmten sozialen Handelns radikal bricht und statt dessen das individuelle Leben als einen Text begreift, den es immer schon gibt, den ich zwar fortschreiben kann, für den ich aber nie die

souveräne Autorenschaft beanspruchen kann oder nur um den Preis des ideologischen Selbstbetrugs.

Für einen sozialen Konstruktivismus mit materialistischem Fundament

Bislang habe ich mich vornehmlich am Geschäft der *Dekonstruktion* beteiligt, das ich in jener kritischen Übergangsperiode, in der wir uns ganz offensichtlich befinden, für besonders wichtig halte. Nicht nur als klassische Ideologiekritik der wissenschaftlichen Konkurrenz, sondern auch im Sinne der kritischen Reflexion unserer eigenen Kritikwerkzeuge. Gibt es dann noch einen weiteren Schritt?

Mit dem Aufsprengen des »autoritären Universalismus«, jener »Explosion der modernen *episteme*, bei der die Vernunft und ihr Subjekt – als Platzhalter der ›Einheit‹ und des ›Ganzen‹ – in Stücke fliegen«, wie es Albrecht Wellmer genannt hat (1985, S. 48), lösen sich auch die Subjekt-Objekt-Relationen aus ihrer Eindeutigkeit. Aber daraus entsteht keine Beliebigkeit, sondern es entstehen rekonstruierbare *Diskurse* einer sinnhaften Verknüpfung von subjektiven Bedürfnissen und ihnen entsprechenden Weltkonstruktionen. Hier läßt sich der systematische Ort des *sozialen Konstruktivismus* ansiedeln. Kenneth Gergen hat ihm in seinem anfänglich dargestellten Entwurf bereits einen prominenten Platz eingeräumt, ist dabei aber über die Idee einer konstruktiven Offenheit, ja Beliebigkeit nicht hinausgelangt. Er reduziert die Situation des individualisierten Subjekts auf jenen Aspekt, den Ulrich Beck so treffend herausgearbeitet hat: Wenn soziale Vorgaben verblassen, dann wird *»der oder die einzelne selbst [...] zur lebensweltlichen Reproduktionseinheit des Sozialen«* (1986, S. 209). Oder an anderer Stelle: »In der individualisierten Gesellschaft muß der einzelne entsprechend bei Strafe seiner permanenten Benachteiligung lernen, sich selbst als Handlungszentrum, als Planungsbüro in bezug auf seinen eigenen Lebenslauf, seine Fähigkeiten, Orientierungen, Partnerschaften usw. zu begreifen« (S. 217). Aber dieser so entstehende »soziale Konstrukteur« und »Baumeister« verfügt nicht über beliebige Ressourcen, nicht über alle denkbaren Baumaterialien. Sein Zugang zu materiellen, sozialen, kulturellen Kapitalien im Sinne von Bourdieu (1983), die man durchaus noch durch »psychische Kapitalien« erweitern könnte, bestimmt den Rahmen und die Bedingungen seiner konstruktiven Möglichkeiten.

Im Anschluß an die Ideologietheorie von Louis Althusser könnte man formulieren, soziale Konstruktionen stellen »das imaginäre Verhältnis der Individuen zu ihren wirklichen Existenzbedingungen dar« (1973, S. 147). Die alltäglichen Diskurse, jene »Systeme sprachlicher Äußerungen, die ein Objekt konstruieren« (Parker 1990, S. 191), schlagen diese Brücke, die das Subjekt als »imaginäres Verhältnis« zu seinen »wirklichen Existenzbedingungen« herstellt. Und unter dieser Fragestellung können sie Gegenstand empirischer Sozialwissenschaft werden. Die diskursanalytische englische Sozialpsychologie – respräsentiert in kontroverser Pluralität durch Michael Billig (1991), Jonathan Potter und Margaret Wetherell (1987), Derek Edwards und Jonathan Potter (1992) oder Ian Parker (1989, 1990, 1992) – hat hier vielversprechende Ansätze entwickelt. Ihr zentraler Ansatzpunkt ist in der Desynchronisation von subjektiver und gesellschaftlicher Ebene zu sehen. Das zerfallende Lebensgehäuse der Moderne, das Ideologien Vorschub geleistet hat, als gäbe es für die Integration des zu sozialisierenden Subjekts eine »natürliche Paßform«, zeigt auf, in welcher Weise sich Subjekte durch ihre subjektiven Konstruktionen jeweils ihr Lebensgehäuse selbst bauen müssen. Natürlich spielen dabei kulturelle Muster und Identifikationsobjekte eine erhebliche Rolle.

Zu dem »Stoff«, aus dem dieses imiganäre Verhältnis gestaltet wird, hat uns vor allem die psychoanalytische Sozialpsychologie Zugänge ermöglicht, insbesondere in ihrer Tradition, die gesellschaftliche Produktion von Unbewußtem zu untersuchen (hier sind auch die ersten hoffnungsvollen Ansätze einer Verknüpfung von postmoderner Subjektkritik und Psychoanalyse von Bedeutung; zum Beispiel Finlay 1989; Frosh 1989, 1991).

Beispiel 1: Rassenkonstruktionen

Diskursanalyse in diesem Sinne eröffnet die Möglichkeit, in den subjektiven Konstruktionsakten die Frage von Macht und Herrschaft ebenso zu untersuchen wie die sozial-instituionellen Praktiken, die mit Diskursen verknüpft sind. Die gelungensten

Beispiele diskursanalytischer Untersuchung sozialpsychologischer Fragestellungen stammen aus der Rassismusforschung. Stuart Hall und Robert Miles haben in überzeugender Weise den Prozeß der »signification«, »Bedeutungskonstitution« oder »sozialen Konstruktion« in rassistischen Diskursen untersucht. Dieser Prozeß der Bedeutungskonstitution ist »ein zentrales Element im Prozeß der *Repräsentation*, das heißt in jenem Prozeß, in dem ein Bild der sozialen Welt und der sozialen Prozesse geschaffen wird, wie die Dinge ›wirklich sind‹« (Miles 1989, S. 354).

Unter dieser Perspektive wird der Prozeß der »Rassenkonstruktion« untersucht: »... in rassistischen Diskursen funktionieren körperliche Merkmale als Bedeutungsträger, als Zeichen innerhalb eines Diskurses der Differenz«. Es entsteht ein rassistisches Klassifikationssystem. »Wenn dieses Klassifikationssystem dazu dient, soziale, politische und ökonomische Praxen zu begründen, die bestimmte Gruppen vom Zugang zu materiellen oder symbolischen Ressourcen ausschließen, dann handelt es sich um rassistischen Praxen« (Hall 1989, S. 913). Solche Konstruktionen lassen sich unter dem Aspekt ihrer Funktionalität für die Subjekte befragen, die sich mit ihrer Hilfe in ein spezifisches Verhältnis zu ihrer sozialen Realität setzen. Solche Konstruktionen wie »Rasse« oder »Geschlecht« gehören zu »jener Ansammlung selbstverständlicher, oft wiedersprüchlicher Annahmen und Überzeugungen, mit denen die Menschen der sozialen Welt eine ideologische Struktur aufprägen, die eine gewisse Handlungsfähigkeit schafft« (Miles 1989, S. 353). In bezug auf den Rassismus sagt Stuart Hall in diesem Zusammenhang: »... wir (müssen) lernen zu begreifen, inwiefern Rassismus eine authentische Form sein kann, in der untergeordnete soziale Gruppen ihre Unterordnung leben und erfahren. Wir müssen begreifen, wie Gruppen, die von den Reichtümern unserer Wohlstandgesellschaft ausgeschlossen sind, die aber gleichwohl zur Nation gehören, sich mit ihr identifizieren wollen, im Rassismus eine authentische Form der Identitätsgewinnung und des Selbstbewußtseins finden können« (1989, S. 917). Der »Innenraum des Rassismus« ist von einer »binären Spaltung« bestimmt. In diesem binären Schema wird vor allem »das Andere« konstruiert und damit zugleich das »Wir«. »Die ausgeschlossene Gruppe verkörpert das Gegenteil der Tugenden, die die Identitätsgemeinschaft auszeichnen.« In dieser »Konstruktion der Differenz« liegt das Spezifikum des Rassismus. »Dieser

Prozeß, die Welt in Begriffen ›rassisch‹ definierter Gegensätze zu konstruieren, hat die Funktion, Identität zu produzieren und Identifikationen abzusichern. Er ist Bestandteil der Gewinnung von Konsensus und der Konsolidierung einer sozialen Gruppe in Entgegensetzung zu einer anderen, ihr untergeordneten Gruppe« (ebd., S. 919).
Wichtig ist in diesem Zusammenhang noch, Diskurse in Verknüpfung mit sozialen Praxen zu thematisieren. Im Diskursfeld des Rassismus sind es vor allem »Ausschließungspraxen«, die dazu dienen, »bestimmte Gruppen vom Zugang zu kulturellen und symbolischen Ressourcen auszuschließen« (ebd., S. 913). Hier beziehen sich Hall und Miles auf den Foucaultschen Diskursbegriff, der den »Unterschied zwischen Geist und Körper« aufhebt. »In ihm sind alle Praxen durch Ideen bestimmt und alle Ideen sind in Praxen eingeschrieben« (ebd., S. 914).
Rassenkonstruktionen gehören eher zu dem Typus der Herstellung gruppenspezifischer Identitätsangebote. Ihr Potential an individualisierten Subjektkonstitutionen ist sehr begrenzt. Anders ist es mit jenen Konstruktionen, die auf das Innerste der Menschen zielen, auf ihr privates Selbst und ihre persönliche Gesundheit (vgl. Rose 1990).

Beispiel 2: Normalisierungsdiskurse

Mit meinem zweiten Beispiel knüpfe ich an die Überlegungen zu den gesellschaftlichen Bedingungen zeitgenössischer Individualisierungsprozesse an. Ich möchte mit der These beginnen, daß sich die gegenwärtige soziokulturelle Situation als hochambivalente Konfiguration kennzeichnen läßt: Eine radikale Enttraditionalisierung von Lebensformen schafft einerseits ein ungeahntes Potential an Selbstorganisation, auf der anderen Seite aber stehen zugleich die subjektiven Wünschen nach Standardisierung der Lebensmodelle und entsprechenden gesellschaftlichen Formatierungen hoch im Kurs. Bezogen auf den Prozeß der Identitätsbildung läßt sich einerseits von der ambivalenten Konstellation der Erosion von rigiden Identitätsgehäusen und dem dadurch entstehenden Potential an Lebenssouveränität (als ein »Stück eigenes Leben«) sprechen, andererseits etablieren sich neue Identitätszwänge, häufig unter der Flagge des Angebots der großen Freiheiten, Wahrheiten und Authentizitäten. Der gesellschaftliche »Freisetzungsprozeß« ist allenfalls potentiell ein Freiheits- und Autonomiegewinn, faktisch führt er häufig zu neuen Abhängigkeiten, zu einem »Selbstzwang zur Standardisierung der eigenen Existenz« (Ulrich Beck und Elisabeth Beck-Gernsheim 1990, S. 15). In diese Standardisierungsprozesse gehen subjektive und objektive Faktoren ein. Das Diskurs- und Handlungsfeld der Gesundheit bildet ein solches System, in dem sich solche Standardisierungen vollziehen.

Gesundheitsdiskurse und die mit ihnen verbundenen Alltagspraxen sind als Produktionsstätten von Normalität und Identität zu untersuchen. Keine persönliche und gesellschaftliche Sphäre eignet sich so hervorragend als Prägeanstalt für gewünschtes und adäquates Verhalten wie der Bereich der Gesundheit. Gesundheit, als hochbesetztes Gebiet zur Formulierung von Lebenskonzepten und als Bereich alltäglicher und institutioneller Praxen, ist ein bevorzugtes Feld unserer Vergesellschaftung. Ein Feld, in dem vor allem ein Prozeß verfolgt werden kann, den man die »innere Vergesellschaftung« nennen könnte. Gesundheit ist ein Medium, in dem sich der von Norbert Elias allgemein beschriebene Prozeß vom »Fremdzwang« zur »Selbstzwangapparatur« vollzieht. Soziale Kontrolle erfaßt uns in diesem Medium als ganze Personen: Da werden in unsere Köpfe nicht nur einige Ideologien eingepflanzt, die unser Denken beeinflussen, sondern unser emotionaler Haushalt wird durch Ängste und Hoffnungen reguliert und unsere Körper werden wirksam kodiert. Deshalb sind Gesundheitsdiskurse vor allem unter der Perspektive zu untersuchen, wie sie Subjekte vergesellschaften.

Gesundheitsexperten aller Art umstellen unsere Alltagsleben mit ihren Expertisen. Interessant ist nun die Frage, in welchem Verhältnis solche professionell verbreiteten Gesundheits- und Normalitätsdiskurse zu den alltäglichen Orientierungen und Handlungen der Menschen stehen. Sie erlangen ihre reale Mächtigkeit nur darüber, daß sie in die Alltagsdiskurse und Praktiken Eingang finden und letztlich in einem Prozeß der »inneren Vergesellschaftung« zu einer Instanz in den Subjekten werden. Die Analyse dieses Prozesses halte ich für eine der spannendsten sozialwissenschaftlichen Aufgaben, die allerdings noch kaum angepackt wurde. Wenn von Ideologien die Rede ist, dann wird meist einfach unterstellt, daß sie das Bewußtsein der Menschen auf der Basis spezifischer Interessenlagen okkupieren. Ein solches Modell ist gerade für einen Sozialpsychologen, der Subjekte nicht als »Reaktionsdeppen« oder passive Opfer ihrer Verhältnisse konstruiert, sehr unbefriedigend.

Ich kann hier keine voll entfaltete theoretische Alternative vorlegen, sehe aber produktive Anschlußmöglichkeiten vor allem bei den französischen Diskursanalytikern, insbesondere Foucault und Castel, und bei Wolf Haug, der in seinem bemerkenswerten Buch *Faschisierung des Subjekts* (1986) den Versuch unternommen hat, auf der Grundlage der französischen Impulse die Einpassung der Menschen in den Nationalsozialismus zu deuten. Er greift in diesem Zusammenhang auch sehr stark auf Gesundheits- und Normalitätsdiskurse zurück. Er geht davon aus, daß die Ideologieproduktion nur dadurch wirksam werden konnte, daß sie in die Alltagspraxis eingebaut wurde. Es heißt bei ihm: »Erst wenn man die informellen und vielfältigen Normalisierungspraxen im Alltag der kleinen Leute selbst einbezog, erklärte sich die gewaltige Resonanz der Normalisierungsstrategien der verfaßten ideologischen Mächte. Das Do-it-yourself der Ideologie im Alltag bildet den Resonanzboden« (ebd., S. 8). Haug knüpft unter anderem an die großartige Studie zur *Psychiatrischen Ordnung* von Robert Castel an, in der herausgearbeitet wird, daß die psychiatrische Institution im engeren Sinne nur im Zusammenwirken mit anderen institutionellen Prozessen die Bedeutung erlangt, die ihr bei verkürzender Sicht eingeräumt wird. Castel spricht von den »Relaisstationen der Normalisierungsmacht« (1979, S. 266) und dem »Gesamtzusammenhang der Normalisierungspraktiken« (S. 304). Meist bleiben unsere Analysen bei der Familie als Relaisstation stehen, aber das Netz ist sehr viel komplexer, es gibt »eine Vielzahl von Normalisierungspraktiken im Alltag der Individuen, schließlich die Individuen selbst als lauter elementare ›Relaisstationen‹, in denen unablässig und letztlich entscheidend die geforderten Disziplinen in der einen oder anderen Weise übernommen und in Selbstdisziplinen umgeformt werden« (Haug 1986, S. 106).

»Der Alltag liefert – oder verstärkt – der ideologischen Macht der Psychiatrie nicht wenige ihrer Unterscheidungen und Evidenzen. Wir müssen uns deshalb nach der informellen Alltagsmedizin und den Praktiken der Selbstpsychiatrisierung umsehen« (ebd.). Welche Zugänge zu diesem Feld sind möglich? Die großen Ärzte haben ihre Sicht der Dinge aufgeschrieben, und sie ist für uns nachlesbar. »Die Lebensdimension des Gewöhnlich-Alltäglichen hinterläßt kaum nennenswerte Dokumente« (S. 107). Haug schlägt vor, sich die gesundheitsbezogene Ratgeberliteratur als eine Quelle anzusehen. In ihr werden Konzepte »richtigen Lebens« offeriert und im Sinne eines »Do it yourself« in praktikable Handlungsanweisungen transformiert. An einer Schrift von Richard Gerling, einem Bestsellerautor im Ratgeberbereich in den ersten Jahrzehnten dieses Jahrhunderts, lassen sich diese Übersetzungs- und Operationalisierungsfunktionen exemplarisch aufzeigen. In hoher Auflage ist beispielsweise sein Traktat *Der vollendete Mensch und das Ideal der Persönlichkeit. Die Kunst, harmonische Leibesbildung, gesunden Organismus, sympathisches Äußeres und körperliche Kraft zu entwickeln und dauernd zu erhalten* gegen Ende des Ersten Weltkriegs (1917) erschienen. Gerling schreitet das gesamte Spektrum körperlicher und psychischer Erscheinungen und Äußerungsformen ab und weist ihnen in einem wohlgeordneten Sinnganzen jeweils einen klaren Ort zu. Persönlichkeitsbildung und Gesundheit werden als Aufgaben verstanden, an denen jeder Mensch zu arbeiten, für die er Verantwortung zu übernehmen habe. Es wird ein Persönlichkeitsideal konstruiert, das eine vollständige Einbindung des einzelnen in die höheren Aufgaben von Staat, Nation und Gemeinschaft vorsieht und darin die persönliche Erfüllung sieht. Aber es wird nicht nur eine über dem Alltag schwebende Idealkonstruktion vorgelegt, sondern die Subjekte werden zu Übungen angehalten: »Lieber Leser, wenn Sie gesund bleiben und Kraft wie auch harmonische Leibesbildung gewinnen wollen, müssen Sie gehorchen. – *Sie müssen einfach!*« (ebd., S. 87). Gesundheit ist also nicht nur ein Faktum oder ein Fatum, »sondern eine Pflicht, die durch Übernahme und Übung im Prinzip von jedem erreicht werden kann – falls nicht die Vorfahren ihre Pflicht versäumt haben und man für ihre Sünden büßt« (Haug 1986, S. 115). Zwischen dem Subjekt und der Krankheit steht die »Widerstandskraft [...] im gesteigerten Daseinskampf«. Gerling dazu: »Weiter sollten alle wissen, daß Krankheiten in erster Linie die Widerstandsunfähigen befallen, Widerstandsunfähigkeit aber tritt niemals ein bei entsprechender Körper- und Geistespflege« (1917, S. 34). »Dieses Muß wird aufgespannt zwischen Werten des einzelnen und politischen Zielen, zwischen Schönheit/Gesundheit/Harmonie und der ›Wiedergeburt unseres Volkes« (ebd., S. 75). Übung, Selbst-Erziehung, Abhärtung werden als Praktiken der Selbstnormalisierung dem Individuum aufgetragen, allerlei Diäten und Disziplinen empfohlen« (Haug 1986, S. 111). Und Vorbilder werden geliefert, so etwa ein Foto des »bekannten Turnlehrers und Schriftstellers E. Sommer, der durch methodische Übungen seinen früher schwächlichen Körper zu vollendeter Formenschönheit entwickelt hat« (Gerling 1917, S. 94).

Aber die Gymnastik nackt und am offenen Fenster oder andere Formen der Körperbildung dürfen nicht im Sinne eines narzißtischen »Bodybuilding« betrieben werden. Gerling zitiert da seinen eigenen Experten, Dr. E. Reich: »Ohne sorgfältige häusliche und öffentliche Erziehung, ohne geeignete *Gesamtlebensweise*, ohne gesunde Zustände in Gesellschaft, Staat und Kirche, ist [...] gewöhnliche Gymnastik nur ein Mittel, die Muskeln kräftig zu machen und allen jenen Verhältnissen Raum zu geben, welche Ausfluß allgemeiner Muskelstärke sind« (ebd., S. 29). Es geht um die Herstellung eines Habitus, einer Grundhaltung. Körperkultur ist kein Selbstzweck, sondern Körperübung steht im Dienste der Einordnung in eine spezifische Arbeitswelt: Es gilt »alle Volksgenossen so zu erziehen, daß ihnen von Jugend auf körperliche Anstrengung zur Gewohnheit und durch diese zum Lebensbedürfnis werde. Nicht zweckloses Spiel sollen körperliche Übungen sein« (ebd., S. 33). In dieser eifrigen Übernahme von Übungsvorgaben »gewöhnen [sie] sich [...] an Unter- und Einordnung« (ebd., S. 36). Letztlich geht es um das Konditionieren einer Willenshaltung, um das »Wollen des Gesollten«, die vor allem durch die Unterwerfungen der eigenen Körpernatur unter einen »höheren Willen« erfolgt. Gerling ist ein Perfektionist. Er geht penibel die »Leibesverhältnisse« unter dem Aspekt ihrer konditionierbaren Unterwerfung unter die »energische Willensanspannung« durch: Atmen, Essen, Trinken, Ausscheiden, Sich-Waschen, Lieben, Schlafen, Wohnen, Kleiden, Gang, Haltung, Tanz, Stimme, Gesang, Blicke, Gesichtsausdruck, Mundhaltung, Hautfarbe. Und er bietet ein breites Spektrum von Handlungsanleitungen: zur effektiven Zeiteinteilung, zur Stärkung des Willens und Abhärtung des Körpers; Anleitungen zur Gymnastik, Tiefatmung, Lichttherapie, Abreibungen; Pfeifen gegen Augenblinzeln, Zwerchfellatmung gegen »Erröten zur Unzeit«, Nasenmodellierung, Hochbinden des Kinns gegen nächtliche Mundatmung usw. Für Heranwachsende gibt es besondere Vorschläge, um den »Teufel der Selbstbefriedigung« (ebd., S. 57) auszutreiben: »Wenn die Aufklärung unterstützt wird durch strenge Reinlichkeit, tägliche Waschungen, durch Baden und Schwimmen, ferner durch einfache, reizlose Ernährung, ermüdende geistige und körperliche Arbeit, Luft- und Lichtbäder«, dann sollte es Jugendlichen gelingen, die »Herrschaft über ihre Begierden« zu erlangen (ebd., S. 58).

Solche Beispiel können wir heute gar nicht ohne Ironie zur Kenntnis nehmen. Sie sind antiquiert, und wir können uns von ihnen problemlos distanzieren. Die Zeitreise ging eher in eine fremde Kultur, obwohl wir die eine oder andere Figur vielleicht noch als »Kindheitsmuster« wiedererkennen. Haben nicht unsere Eltern und Großeltern oft ähnliche Vorstellungen vom »richtigen Leben« gehabt? Und haben sie nicht auf der Grundlage solcher Normalitätsvorstellungen auch »Hand an uns gelegt«?

Eines ist jedenfalls klar: Die gesellschaftlichen Verhältnisse, in denen solche Vorstellungen ihren Charakter von Selbstverständlichkeiten beanspruchen konnten, haben sich gründlich verändert, und damit haben Ratgeber vom Typus eines Gerling ihre Paßform verloren.

Ich habe oben bereits betont, daß »Freisetzung« nicht identisch ist mit Autonomie des Subjektes; wenn sie mit Autonomie, Selbstorganisation oder Emanzipation in einen Zusammenhang gebracht werden soll, dann stellt sie allenfalls ein spezifisches Potential dar. Welche Bedeutung haben in diesem Zusammenhang die zeitgenössischen Gesundheitsdiskurse? Gilt für sie auch noch, daß sie bevorzugte Medien sind, um gesellschaftlich angesagte Normalitäten paßförmig für den Alltag zurechtzuschleifen? Gilt für sie das, was Foucault über die allgegenwärtigen Normalisierungsmechanismen sagt: Es gibt »jene Agenten ideologischer Zirkulation, deren Trillerpfeife wir hören: nach rechts, nach links, hierher, weiter weg, auf der Stelle, jetzt nicht ...« (Foucault 1984, S. 124).

Mit dieser Perspektive sollen nun einige aktuelle Gesundheitsdiskurse unter die Lupe genommen werden. Beschränken werde ich mich hier auf die identitätsstiftende Rolle der Gesundheitsdiskurse im Dunstkreis von New Age und Psychoboom.

Psychotechnische und von New-Age-Repräsentanten formulierte Identitäts-Angebote, die in den gesundheitsbezogenen Empfehlungen enthalten sind, geben auf unterschiedliche Bedürfnisse Antworten und erfüllen unterschiedliche Funktionen:

1. Kompensation der Traditionsdefizite: Der zerborstene Spiegel wird als wieder gekittet ausgegeben;
2. anstelle der unglaubwürdig gewordenen religiösen Meta-Erzählungen werden neue angeboten;
3. anstelle von dysfunktional gewordenen Sozialcharakteren werden neue geformt.

Für diese Funktionen möchte ich jeweils ein Beispiel bringen.

1. *Gesundheit als ontologischer Diskurs.* Die »Wahrheit in uns«: Der psychologische Fundamentalismus in Gestalt der Versprechungen der Heimat, die wir nur in uns selbst finden könnten. Als Antwort auf die »ontologische Bodenlosigkeit der Moderne« (Thomas Ziehe). Ein Beispiel aus einem großen Reservoir vergleichbarer Angebote liefert das *Polarity-Handbuch.* Es bietet eine »praktische Einführung in die harmonisierende und heilende Energie-Massage« und verspricht »Prozesse der emotionalen und körperlichen Befreiung und geistiger Erkenntnis auszulösen«. Polarity ist »einerseits praktische Handhabung« und andererseits »Verinnerlichung, will den Menschen zu seiner Mitte führen, es weist einen möglichen Weg zum Einssein mit sich und der Welt«. Polarity ist damit »eine Methode der Neuen Zeit, denn überall bahnt sich die Erkenntnis an, daß alles Polare der Ergänzung und Ganzwerdung dient«.

2. *Gesundheit als Sekte:* In Thorwald Dethlefsens *Schicksal als Chance. Das Urwissen zur Vollkommenheit des Menschen* heißt es unter anderem: »Krankheit ist lediglich der mikrokosmische Nachvollzug des Sündenfalls.« »Die Menschen meinen immer noch, daß Krankheit ein vermeidbares Mißgeschick ist. Man begreift nicht, daß Krankheit das kostbarste Gut der Menschheit ist, ja, sein Menschsein überhaupt erst ausmacht, da nur das Kranke heilbar ist. Die Krankheit macht den Menschen heilungsfähig – doch dazu muß er sie durchwandern, nicht umgehen. So wie die Krankheit ein mikrokosmischer Sündenfall ist, muß Heilung auch immer ein mikrokosmischer Erlösungsprozeß sein. Der Kranke ist schuldig – im konkreten wie im metaphysischen Sinn ...« So wie eine solche Erlösung eigentlich nur darin bestehen kann, daß ich mein Sosein als »Karma« akzeptiere, so hat auch die reale Welt eine vorgezeichnete Ordnung, gegen die keine gesellschaftliche Veränderung letztlich angehen kann, gegen die »kein Kraut gewachsen« ist. Für Dethlefsen ist es auch ausgemacht, daß »Hierarchien« notwendig sind und im Schöpfungsplan vorgesehen sind,

»hierarchisches Denken hat nichts mit Diktatur zu tun«. Wir sollen also gegen unser Schicksal nicht revoltieren, sondern es in unsere volle persönliche Verantwortung nehmen. Er fordert dazu auf, sich endlich von einer Haltung zu befreien, »die Schuld auf Gesellschaft, Krankheitserreger oder den bösen Zufall zu projizieren«. Vielmehr müssen wir »ganz schlicht wieder die Schuld« bei uns selbst suchen. Schließlich ist Schicksal in seiner Ganzheit nur verständlich vor dem Hintergrund der Reinkarnation, und deshalb, allen Weltverbesserern sei es ins Stammbuch geschrieben, ist es offenkundig, »daß nicht allen Menschen in diesem Leben die gleichen Startlöcher zugewiesen werden – und das ist ganz bestimmt nicht die Schuld der Gesellschaft«.

3. *Elitedenken für ein Neues Zeitalter*. Marilyn Ferguson, eine der großen Prophetinnen des New Age, formulierte kürzlich Regeln für jenes Handeln, das allein uns auf dem Teufelskreis der globalen menschenerzeugten Krisen herausführen könnte (Ferguson 1990). Sie sagt: »Der Weg zur Lösung dieser neuen Probleme [...] sollte nicht mit irgendeinem praktischen Schritt beginnen, sondern mit einer Erkenntnis: Wir sind alle zu mehr fähig, als wir selbst geglaubt oder gezeigt haben. Es ist sehr wichtig, daß wir mehr von unserem Selbst ›herauslassen‹. Unser Erziehungssystem hat bisher unsere Natur lediglich gezähmt. Jetzt muß es seine Ziele ändern und helfen, unsere Natur zu entfalten, denn in dieser Natur stecken ungeahnte kreative Potentiale« (ebd., S. 40). Man müsse sich nur die Menschen mit den großen Leistungen, den großen visionären Entwürfen und herausragenden Führungsqualitäten anschauen (etwa Einstein, Darwin, Mutter Teresa, Virgina Woolf), um ermessen zu können, was in dieser *conditio humana* an bisher nur ungenügend genutzten Potentialen steckt. Der Großmeister der humanistischen Psychologie Abraham Maslow hat dafür die Parole ausgegeben: Wenn man wissen wolle, wie schnell Menschen laufen können, dürfe man sich nicht an den Durchschnitt, sondern müsse sich am Olympiasieger orientieren, und das gelte allgemein: »Eine Gesellschaft, die ihre geistigen Möglichkeiten ausloten will, sollte sich dabei möglichst auf ihre fähigsten und engagiertesten Mitglieder konzentrieren.«

Bei den Analysen außergewöhnlicher Menschen, der »Kreatoren« oder »visionären Menschen«, kommt Marilyn Ferguson zu Maximen, die die Elite für das Neue Zeitalter unbedingt zu beachten habe. Dabei kommen dann Platitüden der folgenden Art heraus:

»Fürchten Sie keine Risiken«; »Befreien Sie sich von Ihren Vorurteilen«; »Finden Sie Zugang zu Ihrem Unbewußten« (dazu folgende erläuternde Sätze: »Wir müssen unser Unbewußtes anzapfen, denn das Bewußtsein allein ist nicht in der Lage, ein passendes Ziel zu setzen«. Durch Biofeedback und andere Methoden wird das Unbewußte kontrollierbar: »Und während wir die Sensitivität für dieses unterschwellige Wissen kultivieren, werden wir visionärer, ›flüssiger in unserer Kreativität‹«); »Originalität ist kein Zufall« (es geht um den »intelligenten Gebrauch der vorhandenen Ressourcen«), und schließlich: »Beachten Sie Ihre Launen« (so wie einst Benjamin Franklin durch Tagebuchführen zu einer perfekten Disziplin seines Zeithaushaltes fand, so empfiehlt Ferguson eine parallele Aktion für den Bereich der Emotionen. Sie sollten sorgfältig registriert werden, um dann als instrumentalisierte Produktivkraft genutzt zu werden). Die verschiedenartigen Psychotechniken sind auf dem Weg zur neuen Elite eine Mischung von Lockerungsübungen, um die Restbestände traditioneller Charakterpanzer los zu werden, und Methoden der Effizienzsteigerung, sozusagen die Steigerungsform jener methodischen Lebensführung des entfalteten Kapitalismus, die Max Weber so treffend analysiert hat.

Klaus Ottomeyer (1992, S. 112 f.) hat das identitätsstiftende und -erzwingende Potential der New-Age-Bewegung auszuloten versucht und knüpft dabei an die Becksche Individualisierungsthese an:

»Jeder versucht auf seine Weise, seine alltagsweltlich und biographisch vielfach gebrochene, zerschnittene Identität ›unter einen Hut‹ zu bekommen. Kriegsfolgen in den Familien, Entväterlichung vieler Familien in verschiedenen Varianten, Entwurzelung, Migration und Reassimilation haben im Verlauf der letzten 50 Jahre ein Übriges dazu beigetragen, daß – trotz ökonomisch und strukturell ähnlicher Grundbedingungen – eine verstehende Psychologie die Bewältigungsmuster und Lebensentwürfe der konkreten Individuen jedesmal neu zu erkunden hat. Sie sind objektiv entstandardisiert. Psychotechniken sind heutzutage nützlich und eine Verständigungshilfe, wenn sie sich auf die konkrete Vermittlung von Lebensgeschichte und Gesellschaftsgeschichte einlassen. Im raschen Bezug auf die spirituelle Dimension werden beide Seiten nicht ernst genommen und kommen nicht zueinander. Es erfolgt eine scheinhafte Gemeinschaftsbildung (...) Das New-Age-Bewußtsein trägt der modernen ›Patchwork-Identität‹ in gewisser Weise Rechnung. Jeder kann sich aus der großen sinngebenden Gemischtwarenhandlung seine Privatreligion, so wie es zu seinen derzeitigen Identitätsfacetten und persönlichen Bewältigungsmustern paßt, in einem Do-it-yourself-Verfahren zurechtbasteln. Es sieht so aus, als ob, wie schon zu den Zeiten der protestantischen Ethik, auch die neuen Wirtschafts- und Karriere-Individuen eine Motivation brauchen, die sich nicht auf das schnöde Geld-Machen bezieht. Ein höherer Sinn wird gesucht, und schon gibt es Leute, die erklären, daß spiritueller Fortschritt auch am wirtschaftlichen Erfolg zu erkennen ist. Jedenfalls ist beides gut vereinbar. Härte und Individuation im Alltagsdschungel, Meditation, Erleuchtung und kosmische Symbiose in der Freizeit, in der verlängerten Mittagspause oder den Spezialseminaren für das gehobene Personal.«

Die von Foucault so genannten »Agenten ideologischer Zirkulation«, deren »Trillerpfeife« uns das maßgeschneiderte Identitätsgehäuse verpassen möchte, haben im Zuge der Verlagerung von Prozessen der »Fremd-Vergesellschaftung« in solche der »Selbst-Vergesellschaftung« zunehmend im Cockpit der Person selbst Platz genommen. Die Zwänge unserer Identität können wir nicht problemlos auf externe Kontrollen und Regulative attribuieren. Im Zweifelsfall werden wir immer wieder auf uns selbst gestoßen: Wir hätten prinzipiell auch andere Optionen gehabt! Im Zentrum dieses Prozesses der »Selbst-Vergesellschaftung« steht die Idee des »autonomen Subjekts«. Die Analyse solcher Normalisierungsdiskurse unter der Perspektive des durch sie hergestellten »imaginären Verhältnisses zu ihren wirklichen Lebensbedingungen« hat das Ziel, sie zu dekonstruieren und ihre Herrschaftsfunktion sichtbar zu machen. Im Sinne des postmodernen »Widerstreits« geht es darum, den »heimlichen Lehrplan« der uns angedienten neuen »Metaerzählungen« publik zu machen.

Zusammenfassende Schlußfolgerungen

1. Es steht nicht in unserem geschmäcklerischen Belieben, ob wir uns auf postmodernes Gedankengut einlassen, uns mit ihm auseinandersetzen oder es lieber bleiben zu lassen. Die Krise der Moderne ist längst zu einer Überlebenskrise der Gattung geworden. Von dieser Krise sind auch die klassischen gesellschaftskritischen Theorien betroffen. Postmodernes Denken läßt sich als kultureller Ausdruck einer neuen Entwicklungsetappe des Kapitalismus begreifen, und insofern sind die in diesem Denken ent-

haltenen regressiven und progressiven Potentiale kritisch aufzuarbeiten. Frederic Jameson gibt dazu die folgende Einschätzung: »Tatsache ist, daß wir uns *innerhalb* der Kultur der Postmoderne befinden; und das bedeutet, das leichtfertige Ablehnung so unmöglich ist, wie ihre ebenso leichtfertige Huldigung selbstgefällig und korrupt ist« (1986b, S. 26). Es geht für die Psychologie um die *Dekonstruktion* aller Subjektvorstellungen, die noch im paradigmatischen Einflußbereich des »possessiven Individualismus« stehen. Die Postmoderne ist für die Psychologie insofern eine unvermeidliche Herausforderung, als sie deren modernistische Antiquiertheit radikal in Frage stellt und für eine kritische Psychologie das gesellschaftlich-kulturelle Niveau angibt, auf dem sie ihre produktive Kritikfähigkeit zu entwickeln hat.

2. Kritische Sozialwissenschaften tun gut daran, zentrale Einsichten der feministischen Wissenschaftstheorie aufzunehmen und zu verallgemeinern:

»Für [eine] feministische postmoderne Erkenntnistheorie müssen wir von Annahmen ausgehen, die den normalerweise für die Legitimation moderner Wissenschaft ins Feld geführten diametral entgegengesetzt sind. Die größte Ressource für mögliche ›Erkenntnissubjekte‹ bilden unsere nicht auf den Begriff des Wesens oder der Natur rückführbaren fragmentierten Identitäten und die Weigerung, sich der Täuschung hinzugeben, man könne zu einer ›ursprünglichen Einheit‹ zurückkehren. Doch wenn auch die Erkenntnissubjekte auseinandergedriftet sind, so ist doch die Welt zusammengewachsen. Nur gibt es statt ›einer‹ äußern, aus wesenhaften Dichotomien zusammengesetzten Welt, in der die Wissenschaft durch Erklärung für Zusammenhänge sorgt, so viele miteinander verbundene und reibungslos aneinandergefügte Wirklichkeiten, als es Formen eines oppositionellen Bewußtseins gibt. Indem wir das Ziel aufgeben, die ›eine wahre Geschichte‹ zu erzählen, bejahen wir statt dessen die permanente Parteilichkeit feministischer Forschung« (Harding 1990, S. 209).

3. Der *soziale Konstruktivismus* steht für seine Überwindung substantialistischer Subjektvorstellungen, ist aber ohne materialistisches Fundament ein Spiel der Beliebigkeit. In der Verknüpfung mit einer ideologietheoretischen Diskursanalyse kann er zu einem materialistischen Konstruktivismus werden, der Erklärungen dafür liefern kann, wie Subjekte oder gesellschaftliche Gruppen sich Bedeutungskonstitutionen ihrer sozialen Welt so bilden können, daß sie sich in dieser Welt handlungsfähig fühlen. In diesen Konstruktionsprozessen ist die Ambivalenz von Selbstorganisation

und Unterwerfung unter gesellschaftliche Machtdiskurse aufzuspüren.

4. Von manchen Parteigängern und Kritikern wird Postmodernismus mit »Posthistoire« identifiziert. Das »Ende der Geschichte« wäre für mich dann erreicht, wenn in unseren Köpfen und Herzen keine intellektuelle und emotionale Distanz mehr zu der sich vollziehenden Durchkapitalisierung aller gesellschaftlichen Lebensbereiche entstehen könnte; wenn wir gar nicht mehr den »Möglichkeitssinn« dafür entwickeln könnten, daß es auch anders sein könnte; wenn sich die »zweite Natur« dieser gesellschaftlichen Lebensbedingungen gar nicht mehr als etwas gesellschaftlich Produziertes identifizieren ließe. Gerade die Tatsache, daß der Kapitalismus beständig auch für ihn unerwünschte Nebenfolgen erzeugt, erhält die Möglichkeiten, in Differenzen zum Bestehenden zu denken. Die »Risikogesellschaft«, die er mit unaufhaltbarer Konsequenz erzeugt, enthält ja nicht nur eine Fülle von gattungsgefährdenden Risiken, sondern eröffnet auch Spielräume von Dissidenz und Differenz. In den desintegrativen Kräften einer sich radikal individualisierenden Gesellschaft, die auch jene sozialen Instanzen abschmelzen, die vor allem Affirmation im Sinne der von Althusser herausgearbeiteten »ideologischen Subjektion« zu gewährleisten haben (Familie, Verwandtschaft, Nachbarschaft und die traditionellen »ideologischen Staatsapparate«) stecken auch Potentiale für Eigenwilligkeit und Widerständigkeit, für die emanzipatorische Erweiterung von Ich-Grenzen, von Verweigerung gegenüber den gesellschaftlichen Identitätszwängen. Die Frage ist allerdings, ob dieses Potential zu einer politischen Kraft werden kann oder ob die unaufhaltsamen Individualisierungsprozesse die Basis für kollektive Handlungsfähigkeit und Solidaraktionen zerstören. Die Vielzahl selbstorganisierter Initiativen in allen gesellschaftlichen Bereichen der BRD und vor allem an allen zentralen politischen Brennpunkten (vor allem die Frauenbewegung und die ökologischen Initiativen), die in den vergangenen Jahren entstanden sind, sind für mich ein empirisch greifbarer Hoffnungsträger dafür, daß die Grundlage für eine Politik des »aufrechten Ganges« ihre Chancen hat. Die Alternative ist die »kupierte Individualität« (Herkommer 1990), die sich »auf der Höhe der Zeit« weiß, aber keinen »Widerstreit« mehr im Auge hat.

Literatur

Adorno, Th. W. (1964), »Was bedeutet: Aufarbeitung der Vergangenheit«, in: ders., *Eingriffe. Neun kritische Modelle*, Frankfurt am Main: Suhrkamp, S. 125-146.

– (1980), *Minima Moralia. Reflexionen aus dem beschädigten Leben*, in: ders., *Gesammelte Schriften*, Bd. 4, Frankfurt am Main: Suhrkamp

– (1984), *Ästhetische Theorie*, in: ders., *Gesammelte Schriften*, Bd. 7, Frankfurt am Main: Suhrkamp.

Althusser, L. (1973), *Marxismus und Ideologie*, Berlin: VSA.

Ashley, D. (1990), »Postmodernism and the ›end of the individual‹: From repressive self-mastery to ecstatic communication«, in: *Current Perspectives in Social Theory* 10, S. 195-221.

Bauman, Z. (1990), »Modernity and ambivalence«, in: *Theory, Culture & Society* 7, S. 143-169.

– (1992a), *Moderne und Ambivalenz. Das Ende der Eindeutigkeit*, Hamburg: Junius.

– (1992b), *Dialektik der Ordnung. Die Moderne und der Holocaust*, Hamburg: Europäische Verlagsanstalt.

Beck, U. (1986), *Risikogesellschaft. Auf dem Weg in eine andere Moderne*, Frankfurt am Main: Suhrkamp.

– (1991), »Die Frage nach der anderen Moderne«, in: *Deutsche Zeitschrift für Philosophie* 39, S. 1297-1308.

– und E. Beck-Gernsheim (1990), *Das ganz normale Chaos der Liebe*, Frankfurt am Main: Suhrkamp.

Benjamin, J. (1982), »Die Antinomien des patriarchalischen Denkens«, in: W. Bonß und A. Honneth (Hg.), *Sozialforschung als Kritik*, Frankfurt am Main: Suhrkamp, S. 426-455.

– (1990), *Die Fesseln der Liebe*, Frankfurt am Main: Stroemfeld/Roter Stern.

Bertens, H. (1987), »Die Postmoderne und ihr Verhältnis zum Modernismus«, in: D. Kamper und W. van Reijen (Hg.), *Die unvollendete Vernunft. Moderne versus Postmoderne*, Frankfurt am Main: Suhrkamp, S. 46-98.

Billig, M. (1991), *Ideologies and Opinions*, London: Sage.

Bolz, N. (1992), *Die Welt als Chaos und als Simulation*, München: Wilhelm Fink.

Bourdieu, P. (1993), »Ökonomisches Kapital, kulturelles Kapital, soziales Kapital«, in: R. Kreckel (Hg.), *Soziale Ungleichheit*, Göttingen: Schwartz, S. 183-198.

Bruder, K.-J. (1993), *Subjektivität und Postmoderne. Der Diskurs der Psychologie*, Frankfurt am Main: Suhrkamp.

Castel, R. (1979), *Die psychiatrische Ordnung*, Frankfurt am Main: Suhrkamp.

Connor, St. (1990), *Postmodernist Culture. An introduction to theories of the contemporary*, Oxford: Basil Blackwell.
Dahrendorf, R. (1979), *Lebenschancen. Aufsätze zur sozialen und politischen Theorie*, Frankfurt am Main: Suhrkamp.
Denzin, N. K. (1991), *Images or Postmodern Society*, London: Sage.
Dethlefsen, Th. (1988), *Schicksal als Chance*, München: Goldmann.
– und R. Dahlke (1990), *Krankheit als Weg. Deutung und Be-Deutung der Krankheitsbilder*, München: Goldmann.
Dubiel, H. (1990), »Linke Trauerarbeit«, in: *Merkur*, Nr. 496, S. 482-491.
Eagleton, T. (1987), »Awakening of modernity«, in: *Times Literary Supplement* vom 20. 2. 1987.
Edwards, D. und J. Potter (1992), *Discursive Psychology*, London: Sage.
Erikson, E. H. (1973), *Identität und Lebenszyklus*, Frankfurt am Main: Suhrkamp.
Ferguson, M. (1990), in: *Psychologie heute*, August-Heft, S. 40-45.
Finlay, M. (1989), »Post-modernising psychoanalysis/psychoanalysing post-modernity«, in: *Free Associations* 16, S. 43-80.
Flax, J. (1990), *Thinking Fragments. Psychoanalysis, feminism, and postmodernism in the contemporary west*, Berkeley: University of California Press.
– (1992), »Postmoderne und Geschlechter-Beziehungen in der feministischen Theorie«, in: *Psychologie und Gesellschaftskritik* 16, S. 69-102.
Foucault, M. (1984), *Von der Freundschaft*, Berlin: Merve.
Frank, M. (1988), *Die Grenzen der Verständigung. Ein Geistergespräch zwischen Lyotard und Habermas*, Frankfurt am Main: Suhrkamp.
Frosh, St. (1989), »Melting into air: Psychoanalysis and social relations«, in: *Free Associations* 16, S. 7-30.
– (1991a), »Psychoanalysis, psychosis, and postmodernism«, in: *Human Relations* 44, S. 93-104.
– (1991b), *Identity crisis. Modernity, psychoanalysis and the self*, London: Macmillan.
Gebhardt, E. (1988), »Die Stadt als moralische Anstalt. Zum Mythos der kranken Stadt«, in: K. R. Scherpe (Hg.), *Die Unwirklichkeit der Städte*, Reinbek: Rowohlt, S. 279-303.
Geertz, C. (1979), »From the native's point of view. On the nature of anthropological understanding«, in: P. Rainbow und W. M. Sullivan (Hg.), *Interpretive Social Science*, Berkeley: University of California Press, S. 225-241.
Georg-Lauer, J. (1988), »Das ›postmoderne Wissen‹ und die Dissens-Theorie von Jean-François Lyotard«, in: P. Kemper (Hg.), *›Postmoderne‹ oder Der Kampf um die Zukunft*, Frankfurt: Fischer, S. 189 bis 206.
Gergen. K. J. (1990), »Die Konstruktion des Selbst im Zeitalter der Postmoderne«, in: *Psychologische Rundschau* 41, S. 191-199.

– (1991), *The Saturated Self. Dilemmas of identity in contemporary life*, New York: Basic Books.

Gerling, R. (1917), *Der vollendete Mensch und das Ideal der Persönlichkeit. Die Kunst, harmonische Leibesbildung, gesunden Organismus, sympathisches Äußeres und körperliche Kraft zu entwickeln und dauernd zu erhalten*, Oranienburg: Wilhelm Möller.

Giddens, A. (1990), *The Consequence of Modernity*, Oxford: Polity Press.

– (1991), *Modernity and Self-Identity*, Oxford: Polity Press.

– (1992), *Kritische Theorie der Spätmoderne*, Wien: Passagen Verlag.

Habermas, J. (1985), *Der philosophische Diskurs der Moderne*, Frankfurt am Main: Suhrkamp.

– (1990), *Die Moderne – ein unvollendetes Projekt*, Leipzig: Reclam.

Hage, J. und Ch. H. Powers (1992), *Post-Industrial Lives. Roles and relationships in the 21st century*, London: Sage.

Hall, St. (1989), »Rassismus als ideologischer Diskurs«, in: *Das Argument*, Nr. 178, S. 913-921.

– (1992), »The question of cultural identity«, in: St. Hall, D. Held und T. McGrew (Hg.), *Modernity and its Futures*, Cambridge: Polity Press, S. 273-326.

Harding, S. (1990), *Feministische Wissenschaftstheorie. Zum Verhältnis von Wissenschaft und sozialem Geschlecht*, Berlin: Argument.

– (1991), *Whose Science? Whose Knowledge?*, Milton Keynes: Open University Press.

Harrer, J. (1936), *Die deutsche Mutter und ihr erstes Kind*, München: Lehmanns.

Haug, W. F. (1986), *Faschisierung des Subjekts. Die Ideologie der gesunden Normalität und die Ausrottungspolitiken im deutschen Faschismus*, Berlin: Argument.

Hekman, S. J. (1990), *Gender and Knowledge. Elements of a postmodern feminism*, Oxford: Polity.

Hellerich, G. und D. White (1992), »Psychologie und Postmoderne«, in: *Psychologie und Gesellschaftskritik* 16, Heft 3/4, S. 5-16.

Herkommer, S. (1990), »Die kupierte Individualität. Zur Diskussion über Modernisierung, Wertewandel und widersprüchlicher Prozesse der Individualisierung«, in: *Initial*, Heft 7, S. 687-697.

Hirsch, J. (1990), *Kapitalismus ohne Alternative? Materialistische Gesellschaftstheorie und Möglichkeiten einer sozialistischen Politik heute*, Hamburg: VSA.

Holland, N. N. (1983), »Postmodern psychoanalysis«, in: I. Hassan und S. Hassan (Hg.), *Innovation/Renovation: New perspectives on the humanities*, Madison, S. 291-309.

Honneth, A. (1988), »Foucault und Adorno. Zwei Formen einer Kritik der Moderne«, in: P. Kemper (Hg.), *›Postmoderne‹ oder Der Kampf um die Zukunft*, Frankfurt am Main: Fischer, S. 127-144.

– (1990), »Anerkennung und Differenz. Zum Selbstmißverständnis postmoderner Sozialtheorien«, in: *Initial*, Heft 7, S. 669-674.
Horkheimer, M. und Th. W. Adorno (1969), *Dialektik der Aufklärung*, Frankfurt am Main: Fischer.
Hradil, St. (1990), »Postmoderne Sozialstruktur? Zur empirischen Relevanz einer ›modernen‹ Theorie sozialen Wandels«, in: P. A. Berger und St. Hradil (Hg.), *Lebenslagen, Lebensläufe, Lebensstile. Soziale Welt*, Sonderband 7, Göttingen: Schwartz, S. 125-150.
Huyssen, A. und K. R. Scherpe (Hg.) (1986), *Postmoderne. Zeichen eines kulturellen Wandels*, Reinbek: Rowohlt.
Jäckle, R. (1987), »Biotanz ins Jenseits. Der Einbruch der Esoterik in die Medizin«, in: *Kursbuch*, Heft 88, S. 35-47.
Jameson, F. (1986a), »Ideologische Positionen in der Postmodernismus-Debatte«, in: *Das Argument*, Heft 155, S. 18-28.
– (1986b), »Postmoderne – zur Logik der Kultur im Spätkapitalismus«, in: A. Huyssen und K. R. Scherpe (Hg.), *Postmoderne*, Reinbek: Rowohlt, S. 45-102.
– (1990), *Late Marxism. Adorno, or, the persistence of the dialectic*, London/New York: Verso.
– (1991), *Postmodernism, or, The cultural logic of capitalism*, New York: Verso.
Kemper, P. (Hg.) (1988), *›Postmoderne‹ oder der Kampf um die Zukunft*, Frankfurt am Main: Fischer.
Keupp, H. (1990a), »Riskante Chancen – Das Subjekt im gesellschaftlichen Wandel«, in: *Universitas* 45, S. 838-851.
– (1990b), »Identitäten im Umbruch: Das Subjekt in der ›Postmoderne‹«, in: *Initial*, Heft 7, S. 698-710.
Krüger, H.-P. (1990a), *Kritik der kommunikativen Vernunft*, Berlin: Akademie-Verlag.
– (1990b), »Postmoderne als das kleinere Übel. Kritik und Affirmation in Lyotards *Widerstreit*« in: *Deutsche Zeitschrift für Philosophie* 38, S. 609-628.
– (1991), »Reflexive Modernisierung und der neue Status der Wissenschaften«, in: *Deutsche Zeitschrift für Philosophie* 39, S. 1310-1330.
Kvale, St. (Hg.) (1992), *Psychology and Postmodernism*, London: Sage.
Lash, S. (1990), *Sociology of Postmodernism*, London: Routledge.
Lasch, Ch. (1984), *The Minimal Self. Psychic survival in troubled times*, London/New York: W. W. Norton.
Lather, P. (1990), »Postmodernism and the human sciences«, in: *The Humanistic Psychology* 18, S. 64-84.
– (1991), *Getting Smart. Feminist research and pedagogy with/in the postmodern*, London: Routledge.
Loo, H. van der und W. van Reijen (1992), *Modernisierung. Projekt und Paradox*, München: dtv.

Lyotard, J.-F. (1977), *Das Patchwork der Minderheiten*, Berlin: Merve.
– (1986), *Das postmoderne Wissen*, Wien: Passagen.
– (1987), *Postmoderne für Kinder*, Wien: Passagen.
– (1989), *Der Widerstreit*, München: Fink.
MacIntyre, A. (1988), *Whose Justice? Which Rationality?*, London: Duckworth.
Macpherson, C.B. (1967), *Die politische Theorie des Besitzindividualismus*, Frankfurt am Main: Suhrkamp.
Marcuse, H. (1964), *Der eindimensionale Mensch. Studien zur Ideologie in fortgeschrittenen Industriegesellschaften*, Neuwied: Luchterhand.
Miles, R. (1989), »Bedeutungskonstitution und der Begriff des Rassismus«, in: *Das Argument*, Nr. 175, S. 353-367.
Mock, O. (1933), *Befreiung des Lebens. Razzia im Dickicht der Probleme*, München: Albert Langen & Georg Müller.
Montaigne, M. de (1953), *Essais*. Auswahl und Übertragung von Herbert Lüthy, Zürich: Manesse.
Müller-Freienfels, R. (1935), *Lebensnahe Charakterkunde*, Leipzig: Lindner.
Neckel, S. (1989), »Individualisierung und Theorie der Klassen«, in: *Prokla* 19, S. 51-59.
Nicholson; L.J. (Hg.) (1990), *Feminism/Postmodernism*, New York: Routledge.
Nietzsche, F. (1980), *Sämtliche Werke. Kritische Studienausgabe*, München/Berlin: dtv/de Gruyter.
Ottomeyer, K. (1992), *Prinzip Neugier. Einführung in eine andere Sozialpsychologie*, Heidelberg: Asanger.
Parker, I. (1989), *The Crisis in Modern Social Psychology – and How to End it*, London: Routledge.
– (1990), »Discourse: definitions and contradictions«, in: *Philosophical Psychology* 3, S. 189-204.
– (1992), *Discursive Dynamics. Critical analysis for social and individual Psychology*, London: Routledge.
– und J. Shotter (Hg.) (1989), *Deconstructing Social Psychology*, London: Routledge.
Pieterse, J. N. (Hg.) (1992), *Emancipations, Modern and Postmodern*, London: Sage.
Potter, J. und M. Wetherell (1987), *Discourse and Social Psychology*, London: Sage.
Ritzer, G. (1993), *The McDonaldization of Society*, Thousand Oaks/London/New Dehli: Pine Forges Press.
Rorty, R. (1989), *Kontingenz, Ironie und Solidarität*, Ffm.: Suhrkamp.
Sampson, E. E. (1985), »The decentralization of identity. Toward a revised concept of personal and social order«, in: *American Psychologist* 40, S. 1203-1211.

– (1988), »Debate on individualism. Indigenous psychologies of the individual and their role in personal and societal functioning«, in: *American Psychologist* 43, S. 15-22.
– (1989a), »The deconstruction of the self«, in: J. Shotter und K. J. Gergen (Hg.), *Texts of Identity*, London: Sage, S. 1-29.
– (1989b), »The challenge of social change for psychology. Globalization and psychology's theory of the person«, in: American *Psychologist* 44, S. 914-921.
Schmidt, H. (1990), »Zwischen moderner Identität und postmoderner Differenz«, in: *Initial*, Heft 7, S. 675-686.
– (1991), »Postmoderne Aussichten«, in: *Initial*, Heft 4, S. 352-358.
Shotter, J. und K. Gergen (Hg.) (1989), *Texts of Identity*, London: Sage.
Stephanson, A. (1988), »Regarding postmodernism – A conversation with Frederic Jameson«, in: A. Ross (Hg.), *Universal Abandon? The politics of postmodernism*, Minneapolis: The University of Minnesota Press, S. 3-30.
Tepe, P. (1992), *Postmoderne – Poststrukturalismus*, Wien: Passagen Verlag.
Toulmin, St. (1991), *Kosmopolis. Die unerkannten Aufgaben der Moderne*, Frankfurt am Main: Suhrkamp.
Turner, B. S. (Hg.) (1990), *Theories of Modernity and Postmodernity*, London: Sage.
Wellmer, A. (1985), *Zur Dialektik von Moderne und Postmoderne, Vernunftkritik nach Adorno*, Frankfurt am Main: Suhrkamp.
Welsch, W. (1987), *Unsere postmoderne Moderne*, Weinheim: VCH.
– (Hg.) (1988a), *Wege aus der Moderne. Schlüsseltexte der Postmoderne-Diskussion*, Weinheim: VCH.
– (1988b), »›Postmoderne‹, Genealogie und Bedeutung eines umstrittenen Begriffs«, in: P. Kemper (Hg.), *›Postmoderne‹ oder Der Kampf um die Zukunft*, Frankfurt am Main: Fischer, S. 9-36.
– (1990), *Ästhetisches Denken*, Stuttgart: Reclam.
– (1991), »Subjektsein heute. Überlegungen zur Transformation des Subjekts«, in: *Deutsche Zeitschrift für Philosophie* 39, S. 347-365.
Wexler, Ph. (1990), »Citizenship in the semiotic society«, in: B. S. Turner (Hg.), *Theories of Modernity and Postmodernity*, London: Sage, S. 164-175.
Ziehe, Th. (1987), »Neue kulturelle Suchbewegungen. Nach dem Hedonismus«, in: *SOWI* 16, S. 247-254.

Christel Schachtner
Zum empirischen Vorgehen einer interpretativen Psychologie

Vorbemerkung

Die nachfolgenden Überlegungen zu einer sinnverstehenden-interpretativen Forschungsperspektive in der Psychologie sind entstanden im Zusammenhang mit einer empirischen Studie über Programmierer(-innen), die ich vorweg skizzieren will. Ziel der Studie war es, herauszufinden, wie Menschen mit formaler Logik beim Erstellen von Computerprogrammen hantieren, welche Bedürfnisse, Fähigkeiten, Werte die Logik anspricht, ja fordert, welche sie zurückweist und welchen Einfluß sie nimmt auf die Wahrnehmung von Wirklichkeit.

Beteiligt an der Untersuchung waren 36 Programmierer(-innen), darunter 6 Künstliche-Intelligenz- (KI-) Forscher(-innen). Im Interesse der Erkenntnis etwaiger alters- und geschlechtsspezifischen Besonderheiten im Umgang mit Computertechnik wurden zum einen drei Altersgruppen (Jugendliche bis 20, 20- bis 35jährige, über 35jährige) unterschieden; außerdem waren Frauen und Männer bzw. Mädchen und Jungen zu gleichen Teilen vertreten. Forschungsinstrumente waren das thematisch strukturierte Interview sowie von den Interviewpartnern und -partnerinnen angefertigte und kommentierte Körperbilder. Die Untersuchung wurde von Mai bis September 1989 im Großraum München durchgeführt.

Das der Untersuchung zugrundeliegende Erkenntnisinteresse war kein zufälliges, es hatte etwas zu tun mit meiner Lebensgeschichte, mit meiner Entfernung von mathematischen und technischen Fächern in der Schule, die gleichwohl einen gewissen Reiz für mich behielten.

Die Ansiedlung eines Forschungsprojekts im Bereich der Software-Produktion gab mir die Möglichkeit, das mir verschlossen gebliebene und doch reizvolle Territorium mathematischer Logik abermals zu betreten. Ich konnte versuchen, aufs neue zu verstehen, besser zu verstehen, jetzt allerdings unter einem veränderten

Blickwinkel. Nicht mathematischen Fragen galt mein vorrangiges Interesse, sondern der psychologischen Frage: Wie wird Technik hervorgebracht?

1. Fremdverstehen und Intuition als erkenntnisleitende Prinzipien

Meinem Erkenntnisinteresse folgend, wählte ich einen verstehenden Forschungsansatz, dem die von Alfred Schütz in der Theorie des Fremdverstehens formulierte Methodologie entgegenkommt. Fremdverstehen ist nach Schütz korrelativ zu Sinn; es richtet sich auf den Sinnzusammenhang, in den das Individuum seine Erlebnisse stellt (vgl. Schütz 1981, S. 149). In Zeichen und Symbolen bringt der Handelnde seine Bewußtseinserlebnisse zum Ausdruck, er vollzieht eine »Ausdruckshandlung« oder eine »Ausdrucksbewegung« (ebd., S. 158). Zeichen sind also Zeichen für etwas, sie sind zu nehmen als Anzeichen.

Die Interviewaussagen der Programmierer(-innen) sowie ihre Körperbilder sind Zeichen für etwas. Meine Möglichkeit, das hinter den Zeichen Liegende zu identifizieren, stützt sich auf die Schützsche These, daß es zwischen dem Sinnsetzenden und dem Sinnverstehenden einen unausgesprochenen Vertrag gibt, der folgendes zu denken erlaubt. Der Sinnsetzende darf annehmen: »Wenn derjenige, zu dem ich spreche, das Ausgesprochene ebenso auffaßt, wie ich es auffasse, dann werde ich, um meinen Gedanken klar und eindeutig zum Ausdruck zu bringen, diese und jene Worte zu wählen haben« (ebd., S. 179). Der Sinnverstehende kann sich sagen: »Wenn der Sinnsetzende mit seinen Worten eben jenen Sinn verbindet, welchen ich mit ihnen zu verbinden pflege, dann muß er, da er diese Worte gebraucht hat, dies und jenes habe sagen wollen« (ebd.). Der Vertrag setzt ein gemeinsames Zeichensystem voraus, das den Zeichen seine Bedeutung verleiht. Dennoch bedarf es der Auslegung, denn Bedeutungen sind – so sie nicht mathematisch definiert sind – nicht eindeutig.

Wer verstehen will, muß sich von den Zeichen etwas sagen lassen. Die »hermeneutische Erfahrung« (Gadamer 1960) bestimmt sich von der Sache her: Die Strukturierung des Forschungsgegenstandes erfolgt durch die Forschungssubjekte. Hypothesen sollen eine Chance haben, von sich aus in Erscheinung zu treten (vgl. Hopf

1991, S. 180). Voraussetzung dafür ist nicht Neutralität oder Selbstauslöschung des Forschers. Vielmehr gibt dessen Vorverständnis den Hintergrund für Fremdverstehen ab. Nur weil ich ein Verständnis von Spiel hatte, konnte ich in den Mitteilungen der von mir interviewten Programmierer spielerische Bezüge zur Maschine erkennen.

Vorverständnis darf aber den von Gadamer entworfenen Grundzügen einer philosophischen Hermeneutik zufolge den Blick auf den Gegenstand nicht unreflektiert beeinflussen (vgl. Gadamer, 1960, S. 252). Es soll dem Sinndeutenden als etwas stets zu Überprüfendes bewußt sein. Anlaß zur Überprüfung ist gegeben, wenn wir als Forscher(-innen) Anstoß an einem Text nehmen, sei es, weil er keinen Sinn ergibt oder weil er unseren Erwartungen widerspricht. Die Irritation sollte innehalten lassen. Hermeneutisch geschultes Bewußtsein unterliegt dem Prinzip der Offenheit (vgl. Gadamer 1960, S. 253). Es bemüht sich, den Forschungsgegenstand, auch wenn er bekannt ist, immer wieder so zu sehen, als sähe es ihn zum ersten Mal.

Der Gegenstand meiner Untersuchung über Programmierer(-innen), nämlich deren Arbeits- und Erlebnissituation am Computer, gab sich zu erkennen als Produkt subjektiver und objektiver Strukturen, als Wechselspiel zwischen der Innenwelt meiner Interviewpartner(-innen) und den Ansprüchen der Maschine, der Anwender, des Betriebes. Die untersuchte Wirklichkeit stellte sich dar als interaktiv hergestelltes Gebilde. Die Befragten schilderten sich als Subjekte und Objekte; sie sprachen davon, daß sie erleiden, befolgen, hinnehmen, aber auch, daß sie gestalten, eingreifen, zurückweisen, eigene Akzente setzen. Es kam mir darauf an, eine Feinanalyse ihrer interaktiven Bezüge vorzunehmen, den Verästelungen ihrer Gedanken und Gefühle nachzuspüren, herauszufinden, wie diese eindringen in die äußere Welt, wie sie sich mit Welt verschränken oder sich von ihr abkehren.

Zentrale Erkenntniskompetenz im Prozeß des Verstehens und Auslegens ist die Intuition. Die Psychoanalytikerin Ruth Cohn definiert Intuition als »einzigartige und komplizierte Fähigkeit zur spontanen Erkenntnis«, die basiert auf:

1. »Klarheit der Wahrnehmungen,
2. ausreichender Speicherung entsprechender Fakten,
3. geschultem Denken,
4. unblockierten, wachen Gefühlen« (Cohn 1980, S. 136).

Intuitiv zu erkennen setzt Empathie voraus. Empathie ist die Fähigkeit, sich in die Gedanken-, Empfindungs- und Sinnenwelt eines anderen zu versetzen, ohne die eigene Identität zu opfern, so daß ich in mir fühlen, erleben, denken kann, was er oder sie fühlt, erlebt, denkt (vgl. ebd., S. 142). Nicht nur Gleichgültigkeit, auch Übereifer kann Empathie blockieren. Er kann bewirken, daß eigenes Denken vorschnell über vorgefundene Wirklichkeit gestülpt wird.

Intuition ist eine wandernde Kompetenz. Sie bewegt sich von der äußeren Anschauung zu den im Inneren angesammelten Erfahrungen und Einsichten; sie vergleicht, spielt mit Möglichkeiten, bis eine Antwort entsteht (vgl. ebd. S. 144). Intuitive Erkenntnis ist nicht zu erzwingen, aber sie kann angeregt werden. Dem dienen in der sinnverstehenden Sozialforschung sinnerschließende Fragen sowie das sukzessive Ordnen und Systematisieren des zu deutenden Dokuments. Dabei entstehende Vermutungen schikken die Phantasie auf die Reise, sie wecken schlummerndes Wissen, um es mit den Eindrücken von außen in Beziehung zu setzen. Intuition gedeiht, wo Grenzen überschritten werden dürfen, sie verlangt nach emotionaler und gedanklicher Freiheit und nach Sinn für Überraschung.

2. Zugänge und Anfänge

Wie ich mir ein Forschungsfeld erschließe, stellt Weichen für den weiteren Forschungsverlauf (siehe auch Wahl u. a. 1982, S. 98 ff.). Der erste Kontakt mit einem Interviewpartner kann Möglichkeiten eröffnen oder verbauen. Ich bin als Forscherin angewiesen auf die Bereitschaft, sich mitzuteilen, sich zu öffnen, sich einzulassen auf eine Fremde, sich dem fremden Blick auszusetzen, auf unbequeme Fragen zu reagieren, Zeit zu opfern.

Zu Beginn eines Forschungsprozesses geht es darum, vertrauensvolle Beziehungen aufzubauen, die klare Beziehungen sind und von den Forschungssubjekten mitgestaltete. Für das Entstehen von Vertrauen ist es nicht gleichgültig, über welche Adresse die Forscher an die Subjekte ihrer Forschung gelangen. Thomas Leithäuser und Birgit Volmerg waren in einer ihrer Untersuchungen teils über die Betriebsleitung, teils über Gewerkschaftsvertreter in einen Betrieb gekommen. Je nachdem, welcher Seite die Mitglieder der Belegschaft die Forscher zuordneten, und je nachdem, welcher Seite sie sich selbst zurechneten, verhielten sie sich »offen und kooperativ« oder »verschlossen und feindselig« (Leithäuser und Volmerg 1988, S. 156). Der Quereinstieg über Mitarbeiter(-innen), für den ich mich in meiner Untersuchung entschied (lediglich Jugendliche erreichte ich primär über Schulleiter oder Fachlehrer), ersparte mir Vorbehalte dieser Art. Nie gab es einen Mangel an Interviewpartern oder -partnerinnen, bis auf einmal. Dieses eine Mal war die Vermittlung durch die mir bekannte Geschäftsführung erfolgt, und prompt reagierten die Angesprochenen mit Zurückhaltung. Die Art des Zugangs in diesem Fall wurde von den Mitarbeitern als Fehler meinerseits gewertet.

Vertrauen stützt sich auf Transparenz und Klarheit. Die Forschungssubjekte müssen schon beim ersten Kontakt einerseits über die Forschungsinteressen und Forschungsfragen aufgeklärt werden und andererseits über die Art des empirischen Vorgehens, damit sie sich entscheiden können. Den von mir praktizierten, der alltäglichen Kommunikation angepaßten Interviewstil mußte ich meist mehrmals erklären, weil man sich in der Regel unter einem Interview nur eine standardisierte Kommunikation vorstellen konnte. Mir dagegen lag an einem freien Erzählen und Assoziieren.

Daneben gilt es äußere Bedingungen der Begegnung zu regeln, wie Zeit und Ort. Sich über den zeitlichen Rahmen eines Interviews geeinigt zu haben wirkte auf mich als Interviewerin entspannend, weil ich nun damit rechnen konnte, daß sich mein Gegenüber für die Zeit des Interviews von anderen Aufgaben freigemacht hatte, daß er oder sie darauf eingestellt war, über sich zu reden und nachzudenken, daß meine Nachfragen nicht als zeitraubend empfunden wurden und weil mir der vereinbarte Zeitrahmen zeitstrukturierende Interventionen gestattete, wenn ein Gespräch auszuufern drohte.

Für die Durchführung der Interviews bevorzugte ich als Ort den Arbeitsplatz oder die Wohnung der Interviewpartner(-innen), aber auch das war eine Sache der Vereinbarung. Vier von 36 Interviews fanden in meiner Wohnung bzw. an meinem Arbeitsplatz statt. Meine Ortspräferenzen begründen sich in der Erfahrung, daß erstens ein vertrauter Ort Offenheit und Spontaneität fördert und zweitens der mit dem Forschungssubjekt verwobene räumliche Kontext zusätzliche Informationen liefert. Zu sehen beispielsweise, welchen Platz Jugendliche dem Computer in ihrem Zimmer geben, erweiterte die Möglichkeiten, mein Gegenüber zu verstehen. Die dabei sich zeigenden geschlechtsspezifischen Unterschiede verstärkten die Äußerungen der Mädchen und Jungen über ihr Verhältnis zur Computertechnik.

Vertrauen verträgt sich nicht damit, sich als Forscher(-in) eine Tarnkappe überzuziehen; vielmehr gilt es zu demonstrieren, wer man ist oder nicht ist, was man will oder nicht will (vgl. Leithäuser und Volmerg 1988, S. 212). Unwohl war mir trotzdem, als mich eines Tages Mitarbeiter einer Firma bei einem Vorgespräch in die Rolle der Befragten drängten. Wir saßen um einen Tisch und sie fragten, was ich herausfinden wolle, wie ich es anstellen würde, welche Sicherheit ich bei der Auswertung habe und ob schon einmal nichts herausgekommen sei. Nicht ich leitete meine Vorstellung, nicht ich führte Regie wie sonst, sondern sie. Das war es wohl, was mich verunsicherte, zusammen mit der Befürchtung, mein nicht an naturwissenschaftlichen Kriterien orientierter Forschungsansatz könnte von meinen Befragern aus dem naturwissenschaftlichen Lager als nicht akzeptabel abgetan werden. Der Grund der Nachfrage war jedoch nicht Skepsis gegenüber meinem Vorhaben, sondern das Bedürfnis, sich die bevorstehende Interviewsituation vorstellbar zu machen. Die irritierende Unbekannte war – wie ich von diesen Programmierern und auch von anderen erfuhr – meine professionelle Herkunft, die Psychologie. Wie gewichtig und herausfordernd dieser Faktor war, merkte ich daran, daß er immer wieder zur Sprache kam in Form von tastenden Fragen, Witzen, Neckereien. Die Reaktionen bewegten sich zwischen Argwohn, Skepsis und Sympathie. In der Psychologie werde nur geredet, es würden keine präzisen Ergebnisse erarbeitet, bekam ich zu hören, gleichzeitig ging man davon aus, ich wolle und könne ihnen auf ihre Schliche kommen, und dennoch wurde es begrüßt, »mal mit jemandem zu sprechen, der andere Gesichtspunkte im Kopf hat« (Fr. Blau).

Der Erstkontakt leitet den Aufbau einer Beziehung ein. Zu Beginn des Interviews stellt sich die Beziehungsfrage erneut. Noch einmal ist es nötig, die inhaltlichen und formalen Bedingungen des Interviews zu benennen. Orientierungswünsche stehen in Anfangssituationen im Vordergrund. Es gilt, als Forscher(-in) hellhörig zu sein für noch Ungeklärtes, für ungestellte Fragen, für etwaige Mißverständnisse. Der Anfang braucht Zeit für tastende Annäherung.

Bei einem meiner Interviews merkte ich zu Beginn, daß ich eine Kassette zuwenig eingepackt hatte. Was mache ich, wenn das Interview über eine Kassettenlänge hinausgeht? Diese Frage beschäftigte mich so sehr, daß ich meinen Interviewpartner nur noch am Rande wahrnahm. Das Interview verlief schwierig, wiederholt wurden meine Fragen zurückgewiesen. Ich bringe das mit dem mißglückten Anfang in Verbindung. Mein Interviewpartner erklärte am Schluß, er habe in das Interview eingewilligt, weil er auf die Forscherin und ihre Fragen gespannt gewesen sei. Daß sie ihm zunächst jedenfalls nur peripher Beachtung schenkte, dürfte ihn veranlaßt haben, auch seinerseits auf Abstand zu gehen.

Wie es sich bereits andeutete, haben auch die Forschungssubjekte Motive, sich an einer Untersuchung zu beteiligen. Gut geplante Zugangsmodalitäten allein genügen nicht, um jemanden für ein Interview zu gewinnen. Nur wenige waren es in der vorliegenden Untersuchung, die ihre Beteiligung damit erklärten, sie hätten gerade Zeit gehabt oder es habe nichts gegen eine Beteiligung gesprochen. Meist sprach etwas dafür, so zum Beispiel der Wunsch zu helfen, mir persönlich zu helfen oder der Wissenschaft einen Dienst zu erweisen. Das am häufigsten genannte und wie mir scheint stärkste Motiv war die Neugier auf das Neue. Es kam mir zugute, was Programmierern und Programmiererinnen auch in ihrer Arbeit ein antreibendes Motiv ist. Fasziniert sie dort das neue ungelöste Problem, das neue Programm, die neue technische Entwicklung, so war die Neugier auf das Neue im Interview teils die Neugier auf die Themen und Fragen, die auf sie zukommen würden, teils die Neugier auf die Frau, die Psychologin, die ihnen gegenübersitzen würde, teils die Neugier auf sich selbst, die Neugier zu erleben, wie sie sich in einer für sie ungewöhnlichen Situation verhalten würden.

Die Skizzierung meines Forschungsvorhabens in den Erstkontakten rief durchgängig spontane Zustimmung hervor. Wiederholt wurde mir die Relevanz des Themas bescheinigt. Wie ich in den späteren Interviews hörte, war es in mehreren Betrieben nach meinem Anruf zu Diskussionen gekommen, die sich um die Mensch-Maschine-Interaktion und deren Auswirkung auf die Menschen drehten. Daß gerade diejenigen, die der Computertechnik am nächsten stehen, mich als erste in meinem Forschungsanliegen bestätigten, überraschte mich. Meine Sicherheitsbedürfnisse als Forscherin profitierten von dieser Zustimmung.

3. Das Dreieck im Interview: Thema, Ich und Wir

Die Gestaltung der Interviewsituation orientierte sich am Konzept der themenzentrierten Interaktion, ein von Ruth Cohn entwickeltes Konzept für Gruppen zur Bearbeitung bestimmter Themen. Die themenzentrierte Interaktion (TZI) hat ihre Wurzeln in der humanistischen Psychologie, insbesondere in der Forderung, Bezugspunkt aller Werte müsse der Mensch sein, sowie in der existentialistischen Auffassung von der Selbstverantwortlichkeit des Menschen (vgl. Olszowi 1987, S. 25 ff.).

Eine mehrjährige Schulung in themenzentrierter Interaktion ließ mich zu der Überzeugung kommen, daß TZI-Prinzipien auch in einer sinnverstehenden-interpretativen Sozialforschung erkenntnisfördernd angewandt werden können, sei es in der Gruppendiskussion oder im Zweiergespräch. Es waren mir als Interviewerin folgende Leitgedanken der TZI handlungsleitend:

1. Jede soziale Interaktion hat drei Eckpunkte, das Thema, das Ich und das Wir; das Dreieck ist in eine dynamische Ausgeglichenheit zu bringen.
2. Jeder ist sein eigener Chairman; er ist selbstverantwortlich. Es wird respektiert, was er tut und nicht tut, was er sagt und nicht sagt.
3. Störungen haben Vorrang. Unausgesprochen wirken Störungen wie Angst, Zerstreutheit, Müdigkeit destruktiv.
4. Das Verhalten des Leiters einer Gruppe ist akzeptierend, nicht verurteilend. Nachfragen dürfen nicht in die Enge treiben; sie haben den Sinn zu verstehen und Prozesse weiterzuführen (vgl. Cohn 1980, S. 113 ff.).
5. Das Thema ist nicht so knapp zu fassen, daß es wenig Raum für Assoziationen läßt, und nicht so weit, daß es ins Grenzenlose führt. Es muß Freiheit und Bindung anbieten:
   - Es soll konkret genug sein, um Bilder und Gedanken zu stimulieren, doch nicht so scharf umgrenzt, daß es neue Perspektiven ausschließt;
   - es soll kurz und klar formuliert sein, daß es leicht im Gedächtnis haften bleibt;
   - es soll dazu anregen, Interessen und Erfahrungen in einen Zusammenhang zu bringen;
   - es soll als Richtungsstütze dienen, die Abschweifungen begrenzt (vgl. ebd. S. 168).

In Anlehnung an diese Leitgedanken konzipierte ich einen Typus von Interview, der als thematisch strukturiertes Interview bezeichnet werden kann. Ich nannte meinen Interviewpartnern eingangs die mich interessierenden Themen – Tätigkeit und Erleben am Computer, Freizeitgestaltung, Lebensgeschichte –, um ihnen dann zu überlassen, wie und in welcher Reihenfolge sie die Themen behandeln wollten. Narrative, reflexive und biographische Bezüge waren erwünscht und wurden von mir erfragt. Mittels einer »schwebenden« Aufmerksamkeit versuchte ich die Dreieckspunkte der Interviewsituation, das Thema, das Ich (mein eigenes und das des anderen) sowie das Wir im Auge und in Balance zu (be-)halten. Wie geschah das? Welche Schwierigkeiten deuteten sich an oder stellten sich ein?
Den anderen zur Geltung kommen zu lassen bedeutet, ihm Spielraum für die Entfaltung seiner Meinung zuzugestehen, Fragen so zu stellen, daß sie sich wie ein Trichter zu ihm hin öffnen, nicht in ein Entweder/Oder drängen. Es erfordert weiter, sich dem Erzählrhythmus des Interviewpartners anzupassen, in der eigenen Reaktion dem Wortlaut des anderen nahe zu bleiben, keine Gedankensprünge zu verlangen, emotionale und Körpersignale wahrzunehmen und lesen zu lernen, zum Beispiel zu erkennen, ob jemand schweigt, weil er nachdenkt oder weil er auf eine neue Frage wartet. Verstehen wollen beinhaltet, nicht zu schnell zu verstehen, sich Wortbedeutungen erklären zu lassen, auf Konkretisierungen zu insistieren, wenn Mitteilungen zu allgemein oder zu abstrakt sind, Beispiele zu erbitten, aber auch anzuerkennen, wenn jemand Grenzen setzt. Die Besonderheit des anderen gilt es zu tolerieren, auch dort, wo er sich widersprüchlich zeigt, sei es im Verhältnis zum Interviewer oder im Verhältnis zu sich selbst. Zu jedem Standpunkt gibt es, wie Martin Bubers Dialogik besagt, gegensätzliche Standpunkte, auch das Subjekt für sich betrachtet, ist uneinheitlich (vgl. Buber 1958, S. 9). Gegensätze einebnen zu wollen würde heißen, sich der Wirklichkeit zu verweigern.
Das Laufenlassen des Interviews im Interesse einer du-bezogenen Perspektive kann in Konflikt geraten mit dem Interesse des Forschers an der Behandlung bestimmter inhaltlicher Themen. Für die Lösung des Konflikts bietet sich an, das Thema in Erinnerung zu rufen, um dem Du Gelegenheit zu geben, seine Ausführungen an das Thema anzubinden oder zu sehen, daß ihm das Thema entglitten ist.

Ich als Forscherin bin ein Teil des Forschungsprozesses, der diesen beeinflußt. Das ist kein Spezifikum einer verstehenden Forschungsmethode, sondern genauso Faktum in einem experimentierenden-messenden Forschungssetting, wie der Physiker Werner Heisenberg in seinen Bemerkungen zum Kausalgesetz ausführt. Um über einen Gegenstand Aussagen zu treffen, muß er beobachtet werden, was prinzipiell eine Wechselwirkung zwischen dem Forscher und dem Forschungsgegenstand impliziert (vgl. Heisenberg 1984, S. 26f.)
Die Subjektivität des Forschers kann sich erkenntnisverengend oder -erweiternd im Forschungsprozeß bemerkbar machen. Aus den Motiven des Forschers, den bewußten und unbewußten, speist sich der Erkenntnisdrang, das Engagement für die Sache, die Bereitschaft zur Empathie, die Wachheit für das Leise. Authentische empirische Erfahrung verlangt nach einem Forscher mit kognitiven, emotionalen und leiblichen Empfangsbereitschaften. Die Subjektivität des Forschers fördert umfassende Erkenntnis, und zugleich enthält sie Risiken, so zum Beispiel, wenn wissenschaftliche Tätigkeit an die Stelle ungelöster psychischer Probleme tritt. Projektionen, Verdrängungen, Übertragung und Gegenübertragung können den Erkenntnisprozeß behindern (vgl. Leithäuser und Volmerg 1988, S. 133).
Ich erwähnte, daß eigene lebensgeschichtliche Erfahrungen für mein Erkenntnisbedürfnis in dieser Untersuchung ein entscheidendes Motiv abgaben. Sie wirkten sich aber auch hinderlich aus. Wenn mir meine Interviewpartner(-innen) technische Details schilderten, stellte sich immer wieder sehr schnell ein panisches Gefühl bei mir ein; aus Angst, nicht zu verstehen, unterließ ich Nachfragen. Erst die Bearbeitung dieser Erfahrung in der Supervision ließ mich eine altbekannte Angst erkennen, die Angst zu versagen, die sich als eine Sperre gegen meine kognitiven Kompetenzen schieben konnte. Dieser Mechanismus verlor, bewußt gemacht, an Einfluß. Ihn zu kennen gab mir die Chance, zu überlegen und zu üben, wie ich den Automatismus unterbrechen konnte.
Sich des Wirkens und der Wirkung der eigenen Subjektivität im Forschungsfeld gewahr zu werden, setzt nach Maya Nadig, Psychoanalytikerin und Ethnologin, eine »selbstbeobachtende Begleitung im Forschungsprozeß« (Nadig 1985, S. 107) voraus oder, wie es Leithäuser und Volmerg nennen, »reflexive Distanz«

(1988, S. 136). Maya Nadig schreibt: »Selbstbeobachtung soll den Weg zur Realität offenhalten« (1985, S. 107). George Devereux empfiehlt dem Forscher, seiner Angst ins Gesicht zu sehen, »um der Versuchung zu widerstehen, Teile seines Materials zu verdunkeln« (Devereux 1967, S. 126). Mittel, die Selbstreflexion anzuregen und zu schulen, waren für mich zum einen ein Forschungstagebuch, in das ich nach jedem Interview eintrug, wie ich mich in meiner Rolle als Interviewerin erlebt hatte, welche Gefühle das Gespräch begleitet hatten und wie ich glaubte, den Interviewverlauf beeinflußt zu haben. Zusätzlich versuchte ich in einer Forschungssupervision mittels professioneller Unterstützung meine Verhaltens- und Verstehensbarrieren aufzudecken. Solche Kontrollmaßnahmen erhöhen die Gültigkeit des Forschungsergebnisses, eine Garantie gegen Fehlschlüsse sind sie nicht. Aus diesem Grund habe ich mich um eine transparente, ungeschützte Darstellung meiner Schlußfolgerungen bemüht. So ist auch dem Leser oder der Leserin nochmals Gelegenheit zur Überprüfung gegeben.

Neben den Ich-Wirklichkeiten im Interview existiert eine Wir-Wirklichkeit, der, wie schon vor Beginn des Interviews, Beachtung zu schenken ist. Das wird spätestens dann erkennbar, wenn das Wir gestört ist. Beispiele sollen dies verdeutlichen. Ein 40jähriger Programmierer reagierte im Interview auf meine Fragen zur Technik ausweichend, gleichzeitig machte er wiederholt Anspielungen auf meine Weiblichkeit. Ich überging die Anspielungen, wollte diese Ebene nicht zulassen, unterdrückte meinen Unmut und versuchte krampfhaft, das Gespräch auf einer sachlichen Ebene zu halten. Nach dem Interview war ich kraft- und fühllos. Das Interview enthielt in bezug auf meine Forschungsfragen wenig auswertbares Material. Ein zweiter Fall: Ich hatte mit zwei 15jährigen Schülerinnen telefonisch Kontakt aufgenommen, um mit ihnen ein Interview zu vereinbaren. Sie sagten zwar zu, aber sie schienen mir verschlossen und verhalten aggressiv. Bei dem Gedanken an die bevorstehenden Interviews wurde mir unbehaglich zumute. Mit Hilfe meiner Supervisorin kam ich zu dem Entschluß, mein Unbehagen anzusprechen und erfuhr, daß die Mädchen tatsächlich abwehrend gewesen waren, weil ich ihre Erwartung, gemeinsam interviewt zu werden, enttäuscht hatte. Meine Begründung für Einzelinterviews leuchtete ihnen ein. Die Störung war behoben.

Die beiden Erfahrungen lehren mich die Notwendigkeit, als Forscherin authentisch zu sein, nicht neutral und unnahbar zu bleiben, sondern Gefühle zuzulassen und zu zeigen, selbst um den Preis, daß ein Interview scheitert. Wahrscheinlicher ist es, daß Offenheit Störungen behebt und den Weg freigibt für eine sympathisierende Begegnung, die dem Sich-Mitteilen, dem Zuhören und Verstehen nur förderlich sein kann.

Das thematisch strukturierte Interview bildete das hauptsächliche Forschungsinstrument, ein weiteres war die graphische Darstellung. Meine Interviewpartner(-innen) fertigten am Ende eines Interviews ein Körperbild an, das eine Antwort geben sollte auf die Frage: Was von mir ist beteiligt, wenn ich programmiere? In ihren Kommentaren zu den Bildern äußerten sie sich, weil ich darum bat, auch dazu, ob und wie sie sich während des Programmierens selbst spüren. Meine Nachfrage sollte zur Mitteilung etwaiger leiblicher und emotionaler Empfindungen anregen. Solche waren, so mußte ich annehmen, im Bild nicht ausgedrückt worden, wenn sie nicht als Bestandteil des Arbeitsvermögens gezählt werden konnten, weil sie diesem nicht förderlich waren oder es gar behinderten. Zur Gesamtbefindlichkeit des programmierenden Subjekts gehörten sie trotzdem.

Ich messe den Bildern und den auf sie bezogenen Worten einen hohen Erkenntniswert zu, denn das Bild ist in seiner Aussagekraft in manchem den Worten voraus. Der Psychologe Wolfgang Tunner charakterisiert das Bild so: »Vieles wird eines, und es wird um eines mehr« (Tunner, 1990, S. 22). Das Bild drückt auf einmal aus, was Worte nur nacheinander mitteilen und dabei kann es geschehen, daß das Ganze sich verflüchtigt. Aneinandergereihte Wörter spiegeln in ihrer Summe nicht zwingend das Ganze, denn dieses ist »mehr als die Teile und es ist auch früher als sie« (ebd., S. 2).

Darüber hinaus kann in Bildern Gestalt annehmen, was Worte nur unvollkommen oder überhaupt nicht mitzuteilen vermögen: das Diffuse, Latente, Widersprüchliche, schwer Sagbare, das Unbewußte. Im Bild zum Ausdruck gebracht, wird es der Sprache vielleicht doch zugänglich, kann durch sie ergänzt und vertieft werden. Deshalb war es mir wichtig, die Bilder kommentieren zu lassen.

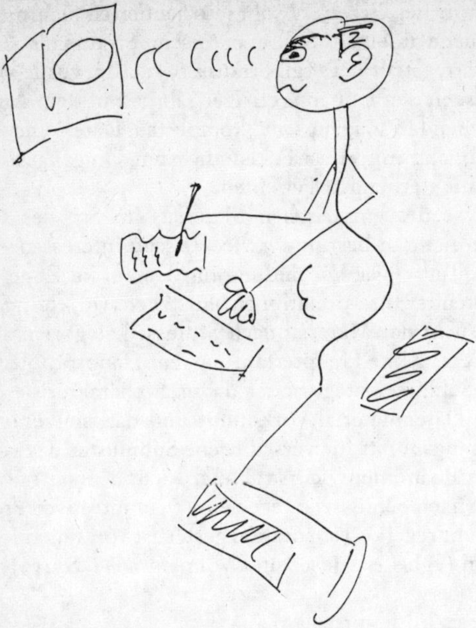

Tätigkeit am Bildschirm
Körperbild eines Programmierers

4. Interpretation und Theoriebildung

Versuche zu deuten setzten in dieser Studie schon in der Erhebungsphase ein. Ich achtete auf etwaige zentrale Begriffe in den Mitteilungen eines Interviewpartners, um im Verlauf dieses einen und weiterer Interviews die Relevanz, die Variation des Begriffs, zu verfolgen. Meine spontanen Deutungseinfälle hielt ich jedoch in der Schwebe, ich experimentierte mit Interpretationsmöglichkeiten, ohne mich festzulegen. Das Gedankenspiel wurde im Forschungstagebuch dokumentiert. Einsichten, einschlägige Theorieansätze, Hypothesen wurden darin als vorläufige Denkmöglichkeiten festgehalten.
Der Akt systematischen Deutens begann, als die Interviews transkribiert im Umfang von ca. 4000 Seiten vor mir lagen. Ähnlich

wie schon in der Erhebungsphase orientierten sich meine Deutungsversuche an einem Stil, den Anselm Strauss als »Grounded Theory« vorgestellt hat (vgl. Strauss 1991). Er wurde von Glaser und Strauss in den frühen sechziger Jahren mit dem Anliegen eines verstehenden Zugangs zu komplexen Daten entwickelt im Zusammenhang mit einer Feldstudie zum Umgang von Klinikpersonal mit sterbenden Patienten.

Die Analyse des empirischen Materials im Stil der *Grounded Theory* ist nicht an bestimmte theoretische Interessen gebunden. Theorie soll in enger Verbindung mit Daten, im Zuge sukzessiv sich entfaltender Interpretationen, entstehen (vgl. ebd., S. 31). Der Forscher sucht das Material nach Schlüsselkategorien ab, die ein Hauptanliegen, eine Haupterfahrung, ein Hauptproblem darstellen. Eine Schlüsselkategorie ist dadurch charakterisiert, daß sie häufig im Datenmaterial vorkommt und daß sie zentral ist; sie muß Ausgangspunkt für verschiedene Submuster des von ihr bezeichneten Phänomens sein (vgl. ebd., S. 67).

Die Suche nach Schlüsselkategorien ist ein intuitiver Prozeß, der deshalb nicht regellos ist, sondern gesteuert von sinnaufschließenden Fragen (vgl. Leithäuser und Volmerg 1988, S. 259). Es ist zu fragen:

- Worüber wird gesprochen?
- Wie wird gesprochen?
- Warum wird über etwas gesprochen?

Zu den Schlüsselkategorien zählen in der Untersuchung über Programmierer(-innen) Begriffe wie Grenzobjekt Computer, Spiel, Ordnung, fragmentierte Subjektivität, Widerspruch und Ambivalenz. Ich benutzte die Begriffe als Gliederungskategorien bei der Interpretation des einzelnen Interviews, ordnete ihnen durch Zerschneiden des Gesamtinterviews die einschlägigen Textpassagen zu, die ich danach einer Feinanalyse aus der Perspektive der Schlüsselkategorie unterzog. Bedeutsam für die Feinanalyse ist das Detail, das Wort, die Pause, der Abbruch der Rede, der Sprachrhythmus. Gleichwohl darf, da der Sinngehalt des Details vom Rahmen mitbestimmt ist, das Ganze, der Satz, der Kontext, in den ein Satz, eine Passage eingebettet ist, nicht aus den Augen verloren werden. Man muß das Ganze vom Einzelnen her und das Einzelne vom Ganzen her bestimmen, die Bewegung des Verstehens und Deutens soll nach Gadamer in einem »hermeneutischen Zirkel« (Gadamer 1960, S. 275) verlaufen, das heißt vom Ganzen zum Detail und zurück zum Ganzen mit dem Ziel, die Einheit des verstandenen Sinnes in konzentrischen Kreisen zu erweitern. Im Interesse dieser Denkbewegung entschloß ich mich zu einer manuellen Auswertung, da sie mir ermöglichte, anders als am Bildschirm, immer mehrere Textseiten gleichzeitig im Gesichtsfeld zu behalten. Außerdem merkte ich, wie mich das nötige Blättern in den Interviews dazu animierte, mich einmal hier, einmal dort festzulesen, so daß ich allmählich sämtliche Interviews im Kopf hatte, was mir das Vergleichen und Schlüsseziehen erleichterte.

Schritte der systematischen Interpretation

1. Lektüre der Interviewprotokolle und Suche nach Schlüsselkategorien.
2. Einzelfallbezogene Zuordnung von Interviewpassagen zu den gefundenen Schlüsselkategorien.
3. Grober Quervergleich der verschiedenen Interviews.
4. Entwicklung einer Gesamtidee und deren Operationalisierung → Entwurf einer Gliederung.
5. Zuordnung der Schlüsselkategorien und der dazugehörigen Textpassagen zu den einzelnen Gliederungspunkten.
6. Einzelfallbezogene Sequenzanalyse und systematischer Quervergleich.
7. Ausgehend von den Gliederungspunkten Entwurf von Argumentationsfiguren für die Darstellung der Ergebnisse.

Hans-Georg Soeffner fordert von einer wissenschaftlichen Hermeneutik, die nicht der Oberfläche, nicht dem Schein aufsitzen darf, die Suche nach der ungewöhnlichsten Lesart (vgl. Soeffner 1984, S. 24). Im Geiste dieser Forderung agiert dialektische Logik, wie sie Adorno versteht, der Dialogik Martin Bubers nicht unähnlich. Dialektische Logik »respektiert, als Denken, das zu Denkende, den Gegenstand auch dort, wo er den Denkregeln nicht willfahrt« (Adorno 1966, S. 142). Sie vermag das Denken im hermeneutischen Zirkel, das – zwischen Teil und Ganzem sich bewegend – auf Diskrepanzen stößt, kooperativ zu ergänzen. Dialektik als Verfahren ist darauf aus, um des einmal an der Sache erfahrenen Widerspruchs willen und gegen ihn in Widersprüchen zu denken« (ebd., S. 146). Sie strebt nicht der Synthese zu. So bewahrt sie davor, »daß die Form des Denkens seine Gegenstände

zu unveränderlichen, sich selber gleichbleibenden macht; daß sie das seien, widerlegt Erfahrung« (ebd., S. 153).
Widersprüche gelten zu lassen, in der Sache, in einem selbst, im Verhältnis zur Sache und sie aufeinander zu beziehen, ist ein Wagnis. Das Unvorhergesehene, das bisherige Interpretationen wieder in Frage stellen kann, ist eingeladen, in Erscheinung zu treten. Dialektische Logik muß sich behaupten gegen die Sehnsucht des Forschers oder der Forscherin nach Gewißheit. Praktisch gehandhabt, zwang mich das dialektische Verfahren fortwährend dazu, Differenzierungen vorzunehmen, Interpretationsfacetten zu verrücken, Zusammenhänge präziser zu benennen.
Je dichter, je tiefenschärfer die Beschreibung, desto deutlicher hebt sich Individuelles ab von dem, was das Individuum mit anderen verbindet. Erst im gedanklichen Drehen und Wenden eines Phänomens schält sich heraus, ob sich hinter disparater Erscheinung Allgemeines verbirgt, das nach außen hin nur individuell gefärbt ist – eine Erfahrung, die schon Goethe beschrieb, als er 1787 auf seiner Italienreise in seinem Tagebuch notierte: »[...] Man erhebt sich ja eher zum Allgemeinen, wenn man die Gegenstände genauer und schärfer betrachtet« (Goethe 1974, S. 173).
»›Dichte Beschreibung‹ (Gilbert Ryle) versetzt uns mitten hinein in das, was interpretiert wird« (Geertz 1983, S. 26). Sie ermittelt Bedeutungsstrukturen, keine Gesetze. Auf der Basis einer sinnverstehend-interpretativen Forschung können folglich keine Voraussagen getroffen werden, es ist lediglich möglich, wahrscheinlich eintretende Ereignisse zu antizipieren.
Das sich in der Einzelfallanalyse andeutende Allgemeine ist im systematischen Vergleich der Interviews, durch Bezug auf vorliegende Forschungsergebnisse sowie auf empiriegestützte Theorie zu überprüfen. So gewonnene allgemeine Erkenntnisse sind nicht repräsentativ, es lassen sich aus ihnen jedoch Typen konstruieren. Ein Typus zeichnet sich dadurch aus, daß seine Merkmale in einem theoretischen Zusammenhang stehen. Seine Struktur ist so abstrakt formuliert, daß sich mehrere konkrete Erscheinungsformen auf ihn beziehen lassen. Über seine Verbreitung kann anhand einer qualitativen Studie nichts gesagt werden. So behaupte ich beispielsweise Ordnungsbedürfnisse als typische Tätigkeitsmotive von Programmierern und Programmiererinnen; in welchem Ausmaß sie in der Gesamtpopulation auftreten, ist dem Datenmaterial nicht zu entnehmen.

Der in der Untersuchung über Programmierer praktizierte Interviewstil war nicht darauf angelegt, Unbewußtes zu ermitteln, und so richtete sich mein hermeneutisches Interesse zunächst nur auf manifeste und latente Sinngehalte. Ich erweiterte meine Perspektive zu einer psychoanalytischen dort, wo Unbewußtes ganz offensichtlich eine Rolle spielte und mir dessen Berücksichtigung im Rahmen der Gesamtargumentation unverzichtbar schien.
Der interpretative Akt endet nicht, wo Schlüsselkategorien gefunden und ihnen zugeordnete Texte einer Feinanalyse unterzogen sind. Er setzt sich fort in der Darstellung der Ergebnisse, in der Sprache, die dafür gewählt wird. Es gibt für das, was man aus dem Material herausgefunden hat, einen richtigen Satz. Ihn gilt es zu suchen. In Anlehnung an die Germanistin Herta Müller begreife ich die Sätze, die der Forscher oder die Forscherin über die untersuchte Wirklichkeit schreibt, wie Kleidungsstücke, die man hinterher anziehen kann, und man spürt jede Stelle, am besten die, die nicht paßt (vgl. Müller 1991, S. 34). Der Autor spürt sie, und der Leser spürt sie. Es ist eine Lüge, wenn nicht der richtige Satz dasteht, sondern ein anderer. »Sie bleibt nicht leise. Es ist eine Lüge, die schreit« (ebd., S. 35).
Von besonderer Bedeutung ist der erste Satz. Er liefert den Einstieg in die Thematik und wirkt bis zum letzten Satz. Der falsche Einstieg führt nicht ins Thema hinein, er führt auf Abwege. Er kann bewirken, daß ich der zu beschreibenden Wirklichkeit nicht näher komme und in der Folge »der ganze Text ein falscher Text, also kein Text wird« (ebd., S. 38). Und schließlich: Wie schon die Interpretationskategorien, darf die Sprache der Darstellung nicht einseitig, nicht statisch sein, »sonst verstärkt Wissenschaft die herrschende Tendenz, Menschen zu verdinglichen und Verhältnisse festzustellen« (Becker-Schmidt 1985, S. 4).
Sprache – Wörter, Sätze – sind nicht nur Form, die dem Inhalt äußerlich bleibt, ein mehr oder weniger schönes Gefäß. Mit der Wahl der Worte fallen Entscheidungen über Inhalte. Wer »von der Reinheit des Ausdrucks abläßt, verrät damit immer auch die Sache« (Adorno 1951, S. 151).

5. Der Erkenntniswert einer verstehenden empirischen Methode

Welchen Erkenntniswert haben empirische Befunde, die in der Einzelfallanalyse gewonnen werden? Die sinnverstehend-interpretative Forschungsmethode wird oft mit dem Problem der Generalisierung als einem unüberwindbarem Handicap konfrontiert (vgl. Tress und Fischer 1991, S. 618). Gleichwohl hat sie, wie bereits dargelegt, den Anspruch, dem Einzelfall Allgemeines zu entnehmen. Er stützt sich auf die Annahme, daß Wirklichkeit ein Produkt sozialer Interaktion ist.

Die Erkenntnistheoretiker und Biologen Humberto Maturana und Francisco Varela liefern für diese Annahme mit ihrem autopoietischen Ansatz eine theoretische Begründung. Menschliche Lebewesen befinden sich diesem zufolge in einem ständigen Prozeß der Autopoiese, das heißt, sie müssen sich andauernd selbst hervorbringen. Dabei sind sie angewiesen auf strukturelle Koppelung an andere menschliche Individuen. Diese findet statt, wenn sich Menschen als denkende, fühlende und körperlich empfindende Wesen begegnen und füreinander zum Stimulus autopoietischer Verwirklichung werden. Ohne strukturelle Koppelung gibt es nach Maturana und Varela keine Autopoiese. Aus dieser Abhängigkeit erwächst die »Suche nach einer umfassenden Perspektive, nach einem Existenzbereich, in dem beide Parteien in der Hervorbringung einer gemeinsamen Welt zusammenfinden« (Maturana und Varela 1987, S. 264). Der nötige Konsens ruht auf geteilten Prinzipien, Denkweisen, Verhaltensmustern, die in die Individualität hineingenommen werden, ohne diese zu tilgen. Insofern enthält der Einzelfall notwendig Allgemeines.

Außerdem gilt es die Konsequenzen der Retrospektive zu bedenken, die die Forschungssubjekte einnehmen, wenn sie eine außerhalb der Interviewsituation liegende Realität beschreiben. Retrospektive Betrachtung unterliegt Beschränkungen. Sie ist abhängig von der Erinnerungsbereitschaft und vom Erinnerungsvermögen der Forschungssubjekte. Andererseits kann die Distanz vorteilhaft sein. Sie schmälert das Risiko, daß die Mitteilungen vorrangig im Zeichen aktueller Erlebnisse stehen; sie fördert das Abwägen, das Differenzieren, das Zusammenhangsdenken.

Die subjektiven Beschränkungen retrospektiver Betrachtung mögen sich eindämmen lassen. Aber wozu soll man Kenntnis erlangen über eine Wirklichkeit, die schon zum Zeitpunkt des Interviews vergangen ist und erst recht zum Zeitpunkt der Veröffentlichung empirischer Ergebnisse? »Die Welt ereignet sich in jedem Augenblick neu«, schreibt der Physiker Hans-Peter Dürr (1988, S. 36). Jedoch ist das Neue nie völlig abgekoppelt vom Bisherigen. Wirklichkeit als gewordene und werdende enthält Kontinuität. Das Neue besteht darin, daß sich Tendenzen verschärfen oder vermindern, Entwicklungen sich verfeinern. Ich will es vorsichtig formulieren: Wenn ich über Vergangenes etwas weiß, besteht die Chance, auch über Gegenwärtiges und Zukünftiges etwas zu wissen. Nichts Endgültiges kann ich wissen, nur Möglichkeiten kann ich kennen, denn Zukunft ist nicht determiniert, sie ist nur nicht beliebig.

Die Ergebnisse einer sinnverstehend-interpretativen Forschungsmethode sind als Annäherungen an gegenwärtige und zukünftige Realität zu verstehen. Sie haben den Charakter von Wissensangeboten, deren Sinn auch darin besteht, selbstverständlich gewordenes Wissen einer neuerlichen Prüfung zu unterziehen und Diskussionen zu initiieren, in deren Verlauf neue Fragen auftauchen und die Suche nach Antworten abermals beginnt.

Literatur

Adorno, Th. W. (1951), *Minima Moralia. Reflexionen aus einem beschädigten Leben*, Frankfurt am Main: Suhrkamp.

– (1966), *Negative Dialektik*, Frankfurt am Main: Suhrkamp.

Becker-Schmidt, R. (1985), »Probleme einer feministischen Theorie und Empirie in den Sozialwissenschaften«, unveröffentliches Manuskript.

Buber, M. (1958), *Ich und Du*, Heidelberg: Lambert Schneider.

Cohn, R. (1980), *Von der Psychoanalyse zur themenzentrierten Interaktion*, Stuttgart: Klett-Cotta.

Devereux, G. (1967), *Angst und Methode in den Verhaltenswissenschaften*, Frankfurt am Main: Suhrkamp.

Dürr, H.-P. (1988), *Das Netz des Physikers*, München: Hanser.

Fuchs, W. (1984), *Biographische Forschung*, Opladen: Westdeutscher Verlag.

Gadamer, H.-G. (1960), *Wahrheit und Methode*, Tübingen: Mohr.

Goethe, J. W. von (1974), *Italienische Reise. Autobiographische Schriften*, Bd. 3, hg. von K. Richter, München: Hanser.

Geertz, C. (1983), *Dichte Beschreibung. Beiträge zum Verstehen kultureller Systeme*, Frankfurt am Main: Suhrkamp.

Heisenberg, W. (1984), *Gesammelte Werke*, Bd. 1, hg. von W. Blum, München: Piper.

Hopf, Ch. (1991), »Qualitative Interviews in der Sozialforschung«, in: U. Flick u. a. (Hg.), *Handbuch qualitative Sozialforschung*, München: Psychologie Verlags Union, S. 177-182.

Kardorff, E. von (1991), »Qualitative Sozialforschung – Versuch einer Standortbestimmung«, in: U. Flick u. a. (Hg.), *Handbuch qualitative Sozialforschung*, München: Psychologie Verlags Union, S. 3-10.

Leithäuser, Th. und B. Volmerg (1988), *Psychoanalyse in der Sozialforschung*, Opladen: Westdeutscher Verlag.

Maturana, H. R. und F. Varela (1987), *Der Baum der Erkenntnis*, Bern: Scherz.

Müller, H. (1991), *Der Teufel sitzt im Spiegel. Wie Wahrnehmung sich erfindet*, Berlin: Rotbuch.

Nadig, M. (1985), »Ethnopsychoanalyse und Feminismus – Grenzen und Möglichkeiten«, in: *Feministische Studien* 4, S. 105-118.

Olszowi, E. (1987), »Überlegungen zu den anthropologischen Grundlagen der TZI, in: K. Hahn u. a. (Hg.), *Gruppenarbeit: themenzentriert*, Mainz: Matthias Grünewald Verlag, S. 24-38.

Schütz, A. (1981), *Der sinnhafte Aufbau der sozialen Welt*, Frankfurt am Main: Suhrkamp.

Soeffner, H.-G. (1984), »Hermeneutik. Zur Genese einer wissenschaftlichen Einstellung durch die Praxis der Auslegung« in: ders. (Hg.), *Beiträge zu einer Soziologie der Interaktion*, Frankfurt/New York: Campus, S. 9-52.

Strauss, A. L. (1991), *Grundlagen qualitativer Sozialforschung*, München: Fink.

Tress, W. und G. Fischer (1991), »Psychoanalytische Erkenntnis am Einzelfall: Möglichkeiten und Grenzen«, in: *Psyche* 45, S. 612-628.

Tunner, W. (Hg.) (1990), *Krahofer Blätter*, Krahof.

Wahl, K., M. S. Honig und L. Gravenhorst (1982), *Wissenschaftlichkeit und Interessen*, Frankfurt am Main: Suhrkamp.

Hinweise zu den Autorinnen und Autoren

Sigrun Anselm, Diplomsoziologin, Dr. phil. habil., bis 1992 Vertretung einer Professur für Sozialpsychologie am Institutsbereich Sozialpsychologie des Instituts für Psychologie an der Universität München, danach Übernahme einer Professur für Frauenforschung an der Universität Basel. Lebt in Berlin, Arbeitsschwerpunkte: Psychoanalyse, Kritische Theorie, Religionsphilosophie.

Elisabeth Beck-Gernsheim, Diplom-Soziologin, Dr. phil. habil., seit 1993 Professorin für Soziologie an der Universität Hamburg. Arbeitsschwerpunkte: Familie, Geschlechterverhältnisse, Technik und Technikfolgen, Gentechnologie.

Heinrich Berger, Diplompsychologe, Dr. phil., Akademischer Rat am Institut für Psychologie, Institutsbereich Sozialpsychologie, Universität München. Arbeitsschwerpunkte: Gemeindepsychologie, Psychosenforschung, Konstruktivismus.

Helga Bilden, Diplompsychologin, Dr. phil. habil., Studium der Psychologie, Geschichte, Soziologie und Politik. Tätig als Akademische Oberrätin am Institut für Psychologie, Institutsbereich Sozialpsychologie, Universität München. Arbeitsschwerpunkt: Geschlechtsspezifische Sozialisation, weibliche Jugendliche, Mädchenarbeitslosigkeit, historische Veränderung von Subjektivität.

Gudrun Brockhaus, Diplom in Psychologie und Soziologie, praktizierende Psychoanalytikerin, Wissenschaftliche Angestellte im Institutsbereich Sozialpsychologie an der Universität München. Arbeitsschwerpunkte: Psychoanalyse im Nationalsozialismus, sozialpsychologische Faschismusanalyse, Sozialpsychologie der helfenden Berufe.

Joachim Hohl, Dr. phil., Diplom in Psychologie und Soziologie, praktizierender Psychoanalytiker. Wissenschaftlicher Angestellter am Institut für Psychologie der Universität München. Arbeitsschwerpunkte: Psychoanalyse, Sozialgeschichte des Individuums, ambulante sozialpsychiatrische Versorgung.

Heiner Keupp, Diplompsychologe, Dr. phil. habil., Professor für Sozialpsychologie an der Universität München. Studium der Psychologie, Soziologie und Pädagogik an den Universitäten Frankfurt, Erlangen und München. Arbeitsschwerpunkte: Gemeindepsychologie, soziale Netzwerke, Identität und Postmoderne, Psychokultur.

Christel Schachtner, Diplomsoziologin, Dr. phil. habil, Oberassistentin am Institut für Psychologie, Institutsbereich Sozialpsychologie, Universität München. Arbeitsschwerpunkte: Altern, neue Technologien, menschliches Denken und Wahrnehmen.